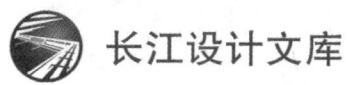
长江设计文库

国家大坝安全工程技术研究中心支撑项目

地质三维正向设计及 BIM 应用
——基于达索 3DEXPERIENCE 平台

王小毛 徐俊 冯明权 张必勇 等 著

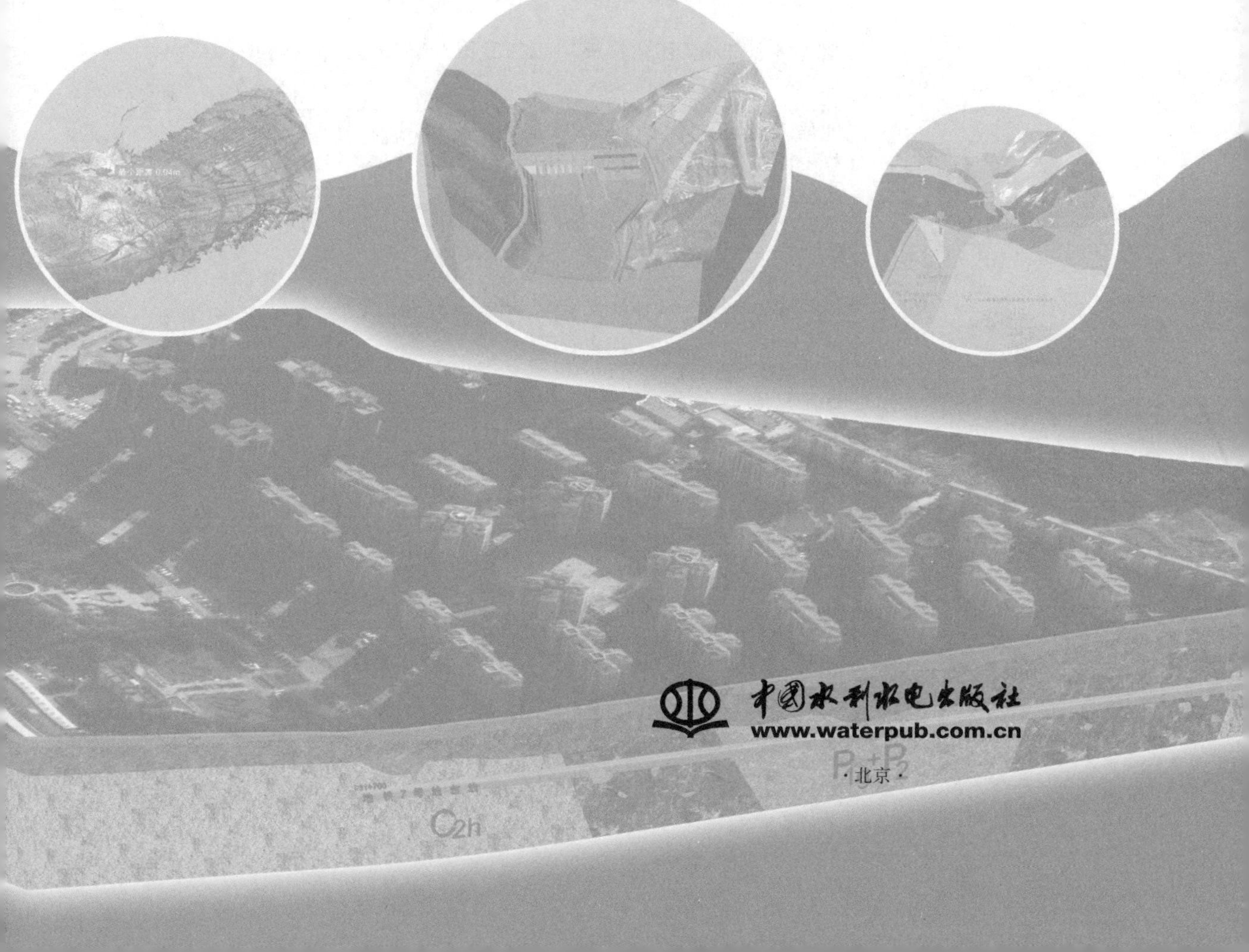

中国水利水电出版社
www.waterpub.com.cn
·北京·

内 容 提 要

本书基于3DEXPERIENCE（简称3DE）平台，创造了一种快速、高精度、适应性强的全新正向建模方法。全书共12章，介绍了3DE平台的安装方法、配置、工作界面与基本操作；简述了三维地质模型正向设计流程，以及基于3DE平台进行地形数据、地质数据处理与融合的方法；介绍了覆盖层、岩层、褶皱、断层、透镜体等三维地质体的建模方法；介绍了基于三维地质模型开展三维正向协同设计、二维地质出图、模型贴图漫游，以及基于三维模型反算结构面产状及计算块体体积等的方法与应用案例。

本书可供工程设计人员和科学研究人员使用，也可供有关高等院校师生参考。

图书在版编目（CIP）数据

地质三维正向设计及BIM应用：基于达索3DEXPERIENCE平台 / 王小毛等著. -- 北京：中国水利水电出版社，2020.10
ISBN 978-7-5170-9199-8

Ⅰ. ①地… Ⅱ. ①王… Ⅲ. ①地质模型—计算机辅助设计—应用软件 Ⅳ. ①P628

中国版本图书馆CIP数据核字(2020)第226553号

书　名	**地质三维正向设计及 BIM 应用——基于达索 3DEXPERIENCE 平台** DIZHI SANWEI ZHENGXIANG SHEJI JI BIM YINGYONG ——JIYU DASUO 3DEXPERIENCE PINGTAI
作　者	王小毛　徐俊　冯明权　张必勇　等著
出版发行	中国水利水电出版社 （北京市海淀区玉渊潭南路1号D座　100038） 网址：www.waterpub.com.cn E-mail：sales@waterpub.com.cn 电话：（010）68367658（营销中心）
经　售	北京科水图书销售中心（零售） 电话：（010）88383994、63202643、68545874 全国各地新华书店和相关出版物销售网点
排　版	中国水利水电出版社微机排版中心
印　刷	北京印匠彩色印刷有限公司
规　格	184mm×260mm　16开本　16.5印张　402千字
版　次	2020年10月第1版　2020年10月第1次印刷
印　数	0001—1500册
定　价	**98.00元**

凡购买我社图书，如有缺页、倒页、脱页的，本社营销中心负责调换

版权所有·侵权必究

本书编写人员名单

王小毛　徐　俊　冯明权　张必勇　谢明霞
胡坤生　冯建伟　侯炳绅　张　乐　程方权

序 一

随着新基建、数字经济等国家战略的提出，数字产业化、产业数字化是勘测设计行业的新机遇，也是新挑战。传统的勘测设计行业面临着由二维设计、线性工作、粗放型管理向三维设计、协同生产、精细化管理的转型升级，面临着市场投标要求使用 BIM 的常态化和政策化，同行竞争的日益白热化，IT 等其他行业的全面逐鹿……虽然目前限于 BIM 技术发展的现状和设计人员掌握 BIM 技术的程度，很难做到完全意义上的三维正向协同设计，但不容置疑的是，三维正向协同设计是勘测设计行业 BIM 应用的目标之一，不仅能节约巨大的人力、物力、财力，而且能解决现行设计手段难以解决的问题；同时，三维正向协同设计也是勘测设计企业实施 BIM 技术应用的核心，构建三维正向协同设计平台，形成多专业三维协同工作解决方案，可以从根本上改变工程师依靠符号、文字、图纸的形式进行项目设计的工作方式，让工程师们从枯燥繁重的画图和算量中解脱出来，使他们将智慧和精力投入到创造性的设计工作中去，从而达到提高工作效率、减少设计缺陷、保证成果质量和降低项目风险的目标。

随着 BIM、5G、IOT、AI 等新技术的迅速兴起，三维正向协同设计排浪中国，诸多大院积极探索并取得丰硕成果。相对于传统二维设计，三维正向协同设计将逐步占据市场主导地位，谁主导了三维正向协同设计的进步，实现技术创新，形成差异化竞争优势，谁就能在残酷的市场竞争中夺得一席之地。水利水电工程三维正向协同设计包括地形地质、水工结构、机电与金结、施工布置等多专业。地质模型是水利水电工程三维正向协同设计的基础，鉴于三维地质建模的复杂性，以及基于达索 3DEXPERIENCE（3DE）平台进行三维地质建模的参考书籍鲜见，本书作者通过不断探索创新，开创了一条高效、高精度、适应性广泛的全新三维地质模型正向设计之路，解决了单斜构造地层三维地质模型快速更新的难题，同时在多元建模数据融合、覆盖层下底面算法优化、产状面及透镜体模板化建模、利用三维模型求解结构面产状、标准化二维地质出图、三维协同设计等方面进行了创新研究，为实现三维地质模型在工程各阶段可继承和逐步精细化奠定了坚实基础，对三维地质模型正向设计的推广和应用大有帮助，对促进水利水电勘测设计行业信息化水平的提高大有益处。

三维正向协同设计"始于梦想，基于创新，成于实干"，前景可待，未来可期。

是为序。

中国工程院院士

2020年8月27日

序二

1981年，查尔斯·艾德斯坦纳（Charles Edelstenne）率领一队来自达索宇航公司（Dassault Aviation）极富创新精神的工程师创立了达索系统（Dassault Systémes）。工程师们用于设计风洞模型的软件采用3D曲面建模技术，减少了风洞测试的周期，并研发了新一代电脑辅助三维设计软件CATIA（它是Computer – Aided Three – dimensional Interactive Application的首字母缩写）。为给软件研发团队提供更广阔的发展空间，法国达索集团把软件业务从宇航公司剥离出来，使之成为达索集团旗下的一家独立子公司。以后30年间，达索系统以3D技术为基础，不断研发新的工业软件，推动整个产业实现技术创新。

以3D设计为起点，达索系统研发了数字样机（Digital Mock – Up，DMU）技术，使用软件虚拟仿真来帮助客户减少实体原型测试，大幅缩短产品开发周期。同时，这种数字化的产品集成方法也使全球协同成为现实，让工程师能够以3D数字模型在不同部门、企业和工作地点之间共享设计信息。波音777客机就是首款完全采用达索系统3D DMU技术打造成功的商用飞机。

在DMU的基础上，达索系统推动并提出了产品生命周期管理（Product Lifecycle Management，PLM）的理念，目标是实现从设计到生产的全流程数字化。基于这一理念，达索系统发布了创新的PLM解决方案，涵盖了产品设计、仿真和制造阶段的工程需求，以及变更管理、多专业协同和跨上下游企业协作过程中的业务流程需求。

2012年，在3D、DMU和PLM的基础上，为了引领工业进步的趋势、赋能客户的创新需求，达索系统推出了划时代的3D体验（3DEXPERIENCE）

平台。3D体验平台在单一的、整合的数字虚拟环境中，面向设计、工程、制造和运营等不同阶段，提供各种集成的业务功能及服务，帮助客户在虚拟环境中评估和优化真实世界的产品，从而为最终用户提供更好的体验，进而获得品牌增值和市场优势。与此同时，达索系统也进军基础设施、能源、生命科学等产业领域，以及进行战略收购，不断扩展软件应用范围。

今天，达索系统已经成为一家营收达40亿欧元的全球化科技企业，为140多个国家超过25万家客户提供虚拟空间以发展持续创新。2019年，达索系统在研发领域投入7.38亿欧元，研发团队人数约占员工总数的39%，分布于全球多个国家。

当今中国经济蓬勃发展，尤其是基础设施建设，给国家和人民生活带来了翻天覆地的变化。中国的基础设施建设市场是全球最大的市场之一。达索系统进入这一领域，十多年积累与耕耘，尤其在水利水电行业硕果累累。达索系统的解决方案能够显著提高水电工程设计、仿真分析及生产管理的效率，将事后处理变为事前的风险识别与消除，同时高效管控预算，为项目进度和安全执行提供有力的保证。中国的溪洛渡水电站、乌东德水电站等大型水电项目都成功应用了达索系统的解决方案。2012年，达索系统还在中国建立了两个本土研发中心，一个面向水利水电工程，一个面向市政工程。2016年，达索系统与长江勘测规划设计研究院，黄河勘测规划设计有限公司，中国电建集团成都勘测设计研究院、贵阳勘测设计研究院及西北勘测设计研究院等企业共同成立了"大土木工程达索系统BIM技术推进联盟"。其理念是在大土木工程领域构建一个生态系统，一方面推动BIM技术在行业内的深入应用和推广；另一方面促进多方资源与创新成果的共享。该平台总结中国典型用户需求，不断完善解决方案，快速匹配市场需求，为企业带来了业务价值。

长江勘测规划设计研究院是水利水电行业与达索系统最早开始合作的企业之一，也是"大土木工程达索系统BIM技术推进联盟"的创始单位之一。早在2010年，长江勘测规划设计研究院就编写了《基于CATIA V5的水利水电工程三维设计基础应用》一书，率先在中国水利水电行业推广达索系统解决方案的应用。这次编写的《地质三维正向设计及BIM应用——基于达索3DEXPERIENCE平台》一书，根据达索系统最新的3D体验平台技术，介绍了其在地质工程领域的应用和实践。我相信，它不仅对水利水电行业，而且对其他需要处理地质信息的基础设施领域都有非常重要的价值。这样高质量的专著在中国出版，我非常欣慰。数字化建模、仿真和管理平台的三维设计将是未来的发展趋势。通过深入应用三维技术定将大幅提升整个行业的核心竞争力，从而带动整个基础设施领域的新一轮创新。

达索系统大中华区总裁

2020 年 5 月 29 日

前言

近几十年来，我国大型水利水电工程建设数量之多、规模之大、速度之快，举世瞩目。这些工程大都处于高山峡谷，工程地质条件复杂、勘测周期长、勘测信息量大。面对大量的勘测信息，多年以来一直是基于人工管理和二维表达，往往不能充分表示地质体的空间变化规律，无法直接、完整、准确地展示地质条件，越来越不能满足工程设计的需求。并且，勘测信息都是以文字、图表、图纸等格式保存，存在数据管理分散、共享效率低、更新速度慢等问题。因此，借助于计算机科学的可视化技术，直接从三维空间的角度，以数字化的形式去理解、表达和再现地质体与地质环境，进而辅助工程设计、施工与决策，实现三维地质建模与数据分析，是水利水电工程勘测技术发展的主流与前沿方向，对提高我国水利水电工程信息化水平意义重大。

长江勘测规划设计研究院在国内较早较系统地对三维地质建模与数据分析进行了研究和应用，并取得了令同行一致肯定的成果。本书将这些成果及经验进行了归纳和总结，可供同仁参考使用。本书共 12 章，第 1 章为 3DE 平台安装方法；第 2 章为 3DE 平台配置；第 3 章为 3DE 平台工作界面与基本操作；第 4 章为三维地质模型正向设计流程；第 5 章为建模数据源整理及导入，包括 ASCⅡ点云、三维激光扫描点云、倾斜摄影点云、地质点数据、钻孔数据、工程地质平面图及剖面图导入；第 6 章为产状模板制作，基于 3DE 平台实现了产状面参数化建模，当岩层位于高陡地段，人无法到达测量产状时，可利用三维模型反算结构面产状；第 7 章为地形建模，利用地形点云（ASCⅡ点云、三维激光扫描点云、倾斜摄影点云）建立地形体；第 8 章为地质建模，详细介绍了三维覆盖层、岩层、褶皱、断层、透镜体及风化面等地质体的建模方法，并研究了一套基于钻孔数据直接构建地层分界面来建立三维地质体的正向建模方法，实现了单斜构造地层三维地质模型的快速更新，透镜体建模则利用 3DE 平台最新的 CBD 功能,实现了透镜体截面参数化控制及批量布置;第 9 章为三维地质模型正向设计实例,以某水电项目坝址区为例,详细介绍了三维地质模型正向设计的流程,最后通过新增 2 个钻孔的数据对模型进行了快速更新;第 10 章为二维地质出图,基于 3DE 平台工程制图模块,自定义了二维地质剖面图所需线型及填充花纹,实现了符合现行规程规范的快速二维地质出图;第 11 章为地质模型贴图、漫游及高分辨率出图;第 12 章为地质模型发布及保留,地质模型完成后在项目结构树上将模型发布,供下游专业引用,达到各专业进行三维协同设计的目的。

本书由王小毛整体策划并审查,第 1~4 章和第 11~12 章由谢明霞、冯建伟、侯炳绅、张乐、程方权编写,第 5~10 章由徐俊、张必勇、胡坤生编写,并广泛征集了三维地质建模工程师刘聪元、孙韬、刘润方、张腾飞、王寺响、乔帅等的意见。全书由冯明权校核,同时得到了本行业著名专家的指导及肯定,认为该书资料最新,实用性强,非常具有可操作性。本书承蒙长江勘测规划设计研究院院长、中国工程院院士钮新强和达索系统大中华区总裁张鹰审阅并为之作序,在此特表诚挚谢意。

书中尚有错误或不足之处,敬请读者批评指正。

作者
2020 年 5 月

目录

序一

序二

前言

第 1 章　3DE 平台安装方法 …………………………………………………… 1
1.1　客户端电脑软硬件配置要求 ………………………………………… 1
1.2　3DE 平台客户端安装 ………………………………………………… 2
1.3　客户端补丁安装 ……………………………………………………… 7
1.4　设置客户端 License 地址 …………………………………………… 9
1.5　证书导入 ……………………………………………………………… 9
1.6　服务器信息设置 ……………………………………………………… 11
1.7　增加环境变量 ………………………………………………………… 12
1.8　帮助文档安装及添加 ………………………………………………… 13

第 2 章　3DE 平台配置 ………………………………………………………… 15
2.1　Web 端配置 …………………………………………………………… 15
2.1.1　基本概念 ……………………………………………………… 15
2.1.2　合作区建立 …………………………………………………… 16
2.1.3　人员和权限配置 ……………………………………………… 17
2.1.4　客户端密码修改及找回 ……………………………………… 18
2.2　客户端配置 …………………………………………………………… 19
2.2.1　客户端登录 …………………………………………………… 19
2.2.2　通用首选项设置 ……………………………………………… 19

第 3 章　3DE 平台工作界面与基本操作 …… 26
3.1　通用界面 …… 26
3.2　地质建模主要 APP …… 27
3.2.1　文档标签 …… 27
3.2.2　结构树 …… 29
3.2.3　工具栏 …… 30
3.2.4　状态栏 …… 30
3.2.5　设计机器人 …… 31
3.3　基本操作 …… 31
3.3.1　文件管理 …… 31
3.3.2　鼠标操作 …… 36
3.3.3　设计机器人（指南针） …… 36
3.3.4　自定义选项设置 …… 37

第 4 章　三维地质模型正向设计流程 …… 41
4.1　工程勘测 BIM 实施方案 …… 41
4.2　3DE 平台三维地质模型结构树定义 …… 42
4.3　三维地质几何模型创建方法 …… 43
4.4　三维地质几何模型创建流程 …… 43
4.4.1　地形模型建立流程 …… 44
4.4.2　地质模型建立流程 …… 44

第 5 章　建模数据源整理及导入 …… 45
5.1　设置模型大地地理坐标 …… 45
5.2　地形数据整理及导入 …… 47
5.2.1　ASCⅡ格式点云导入 …… 47
5.2.2　Lidar 格式点云导入 …… 50
5.2.3　大型地形文件导入 …… 52
5.3　地质点数据导入 …… 55
5.4　钻孔数据导入 …… 62
5.5　工程地质平面图导入 …… 63
5.5.1　图层清理 …… 63
5.5.2　图件导入 …… 63
5.6　工程地质剖面图导入 …… 66
5.6.1　图层清理及平移 …… 66
5.6.2　直线剖面图导入 …… 67
5.6.3　折线（弧线）剖面导入 …… 69

第6章 产状模板制作 ··· 74
6.1 产状线模板制作 ·· 74
6.2 产状面模板制作 ·· 82
6.3 产状面模板应用实例 ···································· 85
6.4 利用模板求解产状 ······································ 90
6.5 利用模板求解产状实例 ·································· 93

第7章 地形建模 ··· 95
7.1 点云处理 ·· 95
7.1.1 移除点云 ·· 95
7.1.2 过滤点云 ·· 96
7.1.3 合并点云 ·· 97
7.1.4 云/点转换 ·· 98
7.2 创建地形网格（Mesh）面 ································ 98
7.2.1 利用 ASCⅡ格式点云创建网格（Mesh）面 ·············· 98
7.2.2 利用激光雷达点云创建网格（Mesh）面 ················ 100
7.3 网格（Mesh）面处理 ···································· 101
7.3.1 清除 ··· 102
7.3.2 改进 ··· 103
7.4 地形网格（Mesh）面显示颜色及等高线 ···················· 107
7.5 地形网格体模型创建 ···································· 108
7.5.1 地形网格（Mesh）面坐标显示 ······················· 109
7.5.2 地形网格体模型创建 ······························· 109
7.6 地形网格（Mesh）面转曲面及偏差分析 ···················· 112
7.6.1 地形网格（Mesh）面转曲面 ························· 112
7.6.2 地形网格（Mesh）面与曲面偏差分析 ················· 115
7.7 地形 Solid 实体模型创建 ································ 117

第8章 地质建模 ··· 119
8.1 覆盖层建模 ·· 119
8.1.1 建模方法及命令 ··································· 120
8.1.2 建模数据源导入 ··································· 120
8.1.3 覆盖层上表面分割 ································· 122
8.1.4 覆盖层下底面生成 ································· 125
8.1.5 覆盖层网格体模型创建 ····························· 135
8.1.6 覆盖层 Solid 实体模型创建 ························· 140
8.2 岩体建模 ·· 150
8.2.1 单斜构造岩层建模 ································· 150
8.2.2 缓倾岩层建模 ····································· 155

  8.3 断层建模 ··· 161
    8.3.1 断层面建模方法 ··· 162
    8.3.2 断盘岩体建模 ·· 165
  8.4 褶皱建模 ··· 167
    8.4.1 褶皱要素 ·· 167
    8.4.2 褶皱建模方法 ·· 168
  8.5 透镜体建模 ··· 172
  8.6 风化面建模 ··· 188
  8.7 地层岩性标注 ··· 188

第9章 三维地质模型正向设计实例 ·· 191
  9.1 地形处理及建模 ·· 191
  9.2 导入平面图 ··· 195
  9.3 导入钻孔数据 ··· 195
  9.4 覆盖层建模 ··· 196
  9.5 基岩建模 ··· 201
  9.6 模型快速更新 ··· 203
  9.7 模型校对 ··· 203

第10章 二维地质出图 ·· 206
  10.1 软件设置 ··· 206
  10.2 自定义线型及填充图案 ·· 206
  10.3 图框绘制 ··· 211
  10.4 直线剖面 ··· 214
  10.5 折线剖面 ··· 224
  10.6 曲线剖面 ··· 226

第11章 地质模型贴图、漫游及高分辨率出图 ·································· 230
  11.1 地形贴图 ··· 230
  11.2 地质体贴图 ·· 234
  11.3 模型漫游 ··· 238
  11.4 模型高分辨率出图 ·· 239

第12章 地质模型发布及保留 ··· 241
  12.1 地质模型发布 ·· 241
  12.2 地质模型保留 ·· 242
  12.3 更改地质模型责任人 ·· 243

参考文献 ··· 245

第 1 章
3DE 平台安装方法

　　3DEXPERIENCE 平台是法国达索公司研发的三维协同设计、仿真及管理平台，简称 3DE 平台。3DE 平台包含了设计、仿真、管理等一系列软件、服务以及相关的使用和组织方法。它诞生于 2012 年，是企业设计、管理、销售等的协同环境，为不同角色的使用者提供了协同的工作平台，解决了以往企业不同平台间相互协作的难题。

　　3DE 平台采用客户端、Web 端加服务器的结构形式。用户在启动电脑桌面的客户端后即可通过网络连接服务器来获取数据。所有数据以库/数据库形式保存在服务器中，并有相应的权限/版本信息。Web 端主要用于工程项目管理，应用界面的框架与客户端一致，在浏览器中输入服务器地址，连接到登录页面，输入用户名及密码即可登录，或者在客户端点击 Web 应用图标，也可登录到 Web 端。

　　本书基于 3DE R2019x 版本，介绍 3DE 平台客户端安装过程。三维地质建模主要在该版本上进行，但鉴于目前 3DE R2017x 版本还有大量用户，对于其主要地质建模功能本书也进行了详细介绍，并与 3DE R2019x 版本进行了对比，以满足不同读者的需求。

1.1　客户端电脑软硬件配置要求

　　在安装 3DE R2019x 客户端之前，应先检查电脑的配置是否具备运行 3DE R2019x 客户端的条件，不具备运行条件的电脑安装了 3DE 客户端后，运行中会出现卡顿或无法正常登录等情况。

　　3DE R2019x 客户端对电脑软硬件配置要求如下：

(1) 操作系统：Windows 10 专业版或企业版 64 位系统。
(2) 处理器：i7 或同等处理器。
(3) 内存：32G 及以上。
(4) 显卡：支持英伟达（NVIDIA）专业独立显卡，不支持集成显卡和 AMD 显卡。
(5) 硬盘：40G 以上空余空间。

1.2　3DE 平台客户端安装

3DE R2019x 安装文件包括 JAVA、IE11、客户端安装介质、补丁介质、安全证书、帮助文档等内容，如图 1.2－1 所示。其中，客户端安装介质、补丁介质、帮助文档等可从达索官网下载，安全证书由服务器部署时生成。

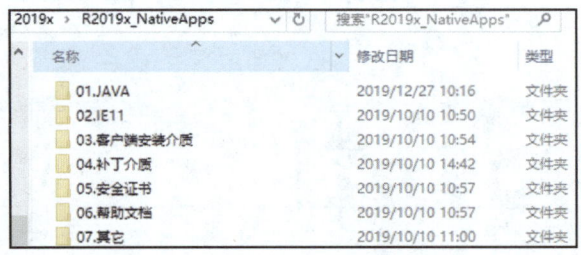

图 1.2－1　3DE R2019x 安装文件夹

安装步骤如下：
（1）检查本机 JAVA 版本。在 CMD 窗口输入 java－version 命令，当出现如图 1.2－2 所示窗口信息时，检查 JAVA 版本确保不低于 1.8.0_152 版本。如果没有安装 JAVA，则提示命令无效。

图 1.2－2　JAVA 版本检查

若本机 JAVA 版本较低或没有安装，请安装高版本 JAVA。安装文件位于安装目录 R2019x _ NativeApps\01.JAVA 中，如图 1.2－3 所示。

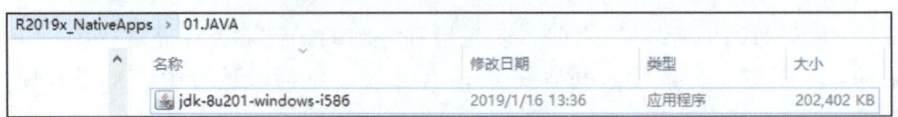

图 1.2－3　JAVA 安装程序

1.2 3DE 平台客户端安装

（2）检查 IE 版本。单击 IE 工具【关于 Internet Explorer（A）】选项，检查 IE 版本，如图 1.2-4 所示，要求为 IE11 或以上版本。若本机 IE 版本较低，请安装高版本 IE，安装文件位于安装目录 R2019x_NativeApps\02.IE11 中，如图 1.2-5 所示。安装完成后，重启电脑，查看 IE 版本。

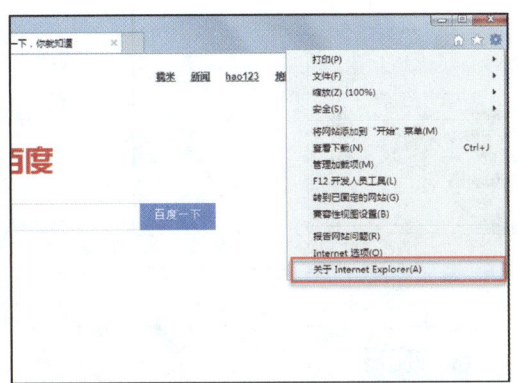

图 1.2-4　IE 版本检查

图 1.2-5　IE 安装程序

（3）安装 3DE R2019x 客户端的注意事项如下：

1）退出所有杀毒软件，以管理员身份运行安装。

2）安装包所在路径不能包含中文字符，即不能有中文命名的文件夹；安装路径不能含中文字符。

3）安装盘预留空间必须大于 40GB，最好安装在固态盘中。

（4）单独解压安装目录 R2019x_NativeApps\03. 客户端安装介质中以下压缩包：

1）V6R2019x.AM_3DEXP_NativeApps.AllOS.6-12.iso。

2）V6R2019x.AM_3DEXP_NativeApps.AllOS.7-12.iso。

3）V6R2019x.AM_3DEXP_NativeApps.AllOS.8-12.iso。

4）V6R2019x.AM_3DEXP_NativeApps.AllOS.9-12.iso。

5）V6R2019x.AM_3DEXP_NativeApps.AllOS.10-12.iso。

6）V6R2019x.AM_3DEXP_NativeApps.AllOS.11-12.iso。

7）V6R2019x.AM_3DEXP_NativeApps.AllOS.12-12.iso。

（5）打开解压缩文件 V6R2019x.AM_3DEXP_NativeApps.AllOS.6-12\3DEXPERIENCE_NativeApps\1 路径下的 setup.exe，如图 1.2-6 所示，以管理员身份进行安装。

（6）客户端安装进入欢迎界面后，单击"下一步"按钮选择安装目录，如图 1.2-7 所示。安装路径建议放在非系统盘，如 D 盘（D:\DS\B421），如图 1.2-8 所示。

第 1 章　3DE 平台安装方法

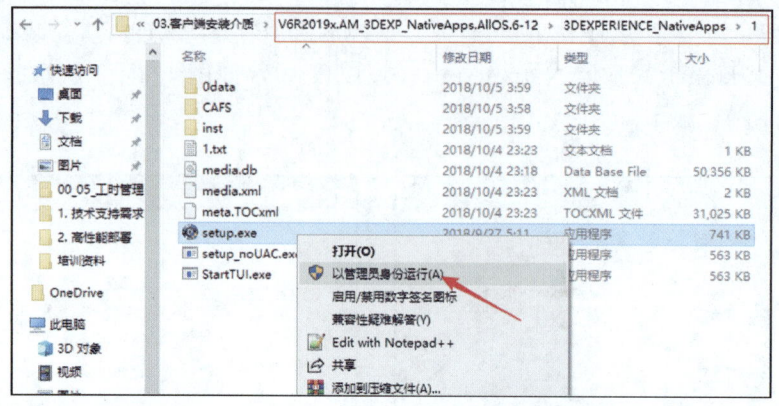

图 1.2-6　单击 setup.exe 安装客户端

图 1.2-7　【欢迎】对话框

图 1.2-8　【安装路径】对话框

（7）系统弹出【选择要安装到目录中的部件】对话框，如图 1.2-9 所示，单击 "下一步" 按钮默认全组件安装。系统弹出【安装所有其他内容】对话框，如图 1.2-10 所示，主要为材料库、仿真机器人库等，如不需要则不勾选，单击 "下一步" 按钮。

（8）系统弹出【我要安装 DS MJPEG 编解码器和 Windows Media Video 9 VCM】对话框，如图 1.2-11 所示，不勾选，单击 "下一步" 按钮。

（9）系统弹出【安装程序创建快捷方式】对话框，如图 1.2-12 所示，可自定义创建快捷方式，单击 "下一步" 按钮。

（10）系统弹出开发环境安装选项对话框，如图 1.2-13 所示，可根据需要选择是否勾选【我想安装 Microsoft Visual Studio Tools for Applications 2017】复选框，单击 "下一步" 按钮。

（11）系统弹出【选择主旧制源以启用其设置】对话框，如图 1.2-14 所示，可采用系统默认配置，单击 "下一步" 按钮。

1.2 3DE 平台客户端安装

图 1.2-9 【选择要安装到目录中的部件】对话框

图 1.2-10 【安装所有其他内容】对话框

图 1.2-11 【我要安装 DS MJPEG 编解码器和 Windows Media Video 9 VCM】对话框

图 1.2-12 【安装程序创建快捷方式】对话框

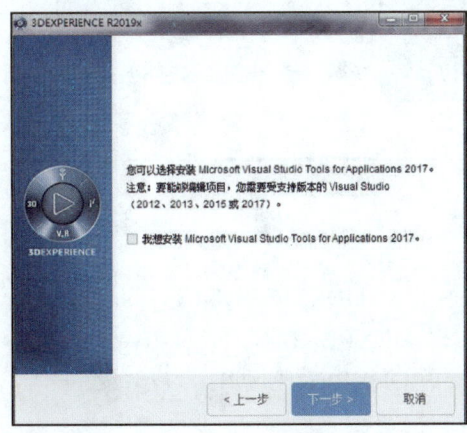

图 1.2-13 【Microsoft Visual Studio Tools for Applications 2017】对话框

图 1.2-14 【选择主旧制源以启用其设置】对话框

第 1 章　3DE 平台安装方法

(12) 系统弹出【安装】对话框，如图 1.2－15 所示，单击"安装"按钮。

图 1.2－15　【安装】对话框

(13) 系统弹出【插入包络体 2】对话框，如图 1.2－16 (a) 所示，单击"浏览"按钮，选择解压文件 V6R2019x. AM_ 3DEXP_ NativeApps. AllOS. 7－12\3DEXPERIENCE_ NativeApps\2，如图 1.2－16 (b) 所示，再单击"确定"按钮。

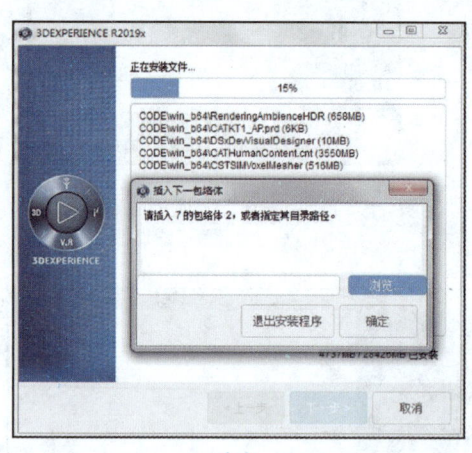

(a)

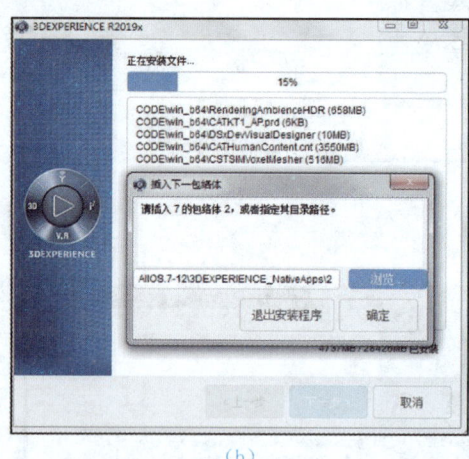

(b)

图 1.2－16　【3DEXPERIENCE_NativeApps\2】文件选择对话框

(14) 采用相同方法依次选择解压文件 8－12\3DEXPERIENCE_ NativeApps\3、9－12\3DEXP ERIENCE_NativeApps\4、10－12\3DEXPERIENCE_NativeApps\5、11－12\3DEXPERIENCE_ NativeApps\6 及 12－12\3DEXPERIENCE_ NativeApps\7，如图 1.2－17 所示。待安装结束后，单击"下一步"按钮。

(15) 系统弹出如图 1.2－18 所示对话框，不勾选【我想启动 3DEXPERIENCE 应用程序】复选框，单击"关闭"按钮，完成客户端安装。

1.3 客户端补丁安装

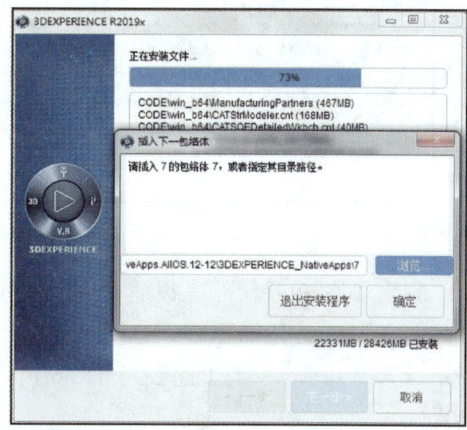

图 1.2－17 【3DEXPERIENCE_NativeApps\7】文件选择对话框

图 1.2－18 完成客户端安装对话框

1.3 客户端补丁安装

安装客户端补丁以 FD05 为例，步骤如下：
（1）将安装目录 R2019x_NativeApps\04. 补丁介质中以下压缩包同时解压到当前文件夹：
1）V6R2019x. FP. CFA. 1939. Part_3DEXP_NativeApps. Windows64.1－5. zip。
2）V6R2019x. FP. CFA. 1939. Part_3DEXP_NativeApps. Windows64.2－5. zip。
3）V6R2019x. FP. CFA. 1939. Part_3DEXP_NativeApps. Windows64.3－5. zip。
4）V6R2019x. FP. CFA. 1939. Part_3DEXP_NativeApps. Windows64.4－5. zip。
5）V6R2019x. FP. CFA. 1939. Part_3DEXP_NativeApps. Windows64.5－5. zip。
解压完成后 Part_3DEXP_NativeApps. Windows64 文件夹内包含 4 个子文件夹，如图 1.3－1 所示。

第 1 章　3DE 平台安装方法

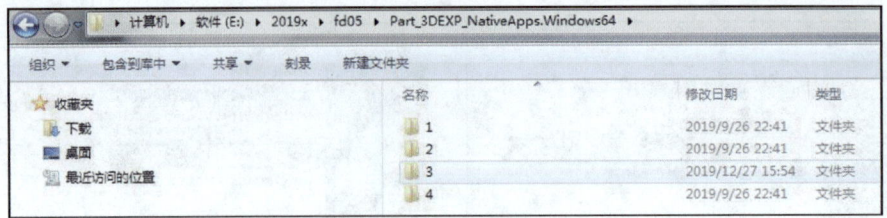

图 1.3-1　【Part_3DEXP_NativeApps.Windows64】文件夹内容

（2）退出所有杀毒软件，以管理员身份运行安装。

（3）打开 Part_3DEXP_NativeApps.Windows64\1\Software\HF_NativeApps_3DEXP.HF7.Windows64\1 路径下的 setup 应用程序，如图 1.3-2 所示，以管理员身份进行安装。

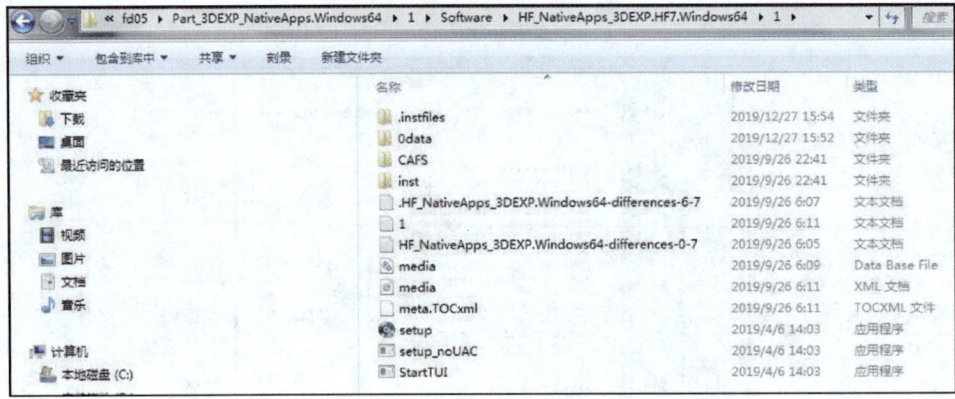

图 1.3-2　单击 setup 应用程序安装客户端补丁

（4）安装路径会自动识别，单击"下一步"按钮，如图 1.3-3 和图 1.3-4 所示。

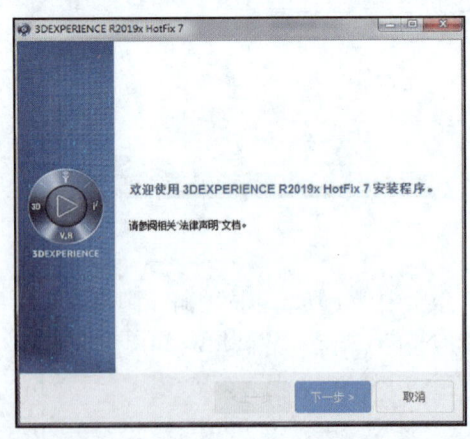 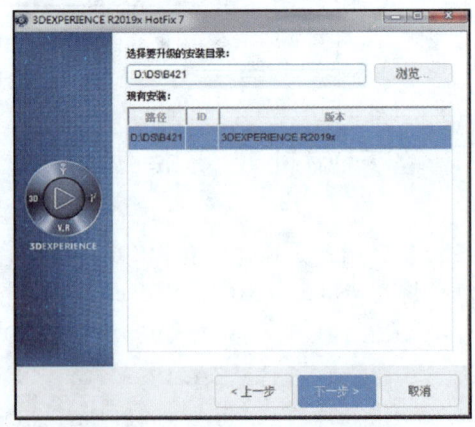

图 1.3-3　客户端补丁【欢迎】对话框　　　图 1.3-4　客户端补丁安装路径

（5）系统弹出如图 1.3-5 所示对话框，单击"安装"按钮。

（6）系统弹出如图 1.3-6 所示对话框，不勾选【我想启动 3DEXPERIENCE 应用程序】复选框，单击"关闭"按钮，完成客户端补丁安装。

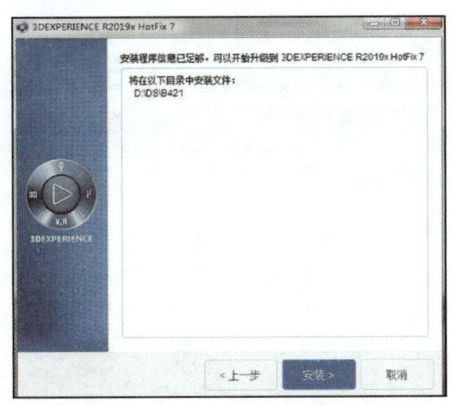
图 1.3-5　客户端补丁安装

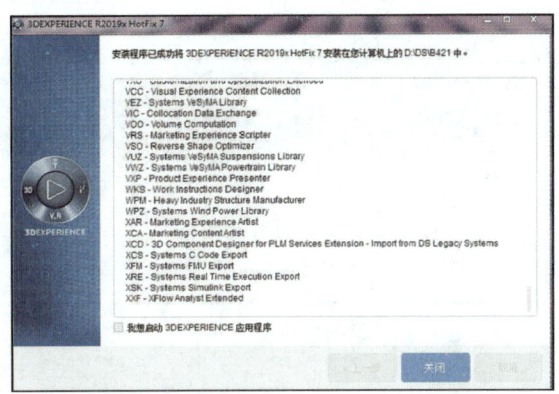
图 1.3-6　完成客户端补丁安装对话框

1.4　设置客户端 License 地址

设置客户端 License 地址步骤如下：
（1）创建目录 C：\ProgramData\DassaultSystemes\Licenses。
（2）在该目录下创建文本 DSLicSrv.txt，如图 1.4-1 所示。
（3）在文本内添加 License 服务端信息，格式为"主机或 IP：端口号"（注：冒号应为英文字符），如图 1.4-2 所示。

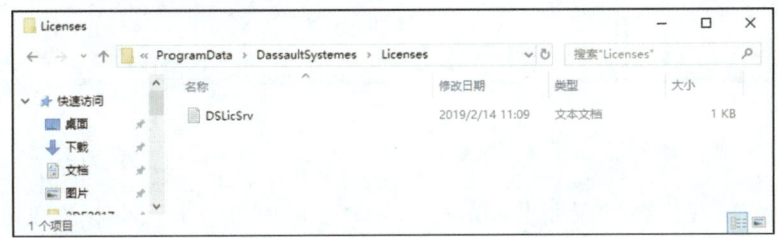

图 1.4-1　创建文本 DSLicSrv.txt

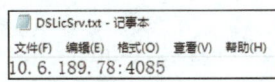

图 1.4-2　DSLicSrv
文本内容

1.5　证书导入

客户端安全证书位于目录 R2019x_NativeApps\05.安全证书中（bim2019x.crt），导入过程如下：
（1）打开电脑控制面板，选择【网络和 Internet】选项，如图 1.5-1（a）所示，再单击【Internet 选项】，如图 1.5-1（b）所示。
（2）在【Internet 属性】对话框【内容】栏中单击【证书】选项，如图 1.5-2（a）所示，选择【受信任的根证书颁发机构】，单击"导入"按钮，如图 1.5-2（b）所示。
（3）单击【证书导入向导】"下一步"按钮，如图 1.5-3（a）所示，系统提示导入

第1章 3DE 平台安装方法

(a)

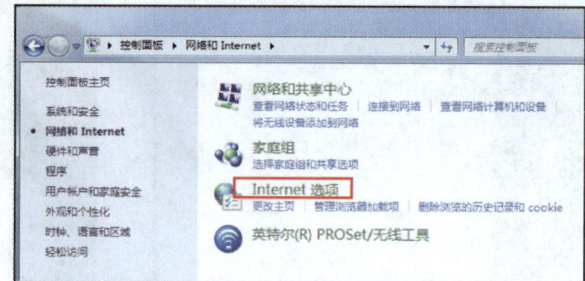
(b)

图 1.5-1 网络和 Internet 选项

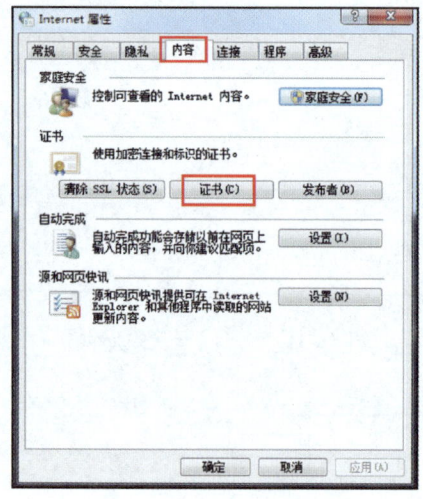
(a)

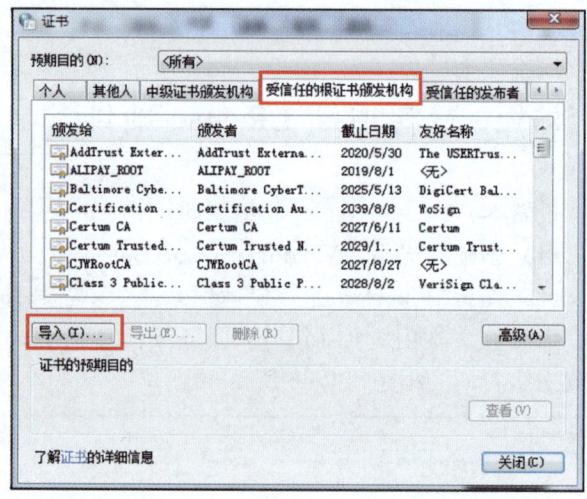
(b)

图 1.5-2 Internet 属性选择证书导入

文件的位置，单击"浏览"按钮选择客户端证书 bim2019x.crt，再单击"下一步"按钮，如图 1.5-3 (b) 所示。

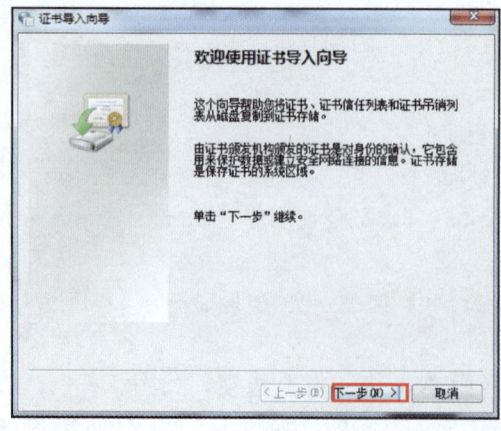
(a)

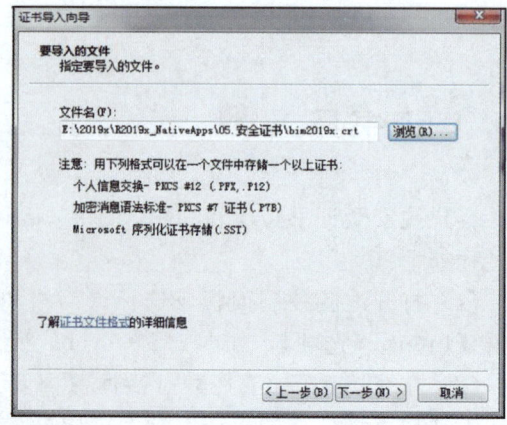
(b)

图 1.5-3 选择证书 bim2019x.crt

（4）单击【将所有的证书放入下列存储】选项，为证书 bim2019x.crt 选择存储位置，选择"受信任的根证书颁发机构"，如图 1.5-4（a）所示，再单击"下一步"按钮，完成证书导入，如图 1.5-4（b）所示。

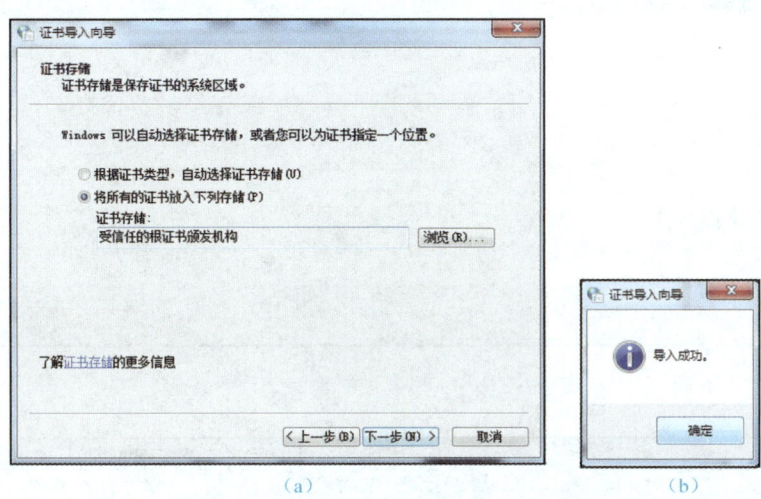

图 1.5-4　证书 bim2019x.crt 存储位置

（5）证书 bim2019x.crt 未导入或者存储位置不正确时，每次登录 3DE 客户端均会弹出如图 1.5-5 所示对话框，按照以上方法将证书正确导入后，此对话框即可消除。

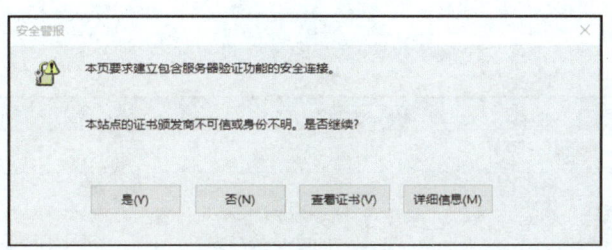

图 1.5-5　证书 bim2019x.crt 未正确导入

1.6　服务器信息设置

3DE 平台采用了客户端加服务器的结构形式。用户在启动桌面的客户端后即可通过网络连接服务器来获取数据。首次登录 3DE 客户端需要设置服务器相关信息，登录界面如图 1.6-1 所示，单击 按钮添加平台，并配置平台相关信息。

平台名称可自由填写，如图 1.6-2（a）所示，平台服务器相关信息依照各单位服务器信息填写，如图 1.6-2（b）所示。

完成平台信息配置后，界面上会显示已配置好的平台，如图 1.6-3 所示。选择配置好的平台，客户端将连接服务器，并跳转到登录界面。图 1.6-3 中 图标可删除多余平台，若平台信息填写有误，可单击 图标进行编辑。

第 1 章　3DE 平台安装方法

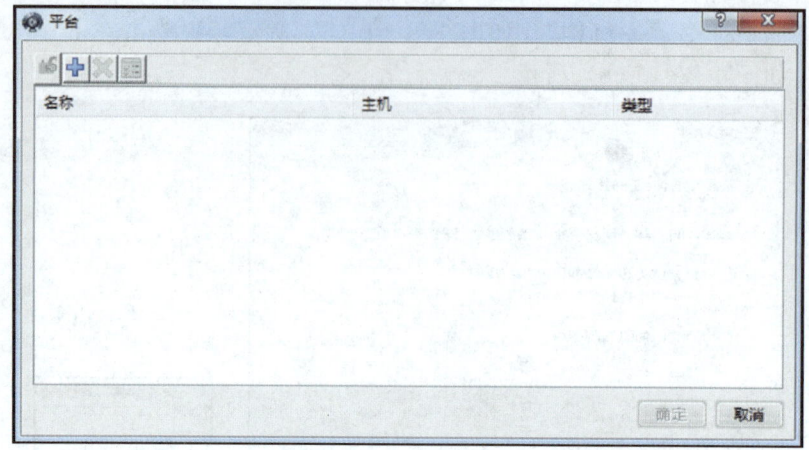

图 1.6-1　3DE 客户端首次登录界面

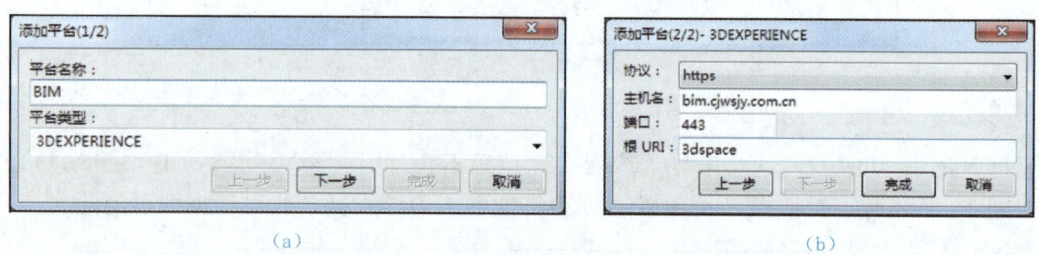

(a)　　　　　　　　　　　　　　　　(b)

图 1.6-2　平台配置信息

图 1.6-3　平台选择

1.7　增加环境变量

3DE 平台中一些特殊功能命令可通过添加全局环境变量来解锁，打开安装目录 D：\DS\B421\CATEnv 中 Env 文档，将以下内容拷入至文档末尾，请勿覆盖已有环境变量即可解锁一些特殊功能命令。

```
LA_AssemblyPatternInstance= 1
LA_AssemblyPatternInstanceMirror= 1
LA_3DF_NewFluidicUI_ASM= 1
ASM_PATTERN_ADVANCED_DUPLICATE= 1
ELEC_V6R2017xFD03= 1
TPE_TrnChidi= 1
CATStDraftAnalysisOnMeshes= 1
CLD_POLTLINE= 1
CLDLargeProjectsDesign= 1
TPE_ImportExportGL= 1
PSD_POLYHEDRAL= 1
CEG_SUBGRADE= 1
CEG_SUBGRADE_PUB= 1
CEG_SUBGRADE_ROAD_DESIGN= 1
CEG_DRAINAGE= 1
CATRTCOCS_Lync2013= 1
CATRTCNativeClient= Lync
CATRTCUCCPAllowMultipleLogin= 1
CATRTCDebugMode= 1
CATRTCAllTrace= 1
LA_3DF_TGGravity
LA_3DF_TrayOnCablewayFilteringCriteria
LA_3DF_AutomaticDetailDesign
TPE_Autosurf= 1
```

添加以上环境变量,可以使 (Civil 3D Design) APP 增加线路设计的一些功能,以及使 (Terrain Preparation) APP 增加网格(Mesh)面转曲面等功能。

1.8 帮助文档安装及添加

帮助文档安装可采用绿色解压缩版本,以减少安装工作量。

(1) 将安装目录 R2019x_NativeApps\06.帮助文档中压缩文件 B421doc_Chinese.zip 拷贝至 D 盘,并进行解压缩。

(2) 启动 3DE R2019x 客户端,在软件右上角 (Me) 图标下,单击首选项-传统首选项-常规-帮助,在【位置】栏添加帮助文档的解压目录 D:\B421doc_Chinese,单击"确定"按钮,完成帮助文档设定,如图 1.8-1 所示,注意【联机】项不勾选。

在 3DE R2019x 客户端,将鼠标放置在命令上,再按 F1 键,即可打开此命令相关帮助文档,如图 1.8-2 所示。

第1章 3DE平台安装方法

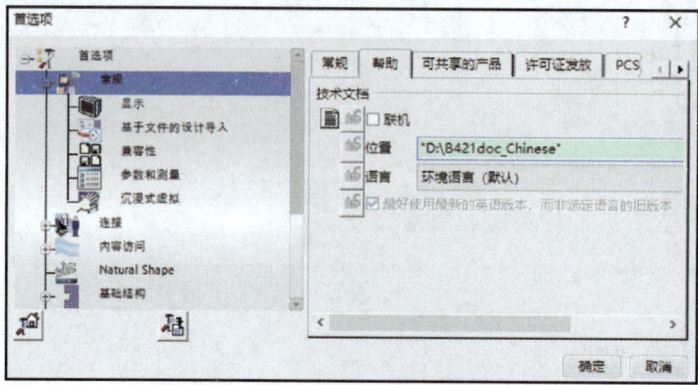

图 1.8-1 帮助文档添加

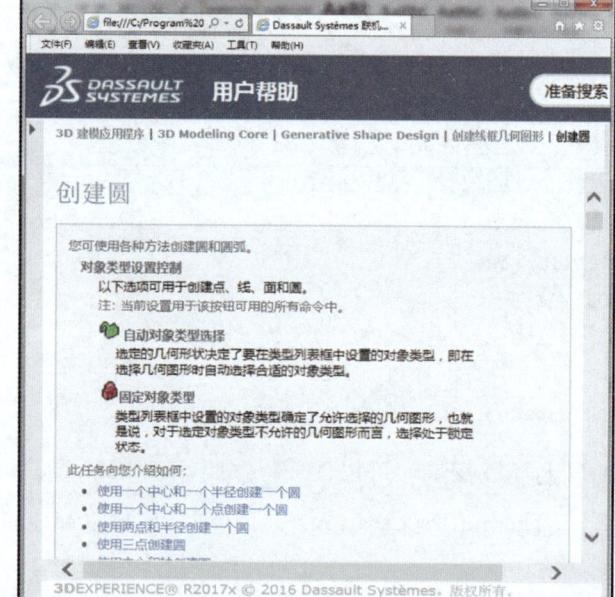

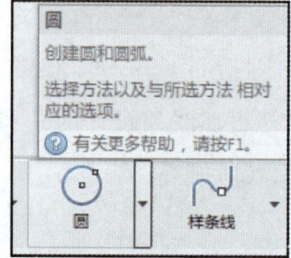

图 1.8-2 打开帮助文档

第 2 章
3DE 平台配置

2.1 Web 端配置

2.1.1 基本概念

（1）合作区（Collaborative Space）。合作区是数据成组存储的安全空间。通常可代表不同的项目，也可用于限制协作组织之间的数据安全访问。

合作区提供了一个空间，使同一个项目中具有不同设计任务的人员可以在此空间内协同设计和交付内容。同时，合作区可以统一管理空间内部数据的访问权限。因此在项目开始时，一般为项目单独建立一个合作区。

只有平台管理员拥有合作区的创建权限。由项目级 BIM 管理员（协助项目总工）向平台管理员申请并进行项目合作区的创建。

（2）组织（Organization）。组织是指用户的分组或所属的部门。组织之间有上、下级和并列的关系。

（3）人员（Person）。人员是指系统平台中的用户，拥有独立的用户名和密码。人员可隶属于某个组织，拥有某些角色，为某个合作区工作。

（4）角色（Role）。角色是有相同的行为或工作内容的一类用户的统称。角色的不同代表着对不同对象（类型）可能有不同的权限范围。3DE 平台角色主要有以下几种：

1）查看者。可以访问分派给该用户的合作区和组织的内容。可以创建"个人管理"

内容（如收藏夹、个人文件夹等）。

2）参与者（Contributor）。继承所有查看者访问权限，可以创建"评估"内容（如审查、模拟等）。

3）作者（Author）。继承所有参与者访问权限，可以创建"定义"内容（如要求、物理产品、XCAD、EBOM 零件、系统等），同时可以管理所属合作区中分配给该用户的所有设计数据。

4）领导（Leader）。继承所有作者访问权限，可以创建"设计资源"内容（如库等），同时可以导入、导出 3DXML 数据。

5）所有者（Owner）。可以阅读包括个人内容的合作区的任何内容，可以创建"管理资源"内容（如材料域、资源集等），同时可以管理合作区资源，如人员、标准内容（模板库）等。

6）管理员（Administrator）。继承所有者全部权限，管理和调整服务器参数。

2.1.2 合作区建立

默认只有平台管理员拥有合作区的创建权限。在 3DE R2019x 中创建合作区的方法如下：

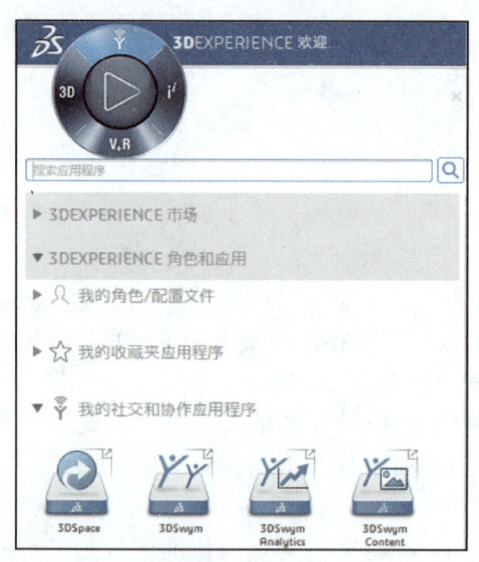

图 2.1-1 进入【3DSpace】APP

新建一个合作区首先需要使用 Web 端登录。在浏览器中输入本单位服务器地址 https：//bim.xxx.xxx.xx/3ddashboard，输入用户名和密码登录。登录后，单击 (罗盘北象限) 图标，选择【3DSpace】APP，如图 2.1-1 所示。进入 APP 后，界面将显示该用户所在的所有合作区，如图 2.1-2 所示。单击"＋协作区"按钮进入合作区创建界面，如图 2.1-3 所示。此外，【3DSpace】APP 除了可在网页端直接登录外，还可以在客户端单击 (罗盘北象限) 图标，选择 (3DSpace) APP 跳转至网页端。注意客户端 APP 图标中如果带有斜向上箭头 ( )，则表明该 APP 为网页版。

合作区的可见性属性分为"公共""受保护""私人"和"标准"四种状态。

图 2.1-2 合作区管理界面

2.1 Web端配置

(1) 公共。可见性为"公共"状态时，用户可从任何其他合作区自由访问此合作区的内容。

(2) 受保护。可见性为"受保护"状态时，登录此合作区或其他任何合作区的用户可以看到处于已发布 M4 状态或已废弃的内容。

(3) 私人。可见性为"私人"状态时，登录到其他任何合作区的用户不会看到此合作区的内容，内容仅允许此合作区的成员访问。

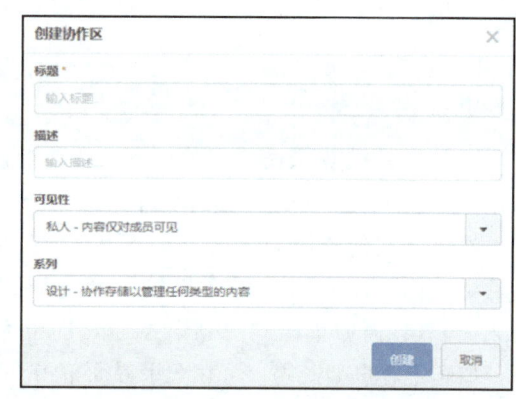

图 2.1-3 创建合作区

(4) 标准。可见性为"标准"状态时，访问权限与处于"公共"状态时一致，一般用于重用标准件或专业资源库。

为提高合作区规范性和可识别性，一般以项目编码来命名，如与其他项目无数据协同需求，则合作区可见性一般设置为"私人"状态。以某项目为例，在创建合作区时，为方便项目内容的管理，合作区可见性设置为"私人"状态，标题为"DZYS-E"，描述为"某项目施工详图阶段"。

2.1.3 人员和权限配置

合作区领导或者所有者角色可以为该项目合作区添加成员。添加项目成员具体方法如下：

在 3DE 客户端单击 （罗盘北象限）图标，选择【3DSpace】APP。进入 APP 后，界面将显示该用户所在的所有合作区。单击创建好的 DZYS-E 合作区，如图 2.1-4 所示，单击右上方的 （添加成员）按钮，在【供稿人】、【作者】及【领导者和所有者】栏中输入成员名字或工号，可为合作区添加项目成员。注意，此方法适用于 R2017x 版本，目前在 R2019x 版本中只能输入成员名字的拼音如 xujun，无法按名字或工号来添加成员。

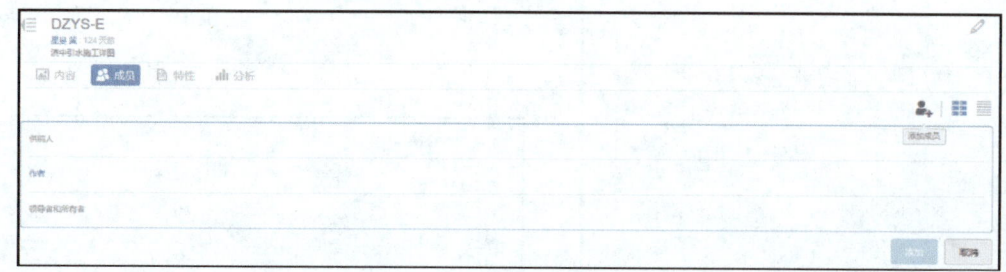

图 2.1-4 添加成员及角色

添加成员时先选择相应的合作区访问角色。在项目中，一般为项目级 BIM 管理员和项目总工分配所有者角色，为专业负责人和专业主设人员分配领导角色，为专业设计人员分配作者角色。用户在登录 3DE 客户端时，选择项目对应的合作区及角色，如图 2.1-5

所示。

2.1.4 客户端密码修改及找回

3DE 客户端登录密码可在 Web 端进行修改。在浏览器中输入本单位服务器地址 https：//bim.xxx.xxx.xx/3dpassport，出现如图 2.1-6 所示界面。输入账户和密码登录后，弹出【我的资料】界面，如图 2.1-7 所示。单击【更新我的密码】弹出如图 2.1-8 所示对话框，输入旧密码后再输入新密码并确认新密码，单击"发送"按钮，再返回到图 2.1-7 界面中单击"更新"按钮，即可完成客户端密码修改。

如忘记客户端密码，可在登录界面单击 Forgot my password（忘记密码），如图 2.1-9（a）所示，按照提示输入注册邮箱即可找回密码，如图 2.1-9（b）所示。

图 2.1-5 客户端登录角色选择界面　　　　图 2.1-6 Web 端登录界面

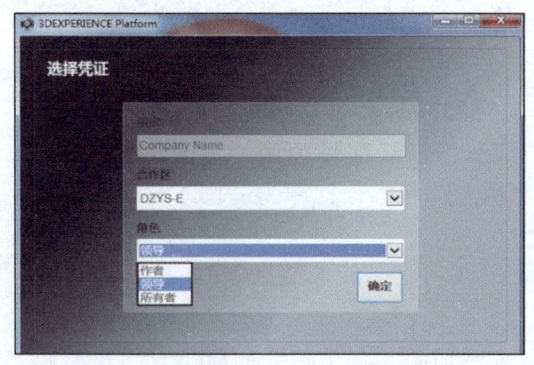

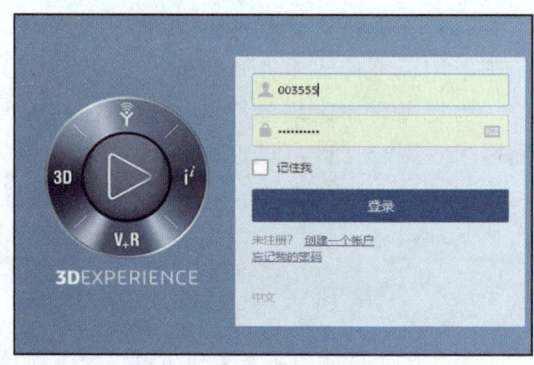

图 2.1-7 【我的资料】界面　　　　图 2.1-8 【更新我的密码】界面

2.2 客户端配置

(a)　　　　　　　　　　　　　　　(b)

图 2.1-9　找回密码

2.2 客户端配置

2.2.1　客户端登录

完成服务器设置后，单击 3DE R2019x 软件桌面图标，弹出的对话框如图 2.2-1（a）所示，输入用户名及密码并勾选【记住我】复选框，如图 2.2-1（b）所示，下次即可自动登录，无须再输入用户名及密码。

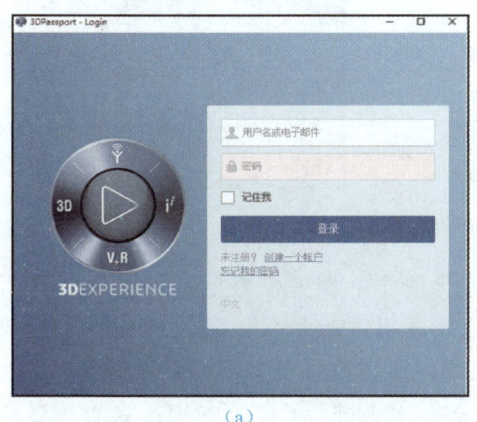 

(a)　　　　　　　　　　　　　　　(b)

图 2.2-1　3DE 客户端登录界面

如需更换用户，则要取消记住密码，具体操作如下：
单击 IE 工具【Internet 选项（O）】，弹出的对话框如图 2.2-2（a）所示，单击"删除"按钮，弹出的对话框如图 2.2-2（b）所示，勾选【密码】选项，即可取消记住密码。

2.2.2　通用首选项设置

为方便在 3DE 平台中进行协同设计工作，首先对平台的常用选项进行统一设置。单

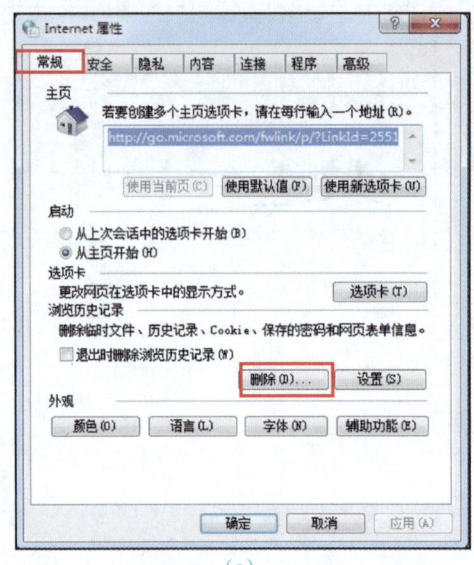
(a)

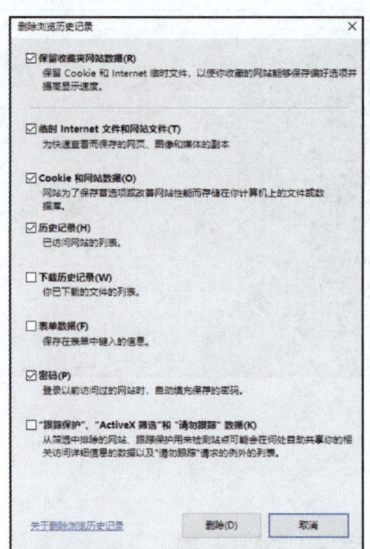
(b)

图 2.2-2 取消记住密码

击 3DE R2017x 平台界面右上角 ![Me] （Me）图标，从弹出菜单中选择【首选项】，进入首选项设置界面，如图 2.2-3 所示。R2019x【传统首选项】与 R2017x【首选项】完全相同，如图 2.2-4 所示。

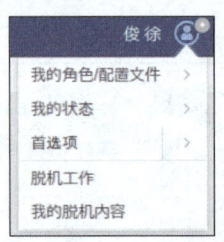
图 2.2-3 R2017x 进入首选项设置

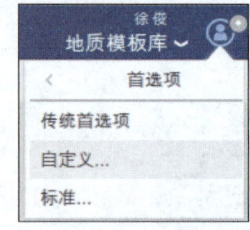
图 2.2-4 R2019x 进入【传统首选项】设置

（1）模型显示精度。在首选项-常规-显示-性能中，调整模型显示精度，如图 2.2-5 所示。精度的数值越小，显示精度越高，消耗计算机资源越多。大尺寸的模型建议选择按【比例】显示模型精度，否则易出现卡顿现象，比例值可根据需要自行调整。

（2）参数树型视图设置。在首选项-常规-参数和测量-知识工程中，设置参数树型视图。将【带值】和【带公式】前的复选框勾选上，如图 2.2-6 所示。结构树中将显示参数的值以及约束参数的公式。

（3）设计范围设置。不同的设计范围提供不同的模型精度和最大尺寸，3DE 平台 R2017x 提供"大范围""正常范围"和"小范围"供用户选择，R2019x 中还有"超大范围"。其中，常用的是正常范围和大范围。正常范围允许创建范围从 -1km 至 1km 不等的对象，模型精度为 0.001mm，大范围允许创建范围从 -100km 至 100km 不等的对象，模型精度为 0.1mm，如图 2.2-7 所示。

在首选项-常规-参数和测量-设计限制中，设置默认设计范围。基于行业特点，通常

2.2 客户端配置

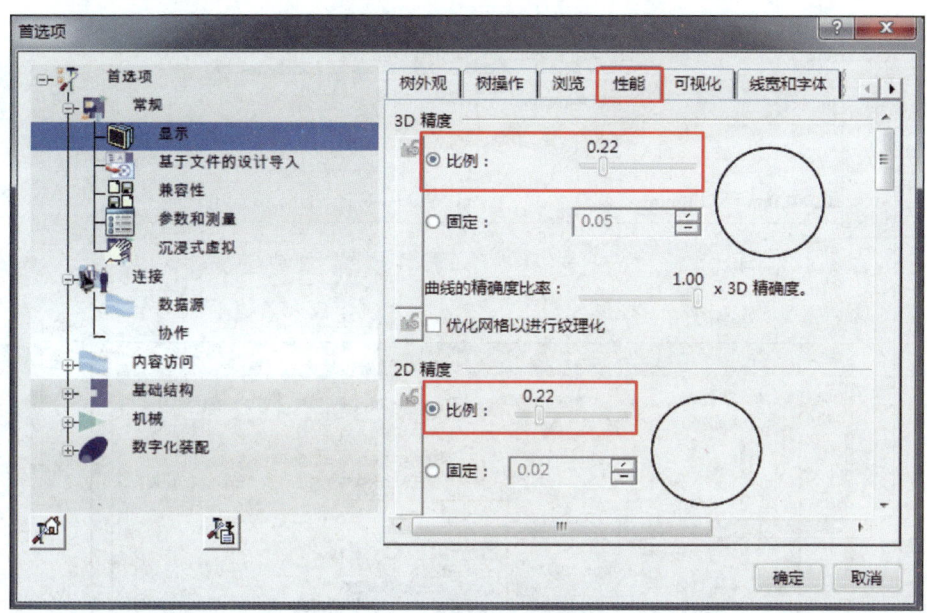

图 2.2-5 模型显示精度设置

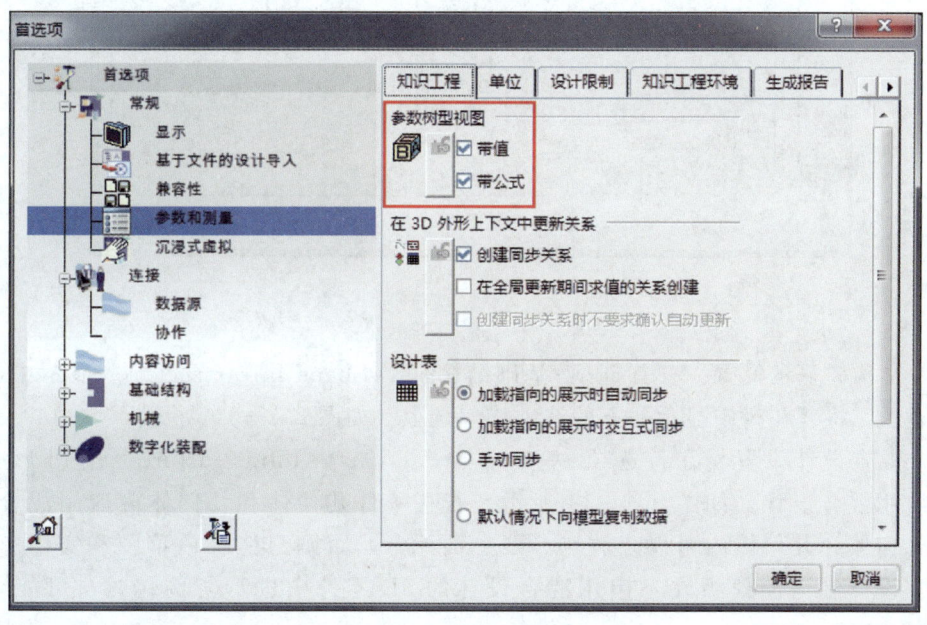

图 2.2-6 参数树型视图设置

选择大范围作为默认设计范围，如图 2.2-8 所示。

（4）设计单位设置。在首选项-常规-参数和测量-单位中，设置设计单位。设置大范围的长度单位为米（m）正常范围的长度单位为毫米（mm），如图 2.2-9 所示，另外对体积、面积单位也应进行相应设置。

21

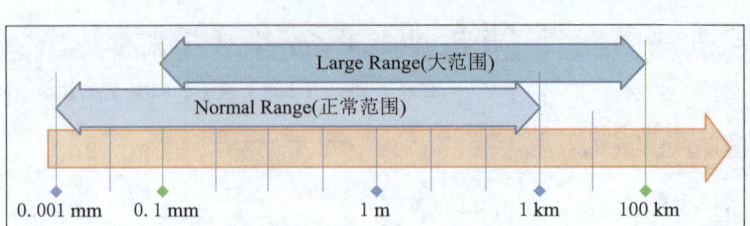

图 2.2-7　设计范围

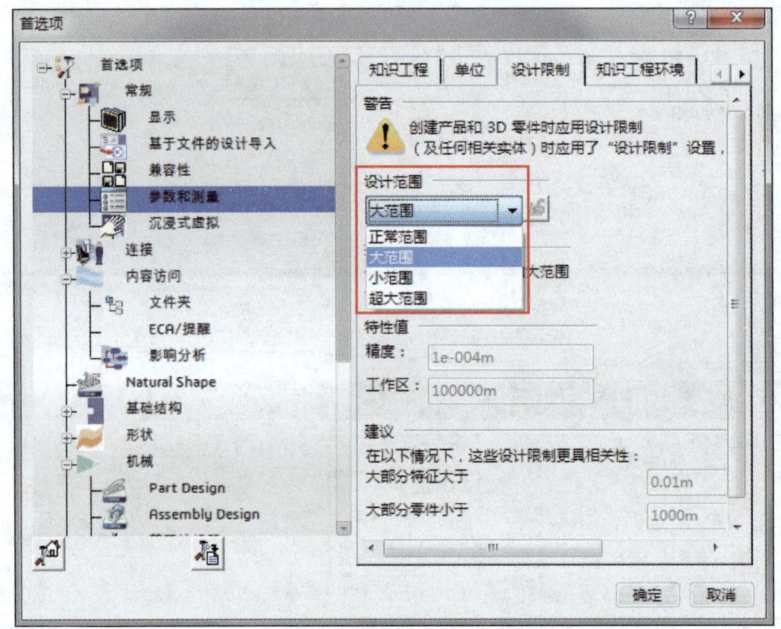

图 2.2-8　默认设计范围设置

（5）结构树显示设置。在首选项-基础结构-3D Shape Infrastructure-显示中，设置结构树显示。将【在树中显示】下的选项均勾选上，如图 2.2-10 所示。

（6）混合设计设置。在首选项-基础结构-3D Shape Infrastructure-3D 外形中，设置是否启用混合设计，如图 2.2-11 所示。若在零件几何体和几何体内启用混合设计，则零件几何体和几何体内可以存放点、线、面元素，否则只能存放草图和实体。另外，启用混合设计制作的模板在不启用混合设计的 3D 零件中进行实例化时，可能会出现错误。

（7）内容访问设置。为了在 3DE 平台中更直观地体现项目结构树工作包的分解，在平台中定制了特定类型，定制类型包括项目节点、虚拟节点和工作包等，如图 2.2-12 所示。

1）项目节点。项目节点代表一个项目，项目不同的阶段在平台中以不同的项目节点进行组织管理。

2.2 客户端配置

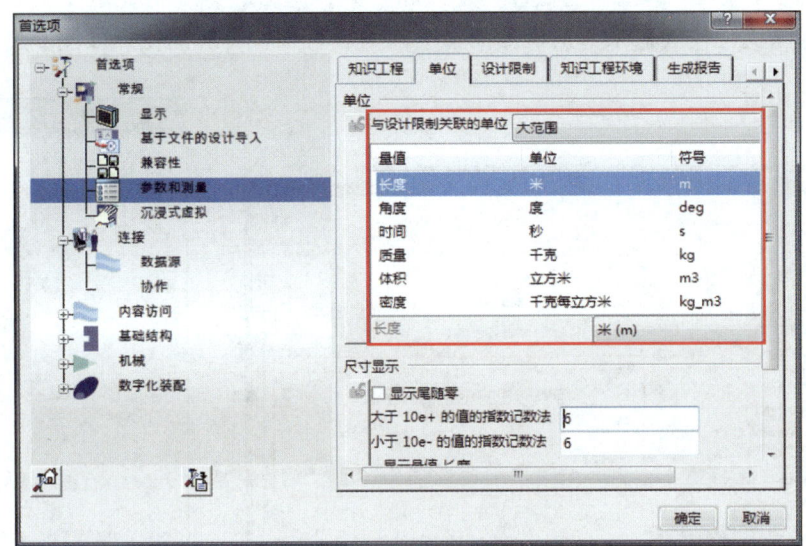

图 2.2-9　设计单位设置

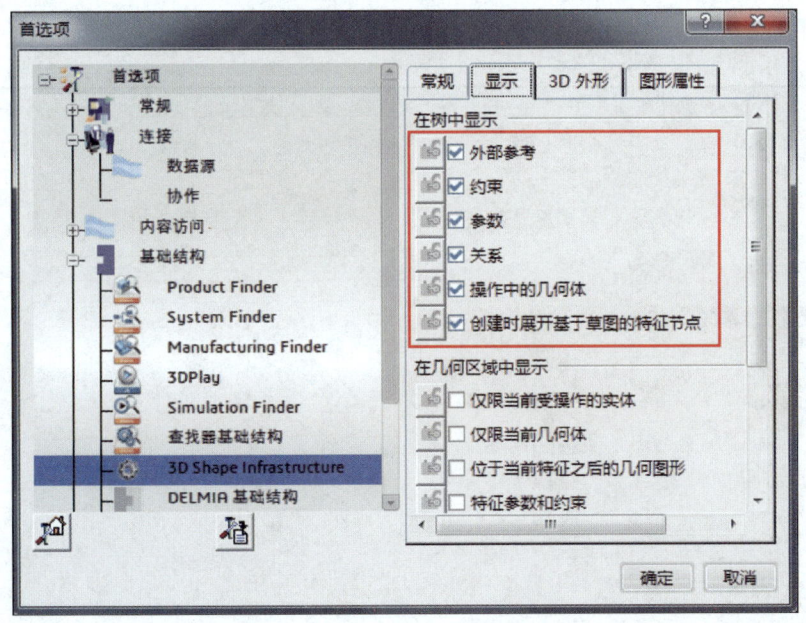

图 2.2-10　结构树显示设置

2）虚拟节点。虚拟节点表达了对项目各专业节点三维设计的策划。

3）工作包。工作包是设计结构树的最末级节点，是任务分派的基本单元，可用于独立评审工作。在首选项-内容访问-属性中，将项目节点、虚拟节点和工作包在结构树上显示的属性进行调整，显示其标题、描述、负责人和设计范围等内容，如图 2.2-13 所示，以方便任务分解与协同设计。

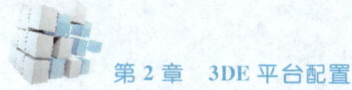

第 2 章　3DE 平台配置

（8）激活优化模式设置。在首选项-建筑和公共设施-地形制备-显示模式中，显示着色点云时，勾选【优化模式】来平衡机器的显卡能力，可加快计算速度，如图 2.2-14 所示。

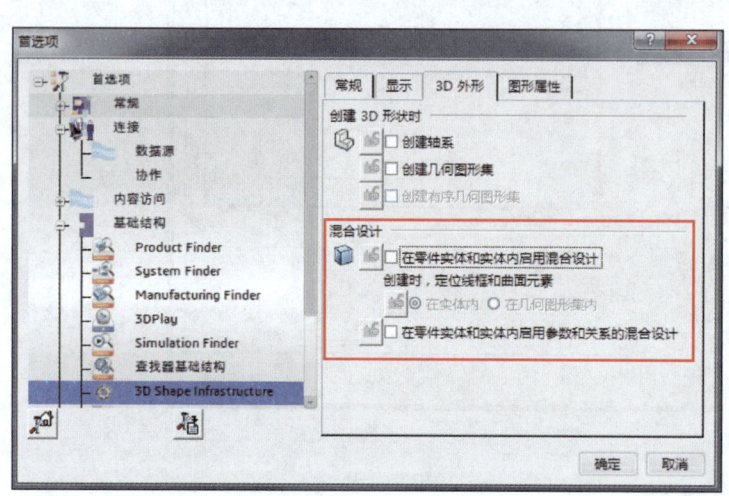

图 2.2-11　混合设计设置　　　　　　　　　　图 2.2-12　定制类型

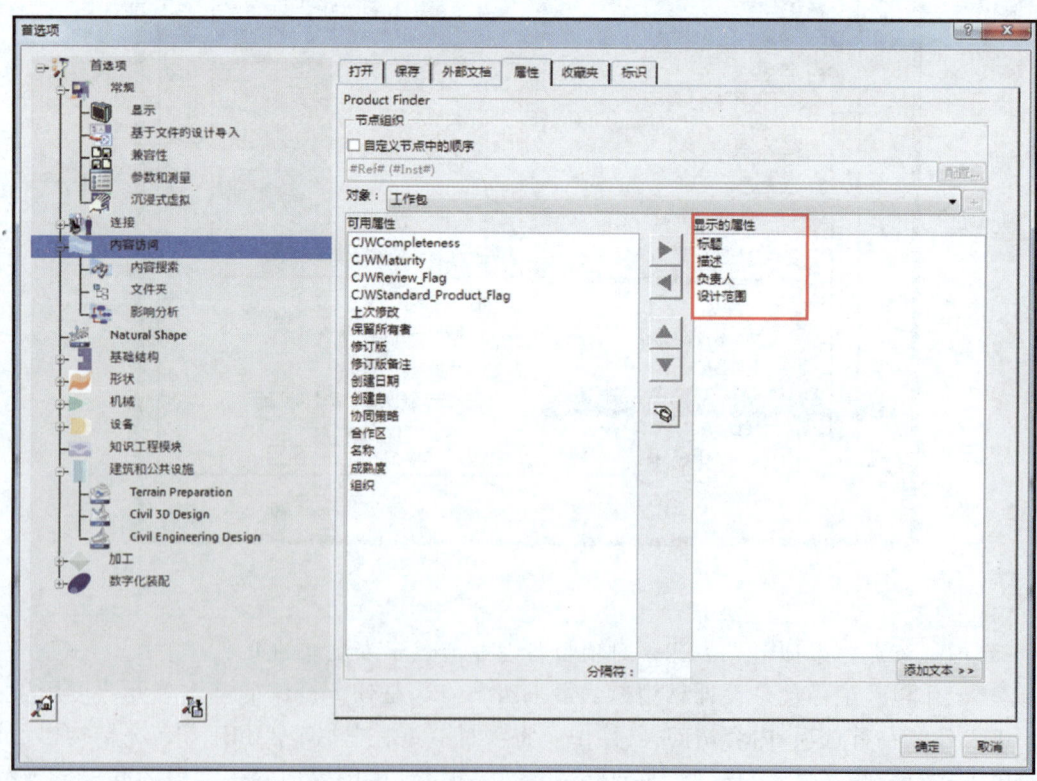

图 2.2-13　调整定制类型显示的属性

2.2 客户端配置

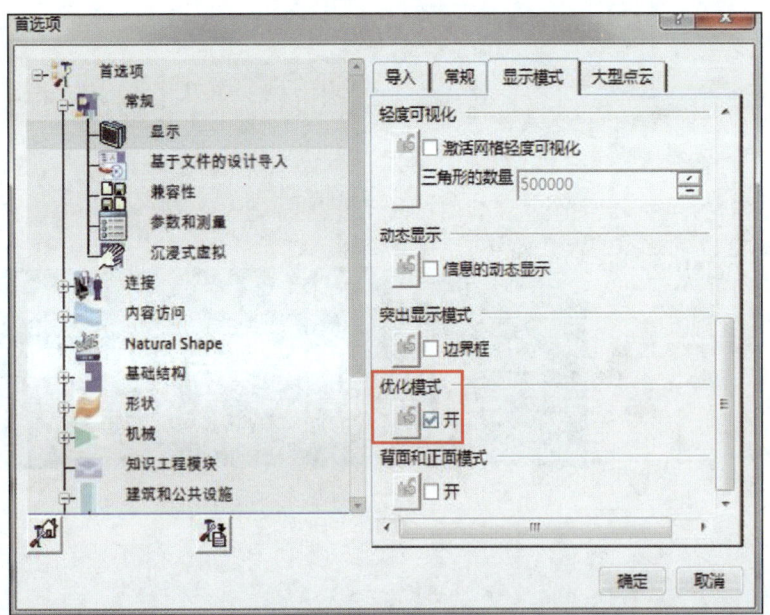

图 2.2-14　激活优化模式设置

第 3 章 3DE 平台工作界面与基本操作

3.1 通用界面

3DE 平台 R2019x 版本通用界面如图 3.1-1 所示，从左到右依次分为以下几部分：

【3DE 罗盘】：用于布置不同角色的人员所用到的各类应用，通过分类布置的方式便于不同的人员查找自己常用的应用。

【文档标签】：代表当前打开的文档。

【当前应用】：代表完成某项工作时所有命令与工具的集合。

【搜索窗口】：用于查找及打开文档资料。

【用户选项】：用于进行各种设置及定义各类标准。

【新增文件】：用于新建物理产品、3D 零件等文件，新建 VPM 文档还可以从本地导入

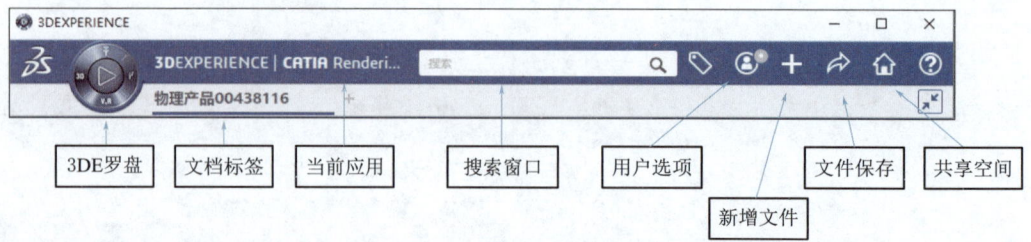

图 3.1-1 3DE 平台 R2019x 版本通用界面

doc、ppt、pdf 文件及图片等，通过【新增文件】还可导入各种格式文件至 3DE 平台中。

【文件保存】：用于保存及导出文件。

【共享空间】：用于切换各类合作区。

3.2 地质建模主要 APP

3DE 平台 R2019x 版本用于三维地质建模的角色主要是 (Civil Engineer)，在该角色的 (Civil 3D Design)、 (Product Structure)、 (Terrain Preparation) 及 (Drafting) 等 APP 内可以完成三维地形、地质建模及二维出图，在 (Aesthetical Shape Modeler) 角色的 (Rendering Scene Design) APP 内可以完成模型后期材质的添加及渲染。

(Civil 3D Design) APP 工作界面包括设计结构树、文档标签、工具栏、状态栏、设计机器人和绘图空间，如图 3.2-1 所示，其他 APP 工作界面与此基本一致。

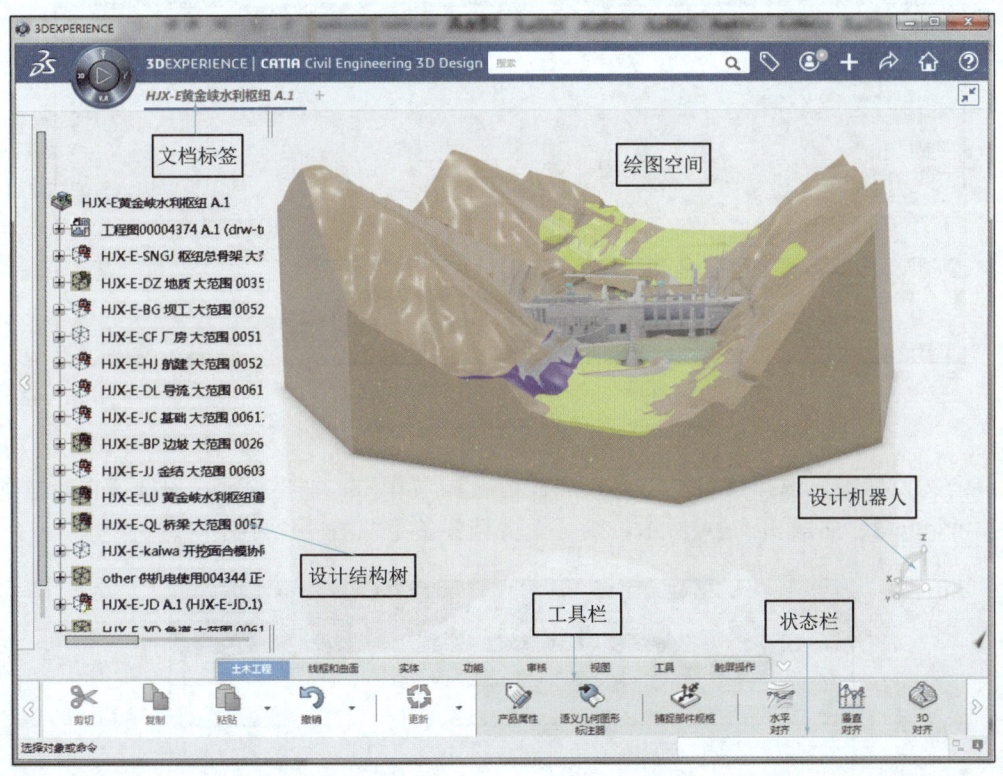

图 3.2-1 3DE 平台 Civil 3D Design APP 工作界面

3.2.1 文档标签

文档标签位于窗口的最上方，代表当前打开的文档。新生成一个对象时，将创建一个文档标签,一个文档标签可以包含一个或多个小窗口,小窗口可垂直或水平平铺,如图 3.2-2 所示。

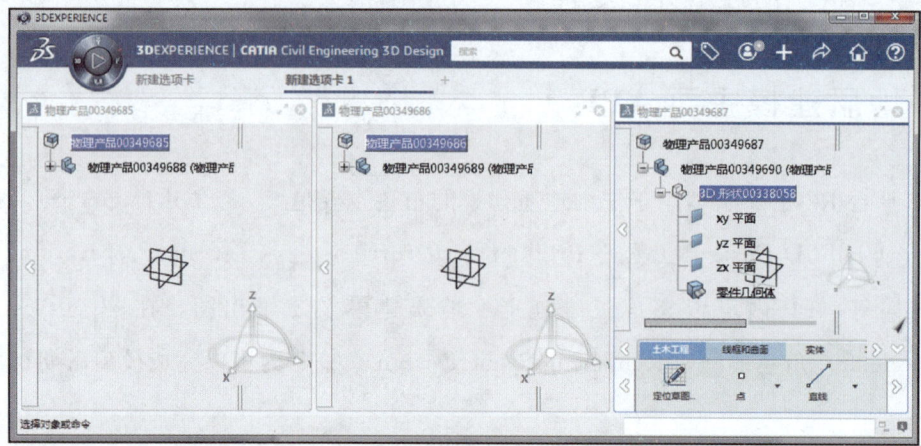

(a) 小窗口垂直平铺

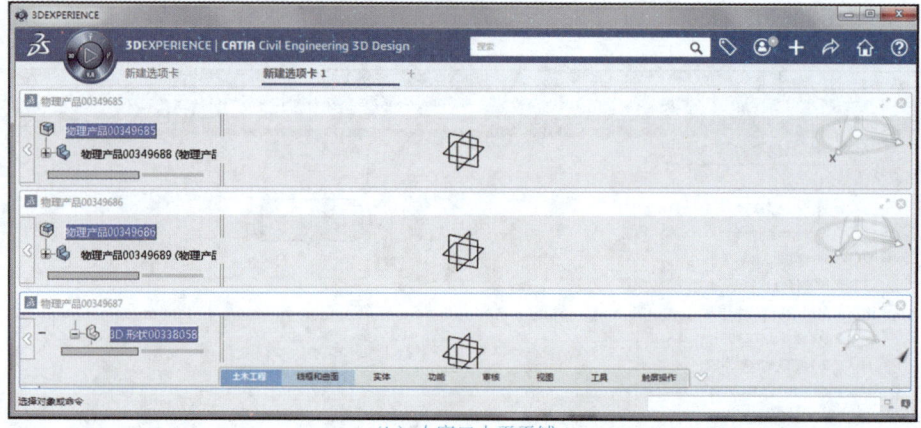

(b) 小窗口水平平铺

图 3.2-2 文档标签小窗口平铺形式

单击文档标签,选择【边栏工具布局首选项】,如图 3.2-3 所示,勾选【在新选项卡中创建 widget】,如图 3.2-4 所示,则一个文档标签下只有一个小窗口。

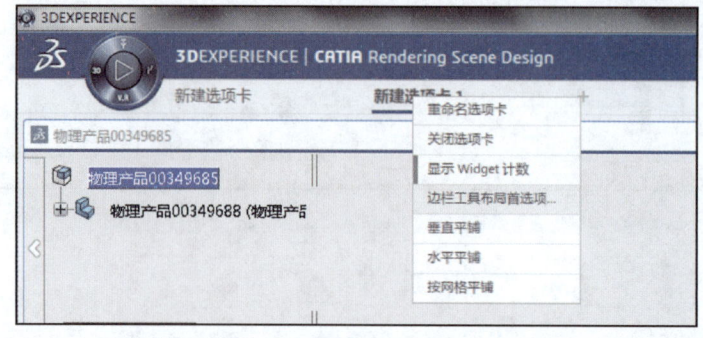

图 3.2-3 【边栏工具布局首选项】对话框

3.2 地质建模主要APP

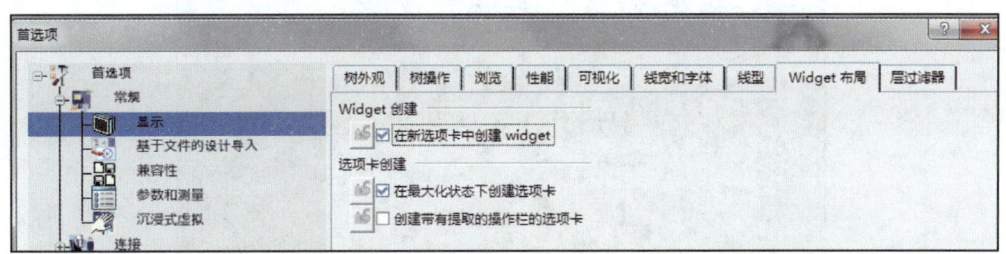

图 3.2-4 【在新选项卡中创建 widget】对话框

3.2.2 结构树

结构树用来表达和记录模型特征及技术对象的组织方式和状态等。结构树在不同的应用中展现的形式稍有不同，但基本形式类似。结构树由根节点与子节点组成，子节点可以嵌套更多的子节点，节点可以是不同类型的对象。节点存在激活与非激活两种状态。双击节点元素就可激活该节点，节点转为蓝底白字，如图 3.2-5 所示，此时 3DE 的应用转为支持该类型节点的应用。

结构树可以隐藏，按 F3 键或者单击左边的小箭头可以隐藏结构树。在结构树上右键单击上下文菜单的【重新构造基于】命令，可将该元素在绘图工作区中置于中间位置并放大到合适的比例，如图 3.2-6 所示。

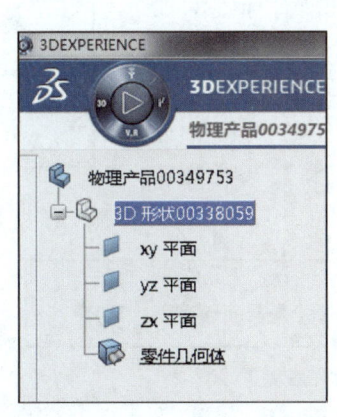

图 3.2-5 激活节点

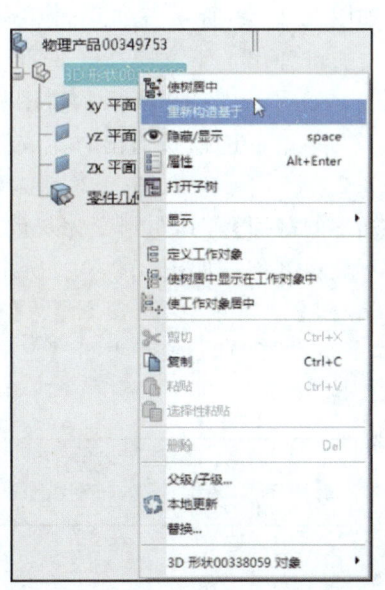

图 3.2-6 【重新构造基于】对话框

如需放缩结构树，可单击结构树结构图的主线，此时绘图区变暗，再按住鼠标中键不放，并轻点鼠标右键，然后滚动鼠标，可将结构树上的字体调整到适合大小，如图 3.2-7 所示，再次单击结构图的主线，可退出对结构树的操作。

第3章　3DE平台工作界面与基本操作

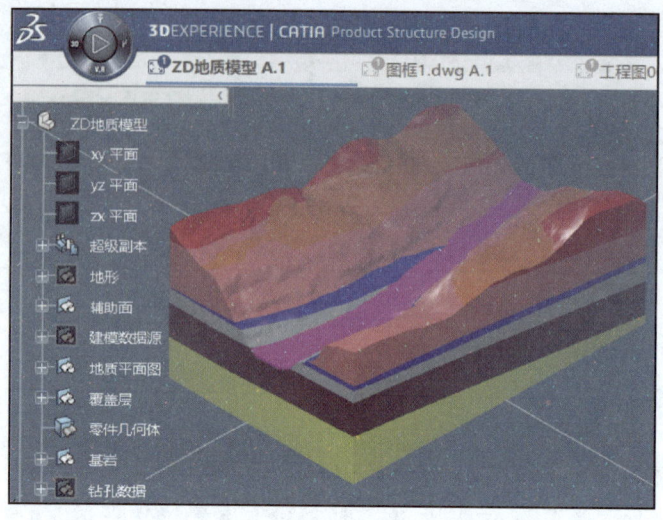

图 3.2-7　调整结构树字体大小

3.2.3　工具栏

工具栏是当前应用提供的命令的集合区。工具栏中图标右侧有小三角符号的代表该图标有折叠隐藏功能可供选择,按下小三角符号会有功能相近的命令弹出,如图3.2-8所示。

工具栏中带箭头圆圈表示有一些不常用的命令隐藏了,单击即可展开,如图3.2-9所示。如果希望将这些隐藏命令移到外面,可以单击右键弹出上下文菜单,选择【自定义】即可进入工具条编辑模式,如图3.2-10所示。将图标拖动到外面后,单击右键弹出上下文菜单,选择【退出自定义】即可退出工具条编辑模式,如图3.2-11所示。在图3.2-10中单击【带有标签的图标】、【带有标签的截面】,其左侧变为灰色,则工具栏所有命令仅显示图标而不显示名称,如图3.2-12所示。

注意：上述【带有标签的图标】、【带有标签的截面】为R2017x版本命令,R2019x版本中用【显示命令名称】及【隐藏命令名称】代替。

图 3.2-8　工具栏折叠

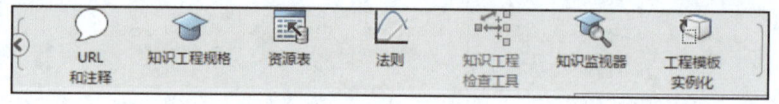

图 3.2-9　工具栏隐藏命令

3.2.4　状态栏

状态栏用于设计过程中使用命令时显示提示信息。状态栏位于用户界面下方,当光标指向某个命令时,该区域中即会显示描述文字,说明命令或按钮代表的含义,或当前命令待输入的内容。右下方为命令行,可以输入命令来执行相应的操作,类似于CAD的快捷命令。

3.3 基本操作

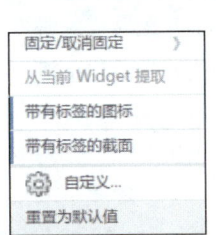

图 3.2-10 自定义工具栏　　图 3.2-11 退出自定义工具栏

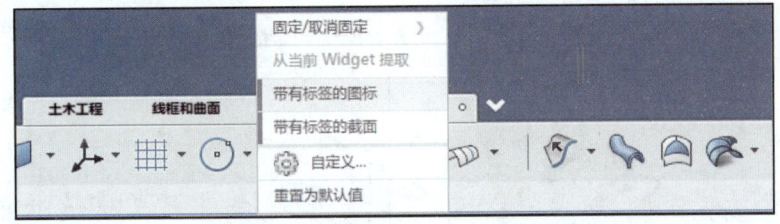

图 3.2-12 工具栏不显示命令名称

若用户界面下方未出现状态栏，则右键单击绘图区域，选择【显示】，勾选【状态栏】，如图 3.2-13 所示，用户界面下方即可出现状态栏。

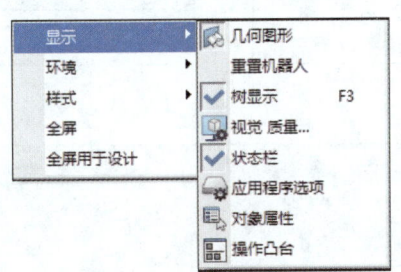

图 3.2-13 显示状态栏

3.2.5 设计机器人

在某些特殊的应用中，通过拖拽设计机器人到 3D 模型上可以配合其他命令来完成特定的操作。

3.3 基本操作

3.3.1 文件管理

文件管理包括创建、搜索、打开、保存、复制、删除、导入及导出文件。操作说明如下：

(1) 创建文件：单击软件右上角 ➕ 图标，选择【内容】选项，如图 3.3-1 所示，弹出新建内容对话框，如图 3.3-2 所示。选择【在创建类型时设置属性】，则允许在新建窗口设置文件名称和设计范围等属性。选择某一文件类型，如图 3.3-3 所示，单击"确定"按钮，即可创建文件。可在首选项里设置新建文件的前缀即标识字符串，如图 3.3-4 所示，标识字符串将显示在新建文件的标题前。新建工程文档还可以从本地导入 doc、ppt、pdf 文件及图片等。

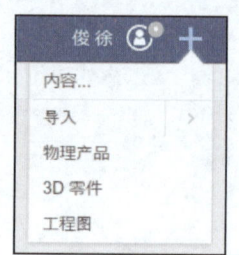

图 3.3-1　内容对话框

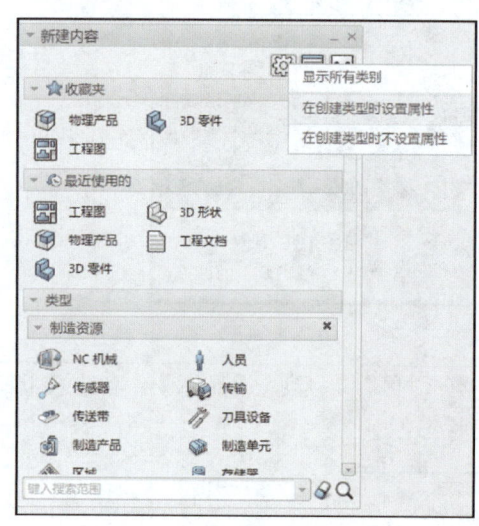

图 3.3-2　新建内容对话框

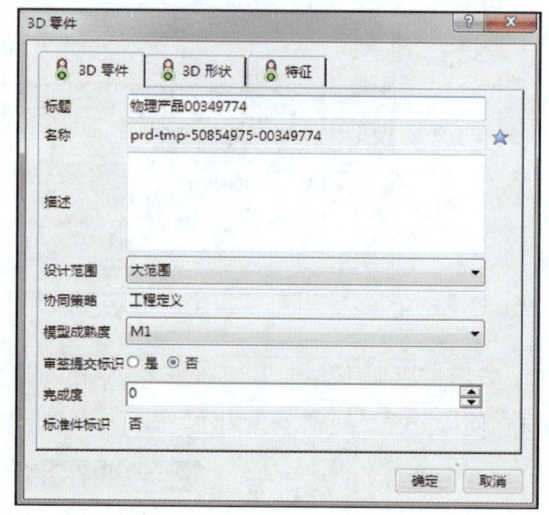

图 3.3-3　创建 3D 零件

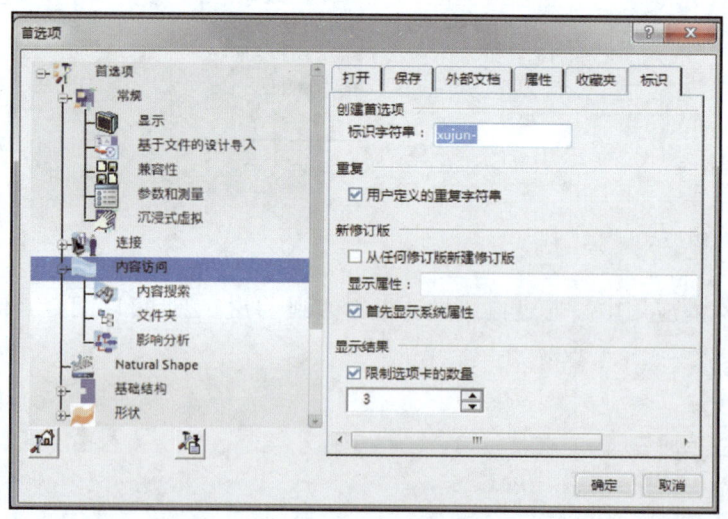

图 3.3-4　新建文件的标识字符串

(2) 搜索文件：在 3DE 平台中可以通过搜索来查找打开文档资料。搜索窗口有多种搜索类型，如图 3.3-5 所示。快速搜索支持关键字和标题搜索，支持全文搜索，2017xFP1713

3.3 基本操作

及以后的补丁可支持中文搜索。搜索我的内容可以查询我创建的内容。高级搜索可设置更多条件，根据数据属性或通配符规则进行搜索。

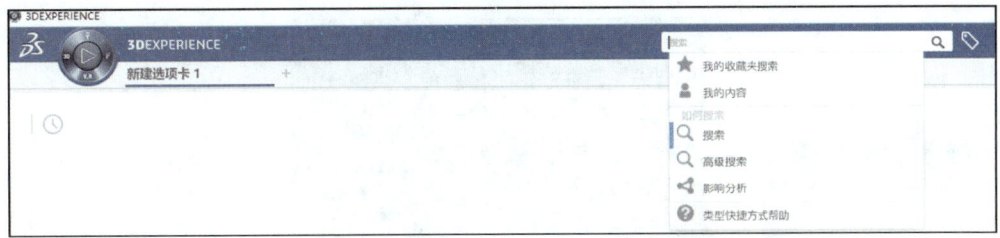

图 3.3-5　搜索类型

图 3.3-6　6W 搜索

6W 搜索可以在搜索结果里使用多重过滤减少搜索结果，如图 3.3-6 所示。单击 6W 下的标签可以过滤数据，同时按 Ctrl 键及鼠标左键可以多选标签，单击某个标签即可从【选定过滤器】中移除该标签。

（3）打开文件：对搜索的结果可以用浏览模式或设计模式打开。浏览模式进入方法：在搜索窗口右键单击装配对象，选择【浏览】，如图 3.3-7 所示。浏览模式只显示轻量化的 3D 模型，详细的设计过程不会展现在浏览状态下的结构树上。浏览模式结构树可以起到辅助选择的作用，在浏览模式的结构树上右键选择不同的对象时，可以在弹出的上下文菜单中选择【保留】或者【移除】，如图 3.3-8 所示。在后续的打开中，移除的元素就不会被打开。设计模式进入方法：在搜索窗口右键单击对象选择【打开】即可，如图 3.3-7 所示。

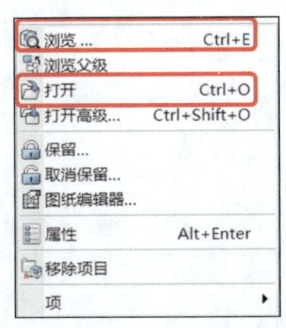

图 3.3-7　用浏览模式或设计模式打开文件

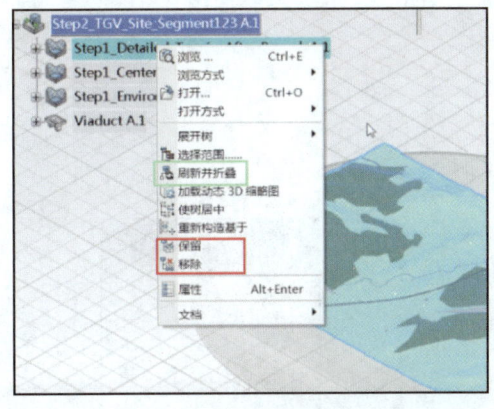

图 3.3-8　浏览模式保留或移除元素

（4）保存文件：文件的保存有几种方法，一是通过 Ctrl＋S 组合键保存当前窗口，二是通过保存选项保存当前窗口文件，如图 3.3-9 所示。全部保存是通过保存选项保存所有窗口文件，本地保存是将数据缓存到本地。通过选项保存和全部保存进行保存时，借助 B.I. 基础看板可查看保存状态，如图 3.3-10 所示。

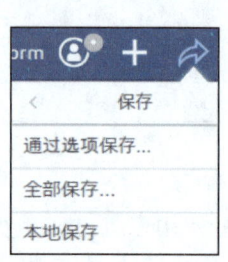

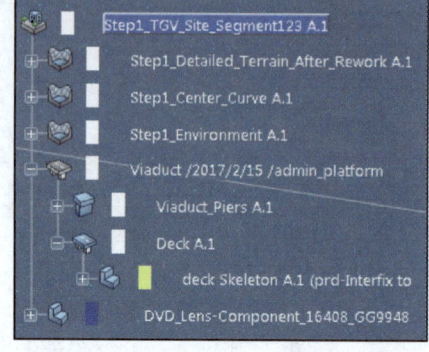

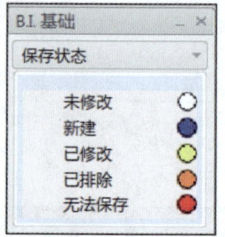

图 3.3-9　保存选项　　　　　　图 3.3-10　文件保存 B.I. 基础看板

（5）复制文件：在搜索结果列表中选中对象，单击 (罗盘北象限) 图标，进入 (Collaborative Lifecycle) APP。单击【生命周期】栏下 (复制) 命令，勾选【整个结构】即可复制。文件打开时也可复制，单击【复制】命令后再单击文件结构树总节点，勾选整个结构即可复制。

（6）删除文件：从数据库中彻底删除文件，首先需要在搜索结果列表中选中对象，单击 (罗盘北象限) 图标，进入 (Collaborative Lifecycle) APP，单击【生命周期】栏下 (删除) 命令进行删除。彻底删除数据需要保证被删除的数据与其他数据之间没有链接关系，被删除数据没有在其他地方实例化或引用，否则无法删除。

（7）导入文件：在 3DE 平台上可进行多种格式文件导入。单击右上角 图标，进行文件导入，如图 3.3-11 所示。可导入文件的格式很多，如图 3.3-12 所示，其中 3dxml、dwg、stp 及 stl 格式最常用。

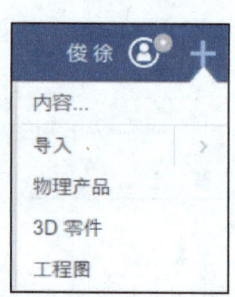

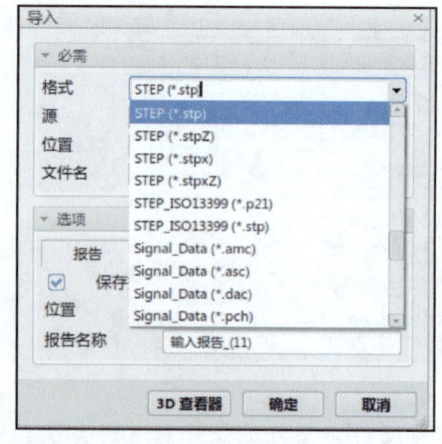

图 3.3-11　文件导入　　　　　　图 3.3-12　导入文件格式

注意：水利水电项目 dwg 格式文件在导入之前一定要进行平移，使得要导入的元素位于 CAD 软件坐标原点附近，保证要导入元素的坐标整数部分不能超过四位数，否则导入后在 3DE 工程制图中无法正常显示。

（8）导出文件：在 3DE 平台上常使用 3DXML 格式导出文件。单击软件右上角 图标，进行文件导出，如图 3.3-13 所示。文件导出最常用的有两种格式为：①带创作的 3DXML，如图 3.3-14 所示，导出可编辑的 3D 数据，文件包含产品结构，展示和可修改的零件特征等；②用于复核的 3DXML，如图 3.3-15 所示，导出不可编辑的 3D 数据，文件包含产品结构，3D 几何和图形属性等，导出的数据用于展示和复核。导出的 3DXML 格式文件可内嵌到 Microsoft Power Point、Word 及 HTML 等应用程序中。

图 3.3-13　文件导出

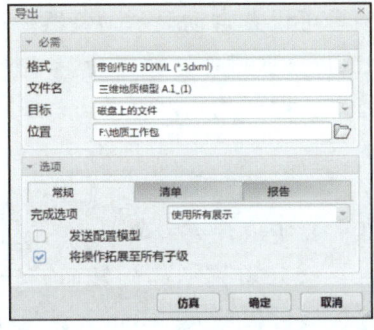
图 3.3-14　带创作的 3DXML

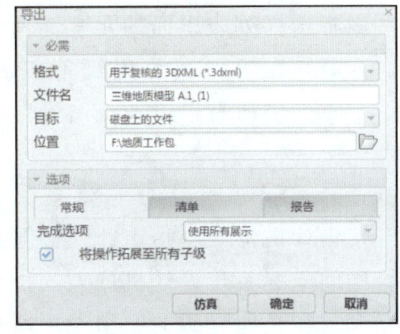
图 3.3-15　用于复核的 3DXML

（9）文件收藏夹功能：模型打开后，在 3DE R2017x 任意一个 APP 中，单击【工具】栏下 （添加到收藏夹）命令，可将文件添加到收藏夹。下次打开只需单击 （显示收藏夹内容），弹出的对话框如图 3.3-16 所示，选择文件后单击【打开收藏夹】即可。在 3DE R2019x 中将收藏夹直接放入了软件右上角 （Me）图标下，如图 3.3-17 所示，可更加方便打开文件。

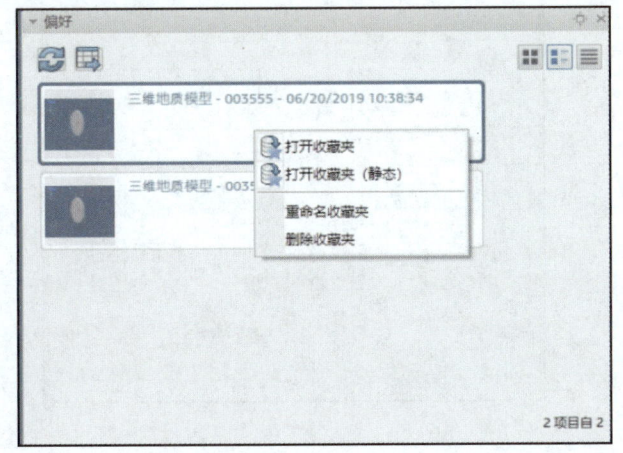
图 3.3-16　打开收藏夹

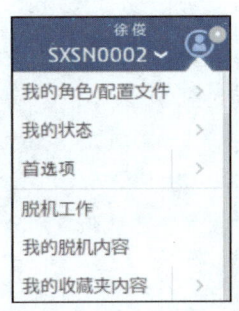
图 3.3-17　R2019X 收藏夹位置

3.3.2 鼠标操作

在 3DE 平台中，进行对象操作时常用的鼠标操作如下：

（1）左键单击：选择对象。

（2）中键单击：将鼠标指针处的物体放到标签窗口的中心。

（3）右键单击：上下文菜单。

（4）按住中键同时按住右键：当前窗口绕窗口中心旋转。

（5）按住中键同时单击右键：当前窗口缩放模式。

（6）Ctrl+鼠标左键单击：复选多个对象。

（7）鼠标点选三维模型某元素后，立刻按键盘←/→键，出现预选列表及窗口，可以用鼠标选择列表里面的元素。首选项里可设置自动显示预览器。

（8）在 APP 中，左键单击命令执行一次操作，双击命令可执行多次操作。

本书中所有单击及点击操作未特别注明时均指左键单击。

3.3.3 设计机器人（指南针）

设计机器人（指南针）如图 3.3-18 所示，一般位于绘图区的右下角，代表模型的三维空间坐标系，设计机器人（指南针）会随着模型的旋转而旋转，有助于建立空间位置概念。在某些特殊的应用中，通过拖拽设计机器人到 3D 模型上可以配合其他命令来快速完成特定的操作，如定位、装配等。常用的设计机器人（指南针）操作说明如下：

（1）鼠标指向设计机器人（指南针）圆弧，按住鼠标左键，移动鼠标，物体可以在弧线所在平面内旋转；用鼠标指向设计机器人的中轴线，按住鼠标左键，移动鼠标，物体可以沿中轴线方向移动。

（2）双击设计机器人，系统弹出【机器人操作参数】对话框，可用于修改坐标系的参数，如图 3.3-19 所示。

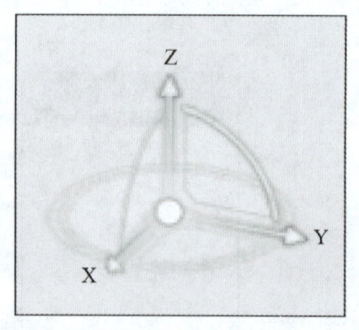

图 3.3-18 设计机器人（指南针）

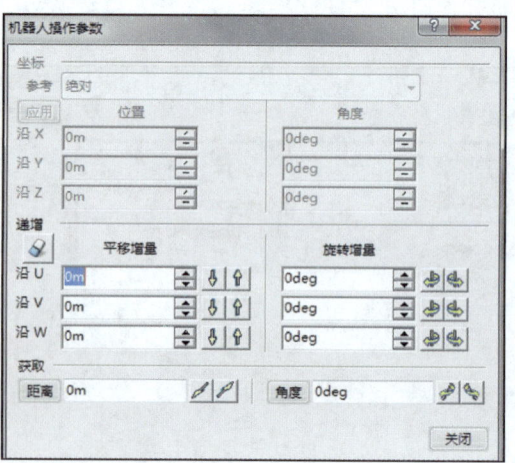

图 3.3-19 【机器人操作参数】对话框

（3）用鼠标左键按住设计机器人（指南针）底部的白色圆圈，拖动设计机器人（指

3.3 基本操作

南针），可以将设计机器人（指南针）拖动到物体上，如图3.3-20所示。

（4）用鼠标右键单击设计机器人（指南针），弹出如图3.3-21所示快捷菜单，选择【锁定当前方向】可以锁定当前的绘图方向，选择【将优先平面方向锁定为与屏幕平行】可以调整指南针方向与物体的当前视角平行。

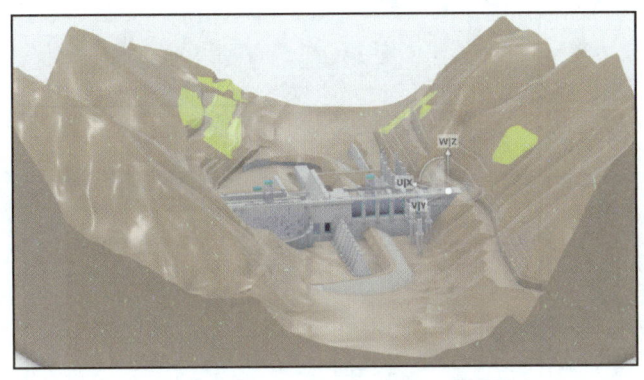

图3.3-20 拖动设计机器人

图3.3-21 设计机器人快捷菜单

3.3.4 自定义选项设置

用户通过软件【自定义】功能可以添加常用APP、定义工具条及界面语言，还可以为很多常用命令，如隐藏、俯视图等设置快捷方式，以方便操作。【自定义】功能可以通过首选项后隐藏菜单中的【自定义】命令调出。

（1）自定义收藏夹。单击 (Me) 图标，再单击首选项右侧的小三角，如图3.3-22所示。选择【自定义】栏，弹出对话框，单击【收藏夹】栏，如图3.3-23所示。选择对话框左侧的APP，单击 ⟶ 按钮，可将其添加至收藏夹中。已添加至收藏夹中的APP可通过 ⟵ 按钮从收藏夹中移除。

图3.3-22 【首选项】对话框

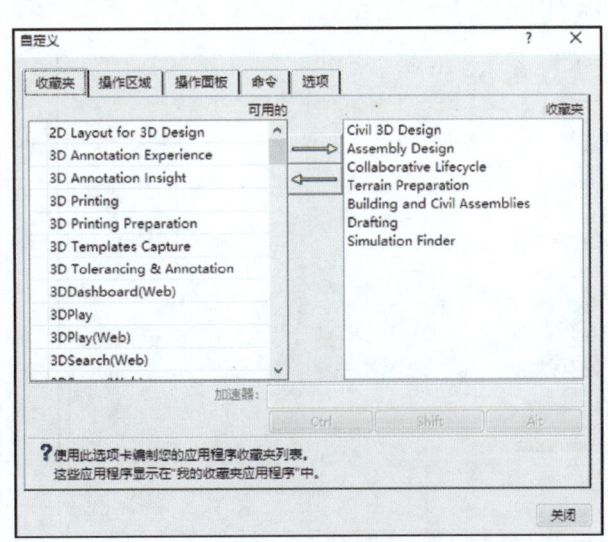

图3.3-23 添加命令至收藏夹

(2) 自定义操作区域。单击图 3.3-23 中【操作区域】栏，再单击【线框】选项，如图 3.3-24 所示。选择【添加命令】，弹出命令列表，单击任意命令后，中文状态下输入"展开"，则可搜索至【展开】命令，如图 3.3-25 所示，单击"确定"按钮可将【展开】命令添加至【线框】栏。

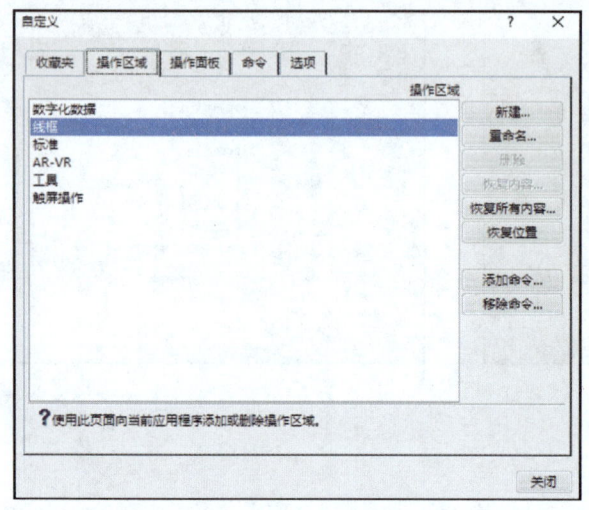

图 3.3-24　【操作区域】栏

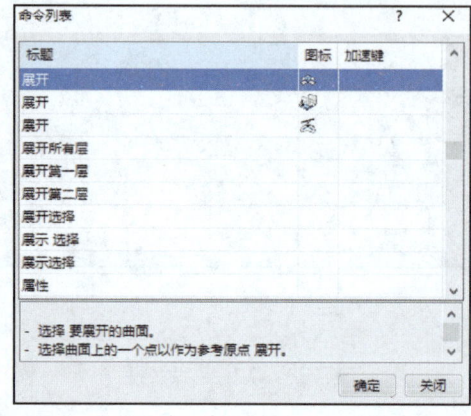

图 3.3-25　添加【展开】命令

(3) 自定义操作面板。单击图 3.3-23 中【操作面板】栏，再单击【添加命令】选项，弹出的命令列表如图 3.3-26 所示。单击任意命令后，中文状态下输入"三点圆"，则可搜索至【三点圆】命令，如图 3.3-27 所示。单击"确定"按钮可将【三点圆】命令添加至【操作面板】中。右键单击绘图空间，选择【显示】后再单击【操作面板】即可在绘图空间中显示操作面板，如图 3.3-28 所示，操作面板中有我们自定义的常用命令。

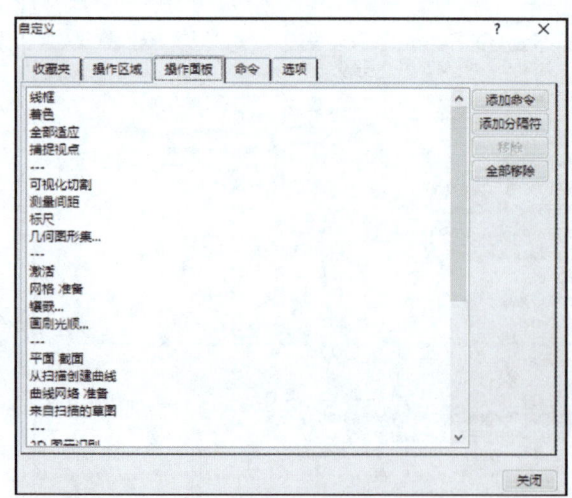

图 3.3-26　【操作面板】栏

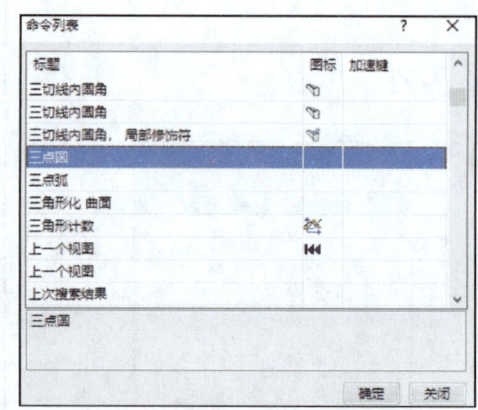

图 3.3-27　添加【三点圆】命令

3.3 基本操作

（4）自定义快捷命令。单击图 3.3-23 中【命令】栏，对话框如图 3.3-29 所示。选择【视图】中的【隐藏/显示】命令，单击【显示属性】，在加速器中可设置该命令的快捷键，如图 3.3-30 所示。

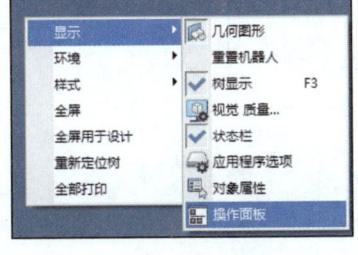

图 3.3-28 显示操作面板

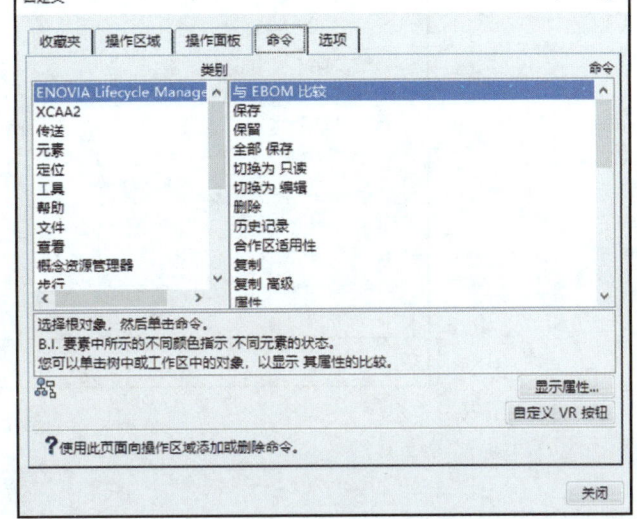

图 3.3-29 【自定义】对话框

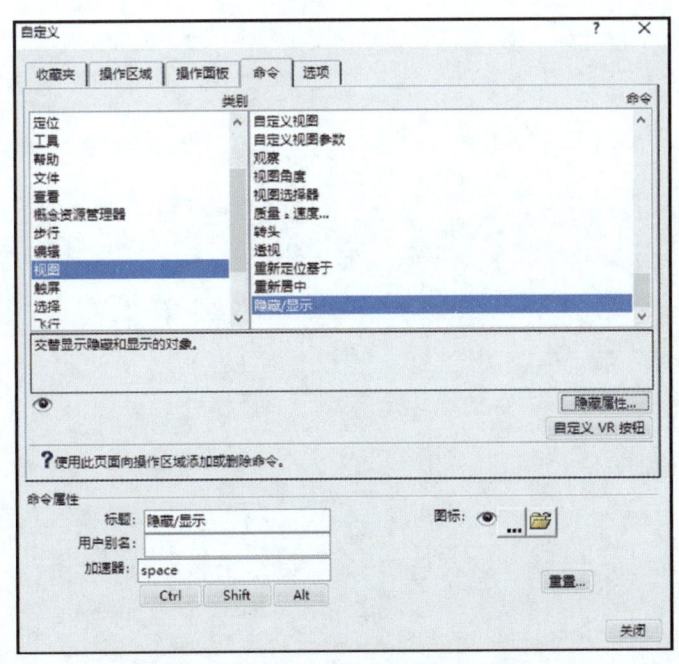

图 3.3-30 创建快捷方式

（5）自定义语言。单击图 3.3-23 中【选项】栏，在【用户界面语言】中选择软件界面语言，如图 3.3-31 所示。

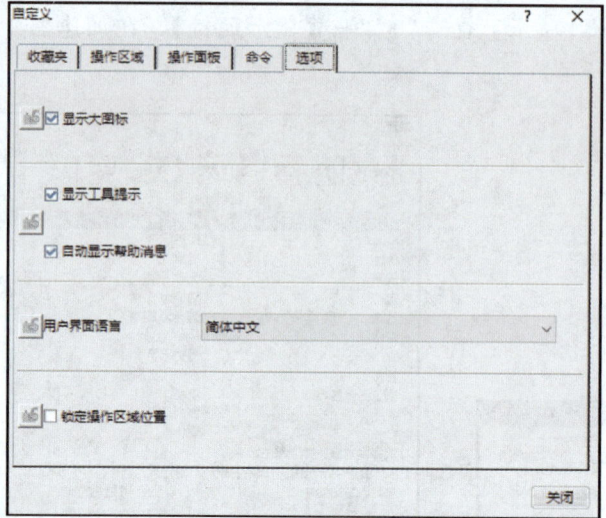

图 3.3-31 选择软件界面语言

第4章 三维地质模型正向设计流程

4.1 工程勘测 BIM 实施方案

通过三维可视化地表扫描系统及野外地质信息采集系统采集地形及地质数据,导入工程地质信息数据库管理系统进行数据的统计、分析、管理及存储,利用工程地质信息数据库的接口程序将地形及地质数据自动导入3DE平台,建立动态可视化三维地质模型,并将模型发布,供设计专业参考引用,完成三维协同设计工作。基于三维地质模型开展三维地层可视化浏览、分层开挖量统计、标准化二维地质出图、地质体属性查询及三维数值分析等应用。将地质模型轻量化后可在网络端及移动端浏览查询。工程勘测 BIM 工作内容如图 4.1 所示。

基于上述工程勘测 BIM 实施方案,本书主要介绍利用 3DE 平台进行三维地质建模数据源处理及融合、三维地质模型正向设计、可视化及应用等。本书梳理了 3DE 平台地形模型、地层模型、地质构造模型及风化层模型的建模流程,并详细介绍其建模方法。

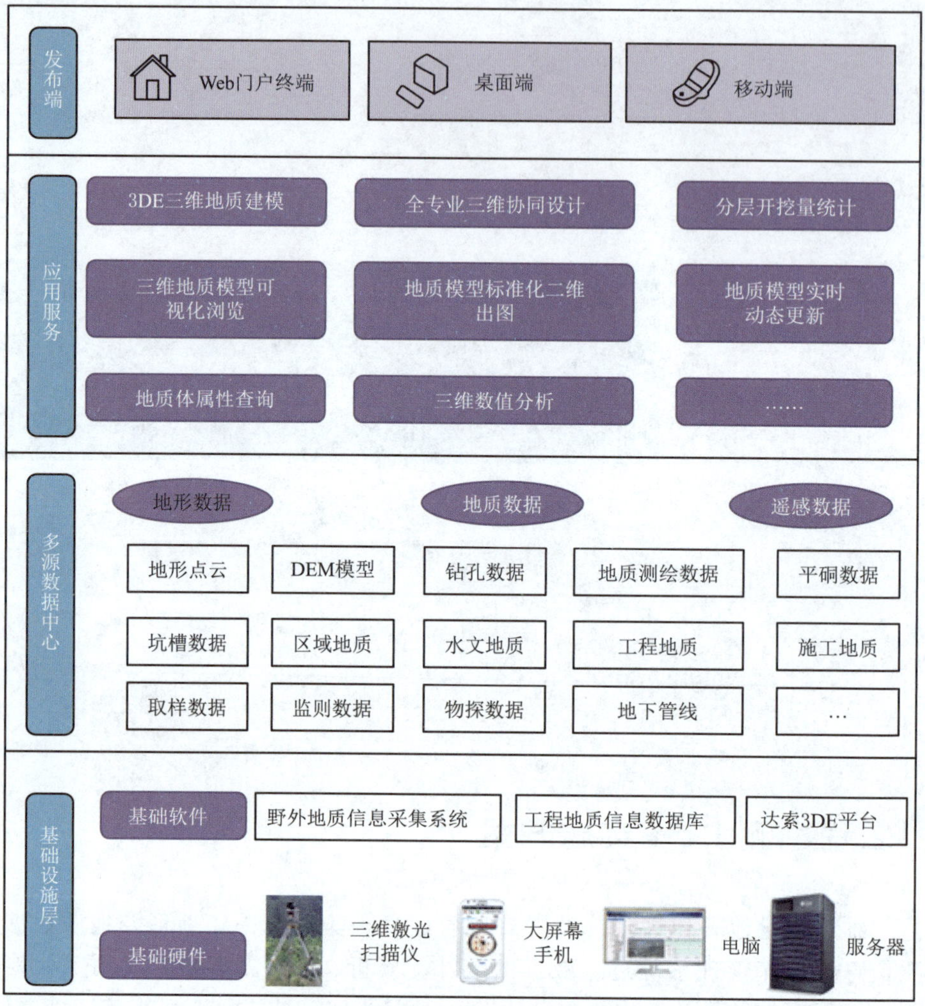

第4章 三维地质模型正向设计流程

图 4.1-1 工程勘测 BIM 工作内容框图

4.2 3DE 平台三维地质模型结构树定义

我国能源行业标准《水电工程三维地质建模技术规程》(NB/T 35099—2017) 中对三维地质模型的定义为：根据工程勘察设计要求，利用工程区一定范围内的地质勘察资料，按工程对象类别建立的具有图元属性和工程地质属性的三维模型，是地形模型、基础数据模型、地质几何模型、地质属性模型的集合。根据该标准，本书对 3DE 平台三维地质模型结构树进行了定义，如图 4.2-1 所示。可将该结构树导出成三维地质模型.3dxml 文件，作为三维地质模型结构树标准格式，用于不同项目三维地质建模。本书所指的三维地质建模主要是基于 3DE 平台建立三维地质几何模型。

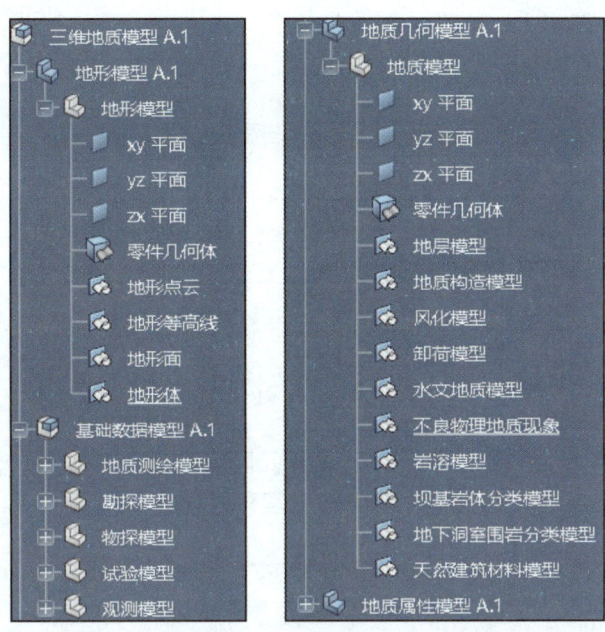

图 4.2-1　3DE 平台三维地质模型结构树定义

4.3　三维地质几何模型创建方法

三维地质几何模型的建立是利用已有的勘察数据对自然界中已经存在的地质体、地质现象进行还原的过程，主要有以下两种方法：

（1）按照点—线—面—体的顺序来进行地质几何模型建模。首先根据野外地质勘察数据及室内分析成果来建立二维地质剖面，再根据二维地质成果创建地质分界面，最后建立地质几何模型。其关键问题就是如何充分有效地集成并使用好这些多源数据，诸如钻孔资料、地质平面图、地质剖面图、地形图、物探数据等可利用的数据和资料，建立合理准确的地质模型。

（2）按照点—面—体的顺序来进行地质几何模型建模。由原始地形地质资料直接创建地层分界面，再建立地质几何模型。原始资料包括地形数据、钻孔数据、地质测绘数据等。其难点在于，建模人员需在建模的过程中完成对地形地质资料的分析、推测。该方法难度相对较大，不但要求原始资料准确、格式统一，而且对建模人员的地质专业素质也有很高的要求。

本书对以上两种三维地质几何模型创建方法都进行了详细介绍，正向建模则主要采用第二种点—面—体的建模方法。

4.4　三维地质几何模型创建流程

我国能源行业标准《水电工程三维地质建模技术规程》（NB/T 35099—2017）对三维

地质几何模型建模流程进行了规定，本书对其进行了完善、补充，基于3DE平台的三维地质几何模型创建流程如图4.4-1所示。

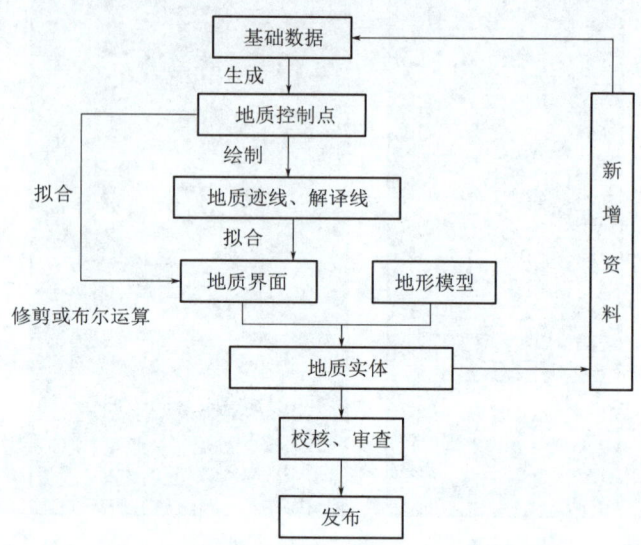

图4.4-1　基于3DE平台的三维地质几何模型创建流程

4.4.1　地形模型建立流程

地形模型建立主要分为以下五个步骤：

（1）由三维激光扫描仪直接获取las格式地形数据，或者由二次开发工具提取CAD地形图等高线及高程点数据，生成ASCⅡ free格式文件。

（2）将las或ASCⅡ free格式地形数据导入3DE平台，生成地形点云数据。

（3）由点云数据建立地形网格（Mesh）面。

（4）将地形网格（Mesh）面转为曲面。

（5）在地形曲面范围内绘制轮廓线，利用包络体拉伸工具将轮廓线拉伸至地形曲面，生成三维地形体。

4.4.2　地质模型建立流程

地质模型建立主要分为以下四个步骤：

（1）由野外地质信息采集系统或其他地质勘察手段采集地质数据，建立地质数据库。

（2）将地质点、钻孔数据及地质平面图、剖面图、平切面图等地质图件导入3DE平台。

（3）利用地质数据，结合地形数据，建立地层分界面。

（4）由地层分界面与地形模型进行修剪或布尔运算，建立地质模型。

第 5 章 建模数据源整理及导入

目前，在 3DE 平台上进行地质建模所使用的数据源主要有地形数据、钻孔数据、地质点数据、地质平面图和剖面图等，本章主要基于 3DE R2017x 版本详细介绍其整理方法及导入过程。

5.1 设置模型大地地理坐标

3DE 平台是一款有设计范围限制的软件，R2017x 版本提供"大范围""正常范围"和"小范围"供用户选择，R2019x 版本中还有"超大范围"。"小范围"允许创建范围从 −10m 至 10m 不等的对象，精度为 0.00001mm，"正常范围"允许创建范围从 −1km 至 1km 不等的对象，精度为 0.001mm，"大范围"允许创建范围从 −100km 至 100km 不等的对象，精度为 0.1mm，"超大范围"允许创建范围从 −10000km 至 10000km 不等的对象，精度为 10mm。目前超大范围功能还不完善，不适宜用于三维地质建模，所以常用的是"正常范围"和"大范围"。

如果直接采用测量坐标来建立三维模型，即使选择的是"大范围"，也会超出设计范围，会导致建模、运算等操作出现异常或失败，所以建模之前需将地形点云进行平移，将坐标前面的大数值减掉，如减掉（450000，3250000）、（490000，3670000）等大值，这样才能保证模型坐标 X 值及 Y 值整数部分只有四位数左右，即在允许设计范围之内。当然，平移之后如果需要查看模型各个点的测量坐标，则可通过设置模型的大地地理坐标来实现，具体操作步骤如下：

(1) 导入三维地质模型 .3dxml 文件，若没有该文件，则可在 3DE 平台内新建物理产品，按照图 4.2-1 进行规范命名。

(2) 激活三维地质模型总节点，进入【Civil Engineering Design】APP，如图 5.1-1 所示。激活总节点如未直接跳转至【Civil Engineering Design】APP，则可单击罗盘左侧 3D 图标，选择  进入【Civil Engineering Design】APP。

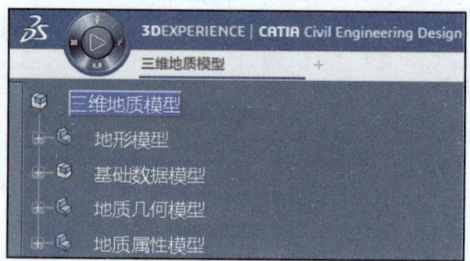

图 5.1-1 激活三维地质模型总节点

注意：以上操作为 R2017x 版本功能，R2019x 版本中没有 (Civil Engineering Design) APP，需进入 (Product Structure) APP 设置大地地理坐标。

(3) 单击【土木工程】栏下 (编辑地理位置) 命令，弹出的对话框如图 5.1-2 (a) 所示，单击【未地理定位当前选择】，弹出的对话框如图 5.1-2 (b) 所示，在【东】栏中输入 X 坐标 454000，【北】栏中输入 Y 坐标 3254000，如图 5.1-2 (c) 所示，再单击绘图区任意空白处将对话框关闭，即将坐标（454000，3254000，0）赋予了 3DE 平台的系统原点，这样就可以保证地形及地质模型既在原点附近，又可以显示其测量坐标。

注意：以上操作为 R2017x 版本功能，R2019x 版本【Product Structure】APP 中 (编辑地理位置) 命令位于【地理位置】栏下。

(4) 图 5.1-2 中除了可以设置坐标外，还可单击 (球体) 图标，弹出的对话框如图 5.1-3 所示，在此对话框中可以设置经纬度。

(5) 大地地理坐标是可以替换及移除的，一个工程只需在项目总节点上设置一个地理坐标，供地质、水工、机电、金结、施工等各个专业使用。

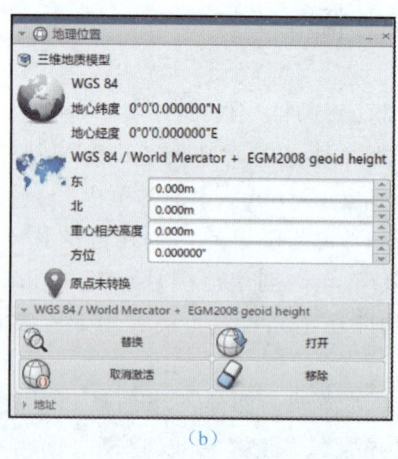

图 5.1-2 编辑地理位置命令

(6) 单击 R2019x 版本【Product Structure】APP【地理位置】栏下 (坐标转换器) 命令，弹出的对话框如图 5.1-4 所示，此命令可以将经纬度转化为 WGS84/World Mercator＋EGM 2008 height 坐标。

图 5.1-3 设置经纬度

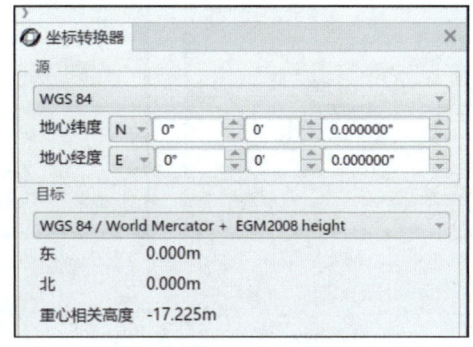
图 5.1-4 经纬度转化为 WGS84/World Mercator＋EGM 2008 height 坐标

5.2 地形数据整理及导入

5.2.1 ASCⅡ格式点云导入

三维地形模型宜采用数字高程模型（DEM），当缺乏数字高程模型（DEM）时，可将二维 CAD 地形图利用插件转换成 ASCⅡ格式点云，再导入 3DE 平台建立三维地形模型。

二维 CAD 地形图要合理划分图层，等高线及高程点应各自分层，其他无用图层应关闭或清除。等高线及高程点应具有坐标和高程属性，X、Y 代表平面坐标，Z 代表高程。地形图中的特征线如陡崖、陡坎等宜用细密等高线表示。

二维 CAD 地形图转换过程如下：

（1）地形数据提取。

1）地形图清理完成后，运行地形数据提取工具 DtoA，系统弹出如图 5.2-1（a）所示界面。

2）单击"选择"按钮，系统跳转至 CAD 界面，框选需要提取的地形元素，然后单击右键，系统返回至数据提取工具界面，这时窗口中的【转换对象】一栏会显示已框选的元素个数，如图 5.2-1（b）所示。

3）单击"保存"按钮，选择提取数据文件（*.asc 格式）的存放路径，最后单击"确定"按钮，数据开始转换，如图 5.2-1（c）所示。若需要转换坐标，可在【坐标转换】一栏填入相应的 X0、Y0 值。如未输入 X0、Y0 值，进入 3DE 平台之后，也可进行平移。

4）转换完成后，系统弹出如图 5.2-2 所示对话框。转换后的数据格式如图 5.2-3（a）所示，若勾选图 5.2-1（c）中【Z-level（选中生成线）】选项，转换后的数据格式如图 5.2-3（b）所示。

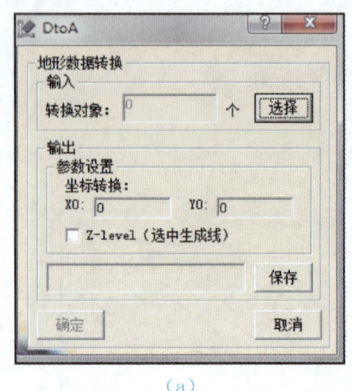 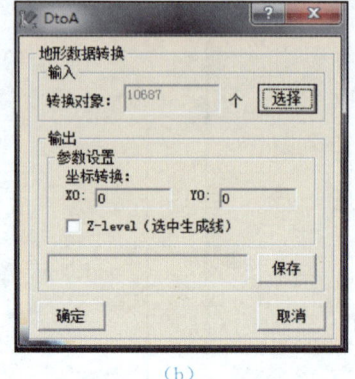 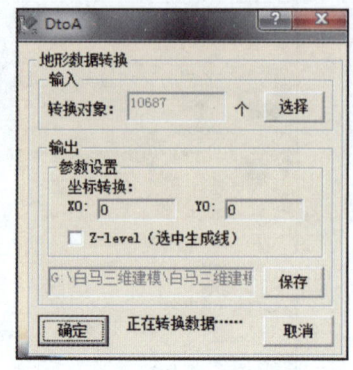

(a)　　　　　　　　　　　(b)　　　　　　　　　　　(c)

图 5.2-1　地形数据提取工具

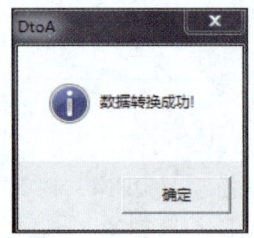 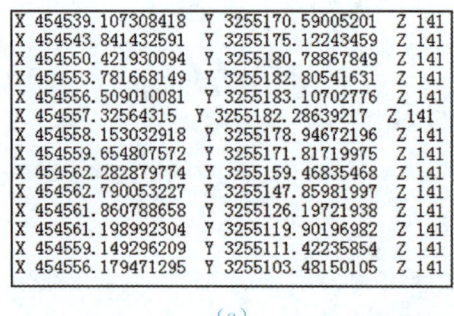

(a)　　　　　　　　　　　　　　　　(b)

图 5.2-2　转换成功　　　　　图 5.2-3　转换的地形数据格式

（2）地形数据导入。

1）运行 3DE R2017x 客户端，导入 4.2 节三维地质模型 .3dxml 文件，双击地形模型 3D 形状节点，激活该节点。右键单击地形点云几何图形集，将其定义为工作对象，如图 5.2-4 所示。

2）若未创建三维地质模型 .3dxml 文件，则单击软件右上角 + 图标，新建一个 3D 零件，并命名为地形模型。注意设计范围选择大范围，3DE 平台正常范围只有正负 1km，对于地形地质模型完全不能满足要求。双击激活地形模型 3D 形状节点，右键插入几何图形集，如图 5.2-5 所示，将几何图形集命名为地形点云即可。

注意：地形和地质建模多为线框元素，一般在几何图形集中完成，而不在零件几何体或几何体中完成。几何图形集内的元素是独立呈现的，没有先后关系。零件几何体中的元素是整体呈现的，有先后关系，先出现的元素不能引用它之后的元素，如果定义了零件几何体中某个元素为工作对象，那么它后面的元素在绘图空间都不显示，而且零件几何体里的实体只能整体操作，需隐藏时只能整体隐藏，不能单独隐藏。

3）单击罗盘左侧 3D 图标，进入 （Terrain Preparation）APP。第 1 步中定义地形点云几何图形集为工作对象，图形集下方会出现下划线，如图 5.2-6 所示。

5.2 地形数据整理及导入

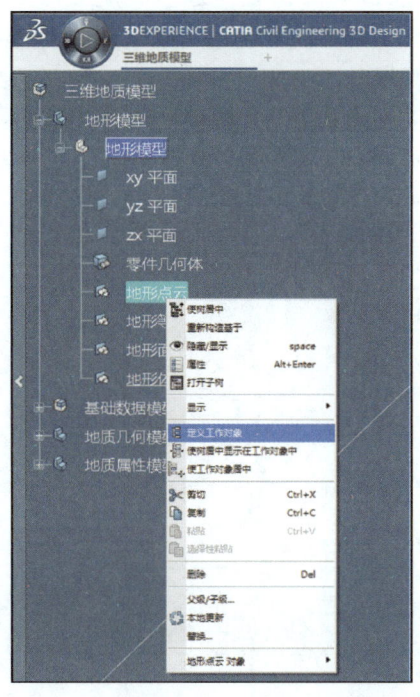

图 5.2-4 定义地形点云为工作对象

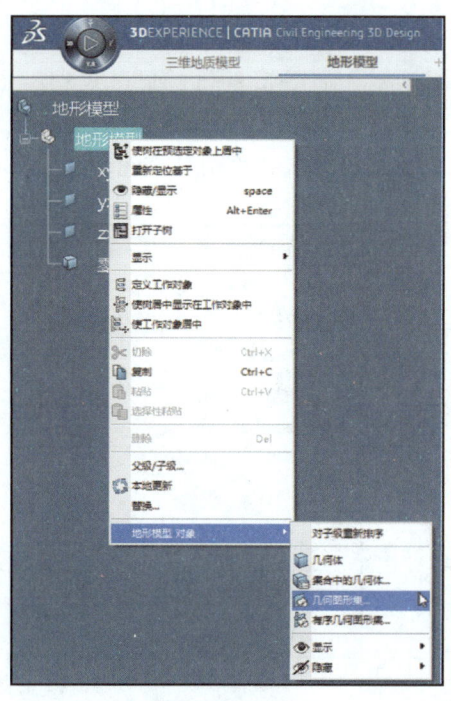

图 5.2-5 插入地形点云几何图形集

4）进入【Terrain Preparation】APP 后，单击软件右上角 ➕ 图标，选择导入右侧的（小三角），再选择地形文件，如图 5.2-7 所示，系统弹出【导入】对话框，如图 5.2-8 所示，在此对话框中文件格式选择 ASCⅡ free 格式。文件单位有米（m）及毫米（mm），为了与设计模型相匹配，单位都应选择米（m）。单击【选定的文件】下面的 ⋯ 按钮，弹出【对象选择】对话框，如图 5.2-9 所示。单击"导入"按钮，选择存放在本地电脑上

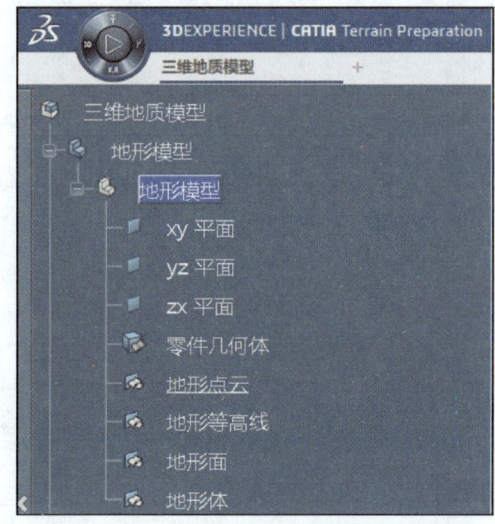

图 5.2-6 【Terrain Preparation】APP 界面

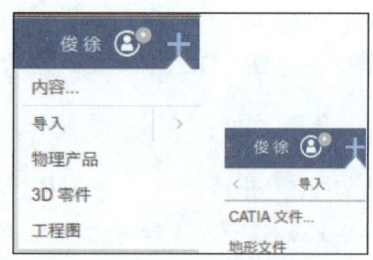

图 5.2-7 【导入】地形文件

49

第 5 章　建模数据源整理及导入

由二维CAD地形图转换成的 ∗.asc 格式地形点云文件，弹出创建地形文件工程文档对话框，如图5.2-10所示，单击"确定"按钮。工程文档对话框创建完成之后弹出【对象选择】完成对话框，如图5.2-11所示，继续导入则单击"确定"按钮，如果选择地形文件错误，则可单击"移除"按钮重新导入。继续导入之后弹出【导入】完成对话框，如图5.2-12所示，单击"确定"按钮完成地形点云导入，如图5.2-13所示。

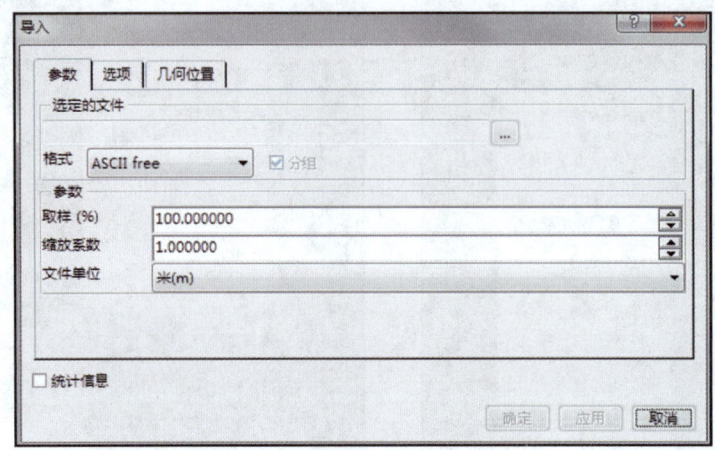

图 5.2-8　【导入】对话框

图 5.2-9　【对象选择】对话框

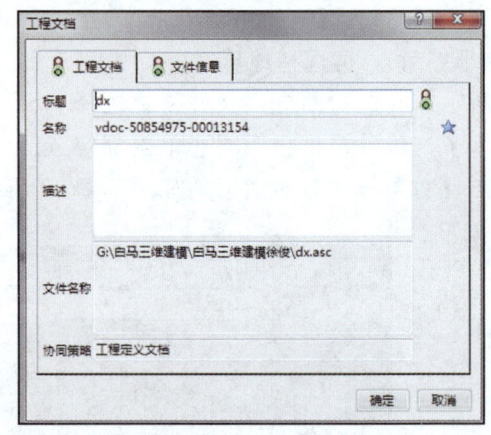

图 5.2-10　【工程文档】对话框

注意：3DE R2017x 版本与 R2019x 版本导入地形点云文件过程稍有不同，本书第9章9.1节详细介绍了 R2019x 版本导入地形点云文件过程。

5.2.2　Lidar 格式点云导入

除支持 ASCⅡ 格式点云导入外，3DE R2017x 版本及 R2019x 版本均支持激光雷达（Lidar）格式点云导入。导入过程与 ASCⅡ 格式点云相同，在图5.2-8中格式选择激光雷达（∗.las 或者 ∗.laz）即可，导入后的点云具有颜色属性，如图5.2-14所示。

5.2 地形数据整理及导入

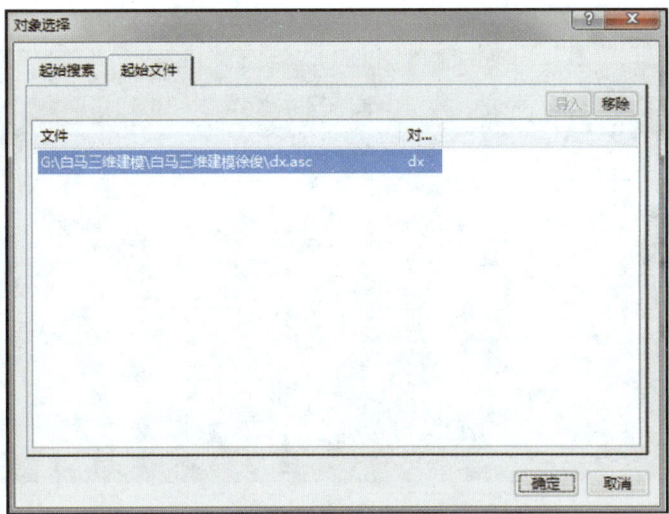

图 5.2-11 【对象选择】完成对话框

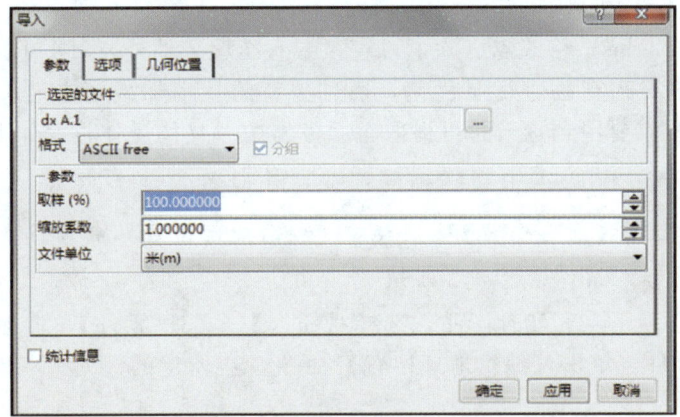

图 5.2-12 【导入】完成对话框

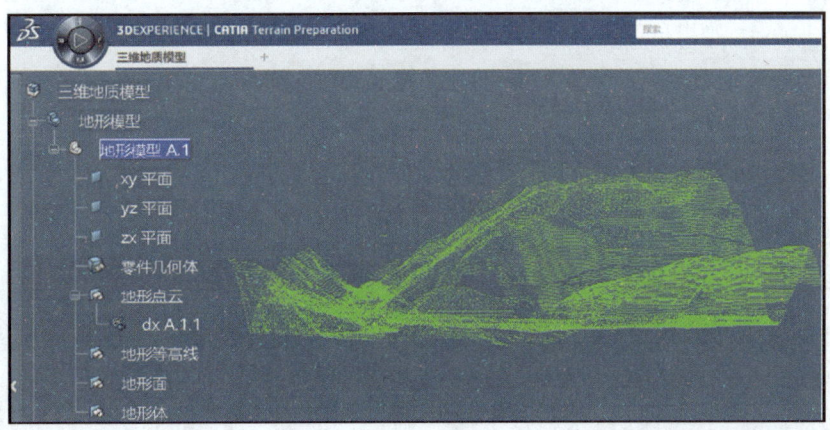

图 5.2-13 点云

第 5 章　建模数据源整理及导入

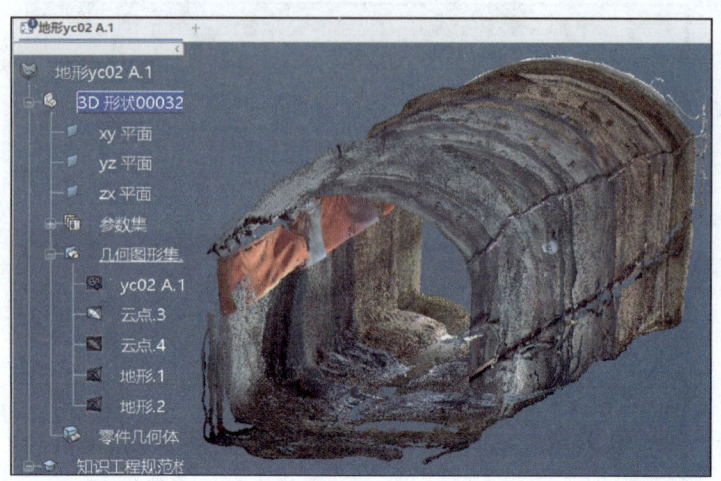

图 5.2-14　激光雷达点云

5.2.3　大型地形文件导入

三维激光扫描（las）格式点云除了可直接导入至服务器外，3DE R2019x 版本还特别针对海量点云数据导入算法进行了优化，通过独特的技术加载至本地缓存中进行快速浏览展示，后续建模需要用到点云时再提取至服务器中，具体操作过程如下：

（1）在 3DE R2019x 版本中新建物理产品，并命名为地形点云。进入 ![] （Product Structure）APP，单击【地理位置】栏下 ![] （编辑地理位置）命令，为地形点云物理产品设置大地地理坐标，如图 5.2-15 所示。

（2）右键单击地形点云物理产品，选择【插入】-【3D 零件】，在地形点云物理产品下新建一个 3D 零件。单击【编辑地理位置】命令，让新建的 3D 零件继承地形点云物理产品的地理位置。

（3）双击新建 3D 零件中的 3D 形状，激活 3D 形状，进入 ![] （Terrain Preparation）APP。点击软件右上角 ![] 图标，点击导入右侧的小三角，选择【大型地形文件】，如图 5.2-16 所示，弹出的对话框如图 5.2-17（a）所示。【格式】选择 Lidar，点击【位置】右侧 ![] 图标，选择存放在本地的 las 格式三维激光扫描数据，弹出的对话框如图 5.2-17（b）所示。若三维激光扫描数据采用相对坐标系，则【源】-【参考】选择局部模式；若三维激光扫描数据采用国家大地坐标系，则【源】-【参考】选择 WGS84/World Mercator＋EGM2008height 模式，如图 5.2-17（b）所示。点击"导入"按钮开始导入，点云导入完成效果如图 5.2-18 所示。注意，三维激光扫描点云采用相对坐标系时导入速度比采用国家大地坐标系时快。

（4）点击【创建】栏下 ![] （提取大型点云）命令，再点击结构树上的点云文件，弹出的对话框如图 5.2-19（a）所示。点击【新选择】，弹出 ![] 工具条，框选需提取的点云，如图 5.2-19（b）所示，点击 ![] （确定）按钮，即可将点云提取至 3D 形状中用于后续建模。

5.2 地形数据整理及导入

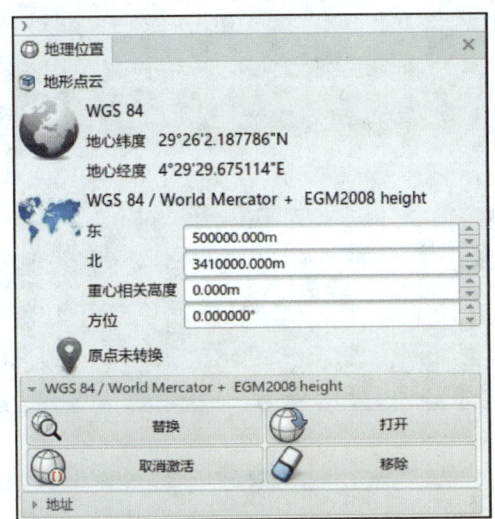

图 5.2-15 设置大地地理坐标

图 5.2-16 导入大型地形文件

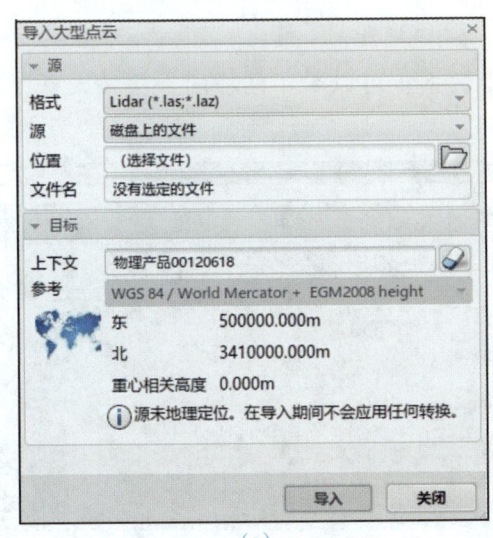

(a)

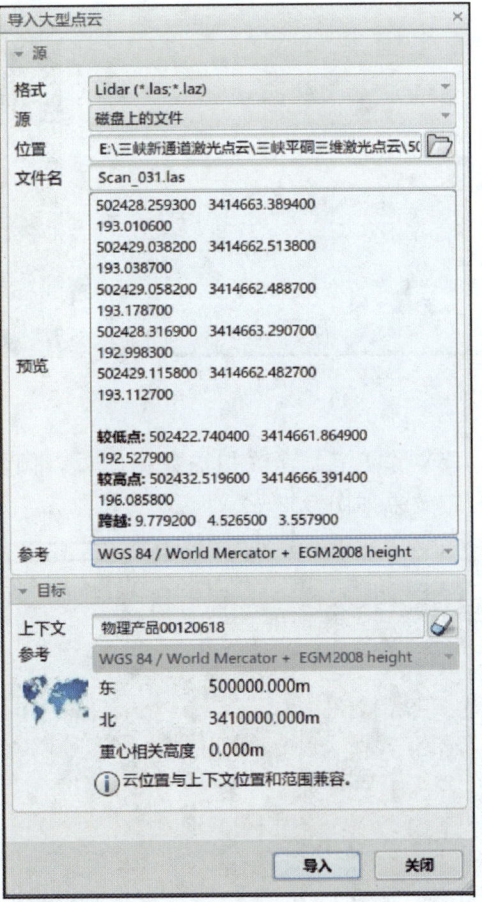

(b)

图 5.2-17 导入大型点云

53

第 5 章 建模数据源整理及导入

图 5.2-18 点云展示

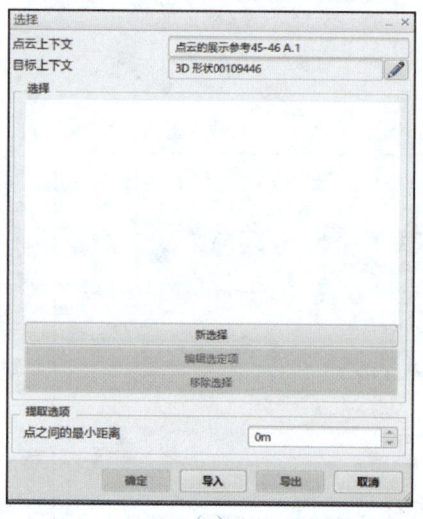
(a)

(b)

图 5.2-19 提取三维激光扫描点云

（5）除了三维激光扫描数据之外，倾斜摄影数据也可以采用同样的方法导入至 3DE 平台，效果如图 5.2-20 所示。

(a)

(b)

图 5.2-20 倾斜摄影点云导入 3DE 平台

54

5.3 地质点数据导入

用于地质建模的地质数据主要有地质点及钻孔数据，本节重点介绍地质点的数据格式及导入方法。地质点数据文件为 Excel 表格，格式见表 5.3-1。第一列为地质点编号，第二列为地质点坐标 X 值（东向，m），第三列为地质点坐标 Y 值（北向，m），第四列为地质点坐标 Z 值（m）。值得注意的是，3DE 平台大范围也只有 100km，按照地质点原始坐标导入极有可能超出软件限制范围，所有 X、Y 值必须将前面的大数值减掉，减掉的数值即为 3DE 平台中设置的项目大地地理坐标值。

表 5.3-1 　　　　　　　　　地质点数据格式

G1	199.15	285.26	437.9
G2	13.16	139.18	424.36
G3	356.84	267.75	535.77
G4	−42.43	241	415
G5	327.18	237.75	501.16

地质点数据导入步骤如下：

（1）进入 　　（Civil 3D Design）APP，在三维地质模型结构树勘测数据地质点节点下新建一个 3D 零件，也可直接新建一个 3D 零件。

（2）单击【工具】栏下　（宏）命令，系统弹出如图 5.3-1 所示对话框。单击【宏库】栏，在弹出对话框中【库类型】选择 PLM VBA 项目，如图 5.3-2 所示，再单击【新建库】栏，弹出的对话框如图 5.3-3 所示。可将【标题】改为地质点批量导入，单击"确定"按钮后【宏库 VBA】对话框关闭，【宏】对话框如图 5.3-4 所示。单击【创建】选项，弹出的对话框如图 5.3-5 所示，将【宏名称】改为地质点批量导入，单击"确定"按钮后【新建宏】对话框关闭，【宏】对话框如图 5.3-6 所示。单击【编辑】选项，在 VBA 对话框中编写地质点批量导入语句，如图 5.3-7 所示。

图 5.3-1　运行宏工具

图 5.3-2　选择 PLM VBA 项目

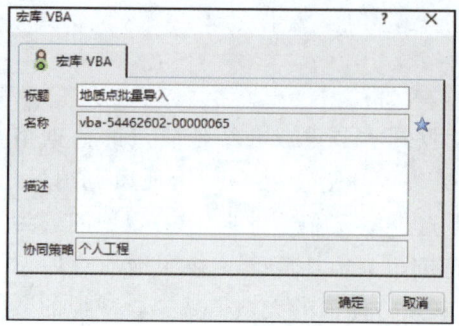

图 5.3-3 创建宏库

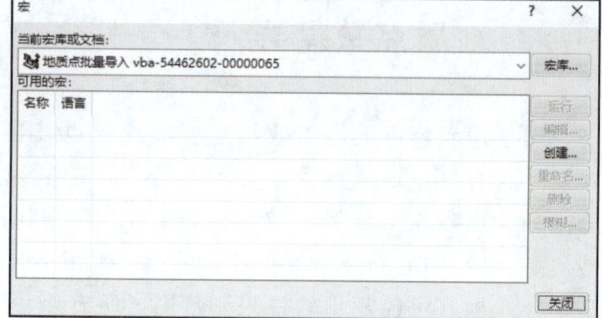

图 5.3-4 【宏】对话框

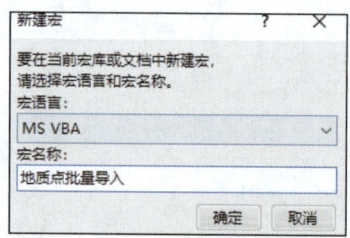

图 5.3-5 新建宏

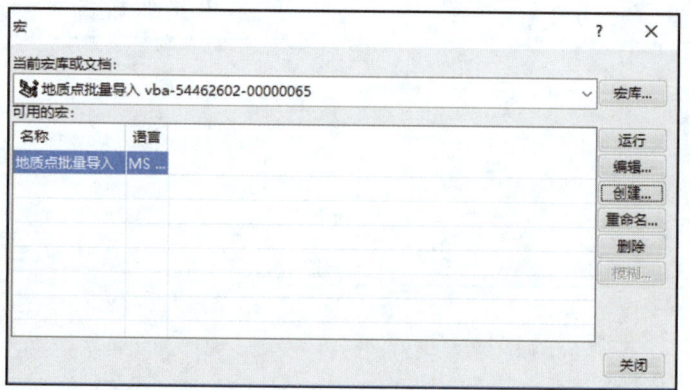

图 5.3-6 【宏】对话框

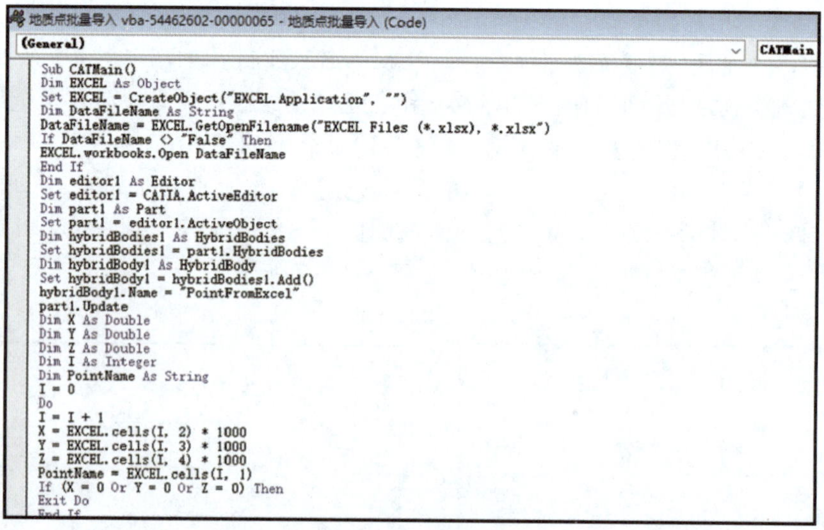

图 5.3-7 VBA 对话框

(3) 地质点批量导入的 VBA 语句如下：

Sub CATMain()

```
Dim EXCEL As Object
Set EXCEL= CreateObject ("EXCEL.Application","")
Dim DataFileName As String
DataFileName= EXCEL.GetOpenFilename ("EXCEL Files(*.xlsx),*.xlsx")
If DataFileName <> "False" Then
EXCEL.workbooks.Open DataFileName
End If
Dim editor1 As Editor
Set editor1= CATIA.ActiveEditor
Dim part1 As Part
Set part1= editor1.ActiveObject
Dim hybridBodies1 As HybridBodies
Set hybridBodies1= part1.HybridBodies
Dim hybridBody1 As HybridBody
Set hybridBody1= hybridBodies1.Add ()
hybridBody1.Name= "PointFromExcel"
part1.Update
Dim X As Double
Dim Y As Double
Dim Z As Double
Dim I As Integer
Dim PointName As String
I= 0
Do
I= I+ 1
X= EXCEL.cells (I, 2) * 1000
Y= EXCEL.cells (I, 3) * 1000
Z= EXCEL.cells (I, 4) * 1000
PointName= EXCEL.cells (I, 1)
If (X= 0 Or Y= 0 Or Z= 0) Then
Exit Do
End If
Dim hybridShapeFactory1 As HybridShapeFactory
Set hybridShapeFactory1= part1.HybridShapeFactory
Dim hybridShapePointCoord1 As HybridShapePointCoord
Set hybridShapePointCoord1= hybridShapeFactory1.AddNewPointCoord (X, Y, Z)
hybridShapePointCoord1.Name= PointName
hybridBody1.AppendHybridShape hybridShapePointCoord1
part1.InWorkObject= hybridShapePointCoord1
Loop
part1.Update
EXCEL.Quit
```

```
Set EXCEL= Nothing
End Sub
```

(4) 关闭 VBA 对话框，再单击 (宏) 命令，弹出的对话框如图 5.3-8 所示。单击【运行】选项，弹出的对话框如图 5.3-9 所示，在选择 EXCEL 文件一栏输入地质点数据文件 DZD.xls 的存放路径，即可一次性导入所有地质点。导入地质点后结构树上增加 PointFromExcel 几何图形集，如图 5.3-10 所示。

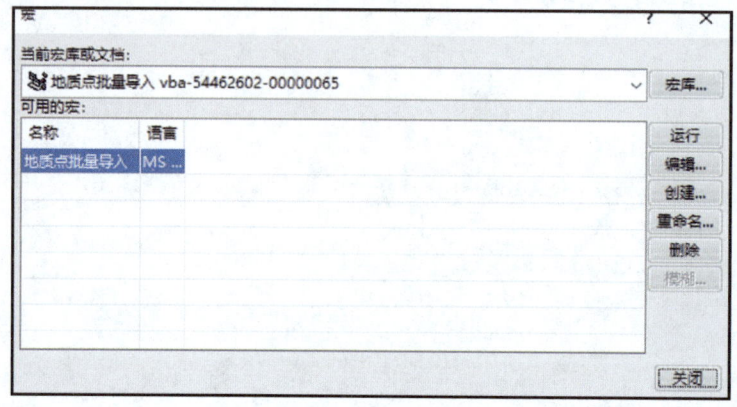

图 5.3-8　运行宏

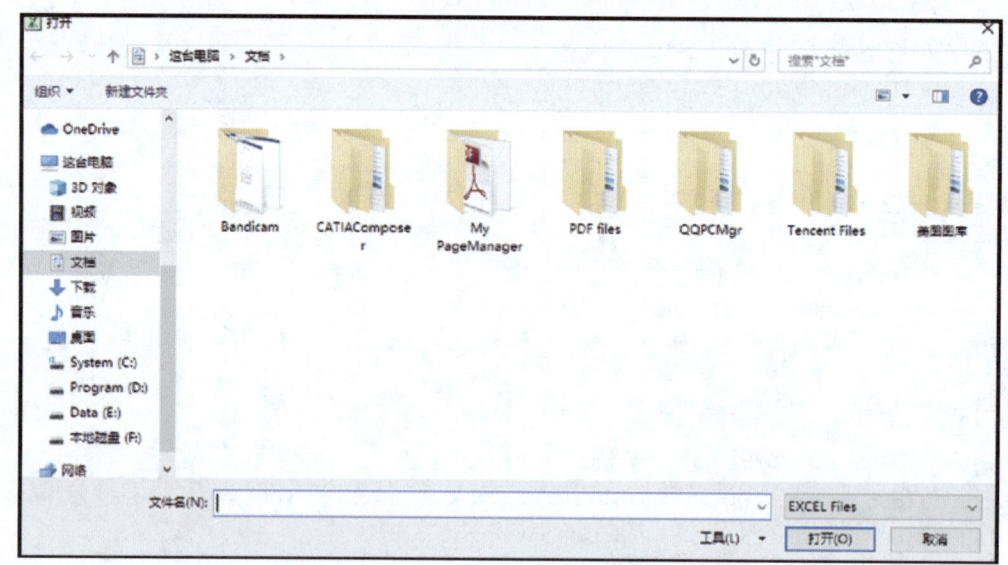

图 5.3-9　选择地质点 EXCEL 文件

还可以为宏命令制作图标并放置在工具栏中以方便使用，具体操作步骤如下：

(1) 单击首选项右侧的小三角，选择自定义，弹出的对话框如图 5.3-11 所示。单击【命令】栏，对话框如图 5.3-12 所示，在左边工具栏中选择【宏】，右边出现地质点批量导入命令，选择【显示属性】，如图 5.3-13 所示。单击【图标】中的 ... 按钮，在弹出的对话框中为【地质点批量导入】命令选择一个图标，还可以在【加速器】中为该命令创建快捷方式，如图 5.3-14 所示。

（2）再单击【操作区域】栏，选择【线框和曲面】，对话框如图 5.3-15 所示，单击添加命令，将【地质点批量导入】命令添加进来，【线框和曲面】栏下增加【地质点批量导入】命令，如图 5.3-16 所示。

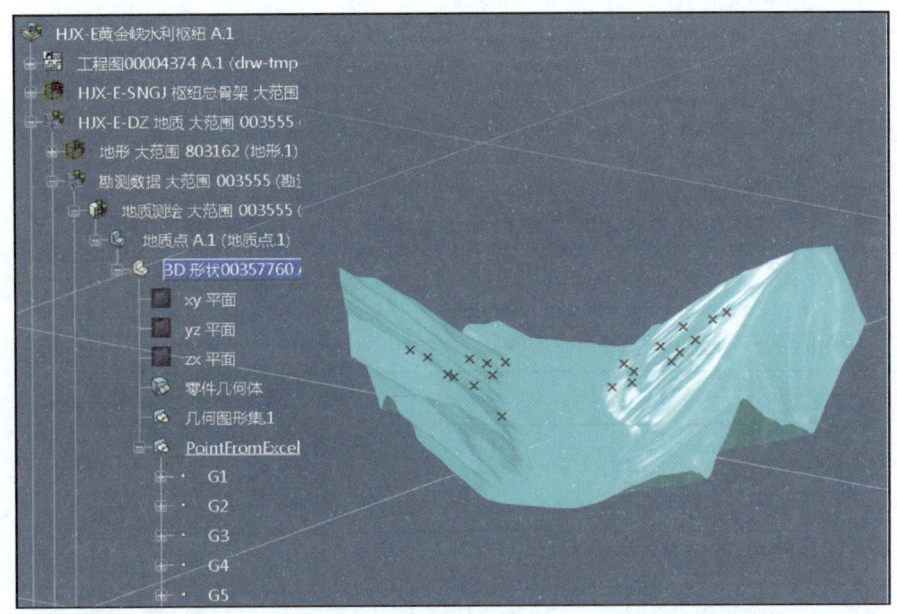

图 5.3-10　完成地质点导入

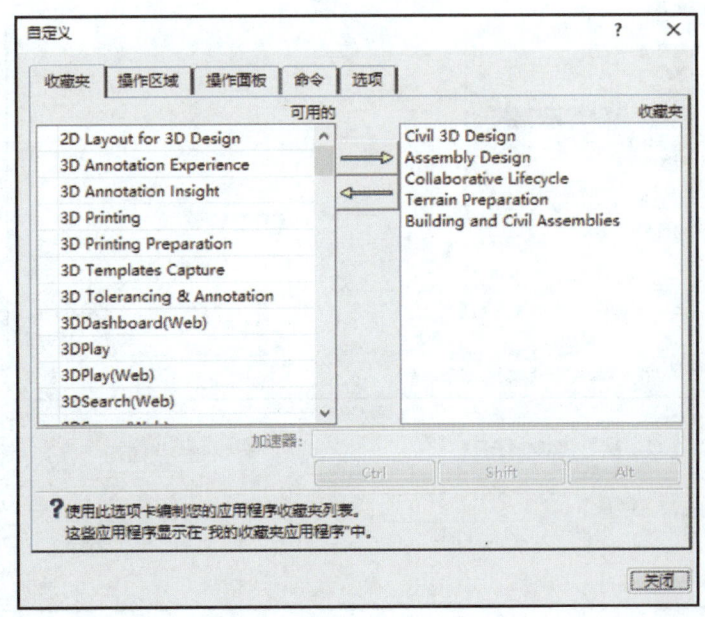

图 5.3-11　首选项【自定义】

第 5 章 建模数据源整理及导入

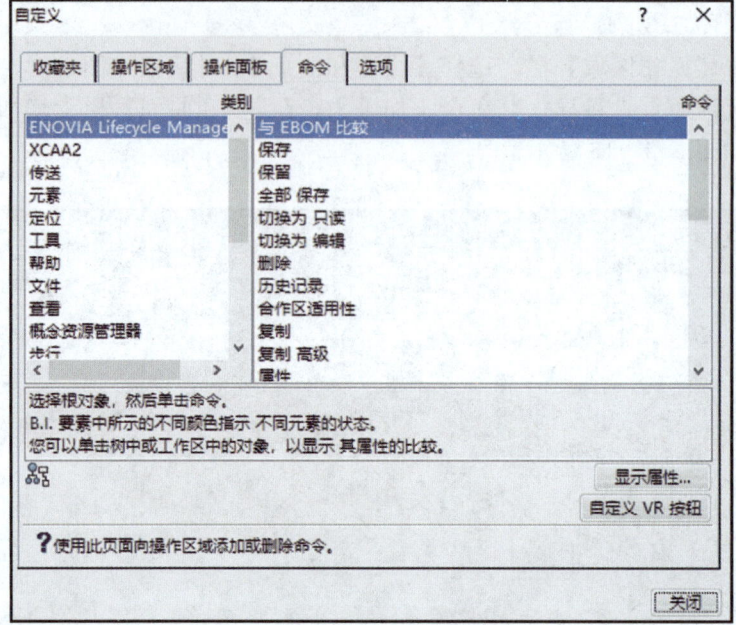

图 5.3-12 【自定义】-【命令】

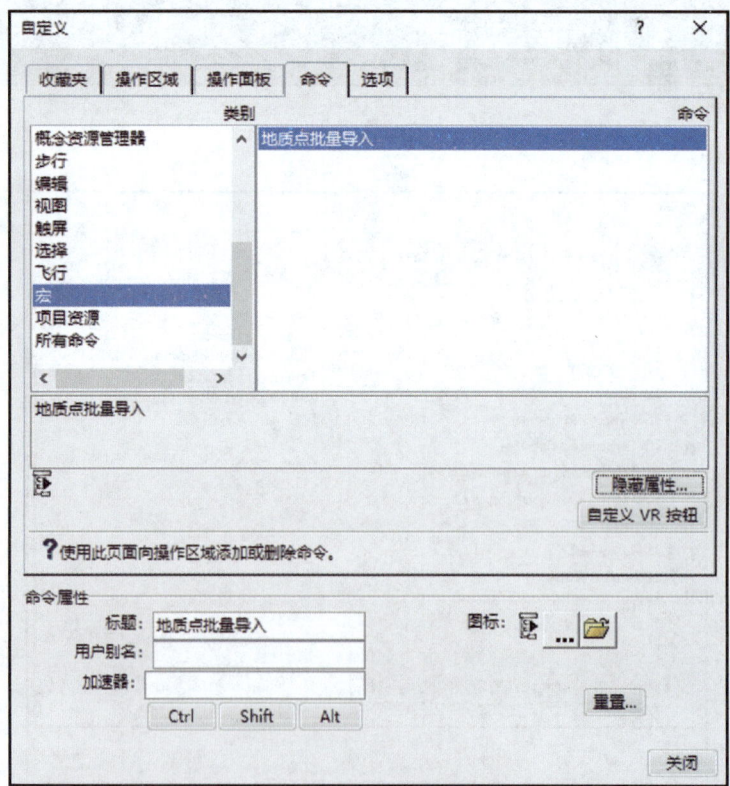

图 5.3-13 【自定义】-【宏】

5.3 地质点数据导入

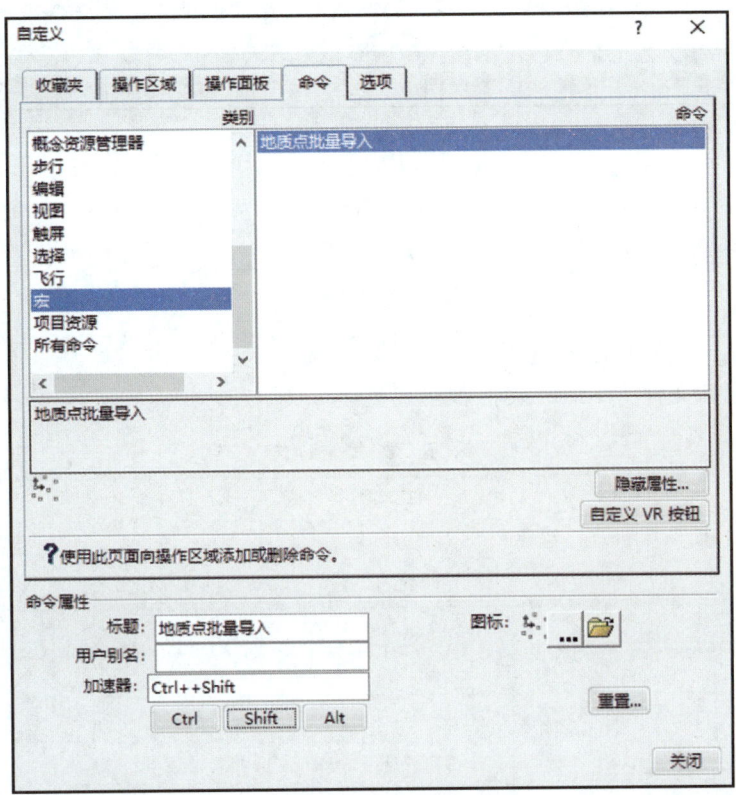

图 5.3-14 【地质点批量导入】

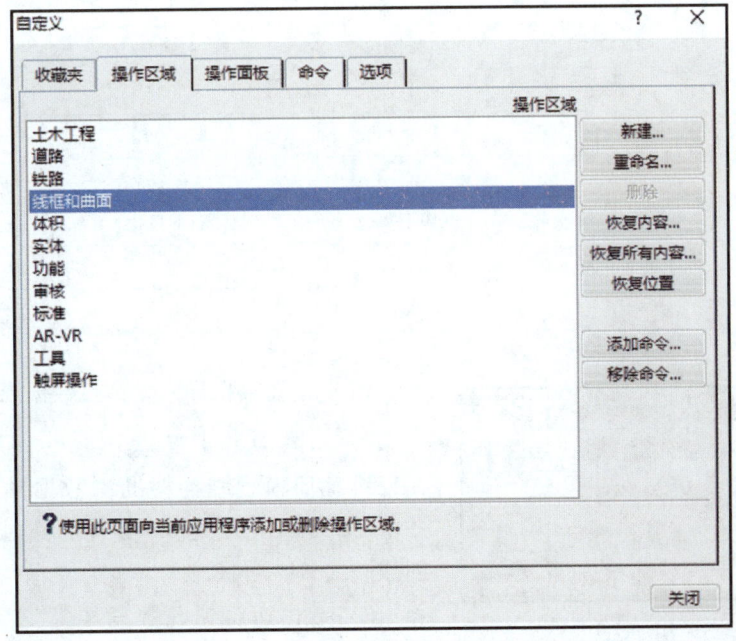

图 5.3-15 添加命令至【线框和曲面】

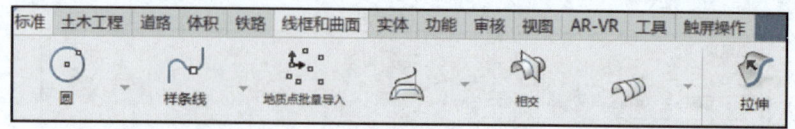

图 5.3-16 增加【地质点批量导入】命令

5.4 钻孔数据导入

钻孔数据导入主要利用自主研发的钻孔导入插件完成。

(1) 钻孔数据文件为 Excel 表格，格式见表 5.4-1。

表 5.4-1　　　　　　　　钻 孔 数 据 格 式

钻孔编号	HZK1	HZK2	HZK3	HZK4
X	495199.16	495013.00	495356.84	494957.56
Y	3676485.00	3676339.00	3676467.75	3676441.00
孔口高程	437.90	424.360	535.77	415
钻孔深度	30.3	30.5	50.5	20.5
地下水埋深	4.1	16.1	34.2	16.6
覆盖层厚度	0	4.1	0	0
第四系	0	4.1	0	0
地层	4	4	3	2
	4	8.3	11.5	3.7
	强风化	强风化	强风化	强风化
	14.2	11.7	39.3	20.5
	弱上风化	弱上风化	弱上风化	微新
	29.7	13.4	50.5	
	弱下风化	弱下风化	弱下风化	
	30.3	30.5		
	微新	微新		

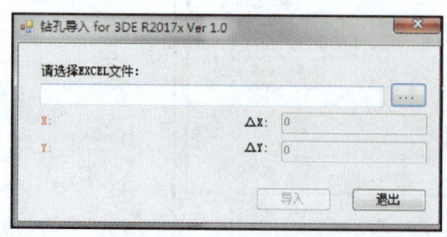

图 5.4-1 钻孔数据导入

(2) 钻孔数据导入。钻孔数据导入步骤如下：

1) 进入 3DE 平台  （Civil 3D Design）APP，在三维地质模型结构树勘测数据钻孔节点下新建一个 3D 零件，创建 3D 零件的同时，系统会自动创建一个 3D 形状。

2) 双击运行钻孔数据导入工具 ，系统弹出如图 5.4-1 所示对话框。

3) 在选择 EXCEL 文件一栏输入钻孔数据文件 ZK.xls 的存放路径,转换坐标 ΔX、ΔY 值为设置的大地地理坐标值,然后单击"导入"按钮开始导入,如图 5.4-2 所示。

4) 钻孔数据导入完成后,系统弹出如图 5.4-3 所示对话框,单击"确定"按钮完成所有钻孔数据导入。

5) 导入 3DE 平台后的钻孔数据如图 5.4-4 所示,单个钻孔数据结构树如图 5.4-5 所示。

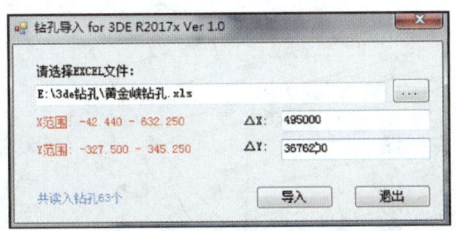
图 5.4-2 开始导入

图 5.4-3 导入完成

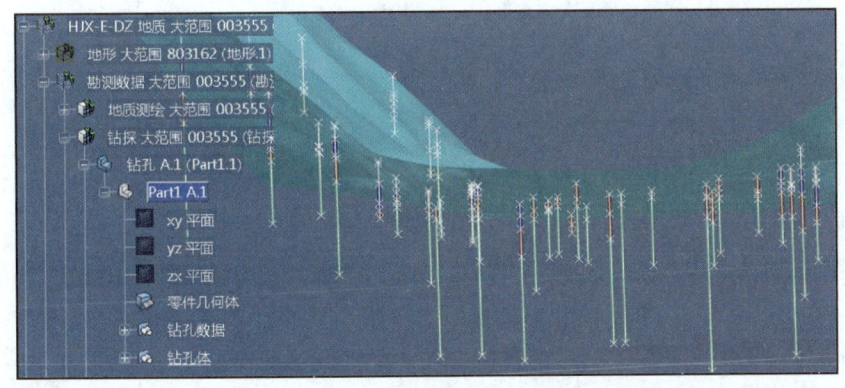
图 5.4-4 导入 3DE 平台后的钻孔数据

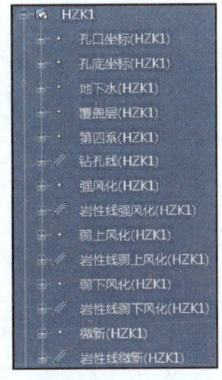
图 5.4-5 单个钻孔数据结构树

5.5 工程地质平面图导入

5.5.1 图层清理

工程地质平面图是工程区域内按比例尺表示主要工程地质单元的分布与相互关系的图件,应按地质界线、构造轮廓线及勘探点等内容合理划分图层,无用图层应清除,保留图层中线段应为多段线或直线,如图 5.5-1 所示。

5.5.2 图件导入

工程地质平面图导入步骤如下:

(1) dwg 格式文件可以直接导入至 3DE 平台工程制图中,由于工程制图显示内容有范围限制,所以在导入 dwg 格式文件之前,必须在 CAD 软件内将工程地质平面图保留图层整体进行平移至原点附近,平移数值为项目设置的大地地理坐标值。若未进行平移,

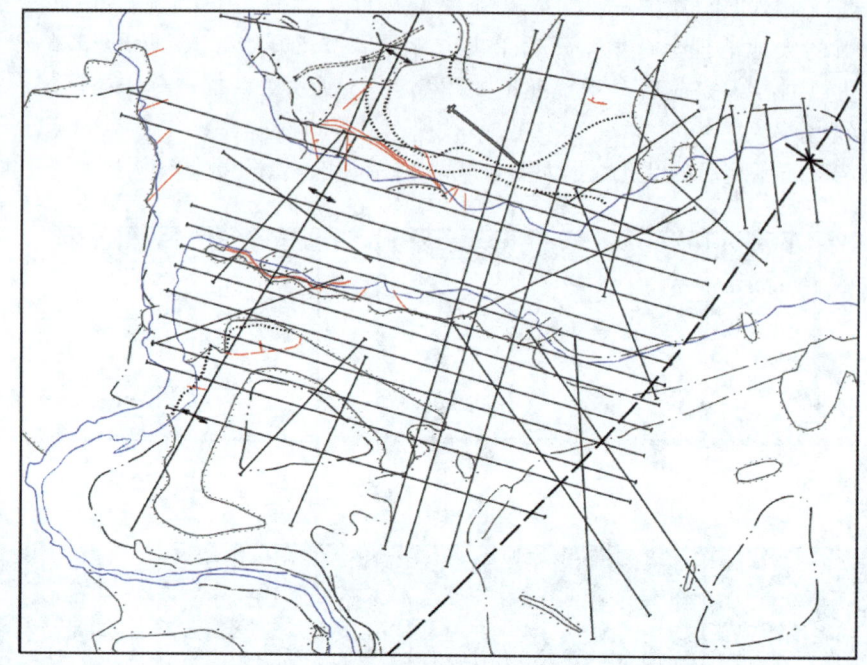

图 5.5-1 典型工程地质平面图

按原始坐标直接导入的工程地质平面图,在 3DE 工程制图中将无法正常显示。

(2) 进入 3DE 平台 (Civil 3D Design) APP,在三维地质模型结构树基础数据模型二维图节点下新建一个 3D 零件,并命名为工程地质平面图,创建 3D 零件的同时,系统会自动创建一个 3D 形状。

(3) 单击软件右上角 ➕ 图标,选择导入,如图 5.5-2 所示,弹出的窗口如图 5.5-3 所示。单击【文件名】后面的 📁 图标,选择工程地质平面图保存路径,单击"确定"按钮,将清理及平移后的工程地质平面图导入至 3DE 工程制图中,如图 5.5-4 所示。

(4) 框选导入工程制图中的所有内容并复制。

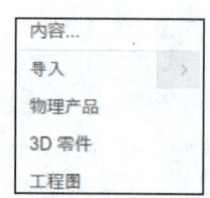 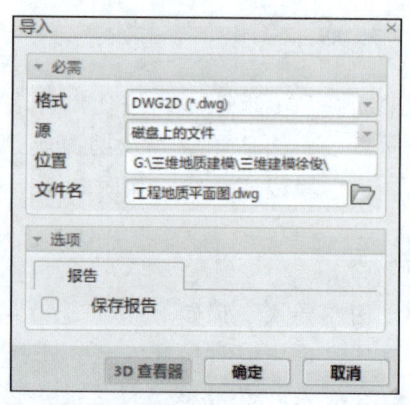

图 5.5-2 导入对话框   图 5.5-3 选择工程地质平面图文件

5.5 工程地质平面图导入

（5）在新建的 3D 形状节点下，单击【线框和曲面】栏下 ▨（定位草图）命令，创建定位草图。草图支持面为 xy 平面，原点为隐式类型，如图 5.5-5 所示。将复制的所有内容直接粘贴至草图，单击【标准】栏下 ⬆（退出应用程序）命令，退出草图。

（6）单击【线框和曲面】栏下 ▨（缩放）命令，将草图以原点（0，0，0）为参考点放大 1000 倍，完成工程地质平面图导入，如图 5.5-6 所示。后续地质建模需要用到相关内容时直接单击提取即可。

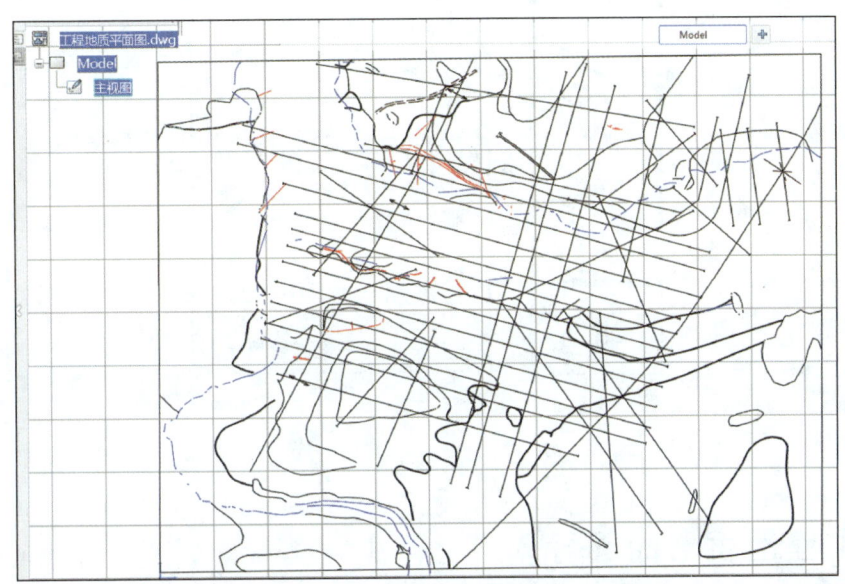

图 5.5-4　平面图导入至 3DE 工程制图中

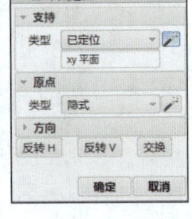

图 5.5-5　创建定位草图

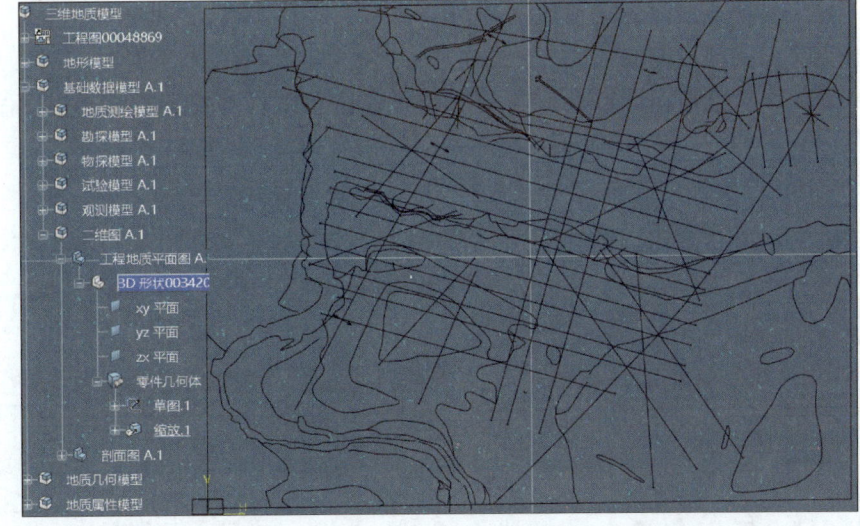

图 5.5-6　工程地质平面图导入

第5章 建模数据源整理及导入

注意：CAD 图件是以 mm 为单位导入工程制图的，若要与模型相匹配，则需放大 1000 倍。放大可以在退出草图后利用 （缩放）命令进行，也可以直接在草图中利用镜像命令下面的 ⬚（缩放）命令进行，如图 5.5-7（a）所示。在草图中，首先选择要缩放的对象，选择（0，0）为基点，输入缩放比例，不勾选【复制模式】，如图 5.5-7（b）所示，点击"确定"按钮即可完成缩放操作。

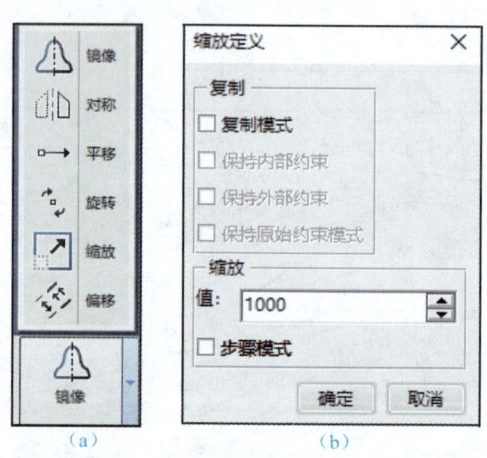

图 5.5-7 草图内直接缩放

5.6 工程地质剖面图导入

5.6.1 图层清理及平移

工程地质剖面图纵横比例应为 1∶1000，应按地层、风化、构造、水文等界线合理分层，应标明剖面起点高程，线段应为多段线，无用的图层需进行清理。在导入之前要对剖面图中所有保留图层进行平移，平移之后使剖面起点坐标值和剖面图中所标示的坐标值一致，如图 5.6-1 所示，剖面起点标示坐标值为（0，80），在 CAD 软件中坐标值也为（0，80）。

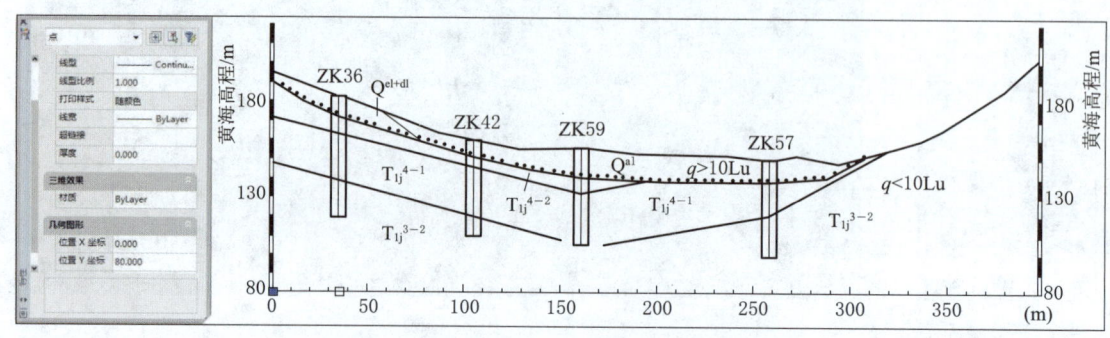

图 5.6-1 工程地质剖面图清理及平移

5.6.2 直线剖面图导入

(1) 进入 ![icon] (Civil 3D Design) APP,在三维地质模型结构树基础数据模型二维图节点下新建一个 3D 零件,并命名为工程地质剖面图,创建 3D 零件的同时,系统会自动创建一个 3D 形状。

(2) 在新创建的 3D 形状中插入一个几何图形集,以剖面编号命名。右键单击新建几何图形集,将其定义为工作对象,单击 5.5.2 节导入工程地质平面图中的直线剖面线,出现上下文菜单,单击中间的 ![icon] (提取) 命令,将剖面线提取至新建的几何图形集中,如图 5.6-2 所示。

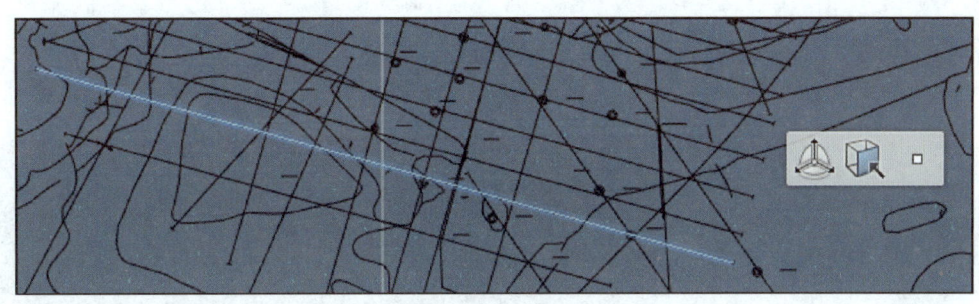

图 5.6-2 提取剖面线

(3) 单击【线框和曲面】栏下 ![icon] (拉伸) 命令,将第 2 步中提取的剖面线沿 Z 方向进行拉伸,拉伸完成后提取剖面线起点,如图 5.6-3 所示。

图 5.6-3 拉伸剖面线并提取起点

(4) 单击软件右上角 ![icon] 图标,操作同 5.5.2 节中的第 3 步,将清理及平移后的 CAD 剖面图导入至 3DE 工程制图中,如图 5.6-4 所示。注意 CAD 的版本不能太高,否则无法导入至 3DE 工程制图中。

(5) 框选导入工程制图中的所有内容并复制。

(6) 单击【线框和曲面】栏下 ![icon] (定位草图) 命令,创建定位草图。草图支持面为第 3 步中的拉伸面,原点类型为投影点,选择提取的剖面线起点,如图 5.6-5 所示。注意草图 H 轴的方向,如果是沿着剖面方向则满足要求,否则要反转 H 轴。将已复制的所有内容直接粘贴至草图,如图 5.6-6 所示。单击【标准】栏下 ![icon] (退出应用程序) 命令,退出草图。

第 5 章　建模数据源整理及导入

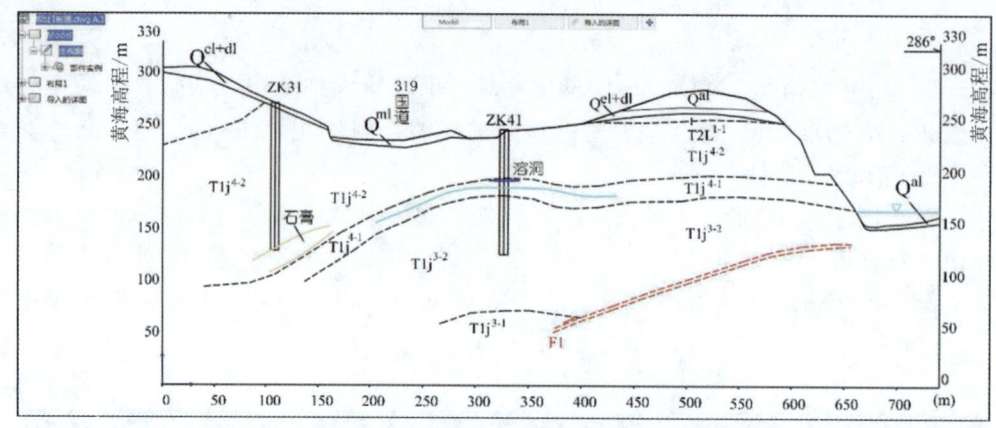

图 5.6-4　直线剖面图导入至 3DE 工程制图中

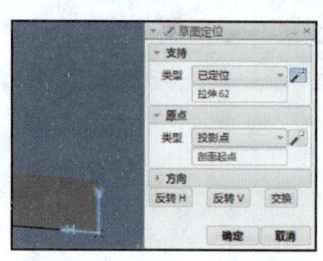

图 5.6-5　创建定位草图

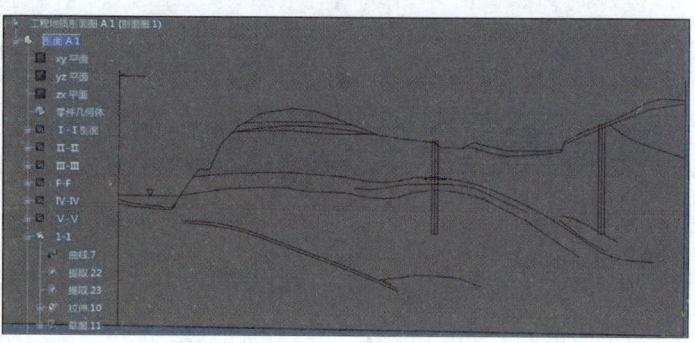

图 5.6-6　将剖面图粘贴至草图

（7）单击【线框和曲面】栏下 （缩放）命令，将草图以剖面起点为参考点放大 1000 倍，如图 5.6-7 所示，至此，剖面图导入完成。可在【视图】栏下利用（显示坐标）命令查看剖面图标尺最低点处高程，检查剖面图高程是否准确。后续地质建模需要用到剖面线时直接单击提取即可。

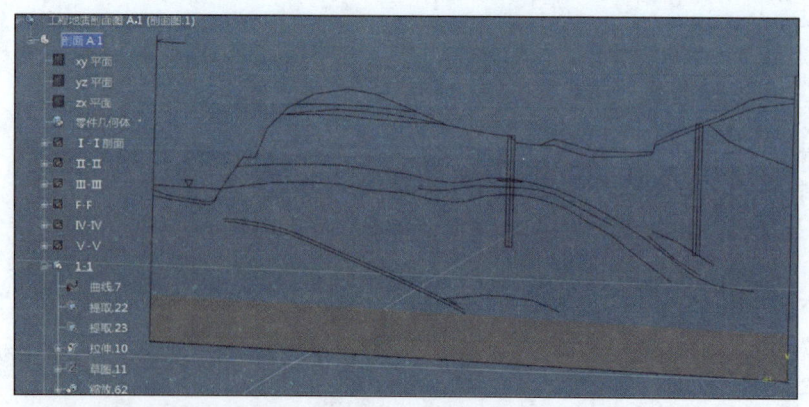

图 5.6-7　直线剖面图导入

68

5.6.3 折线（弧线）剖面导入

折线（弧线）剖面导入时，首先按照直线剖面导入方法，将剖面导入 3DE 平台，然后利用【折叠】命令将剖面折叠到剖面线上即可，具体操作步骤如下：

（1）单击首选项右侧的 ▸（小三角）图标，如图 5.6-8 所示，弹出的对话框如图 5.6-9 所示，选择【自定义】，弹出的自定义面板如图 5.6-10 所示。单击【操作区域】栏，选择【线框和曲面】再单击右侧【添加命令】选项，弹出的对话框如图 5.6-11 所示，单击任意命令后，中文状态下输入"展开"，选择第二个【展开】命令，如图 5.6-12 所示。单击"确定"按钮，可将【展开】命令添加至【线框和曲面】栏下。

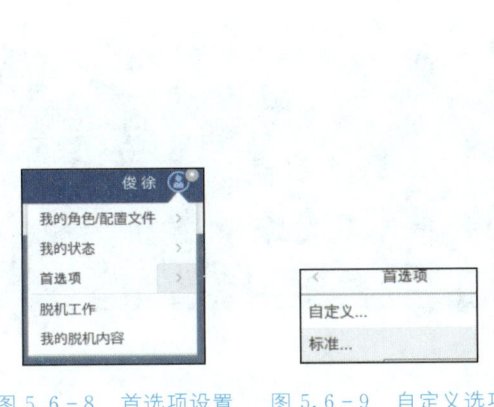

图 5.6-8　首选项设置　　图 5.6-9　自定义选项　　　　图 5.6-10　自定义面板

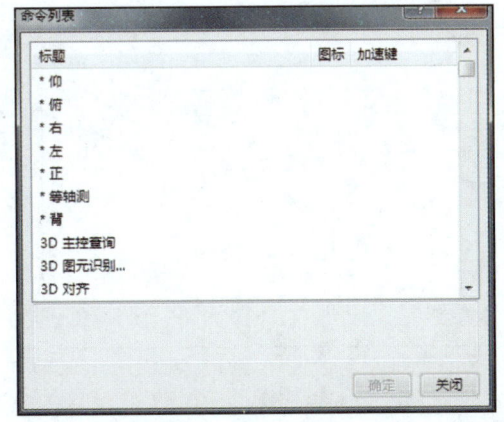 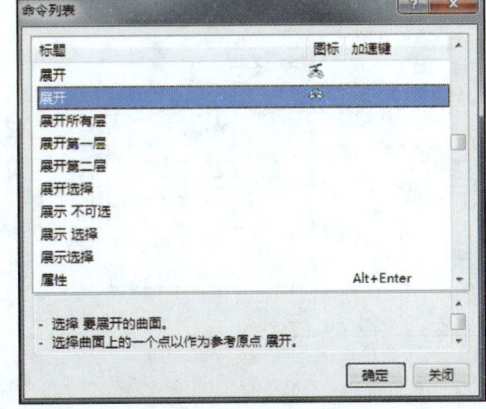

图 5.6-11　命令列表　　　　　　　　图 5.6-12　添加展开命令

（2）在剖面线 3D 形状中插入一个几何图形集，以剖面编号命名，将新建几何图形集定义为工作对象。单击平面图中折线剖面线第一段，再按住 Ctrl 键依次选择剩余线段，出现上下文菜单，单击 ▨（提取）命令，将剖面线提取至新建的几何图形集中，如图 5.6-13

所示。

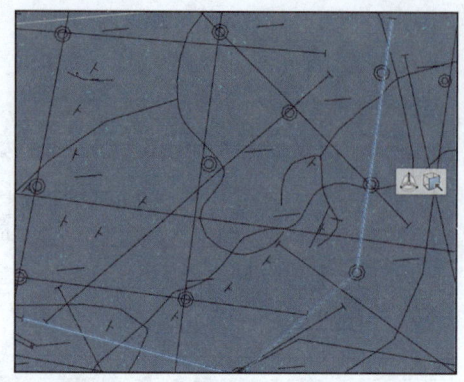

图 5.6-13　提取折线剖面线

（3）在新建的几何图形集中，单击第 2 步中提取的折线剖面线第一段，出现上下文对话框后选择无拓展，如图 5.6-14 所示。提取折线剖面线第一段后再提取剖面线起点。利用拉伸命令，将折线剖面线第一段沿 Z 方向进行拉伸，如图 5.6-15 所示。

（4）单击软件右上角 + 图标，操作同 5.5.2 节中的第 3 步，将清理及平移后的 CAD 折线（弧线）剖面图导入至 3DE 工程制图中，如图 5.6-16 所示。注意 CAD 的版本不能太高，否则无法导入至 3DE 工程制图中。

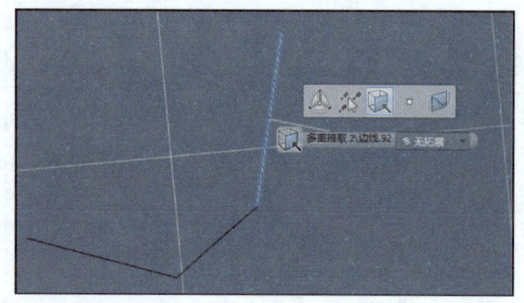

图 5.6-14　提取折线剖面第一段

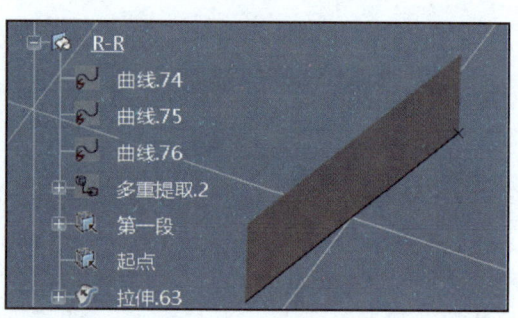

图 5.6-15　拉伸折线剖面第一段

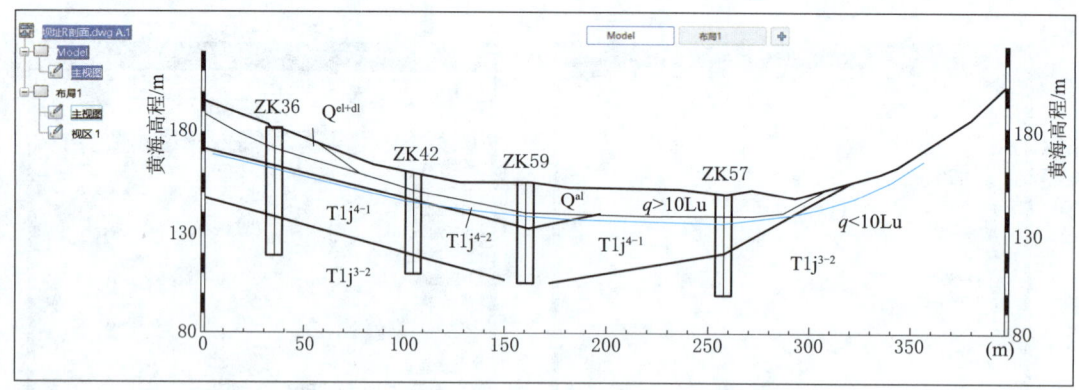

图 5.6-16　折线剖面图导入至 3DE 工程制图中

（5）框选导入工程制图中的所有内容并复制。

（6）创建定位草图，草图支持面为第 3 步中的拉伸面，原点类型为投影点，选择提取的剖面线起点，如图 5.6-17 所示。注意草图 H 轴的方向，如果是沿着剖面方向则满足要求，否则要反转 H 轴。将上一步中复制的所有内容直接粘贴至草图，如图 5.6-18 所示。

5.6 工程地质剖面图导入

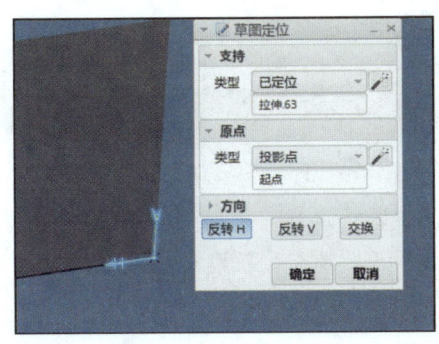

图5.6-17 创建定位草图

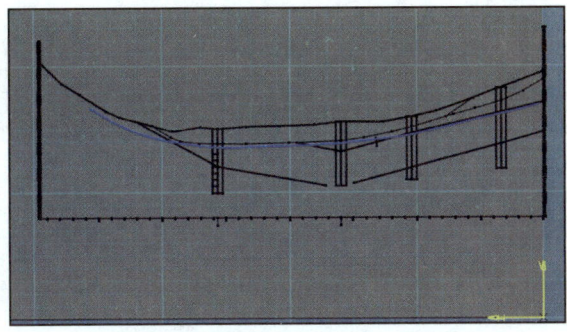

图5.6-18 将折线剖面图粘贴至草图

（7）单击【分析】栏下 （草图分析）命令，检查所导入的折线（弧线）剖面，如图5.6-19所示。单击自动相交轮廓选项，图中会出现绿色箭头，逐一检查调整自动相交轮廓，直至所有自动相交轮廓都处理完毕，单击【标准】栏下 （退出应用程序）命令，退出草图。

注意：如果折线（弧线）剖面中存在自动相交轮廓，下面第9步操作则无法完成。

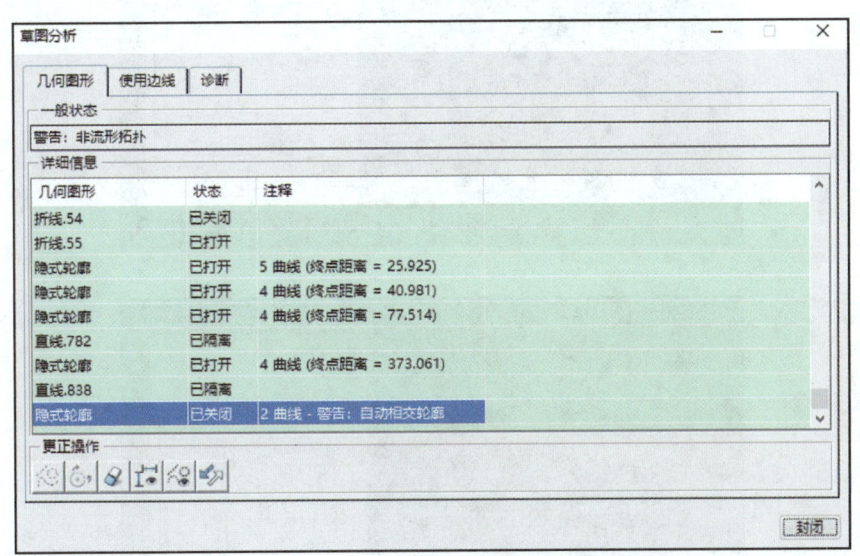

图5.6-19 分析草图中的自动相交轮廓

（8）单击【线框和曲面】栏下 （缩放）命令，将上一步中的草图以剖面起点为参考点放大1000倍，如图5.6-20所示。

（9）将第2步中提取的整个折线剖面线进行拉伸，再单击 （展开）命令，要展开的面选择折线剖面线拉伸面，原点选择剖面起点，方向选择H轴，如图5.6-21（a）所示，再单击【转移】栏，选择【折叠】，单击结构树上放大1000倍的剖面图，如图5.6-21（b）所示，单击"确定"按钮后可将第7步中的剖面图折叠到剖面线上，完成折线剖面导入，如图5.6-22所示。

第 5 章 建模数据源整理及导入

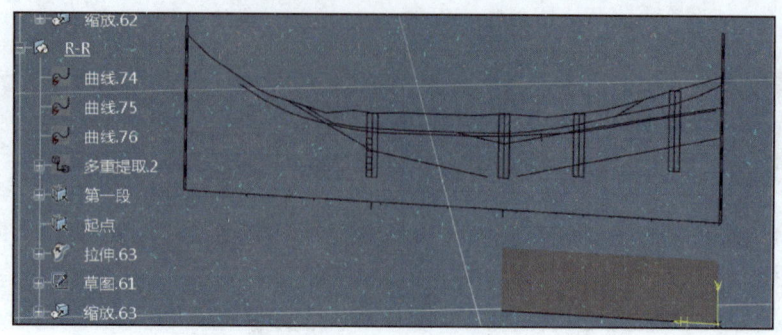

图 5.6-20 将折线剖面图放大 1000 倍

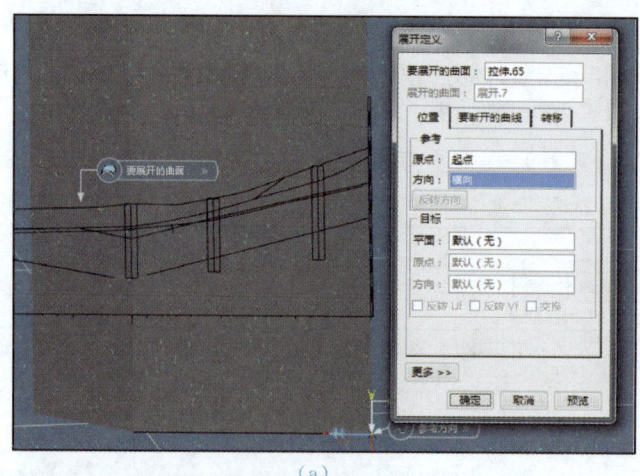

(a)

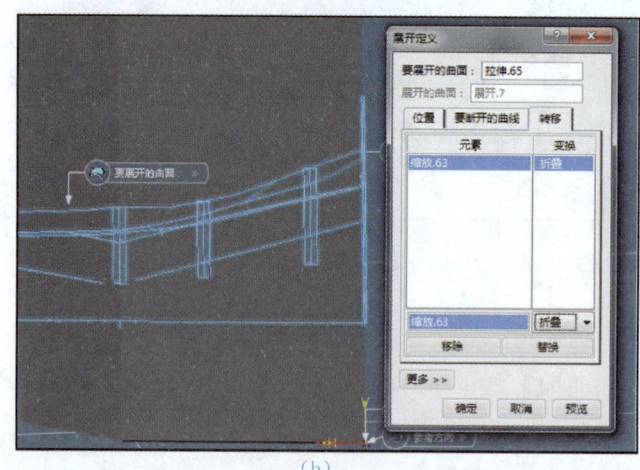

(b)

图 5.6-21 折叠折线剖面

（10）完成剖面图导入后可在【视图】栏下利用 （显示坐标）命令查看剖面标尺最低点处高程，检查剖面高程是否准确。后续地质建模需要用到剖面线时直接单击提取即可。

5.6 工程地质剖面图导入

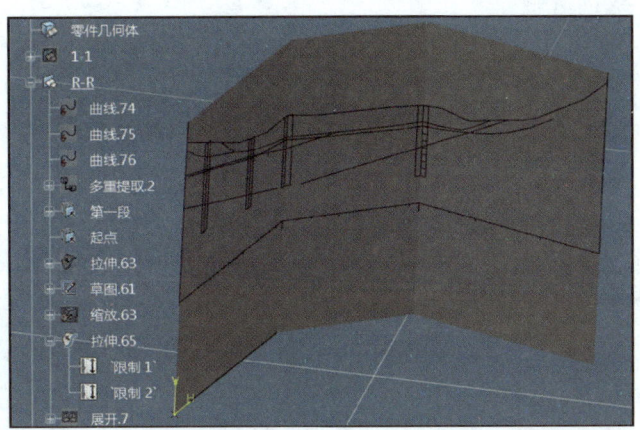

图 5.6-22 完成折线剖面导入

第 6 章 产状模板制作

岩层结构面产状包含三个要素，即走向、倾向和倾角，如图 6.0-1 所示。岩层层面与任一水平面的交线称之为走向线，也就是同一层面上高度相等的两点的连线；走向线两端延伸的方向称之为岩层的走向，岩层的走向有两个方向，彼此相差 180°。岩层层面上与走向线垂直并沿斜面向下所引的直线称倾斜线，它表示岩层的最大坡度；倾斜线在水平面上的投影所指示的方向称之为岩层的倾向，又称真倾向，真倾向只有一个，倾向表示岩层向哪个方向倾斜。层面上的倾斜线和它在水平面上投影的夹角称倾角，又称真倾角；倾角的大小表示岩层的倾斜程度。产状可在 3DE 平台中制作成产状线模板，利用产状线模板可进一步制作产状面模板，供地质建模使用。除制作产状线及产状面模板外，还可以通过模板求解岩层产状，解决高陡地段人无法到达测量岩层产状的难题。

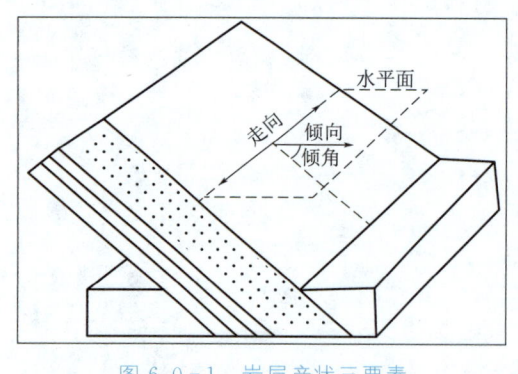

图 6.0-1 岩层产状三要素

6.1 产状线模板制作

（1）进入 3DE 平台 ![icon] (Civil 3D Design) APP，单击软件右上角 + 图标，新建一个

6.1 产状线模板制作

3D 零件，并命名为产状线模板，设计范围选择大范围。

（2）右键单击产状线模板 3D 零件节点下的 3D 形状，选择 3D 形状对象，再选择几何图形集，如图 6.1-1 所示。将新建几何图形集命名为输入，再依次创建过程及输出两个几何图形集。

（3）单击【工具】栏下 fx（公式）命令，在【新类型参数】中选择角度，再单击【新类型参数】按钮，创建一个角度参数，将其名称改为倾向，数值改为 80deg，如图 6.1-2 所示。使用相同方法创建倾角及长度参数，创建完成后结构树上参数中将显示新建的三个参数，如图 6.1-3 所示。

（4）右键单击输入几何图形集，将其定义为工作对象。单击【线框和曲面】栏下 □（点）命令，在空间中创建任意一个点，命名为点.1，如图 6.1-4 所示。

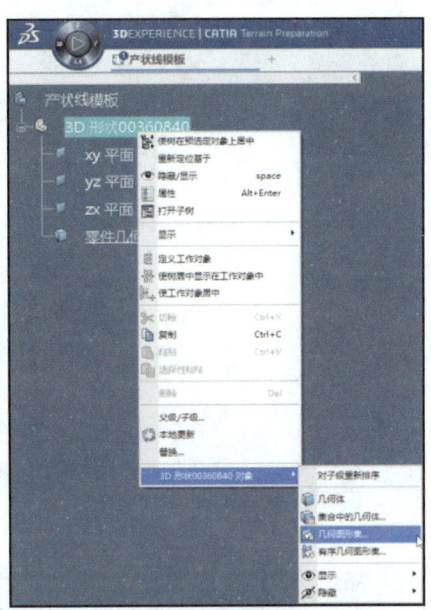

图 6.1-1 创建几何图形集

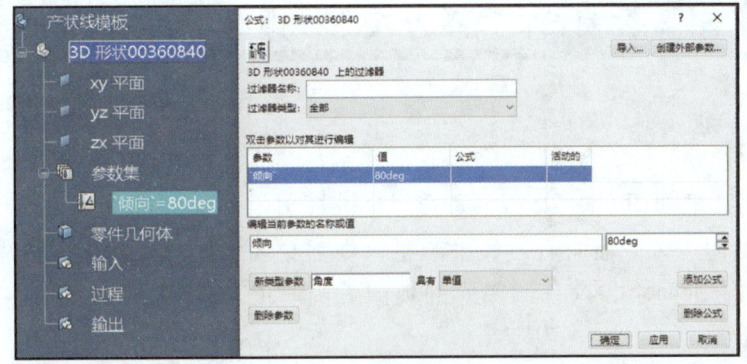

图 6.1-2 创建倾向参数

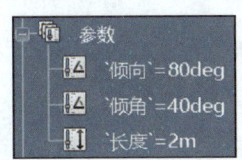

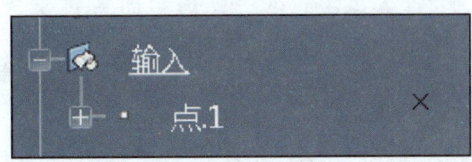

图 6.1-3 参数在结构树中显示　　图 6.1-4 创建任意一点

注意：□（点）命令下拉菜单中有多种选择方式来创建点，如图 6.1-5 所示。如果按坐标的方式创建点，坐标是有范围限制的。工程项目中实测点（495199.16，3676485.00，437.90）将无法直接按坐标创建，需减掉前面的大数值来创建一个相对点。

（5）右键单击过程几何图形集，将其定义为工作对象。单击【线框和曲面】栏下

75

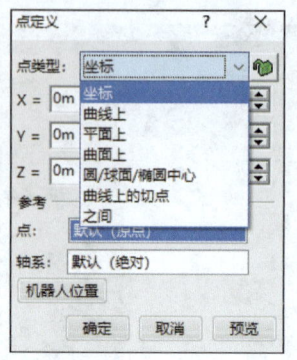

图 6.1-5　点命令下拉菜单

（平面）命令，【平面类型】选择平行通过点，【参考】选择 xy 平面，【点】选择上一步中新建的点.1，即可通过点.1 创建 xy 平面的平行平面，命名为平面.1，如图 6.1-6 所示。

　　xy 平面可以选择系统自带的，也可以自己创建 xy 面，过程如下：单击 □（点）命令，利用坐标在空间中创建三个点，三个点坐标分别为点.2（0，0，0）、点.3（1，0，0）、点.4（0，1，0），单位均为 m，再单击 □（平面）命令，平面类型选择通过三个点，点1、点 2 及点 3 依次选择刚刚创建的 3 个点，单击"确定"按钮，便可创建同系统自带 xy 平面完全重合的平面，如图 6.1-7 所示。

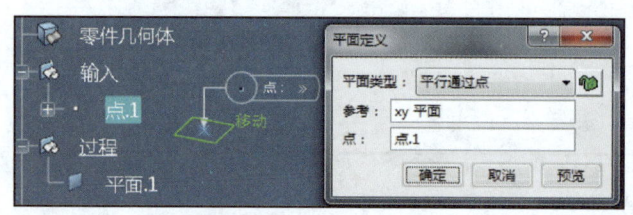

图 6.1-6　创建 xy 面的平行平面

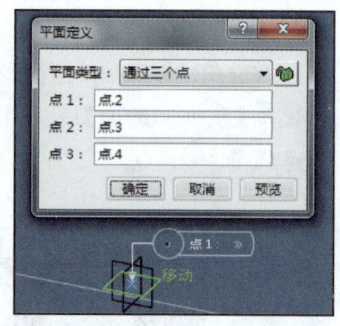

图 6.1-7　创建 xy 面

　　（6）单击【视图】栏下多视图命令旁边的小三角，选择自定义多视图命令，如图 6.1-8 所示。弹出的对话框如图 6.1-9 所示，选择标准视图，再单击 □（俯视图），检查俯视图方向是否为 y 轴向上，x 轴向右，如果不是，则需单击 ↻、↺、↻ 图标进行调整，保证 y 轴向上，x 轴向右，这样制图时的视图方向与 CAD 地质平面图中视图方向一致，便于观察产状。

　　（7）以平面.1 为支持面，点.1 为原点，建立定位草图，命名为草图.1，如图 6.1-10 所示。在草图中，单击 ╱（直线）命令，以点.1 为起点，朝向任意方向画一条直线，即为产状的倾向线。单击直线，然后按住 Ctrl 键，再单击 V 轴，单击【草图】栏下 □（约束）命令，约束直线与 V 轴之间的角度，如图 6.1-11 所示。

　　注意： 草图中 H 方向应保持向右，V 方向应保持向上。

　　（8）单击约束的角度，出现上下文对话框，如图 6.1-12（a）所示，单击 ƒx（公式）命令，出现公式编辑器对话框，如图 6.1-12（b）所示。双击结构树上参数中的倾向，将倾向添加至公式编辑器，如图 6.1-13 所示，单击"确定"按钮。

　　（9）单击"确定"按钮后角度约束后面出现 ƒ(x) 标志，如图 6.1-14（a）所示，表明角度约束已与倾向参数进行了关联。单击【标准】栏下 □（退出应用程序）命令，退出草图。双击结构树上倾向参数，修改其数值，直线与 V 轴夹角会相应调整，如图 6.1-14（b）所示。

6.1 产状线模板制作

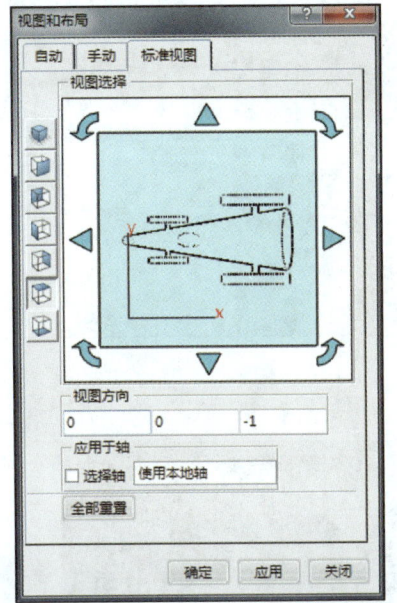

图 6.1-8 自定义多视图　　　　图 6.1-9 自定义俯视图

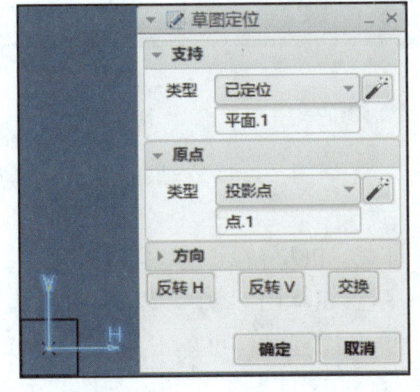

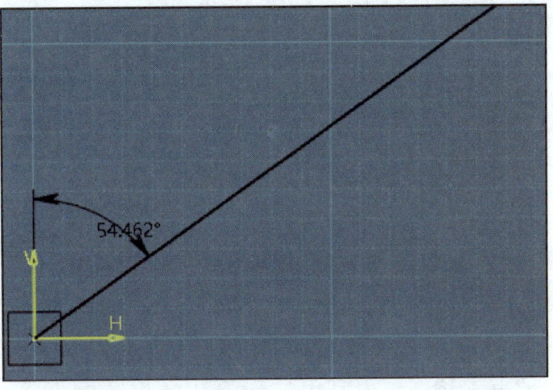

图 6.1-10 建立定位草图　　　　图 6.1-11 约束直线与 V 轴之间的角度

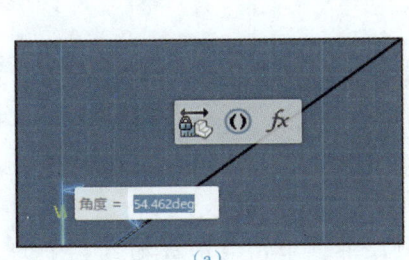

(a)

(b)

图 6.1-12 公式编辑器

77

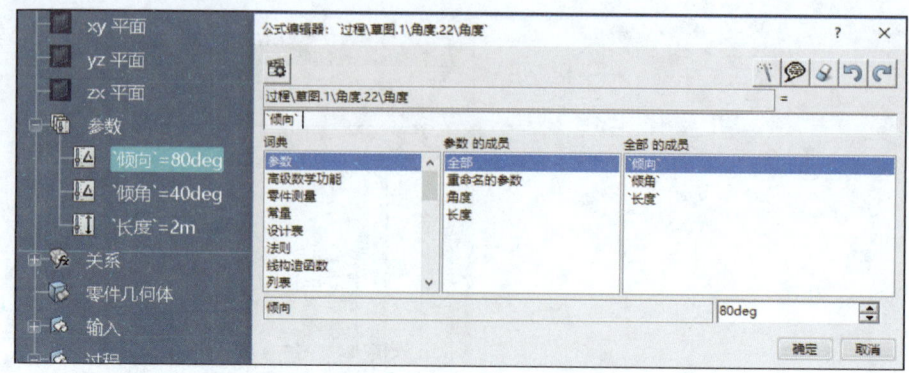

图 6.1-13　添加倾向至公式编辑器

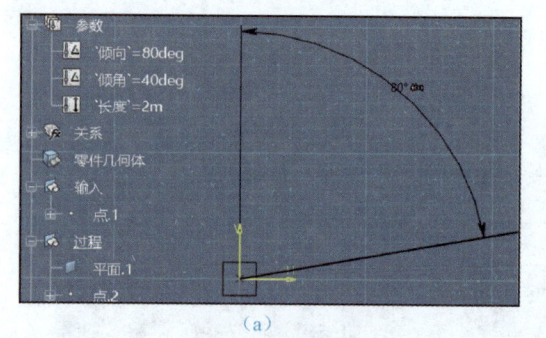
(a)

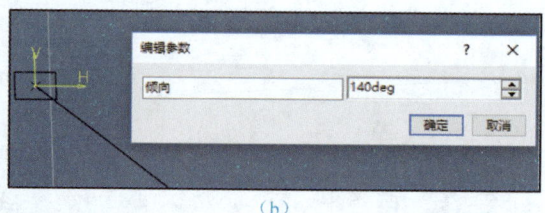
(b)

图 6.1-14　角度约束与倾向参数相关联

（10）单击【线框和曲面】栏下 (拉伸) 命令，将草图.1沿Z轴拉伸一定高度，得到拉伸.1。

（11）右键单击输出几何图形集，将其定义为工作对象。以拉伸.1为支持面，点.1为原点，建立定位草图，命名为草图.2，如图6.1-15所示。在草图.2中，以点.1为起点，沿着H轴向下画一条直线，注意一定是在H轴下方，单击该直线，再单击 (约束) 命令，约束其长度，再利用与步骤7中相同的方法，约束直线与H轴的夹角，如图6.1-16所示。

（12）利用与步骤8中相同的方法，将草图.2中的长度约束及角度约束与结构树上的倾角及长度参数关联起来，如图6.1-17所示。

（13）单击【标准】栏下 (退出应用程序) 命令，退出草图。双击结构树上倾角参数，修改其数值，直线与H轴夹角会相应调整。

（14）将其他元素均隐藏，只保留草图.2。单击【工具】栏下 (超级副本) 命令旁边的小三角，选择 (用户特征) 命令，弹出的用户特征定义对话框如图6.1-18所示。用户特征名称改为产状线模板，【选定部件】选择草图.2，如图6.1-19所示。单击【部件输入】中的拉伸，弹出的对话框如图6.1-20所示，拉伸被移至【选定部件】一侧，再单击草图.1，草图.1被移至【选定部件】一侧。继续单击【部件输入】中的元素，直至部件输入中仅为xy平面及点.1为止，如图6.1-21所示。

6.1 产状线模板制作

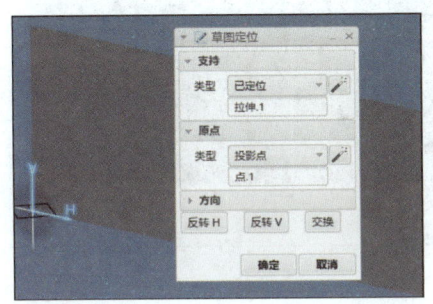

图 6.1-15 建立定位草图.2

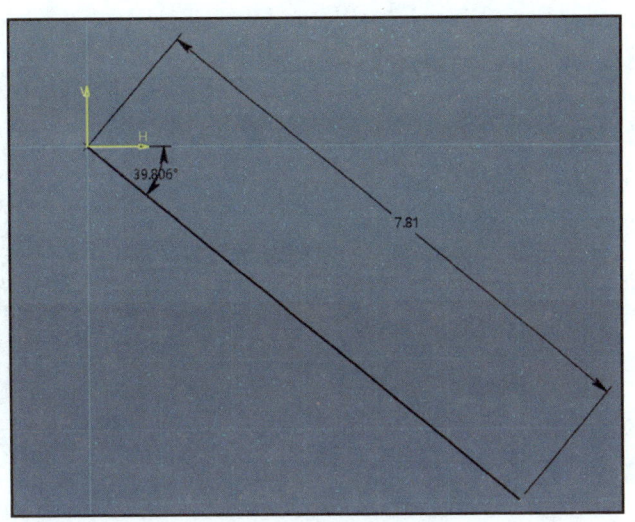

图 6.1-16 约束直线长度及角度

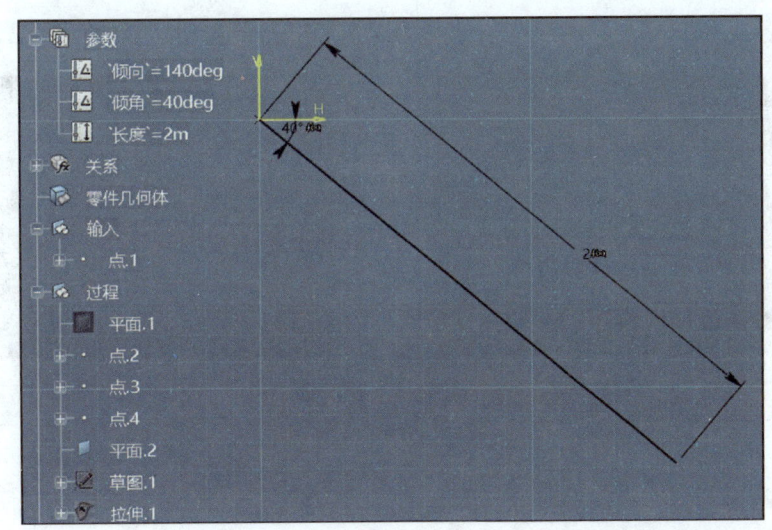

图 6.1-17 长度约束及角度约束与参数相关联

（15）单击【用户特征定义】对话框中的【输入】栏，可将点.1 的名称改为点，如图 6.1-22 所示。再单击【用户特征定义】对话框中的【参数】栏，选择 40deg，命名为倾角，勾选【已发布】，如图 6.1-23 所示，同样可发布倾向及长度。倾向、倾角及长度均发布后，可单击【重新排序】，将倾向移至顶端，如图 6.1-24 所示。单击"确定"按钮后，结构树上将增加知识工程模板项，如图 6.1-25 所示。

（16）右键单击结构树上的产状线模板，选择实例化，如图 6.1-26（a）所示，弹出的对话框如图 6.1-26（b）所示。选择空间中一点及 xy 平面，可在该点添加产状线，如图 6.1-27 所示。双击产状线模板.1，弹出对话框，单击【参数】栏，可根据现场实测产状修改倾向及倾角，产状线的长度可通过长度参数进行修改，如图 6.1-28 所示。

第 6 章　产状模板制作

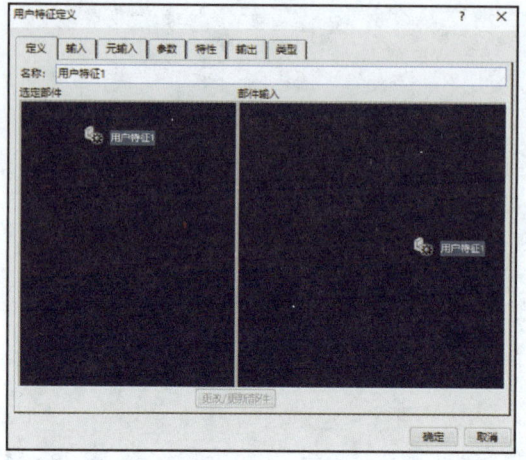

图 6.1-18　用户特征定义对话框

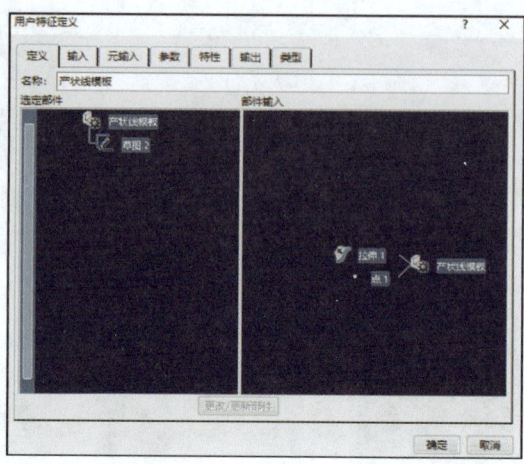

图 6.1-19　移除拉伸.1 对话框

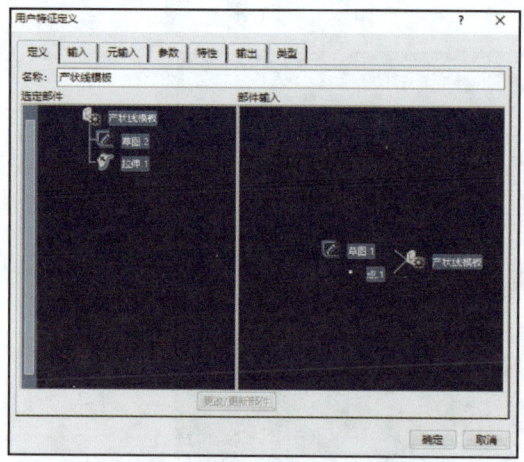

图 6.1-20　移除草图.1 对话框

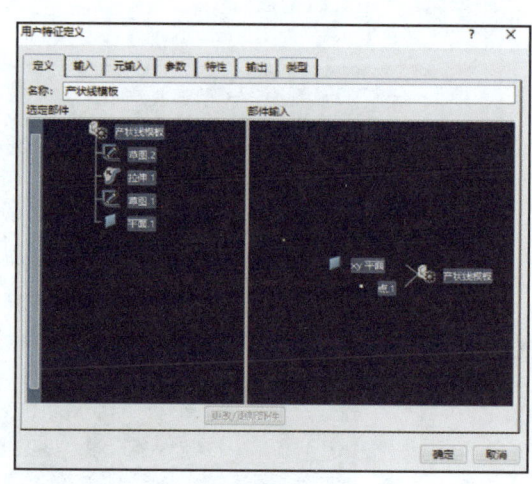

图 6.1-21　输入部件最终对话框

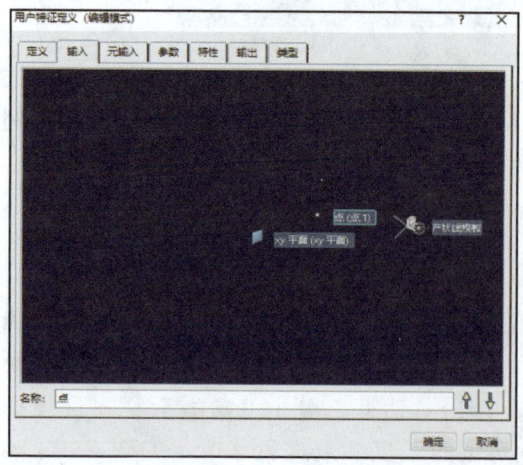

图 6.1-22　修改点名称

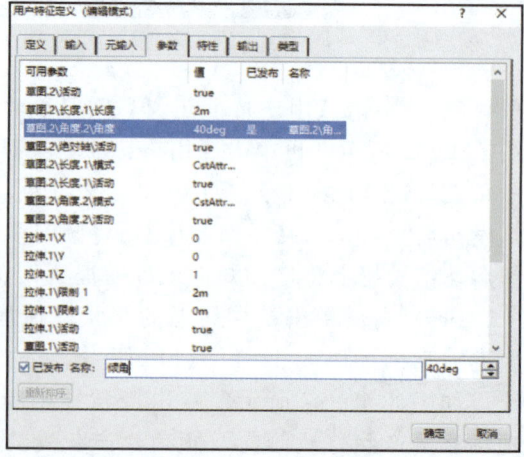

图 6.1-23　发布倾角参数

6.1 产状线模板制作

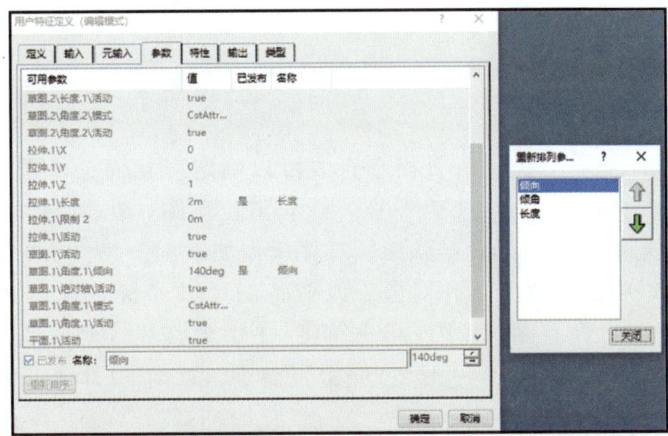

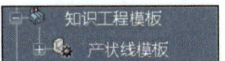

图 6.1-24 发布参数重新排序　　　　　　图 6.1-25 完成产状线模板

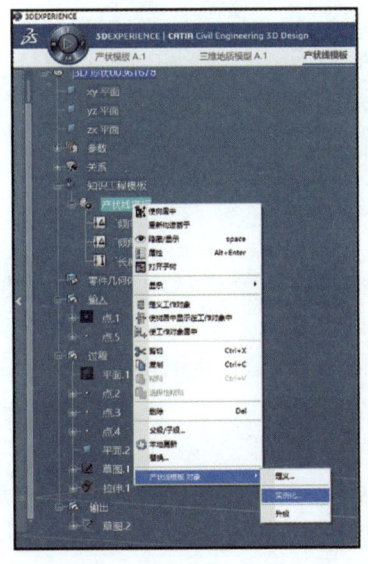

(a)

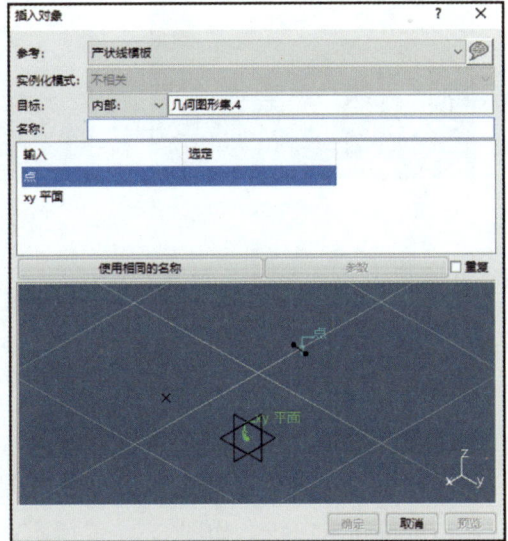

(b)

图 6.1-26 产状线模板实例化

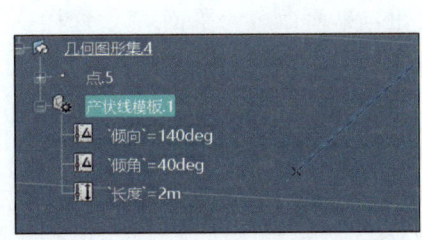

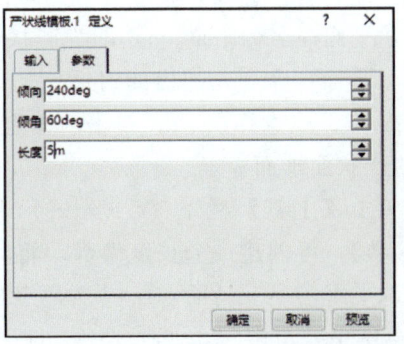

图 6.1-27 为任意一点添加产状线　　　　图 6.1-28 修改产状参数

81

6.2 产状面模板制作

完成产状线模板之后，通过走向线及产状线两条相交直线可以确定产状面。如果要控制产状面的大小，则以产状面做支持面，以点.1 为原点，建立定位草图，在草图中画一个圆形，约束其尺寸，再将圆形充填起来，形成产状面。具体操作如下：

（1）右键单击过程几何图形集，将其定义为工作对象。以平面.1 为支持面，点.1 为原点，建立定位草图，命名为草图.3。在草图.3 中，单击草图.1 中的直线（倾向线），出现上下文对话框，如图 6.2-1 所示，选择 （投影 3D 元素）命令，草图.3 中会出现一根黄色线条。单击黄线，出现上下文对话框，如图 6.2-2 所示，选择 （构造元素）命令，将投影进来的倾向线转为构造元素，不参与建模。

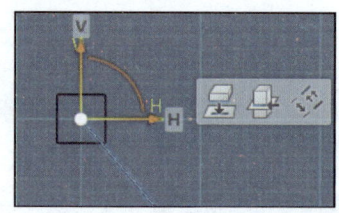
图 6.2-1 投影倾向线

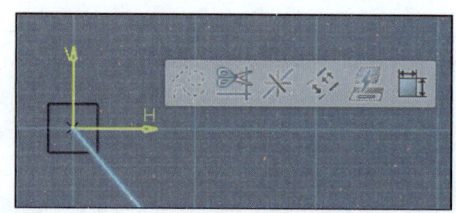
图 6.2-2 倾向线转为构造元素

注意：在草图内元素分为两种类型：标准元素及构造元素。标准元素是退出草图编辑后能够看到的元素，这些元素都作为后续建模特征的基础。标准元素在草图编辑环境中显示为实线。构造元素是退出草图编辑后看不到的元素，不参与后续的建模，但是为标准元素提供辅助约束。在构造元素中有一种比较特殊的元素——轴线，构造元素在草图编辑环境中显示为虚线，轴线显示为点划线。

（2）在草图.3 中，以点.1 为起点，朝任意方向画一条直线，约束它与倾向线之间的角度为 90°，即可得到走向线，如图 6.2-3 所示。单击【标准】栏下 （退出应用程序）命令，退出草图。

（3）单击【线框和曲面】栏下 （平面）命令，弹出的对话框如图 6.2-4 所示，平面类型选择通过两条直线，直线分别为草图.3（走向线）及草图.2（产状线），单击"确定"按钮，平面命名为平面.3，即为产状面。注意，此时创建的产状面不通过点.1，需再单击 （平面）命令，弹出的对话框如图 6.2-5 所示，平面类型选择平行通过点，参考选择平面.3，点选择点.1，单击"确定"按钮，平面命名为平面.4，这样就得出了通过点.1 的产状面平面。

（4）单击【工具】栏下 （公式）命令，在【新类型参数】中选择长度，再单击【新类型参数】，可创建一个长度参数，将其名称改为半径，如图 6.2-6 所示。

（5）以平面.4 为支持面，点.1 为原点，建立定位草图，命名为草图.4，如图 6.2-7（a）所示。在草图中，单击 （圆）命令，以点.1 为圆心，画一个圆，单击 （约束）命令，约束圆的半径，再单击半径约束，采用 6.1 节步骤 8 中的方法，与结构树参数中的半径参数关联，如图 6.2－7（b）所示。

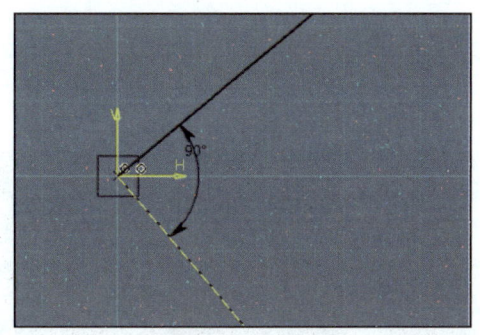

图 6.2－3　确定走向线

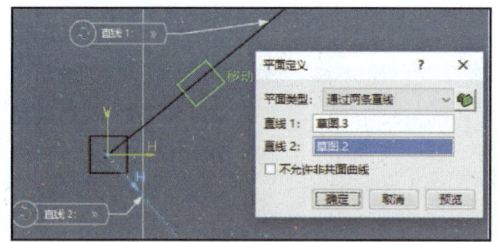

图 6.2－4　平面.3

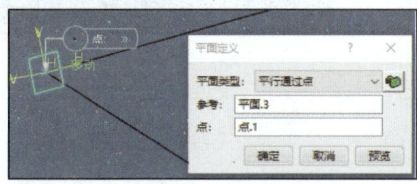

图 6.2－5　平面.4

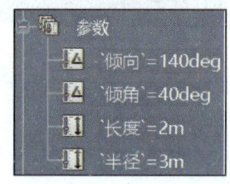

图 6.2－6　增加半径参数

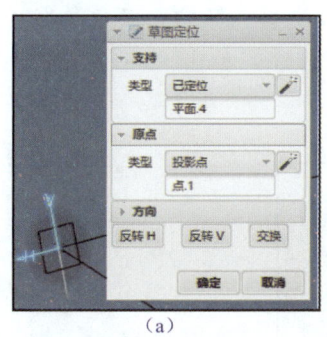
(a)

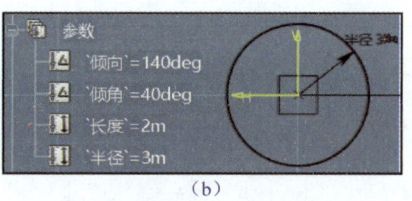
(b)

图 6.2－7　草图.4中绘制圆

（6）单击【标准】栏下 ⬆ （退出应用程序）命令，退出草图。右键单击输出几何图形集，将其定义为工作对象。单击 ⛑ （填充）命令，选择草图.4，将圆充填成面，如图 6.2－8 所示。

（7）将其他元素均隐藏，只保留充填.1。单击【工具】栏下 🗐 （超级副本）命令旁边的小三角，选择 🗐 （用户特征）命令，弹出用户特征定义对话框。用户特征名称改为产状面模板，【选定部件】选择充填.1，如图 6.2－9（a）所示。单击【部件输入】中的草图.4，草图.4

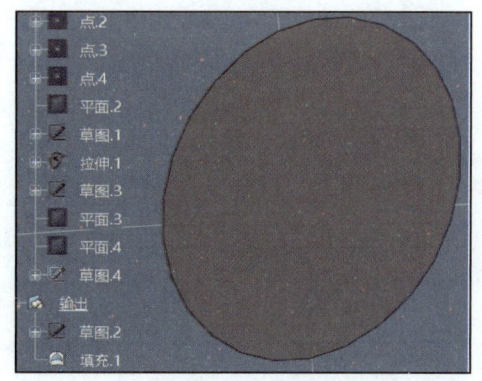

图 6.2－8　充填草图.4

83

被移到【选定部件】一侧，接着再单击【部件输入】中的元素，直至【部件输入】仅为 xy 平面及点.1 为止，如图 6.2-9（b）所示。

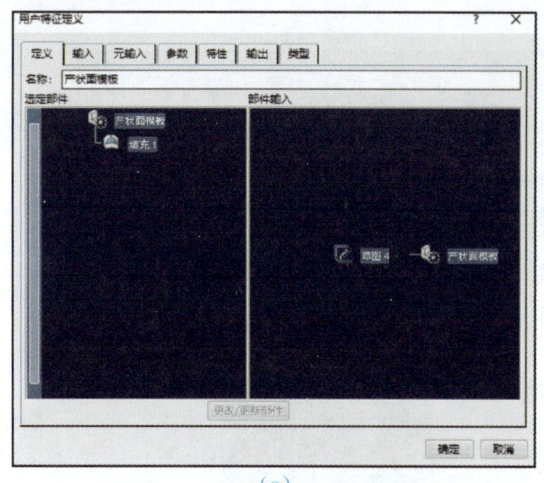
（a）

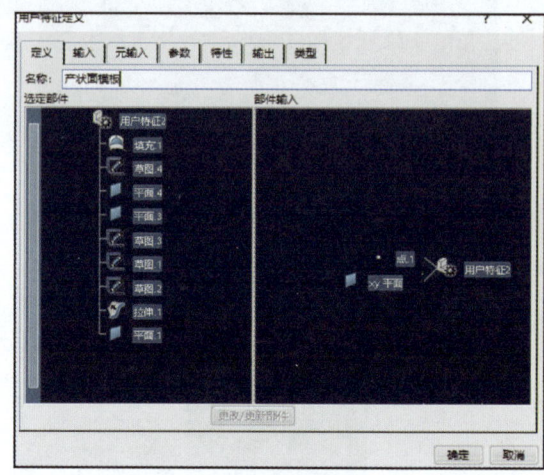
（b）

图 6.2-9　产状面模板特征定义

（8）单击用户特征定义对话框中的【参数】栏，选择 140deg，命名为倾向，勾选【已发布】，如图 6.2-10 所示，同样可发布倾角及半径。倾向、倾角及半径均发布后，可单击【重新排序】，将倾向、倾角及半径进行重新排序，单击"确定"按钮后，结构树上将增加知识工程模板项，如图 6.2-11 所示。

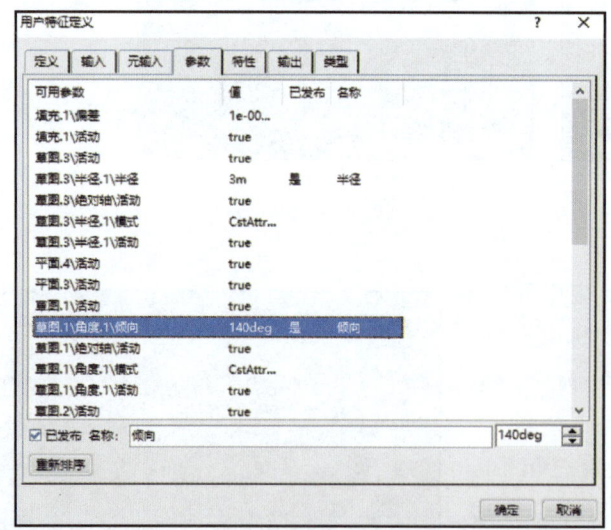

图 6.2-10　发布参数　　　　图 6.2-11　完成产状面模板

（9）模板使用方法与 6.1 节中步骤 16 相同，实例化后可以修改参数，如图 6.2-12 所示。

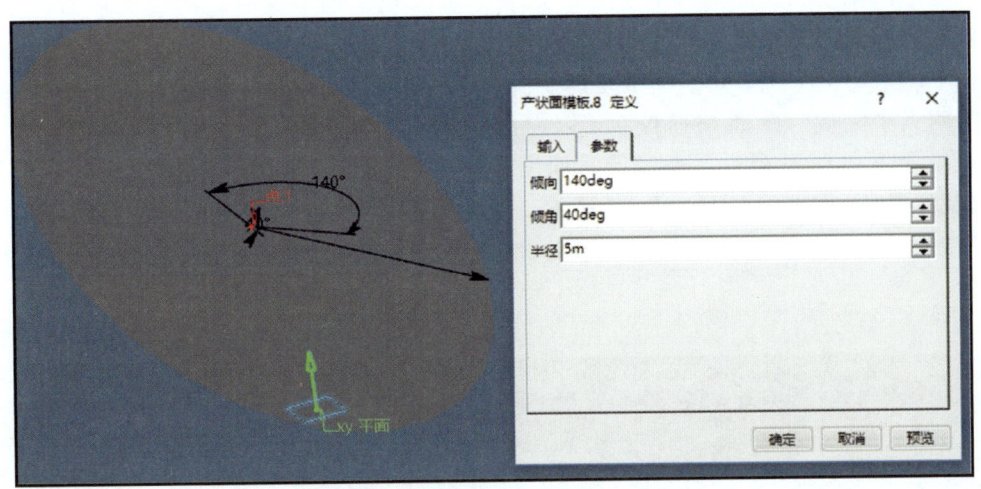

图 6.2-12　产状面模板参数修改

6.3　产状面模板应用实例

某项目为查明拟建通航隧洞段岩体工程地质条件，实施了 PD01 勘探平硐。PD01 平硐硐深 579m。进口底板高程为 191.85m，顶板高程为 194.55m；桩号 579m 处底板高程为 193.22m，顶板高程为 196.09m；平硐开挖断面为城门洞形，高约 2.7m，宽约 2.7m。

经常规地质编录，PD01 平硐共揭露断层（Ⅲ级结构面）4 条、裂隙性断层（Ⅳ级结构面）15 条，Ⅲ级结构面编号为 F520、F521、F522、F523，走向以 EW - NWW 向为主，倾角以陡倾角（≥60°）为主。裂面起伏粗糙或稍起伏粗糙，接触面多见擦痕，断层宽 10～40cm，最大宽度为 80cm。断层带物质主要为断层泥、岩屑、花岗岩碎块，胶结差，断层面见渗水，断层在开挖中多有垮塌，性状整体较差（仅 F523 性状略好）。Ⅳ级结构面（裂隙性断层）编号为 f1～f15，走向以近 EW 向为主，其次为 NE - NEE、NW - NWW 向，倾角以陡倾角（≥60°）为主，少为中倾角。裂面平直粗糙或稍起伏粗糙，接触面多见擦痕，断层宽 0.2～6cm，最大宽度为 10cm。断层带物质主要为绿帘石、钙膜及岩屑，胶结一般，断层面多滴水，局部渗水（f3、f9、f12、f13、f14、f15），性状整体一般，局部较差（f9、f10、f12）。

PD01 平硐采用 FARO150 三维激光扫描仪进行了扫描。三维激光扫描技术是测绘领域继 GPS 技术之后的又一次技术革命，它利用非接触式高速激光测量，以点云的形式获取地形或物体表面复杂几何图形的三维数据。该技术突破了传统的单点测量方法，最大特点就是采集密度高、速度快、精度高、逼近原形、扫描距离远。目前，将三维激光扫描仪采集的点云传输到专用的三维激光扫描后期数据处理软件中进行点云数据的拼接、缩减、抽稀及去噪，生成三角高程格网，再利用三角高程格网有效地建立立体模型，可

第6章 产状模板制作

以用于地形图测绘、土石方体积测量、地表边坡及地下洞室编录、边坡变形监测、桥梁变形监测、桥梁病害检测和模型修正等方面。

该平硐采用FARO150三维激光扫描仪每4m设置一个站点,共进行145站扫描,扫描历时两天半完成。距离扫描仪1m以内扫描精度为0.7mm。将激光扫描点云按30~40m分段导入3DE平台后,通过产状面模板对Ⅲ级结构面F520、F521、F522、F523进行了识别,如图6.3-1~图6.3-4所示。产状面模板由倾向、倾角、长、宽四个参数控制,如图6.3-5所示。断层面F521、F522产状有变化,因此使用了两个产状面对其进行拟合。

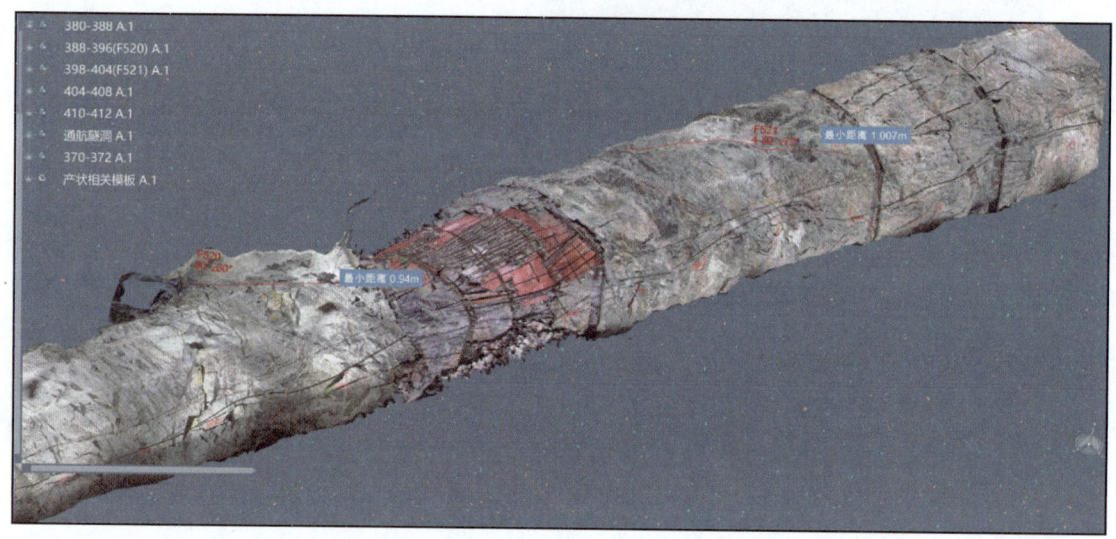

图6.3-1 断层F520、F521三维激光扫描点云

图6.3-2 断层面F520、F521识别

6.3 产状面模板应用实例

图 6.3-3　断层 F522 三维激光扫描点云及断层面 F522 识别

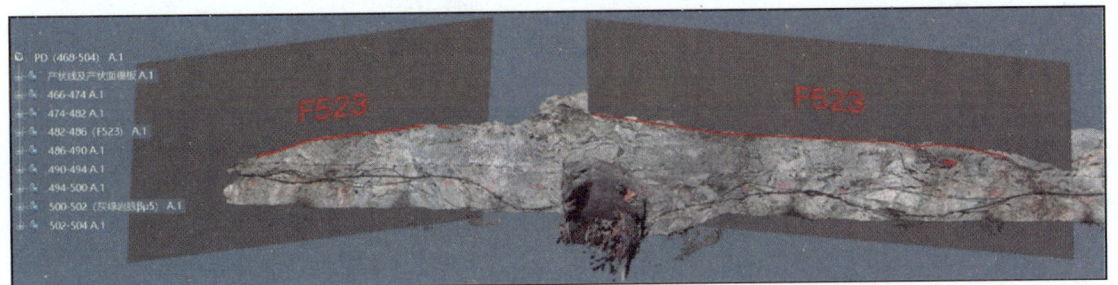

图 6.3-4　断层 F523 三维激光扫描点云及断层面 F523 识别

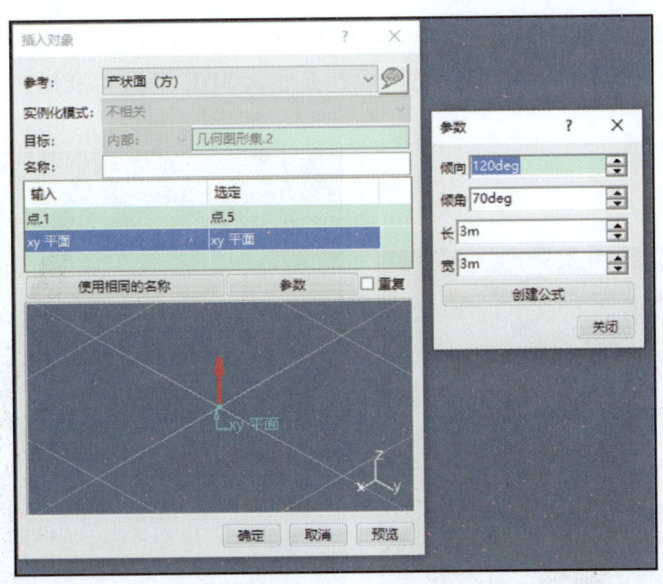

图 6.3-5　产状面模板输入元素及参数

目前岩体稳定性分析方法主要有极限平衡法、差分法、有限元法、离散元法、边界元法、块体理论法、非连续变形分析法和数值流形法等。与大部分考虑岩体应力应变特征求解方程组的"数值法"不同，块体理论法主要根据岩体结构面的产状等少量参数直接判断相应岩体的可动性，属于"几何法"。它由石根华在20世纪70年代提出，首先假定结构面为平面且贯穿整个研究区域，引出半空间的概念，视块体为几组结构面和临空面半空间的交集，建立块体分类体系，如图6.3-6所示。块体理论法分析过程简捷快速，其计算完全是三维的，所得结果又能直接满足工程需求，因此，它已成为当前地下洞室、边坡和坝基等工程岩体稳定分析的一种有效方法，在世界各国和地区得到了广泛研究和应用。

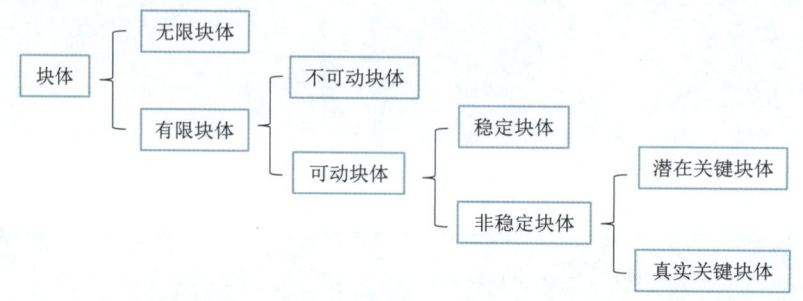

图6.3-6 块体分类体系

采用石根华的块体理论法，将断层面F520、F521、F522延伸之后相互切割，将形成正三角锥形（上小下大）不稳定块体，块体与断层F522段三维激光扫描点云不相交，如图6.3-7所示。将块体拷贝至F520、F521断层段三维激光扫描点云内，与平硐相交于387～397m支护段，如图6.3-8所示。由于断层F521产状有变化，倾角取80°时，在通航隧洞顶拱将形成体积约772m³的块体，块体交线的最大高度为23m，如图6.3-9所示。断层F521倾角取72°时，块体体积约为1938m³，块体交线的最大高度为47m，如图6.3-10所示。将三维激光扫描点云导入3DE平台后利用产状面模板可精确识

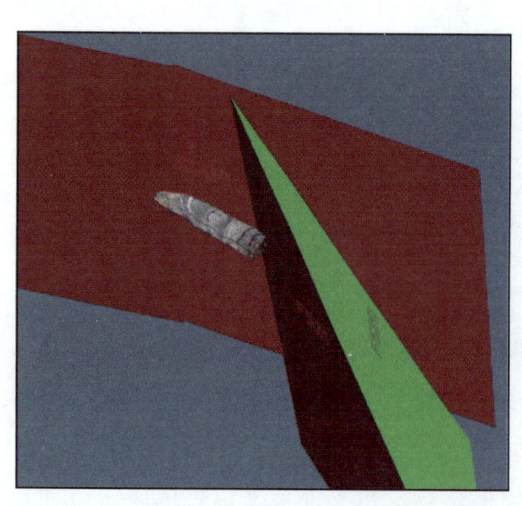

图6.3-7 块体与平硐F522断层的位置关系

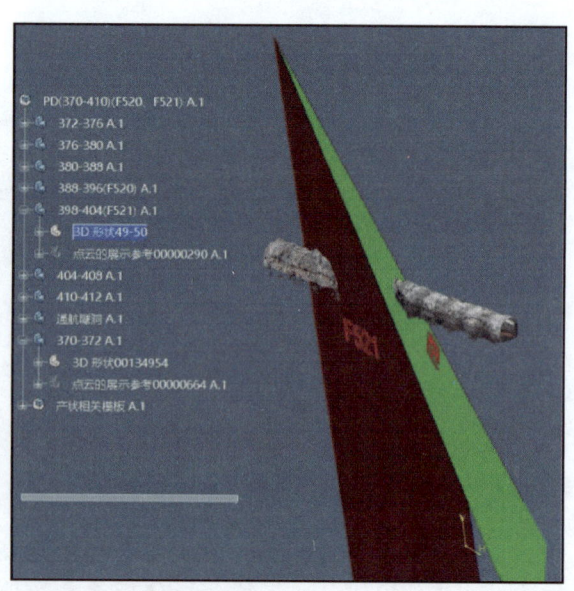

图6.3-8 块体与平硐F520、F521断层的位置关系

别岩体结构面,结构面延伸后互相切割构成定位或半定位块体,对工程支护设计具有很强的指导意义。

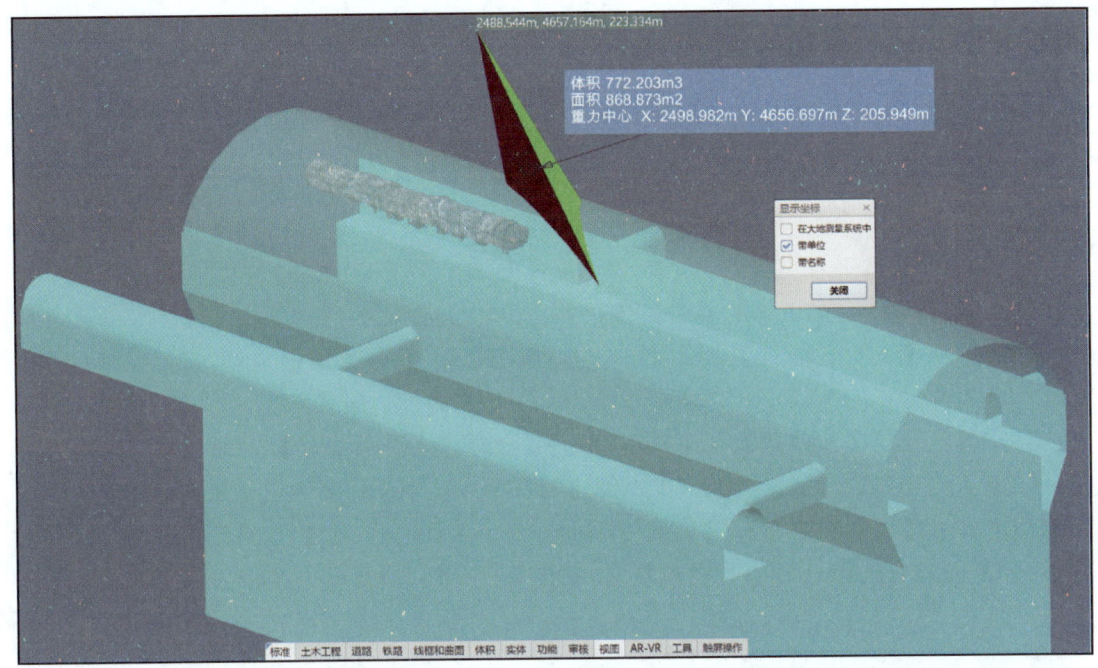

图 6.3-9 通航隧洞顶部块体(断层 F521 倾角取 80°)

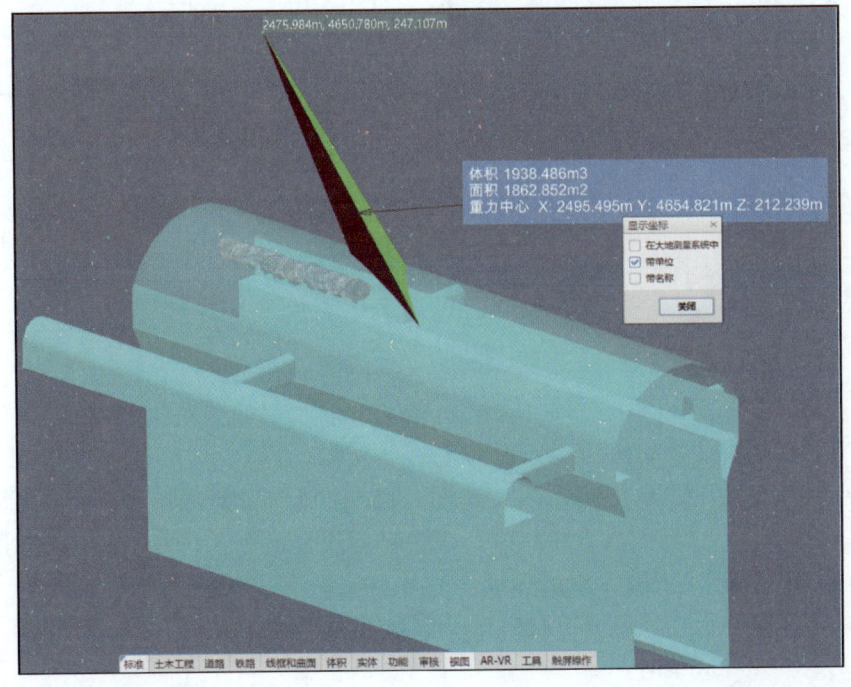

图 6.3-10 通航隧洞顶部块体(断层 F521 倾角取 72°)

6.4 利用模板求解产状

岩层产状是岩体稳定性分析的基础资料,其测量方法主要有机械罗盘及电子罗盘测定法、三点法等。在野外,一般人可以到达的地方都可以手持机械罗盘或电子罗盘来测定岩层产状,当岩层位于高陡地段,人无法到达测量产状时,可利用全站仪测量岩层层面上不在同一条直线上的三个点的坐标值(X,Y,Z)来建立三维模型求解产状。具体过程如下:

(1) 进入 3DE 平台 (Civil 3D Design) APP,单击软件右上角 + 图标,新建一个 3D 零件,并命名为计算产状,设计范围选择大范围。

(2) 单击【线框和曲面】栏下 □ (点) 命令,根据实测坐标创建三个相对点 (0,−53,60)、(−36,16,0)、(222,−28,0),单位均为 m,命名为点.1、点.2、点.3。

(3) 单击【线框和曲面】栏下 ▱ (平面) 命令,【平面类型】为通过三个点,【点1】、【点2】、【点3】分别选择上一步中创建的三个点,平面命名为岩层层面。

(4) 单击【线框和曲面】栏下 ▱ (平面) 命令,【平面类型】为平行通过点,【参考】选择 xy 平面,点选择点.1,即通过点.1 制作与 xy 平面平行的一个平面,平面命名为水平面。

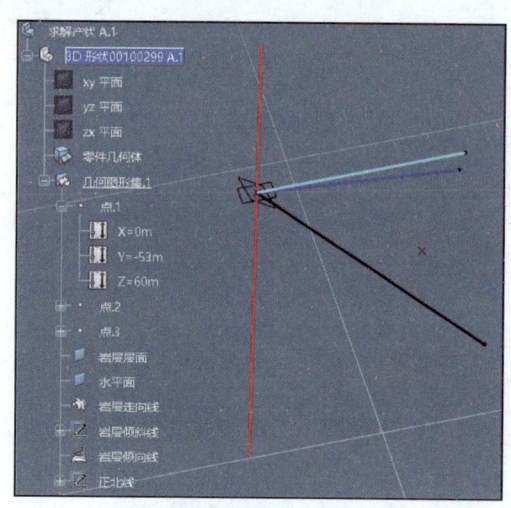

图 6.4-1 求解岩层产状

(5) 单击【线框和曲面】栏下 (相交) 命令,【第一元素】选择岩层层面,【第二元素】选择水平面,得到的交线即为岩层走向线,如图 6.4-1 中红色线条所示。

(6) 单击【线框和曲面】栏下 (定位草图) 命令,【支持】选择岩层层面,【原点类型】为投影点,选择点.1。将岩层走向线投影到草图中,再将其转为构造元素,利用【直线】命令,过原点制作一条与岩层走向线垂直且沿岩层层面向下的射线,即岩层倾斜线,如图 6.4-1 中黑色线条所示。

(7) 单击【线框和曲面】栏下【投影】命令,将岩层倾斜线投影到水平面上,得到的投影即为岩层倾向线,如图 6.4-1 中蓝色线条所示。

(8) 在俯视模式下,单击 (定位草图) 命令,【支持】选择水平面,【原点类型】为投影点,选择点.1。利用【直线】命令,绘制一条起点为点.1 且与 V 轴重合的直线,即正北线,如图 6.4-1 中青色线条所示。

(9) 在俯视模式下,单击【工具】栏下 (测量间距) 命令,测量正北线与倾向线之间的角度,即为岩层倾向,如图 6.4-2 中所示(角度 10°),可将测量结果命名为倾向。采用同样方法测量岩层倾斜线与倾向线之间的夹角,即为岩层倾角,如图 6.4-3 中所

6.4 利用模板求解产状

示（角度 44°），可将测量结果命名为倾角。注意，测量时选择模式可根据需要设置，如图 6.4-4（a）所示，测量内容也可自定义，如图 6.4-4（b）所示。

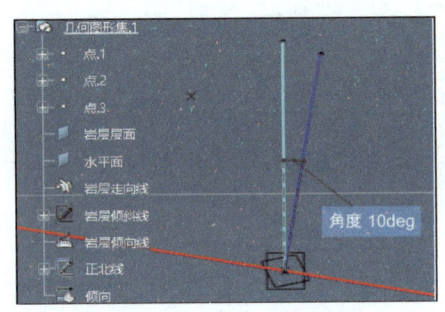

图 6.4-2 岩层倾向测量

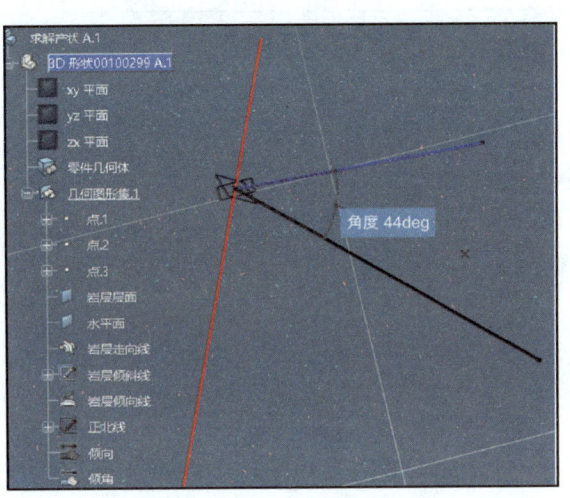

图 6.4-3 岩层倾角测量

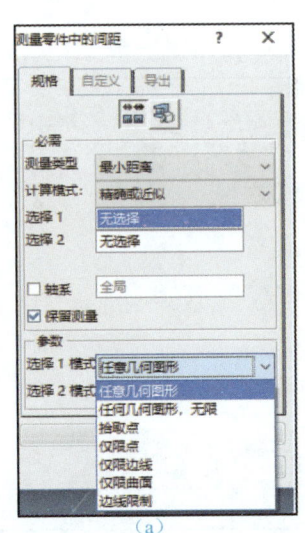

(a)

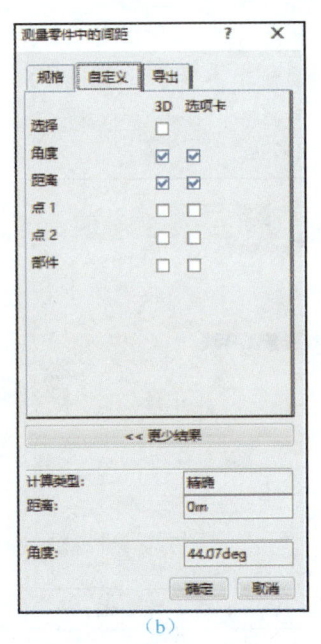

(b)

图 6.4-4 测量设置

（10）利用【工具】栏下 (用户特征)命令将上述过程制作成模板。【用户特征】名称为产状计算，【部件输入】栏点击测量的倾向及倾角，如图 6.4-5（a）所示。逐一点击【部件输入】栏内容，直至输入元素为点.1、点.2、点.3 及 xy 平面为止，如图 6.4-5（b）所示。在【参数】栏中选择倾向\角度，勾选【已发布】选项，名称为倾向，如图 6.4-6 所示，同样发布倾角参数。在【输出】栏中添加岩层走向线及正北线，

91

如图 6.4-7 所示。点击"确定"按钮后完成产状计算模板制作，后期只需输入三个点及 xy 平面即可求得该平面产状。

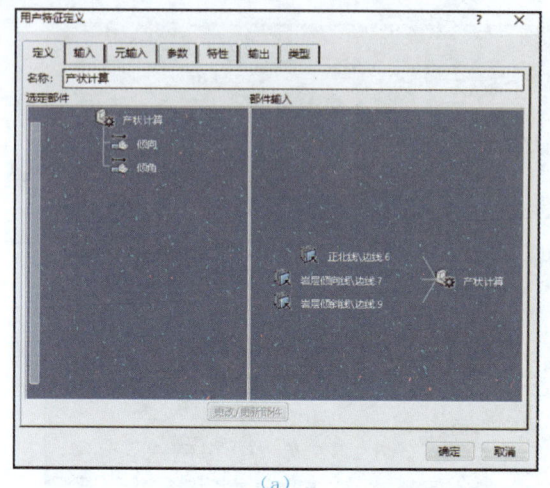
(a)

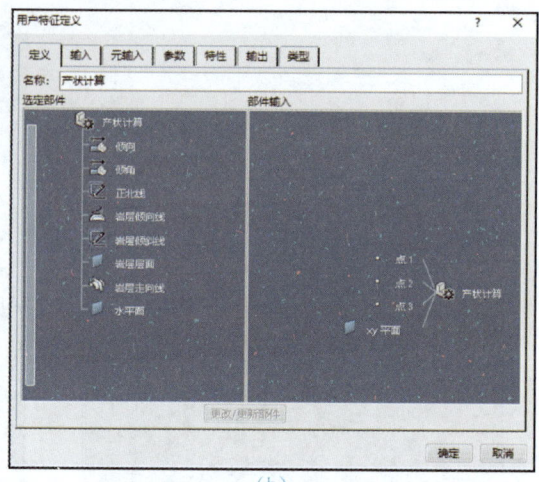
(b)

图 6.4-5　用户特征定义对话框

注意：该操作中直接将测量项作为模板，模板实例化时因无法确定线段方向可能会导致测量的倾向、倾角并不是真正的倾向、倾角，可以通过草图中的角度约束来解决此问题，具体操作步骤如下：

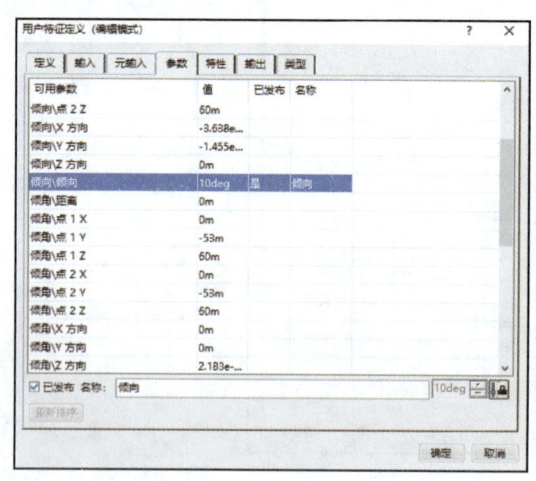

图 6.4-6　用户特征定义参数栏

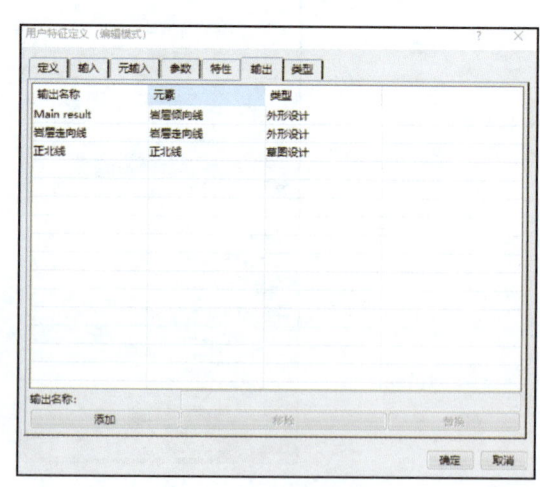

图 6.4-7　用户特征定义输出栏

（1）完成第 8 步操作以后，单击【线框和曲面】栏下 ▢（平面）命令，【平面类型】为平行通过两条直线，【直线 1】选择岩层倾斜线，【直线 2】选择岩层倾向线，平面命名为平面.3。

（2）单击【线框和曲面】栏下 ▢（定位草图）命令，【支持面】选择平面.3，【原点类型】为投影点，选择点.1，建立定位草图。在草图中，将岩层倾斜线和岩层倾向线均投影进来，约束其角度，如图 6.4-8 所示，此角度即为岩层倾角。

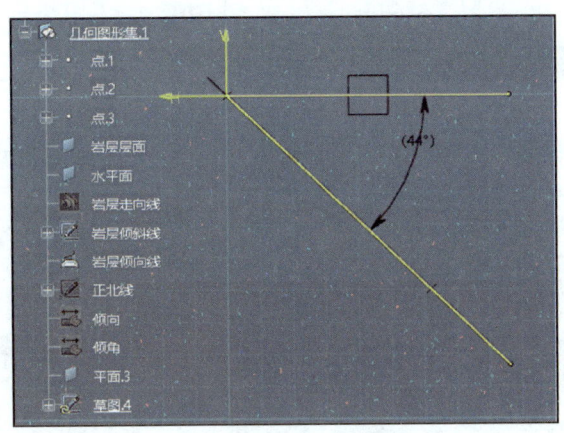

图 6.4-8　草图中约束倾斜线和倾向线角度

（3）同样的方法在草图中约束正北线和岩层倾向线之间的角度，此角度即为岩层倾向。注意，当岩层倾向超过 180°时只能约束其周角，这点在实际应用时要注意，真实倾向应用 360°减去约束角度。

（4）利用【工具】栏下 （用户特征）命令将上述两个草图制作成模板，如图 6.4-9 所示。在模板【参数栏】将草图.5\角度.1\角度10°发布，并命名为倾向，同样发布倾角，如图 6.4-10 所示。点击确定后，完成模板制作。

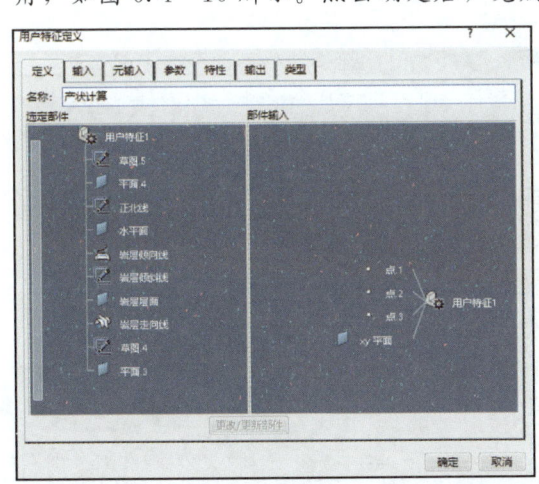

图 6.4-9　用户自定义命令对话框

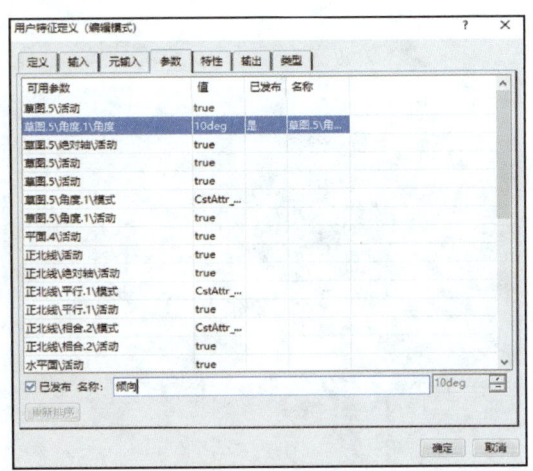

图 6.4-10　发布倾向及倾角

6.5　利用模板求解产状实例

某勘探平硐利用三维激光扫描仪采集到点云数据，导入 3DE R2019x 中，首先利用 （Terrain Preparation）APP 中 （过滤点云）命令，对导入的点云进行过滤，再利

用 （创建地形）命令，生成平硐的网格（Mesh）面。利用 6.4 节中的方法，求解结构面 1 的产状为 60°∠48°，与现场实测完全一致，如图 6.5-1 所示。

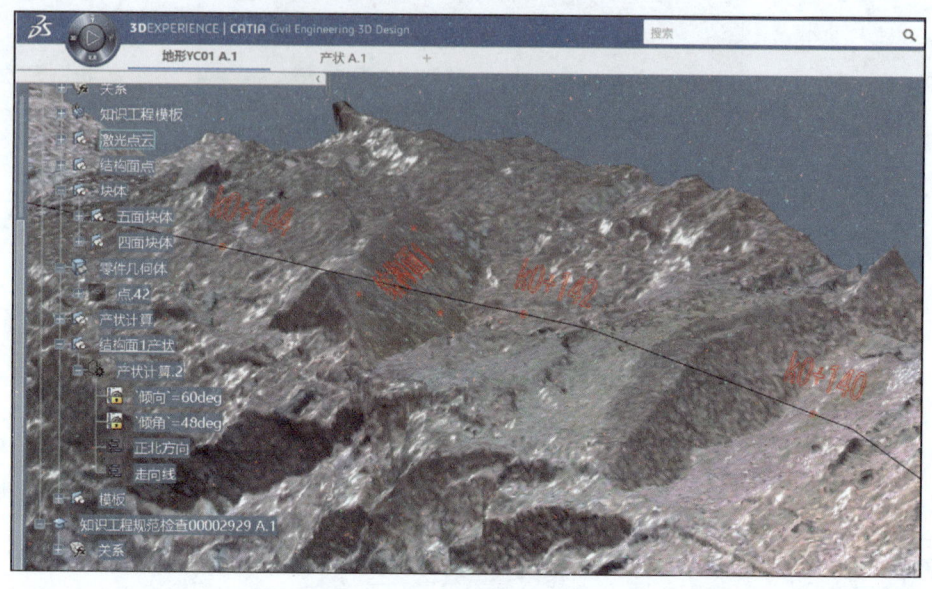

图 6.5-1　利用模型求解产状实例

除了求解产状之外，还可以根据产状快速构建几组结构面，再将结构面组合成块体，计算块体体积，如图 6.5-2 所示。

（a）三维激光扫描块体

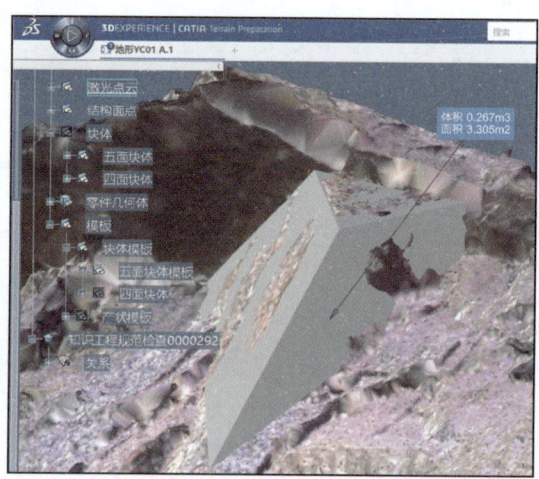

（b）结构面组合成块体

图 6.5-2　计算块体体积

第 7 章 地形建模

地形模型包括地形点云、地形等高线、地形面及地形体。地形建模主要在 3DE 平台（Terrain Preparation）APP 中完成，所用到的主要命令见表 7.0-1。本章将会详细介绍地形建模的具体方法。

表 7.0-1　　　　　　　　　　地形建模常用命令表

图标	名　　称	图标	名　　称
	移除局部区域		过滤点云
	云/点转换		接合地形
	拆解地形		创建地形
	地形制备		自由边线
	平移		布尔运算
	多截面片		根据地形创建曲面
	包络体拉伸		为工程 3D 设计启用

7.1　点云处理

7.1.1　移除点云

利用二维 CAD 地形图转换成的 *.asc 格式地形点云局部会有一些错误点，在进行地形建模之前要利用【移除局部区域】命令将这些错误点清除掉。单击【准备】栏下 （移除局部区域）命令，再单击结构树上已导入的点云文件，出现的工具条见图 7.1-1，具体名称见表 7.1-1。

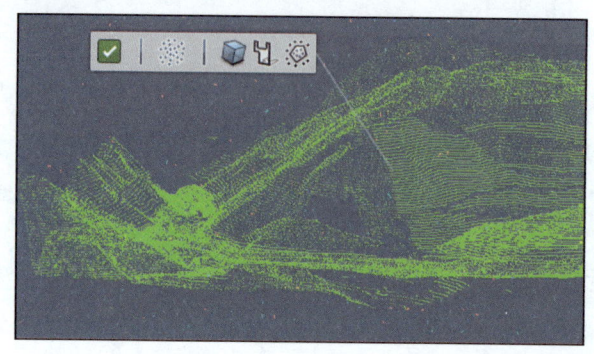
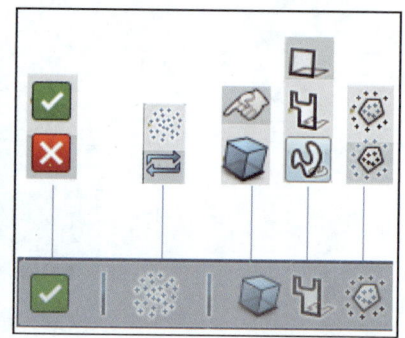

图 7.1-1　移除点云的局部区域工具条

需要移除的只是个别或者部分点云，（全部选择）及（交换）命令一般不使用。移除点云可以采用（框选模式），框选形状有（矩形）、（多边形）及（样条曲线），可根据需要选择框选形状，选定要移除的点云后单击（确定）即可。极个别不易框选的点云也可以采用（拾取）模式，逐一拾取，再单击（确定）。移除错误点云后结构树上将生成一个新的点云。注意，框内、框外为点云的删除选项，选择框内，则框内点云均会被删除，选择框外，则框外点云均会被删除。

表 7.1-1　　　　　　　　移除点云的局部区域命令表

图标	名称	图标	名称
	确定		取消
	全选		交换
	拾取		框选
	矩形		多边形
	样条曲线		框内
	框外		

7.1.2　过滤点云

利用二维 CAD 地形图转换成的 *.asc 格式地形点云，当 CAD 地形图中等高线上的点太密集时（图 7.1-2），若导入 3DE 平台则需要进行过滤，否则生成网格（Mesh）面时会有很多错误，如图 7.1-3 所示。

单击【准备】栏下（过滤点云）命令，再单击结构树上已导入的点云文件，弹出的对话框如图 7.1-4 所示。其中，同质过滤即使用公差球方式过滤点云，除了第一点，

7.1 点云处理

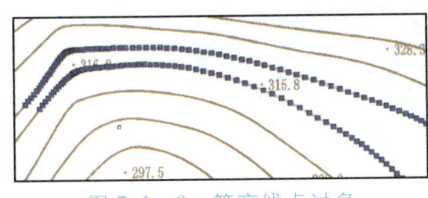

图 7.1-2 等高线点过多

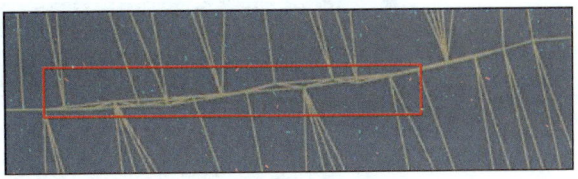

图 7.1-3 错误网格面

球内的其他点都被过滤，输入半径越大，过滤后的点越稀疏，点云较平均；自适应过滤即使用弦公差方式过滤点云，有利于获得更明显的保留特征，勾上【最大距离】可保持点之间的最大距离。过滤只是隐藏点云，勾上【物理移除】才可删除点云。过滤前后点云对比如图 7.1-5 所示，生成的网格面对比如图 7.1-6 所示。

注意：只需过滤 CAD 地形图中由等高线转化的点云，CAD 地形图中高程点及控制点转化的点云不需过滤。可将 CAD 地形图中等高线与高程点及控制点分别转化成点云，这样就可以分开处理，过滤完成后再将点云利用 7.1.3 节中详细介绍的 （接合地形）命令合并起来即可。

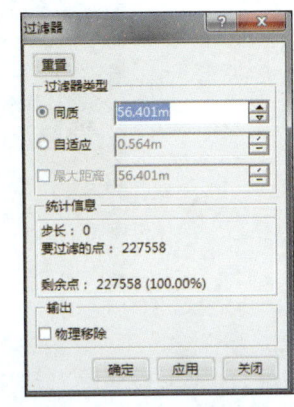

图 7.1-4 点云过滤器

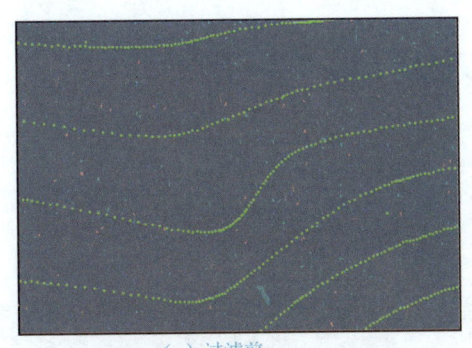

(a) 过滤前

(b) 过滤后

图 7.1-5 过滤前后点云对比

(a) 未过滤点云生成的网格（Mesh）面

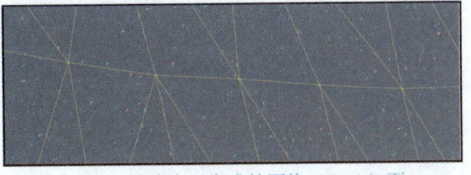

(b) 过滤点云生成的网格（Mesh）面

图 7.1-6 网格面对比

7.1.3 合并点云

（1）单击【结构】栏下 （接合地形）命令，弹出的对话框如图 7.1-7 所示。

（2）依次选择需要合并的点云文件，选中的点云文件会按顺序显示在【接合地形】窗口。

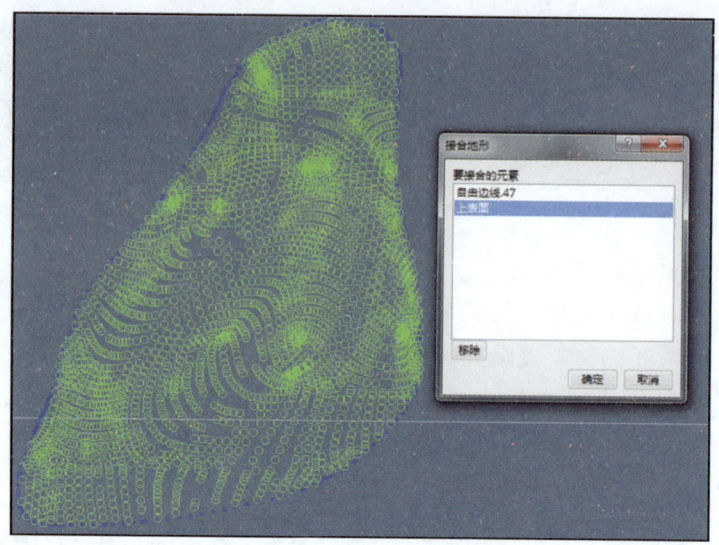

图 7.1-7 【接合地形】窗口

(3) 如果要移除已选中的某个点云数据，只需在【接合地形】窗口中选中该点云，然后单击"移除"按钮即可。

(4) 单击"确定"按钮，完成点云的合并。

7.1.4 云/点转换

单击【创建】栏下 ![icon] （云/点转换）命令，选择结构树上批量导入的地质点，弹出的对话框如图 7.1-8 所示。单击"应用"按钮后再单击"确定"按钮，可将地质点转化成点云，如图 7.1-9 所示。同样，也可选择点云将其转化成 3D 点。

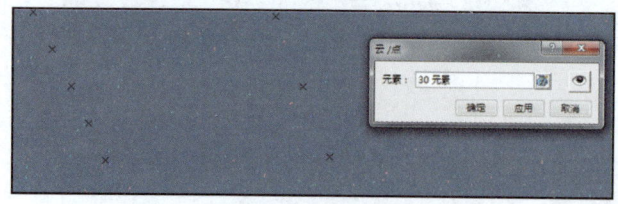

图 7.1-8 【云/点转换】命令窗口

图 7.1-9 地质点转化成点云

7.2 创建地形网格（Mesh）面

7.2.1 利用 ASCⅡ格式点云创建网格（Mesh）面

在创建地形网格（Mesh）面之前，需要将地质实测坐标点，如地质点、钻孔孔口、平硐硐口及现场实测剖面线上的地形点按照 5.3 节中地质点的导入方法批量导入到 3DE

7.2 创建地形网格（Mesh）面

平台中，再利用 ![icon] （云/点转换）命令，将点转化成点云，与已有地形点云接合起来，共同创建地形网格（Mesh）面，这样可以利用地质的实测数据对地形进行修正，以保证后面三维地质建模的顺利开展。

地形网格（Mesh）面的建立步骤如下：

（1）激活三维地质模型结构树上地形模型3D形状，定义地形面几何图形集为工作对象，再进入3DE平台 ![icon] （Terrain Preparation）APP。

（2）如果在5.2节ASCⅡ格式点云转换时未设置【坐标转换】中的X0、Y0值，则应对导入3DE平台的点云进行平移。单击【准备】栏下 ![icon] （平移）命令，弹出的对话框如图7.2-1（a）所示，【向量定义】选坐标，再单击结构树上已经整理好的点云文件，X项填入－454000m，Y项填入－3254000m，Z项填入0m，X、Y项的数值即5.1节中设置的地理坐标的负值，如图7.2-1（b）所示，单击"确定"按钮完成操作。

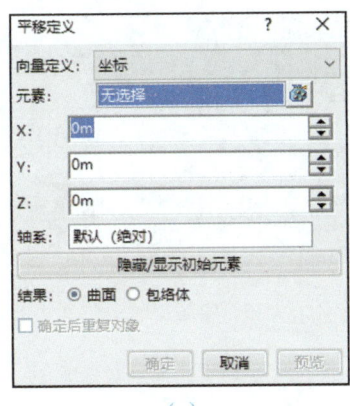 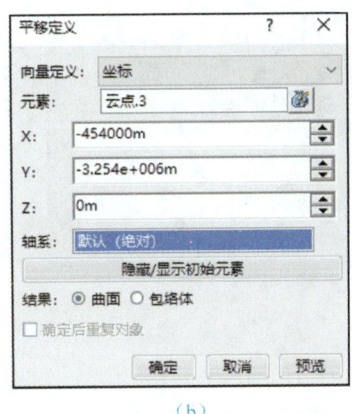

（a）　　　　　　　　　　　（b）

图7.2-1　平移地形点云

注意：地质点、钻孔孔口、平硐硐口及现场实测剖面线上的地形点导入3DE平台之前都已进行了平移，在3DE平台中创建的均为相对点，所以地形点云文件一开始也应进行平移，这样才能和这些相对点在位置上匹配起来。

在3DE平台中导入地形点云文件时，如果使用几何位置导入，则可直接设置几何位置值，就无须再进行平移了，该方法在9.1节中进行了详细介绍。

（3）单击【创建】栏下 ![icon] （创建地形）命令，弹出的对话框如图7.2-2所示，再单击结构树上平移后的点云文件。

（4）在对话框内可选择【3D网格器】或【2D网格器】方式，一般2D网格器适用于简单地形，地形平坦，可投影到一个平面，3D网格器适用于复杂地形。

（5）【弦高】参数表示网格（Mesh）面与点云的偏差，若"弦高"值为0mm，则网格（Mesh）面通过所有点。

（6）【相邻】参数表示三角面的最大边界长度，是近似值，可根据需要调整。

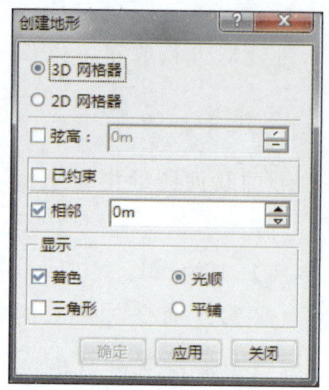

图 7.2-2 【创建地形】
命令对话框

(7)【显示】选项中，一般勾选【着色】和【光顺】。

(8) 选用【3D 网格器】，一般勾选【弦高】，如果勾选【已约束】，不勾选【相邻】，则所有点之间都会生成网格（Mesh），效果如图 7.2-3（a）所示。如果勾选【已约束】，同时勾选【相邻】，则软件会以给定的数值作为两点间的最大距离，若两点之间的距离大于给定数值，则该两点间不会生成网格（Mesh）面，效果如图 7.2-3（b）所示。

(9) 单击"应用"按钮，可以预览生成的网格（Mesh）面。

(10) 单击"确定"按钮，完成地形网格（Mesh）面的生成，如图 7.2-4 所示。

(11) 地形点云经过平移后生成的网格（Mesh）面才可以同第 5 章中导入的平面图及剖面图相匹配，如图 7.2-5 所示。

（a）未勾选【相邻】选项

（b）勾选【相邻】选项

图 7.2-3 是否勾选【相邻】选项效果对比

图 7.2-4 地形网格（Mesh）面

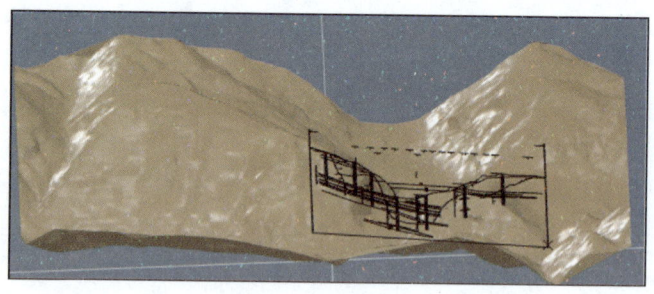

图 7.2-5 地形网格（Mesh）面与剖面图

7.2.2 利用激光雷达点云创建网格（Mesh）面

利用激光雷达点云生成网格（Mesh）面的方法与上述方法相同，不同之处在于利用激光雷达点云生成的网格（Mesh）面具有颜色属性，比普通网格（Mesh）面更清晰、直观，如图 7.2-6 所示。值得注意的是，激光雷达点云数据量非常大，直接利用原始点云来生成网格（Mesh）面比较困难，一般要对点云进行过滤处理。

7.3 网格（Mesh）面处理

(a)

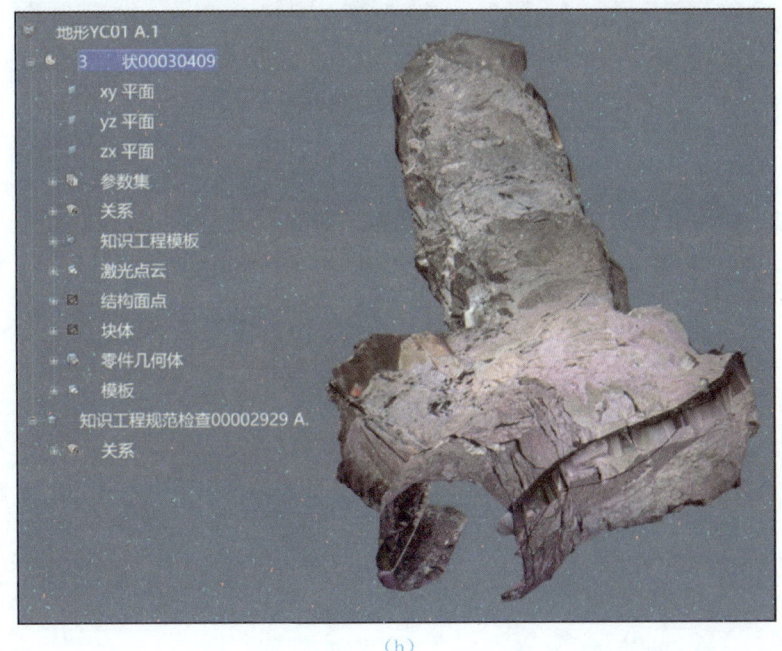

(b)

图 7.2-6 利用激光雷达点云生成的网格（Mesh）面

7.3 网格（Mesh）面处理

由点云生成的地形网格（Mesh）面可能包含一些多余及错误的三角网格，如图 7.3-1 所示，在建立地形体之前，应对网格（Mesh）面进行处理。单击【准备】栏下 （地形

101

制备）命令，再单击结构树上地形网格（Mesh）面，如果网格（Mesh）面没有错误网格，则弹出如图7.3-2所示工具栏，此时仅需对网格（Mesh）面进行改进。如果网格（Mesh）面中有错误网格，则弹出如图7.3-3所示工具栏，此时需要对网格（Mesh）面进行修复。【地形制备】命令功能见表7.3-1。

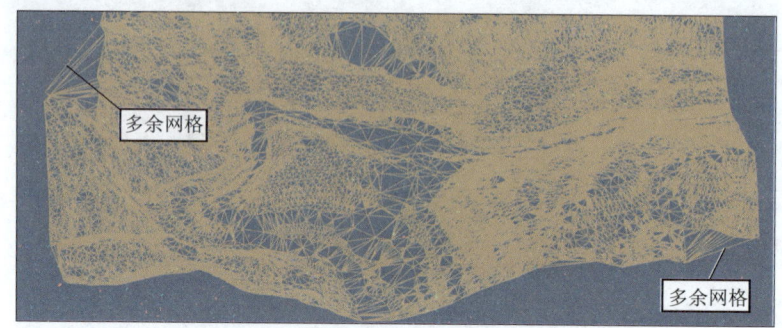

图7.3-1 需处理的网格（Mesh）面

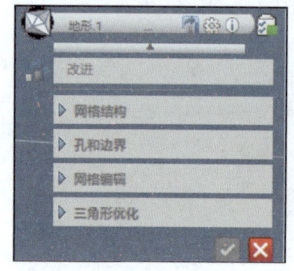

图7.3-2 地形无错误网格

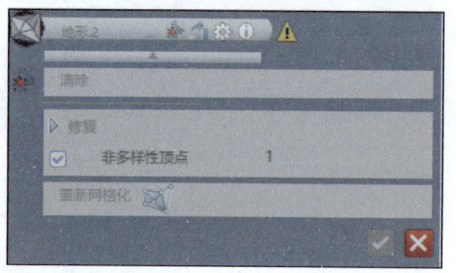

图7.3-3 地形有错误网格

表7.3-1　　　　　　　　　　　【地形制备】命令功能表

图标	功　能	图标	功　能
	没有检测到缺陷		检测到缺陷
	清除		改进
	默认参数		属性

7.3.1 清除

有网格缺陷的地形面，需要将网格缺陷进行清除，如图7.3-4所示，各图标具体功能见表7.3-2。网格缺陷除图中的非多样性顶点外，还包括混淆点、多边、损坏三角形、重复三角形、非多样性边线及不一致方向等。单击 （显示缺陷）图标，可以展示缺陷的位置。单击 （修复缺陷）图标，可修复缺陷，若一次未修复完成，可再次单击 图标，直至修复所有缺陷。多次修复也无

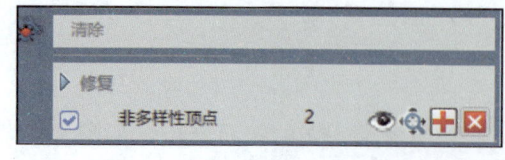

图7.3-4 清除地形错误网格

7.3 网格（Mesh）面处理

法清除的缺陷也可直接使用 ✗ （删除缺陷）命令，✗ （删除缺陷）命令可能会在网格上形成一些孔洞。网格均修复之后，则显示改进对话框，如图 7.3-2 所示。

表 7.3-2　　　　　　　　　　　　清 除 命 令 功 能 表

图 标	功　　能	图 标	功　　能
👁	显示缺陷		导航缺陷
➕	修复缺陷	✗	删除缺陷

7.3.2 改进

改进工具栏包括网格结构、孔和边界、网格编辑及三角形优化四部分内容，如图 7.3-2 所示。

（1）单击网格结构前面的小三角，显示连接区域应为 1，如图 7.3-5（a）所示。如果连接区域大于 1，表明存在已隔离区域，如图 7.3-5（b）所示，需要单击 ✗ 图标，将隔离区域删除。

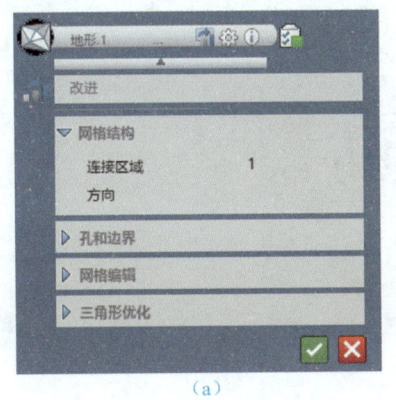
(a)
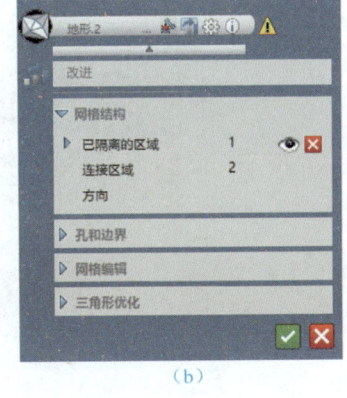
(b)

图 7.3-5　网格结构工具栏

（2）单击孔和边界前面的小三角，出现的工具栏如图 7.3-6 所示，各图标具体功能见表 7.3-3。

表 7.3-3　　　　　　　　　　　　孔 和 边 界 功 能 表

图 标	功　　能	图 标	功　　能
👁	显示所有孔和边界		导航孔和边界
	填充所有孔		光顺所有边界

（3）单击网格编辑前面的小三角，出现的工具栏如图 7.3-7 所示，各图标具体功能见表 7.3-4。

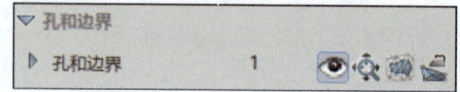

图 7.3-6 孔和边界工具栏

图 7.3-7 网格编辑工具栏

表 7.3-4　　　　　　　　　　网 格 编 辑 功 能 表

图标	功　能	图标	功　能
	在网格上创建一个附加三角形		在网格上移动点
	在网格上添加点		从网格中移除元素
	在网格上折叠元素		翻转网格三角形的边线

单击 ▨（在网格上创建一个附加三角形）命令，再单击地形网格面上相邻的两条边线，可在网格面上创建一个附加三角网，如图 7.3-8 所示。创建完成后，单击 ✓ 可确定，单击 ✗ 可取消。目前该功能无法通过网格面以外的点云和网格面上的边线创建附加三角形。

图 7.3-8 创建附加三角形

单击 ▨（在网格上添加点）命令，再单击地形面上的一个三角网格内部，可在网格面上创建一个点并生成相应三角网，如图 7.3-9 所示。创建完成后，单击 ✓ 可确定，单击 ✗ 可取消。

单击 ▨（在网格上移动点）命令，再单击地形网格面上的一个点，等待出现小手指后，按住左键，可将点进行移动，如图 7.3-10 所示。移动完成后，单击 ✓ 可确定，单击 ✗ 可取消。目前该功能无法根据网格节点坐标值精确移动网格点。

单击 ✗（从网格中移除元素）命令，弹出工具条 ▨，选择 •（点选择）可每次删除一个顶点并连带删除顶点周围的所有三角网格，如图 7.3-11（a）所示。选择 ╱（边线选择）则按三角网格的边线删除，如图 7.3-11（b）所示。选择 ◁（三角形选择）可每次删除一个完整的三角网格，如图 7.3-11（c）所示。删除完成后，单击 ✓ 可确定，单击 ✗ 可取消。

7.3 网格（Mesh）面处理

图 7.3-9 在网格上添加点

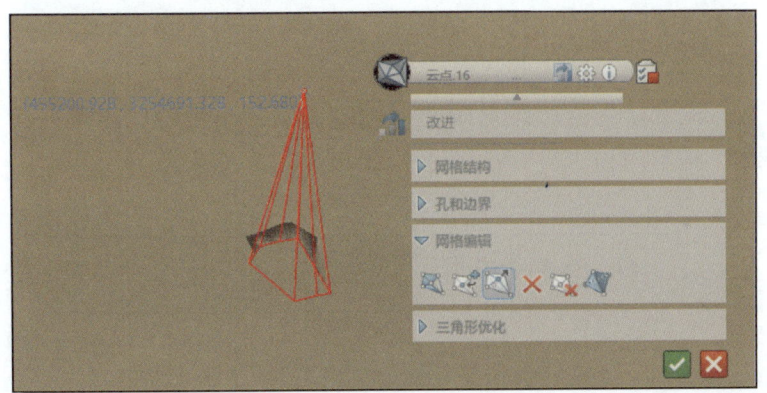

图 7.3-10 在网格上移动点

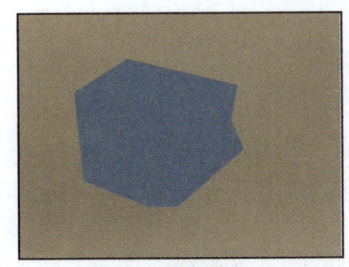  

（a）按点删除　　　　　　　（b）按边线删除　　　　　　（c）按三角形删除

图 7.3-11 三种删除方式效果对比

单击 ![icon]（在网格上折叠元素）命令，可将地形网格（Mesh）面的部分节点移除，可以用到的地方不多，这里不做详细介绍。

单击 ![icon] （翻转网格三角形的边线）命令，选择网格（Mesh）面的一条边线，可改变其方向，如图 7.3-12 所示。翻转完成后，单击 ![icon] 可确定，单击 ![icon] 可取消。

(a) 边线翻转前　　　　　　　　　　　(b) 边线翻转后

图 7.3-12　边线翻转前后对比

（4）单击三角形优化前面的小三角，出现的工具栏如图 7.3-13（a）所示，再单击小角前面的三角形，出现【最小角度】工具栏，如图 7.3-13（b）所示。可以设置【最小角度】为 1°或者 2°，然后利用 ![icon] （修复带小角的三角形）命令，将小角进行修复，修复完成后单击 ![icon] （确定）。此步骤比较关键，有些网格（Mesh）面如果不修复小角，转曲面可能会失败。注意，三角形优化应选择 ![icon] （修复带小角的三角形）命令，如果选择 ![icon] （删除）命令，地形网格（Mesh）面会出现很多孔洞及错误。

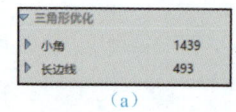 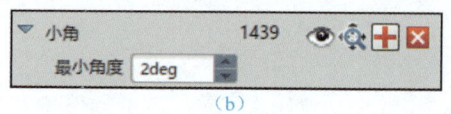

(a)　　　　　　　　　　　　　　　(b)

图 7.3-13　三角形优化工具栏

地形网格（Mesh）面处理完成后，单击【创建】栏下 ![icon] （自由边线）命令，再单击结构树上地形网格（Mesh）面，弹出的对话框如图 7.3-14 所示。折线选择【不同】，单击"应用"按钮后再单击"确定"按钮。对于地形而言，如果结构树上只出现一条自由边线则是合理的，如果结构树上出现多条边线，如图 7.3-15 所示，则需使用 ![icon] （地形制备）里的【网格结构】命令再次处理地形网格（Mesh）面，保证整个地形只有最外面一条边线，如图 7.3-16 所示，地形网格（Mesh）面有多条边线时将无法转成曲面。

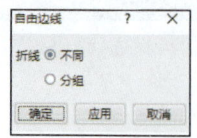 

图 7.3-14　自由边线命令　　　　　　图 7.3-15　地形有多条边线

7.4 地形网格（Mesh）面显示颜色及等高线

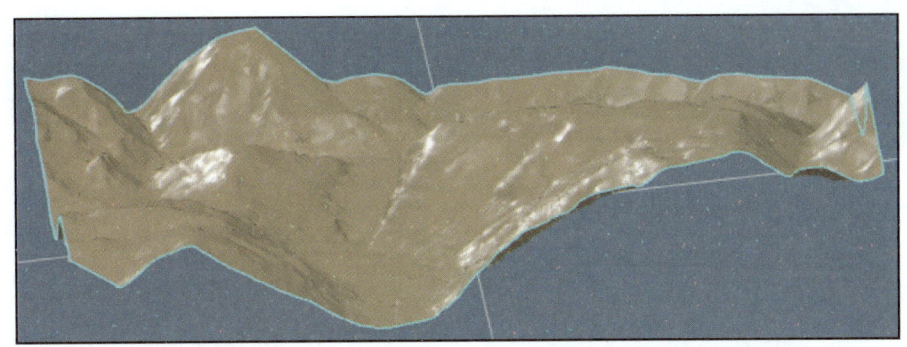

图 7.3-16　一个地形网格（Mesh）面只应有一条边线

7.4 地形网格（Mesh）面显示颜色及等高线

地形网格（Mesh）面修复完成后，可以将网格（Mesh）面按不同的高程赋予不同的颜色进行显示。单击【准备】栏下 命令，再单击地形网格（Mesh）面，完成着色后的效果如图 7.4-1 所示。如果运行命令后，未按高程着色，则是因为首选项设置中优化模式未开启，开启方法见 2.2.2 节中通用首选项设置第 8 条激活优化模式设置。

图 7.4-1　地形网格（Mesh）面按高程着色显示

完成地形网格（Mesh）面按高度映射着色后，如果想取消着色，则右键单击地形网格（Mesh）面，选择属性-显示模式，取消勾选【已上色】，如图 7.4-2 所示，便可恢复到原来的颜色。

地形网格（Mesh）面还可以显示等高线。单击【准备】栏下 命令，弹出的对话框如图 7.4-3 所示，再单击地形网格（Mesh）面，可在网格（Mesh）面上显示不同高程的等高线，如图 7.4-4 所示。图 7.4-3 中步长为等高线之间的间距，等高线局部放大如图 7.4-5 所示。

第 7 章 地形建模

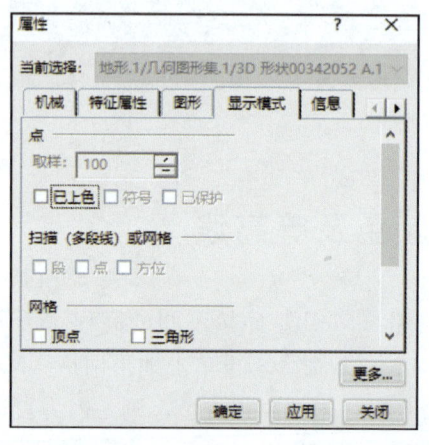

图 7.4-2 地形网格按原色显示

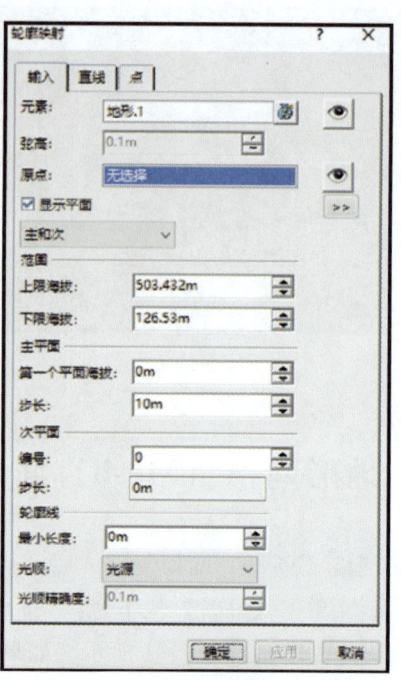

图 7.4-3 【轮廓映射】命令对话框

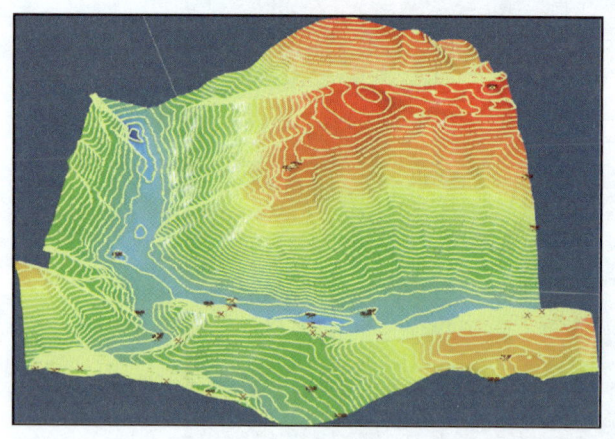

图 7.4-4 地形网格面显示等高线

图 7.4-5 等高线局部放大

7.5 地形网格体模型创建

《水电工程三维地质建模技术规程》（NB/T 35099—2017）中定义地形体为地质建模范围内的地形面与某一高程平面之间围合而成的实体，地形实体以封闭网格（Mesh）面或 Solid 实体表示，封闭网格（Mesh）面通常称之为网格体，本节介绍地形网格体模型的创建。

7.5.1 地形网格（Mesh）面坐标显示

查看地形网格（Mesh）面坐标的具体操作步骤如下：

（1）双击激活地形模型 3D 形状，进入 ![] （Terrain Preparation）APP，若双击未能直接进入，则单击软件界面左侧 APP 进入。右键单击地形面几何图形集，定义其为工作对象。

（2）5.1 节中已经为根节点三维地质模型设置了大地地理坐标，此时可以在【视图】栏下单击 ![] （显示坐标）命令，在弹出的对话框中勾选【在大地测量系统中】，则显示的坐标即为该点实际的测量坐标，如图 7.5-1 所示。如果根节点三维地质模型未设置大地地理坐标，则【在大地测量系统中】前面的方框图标为灰色。若不勾选【在大地测量系统中】，则显示该点在 3DE 平台中的实际坐标，如图 7.5-2 所示。

图 7.5-1 显示任意一点的测量坐标

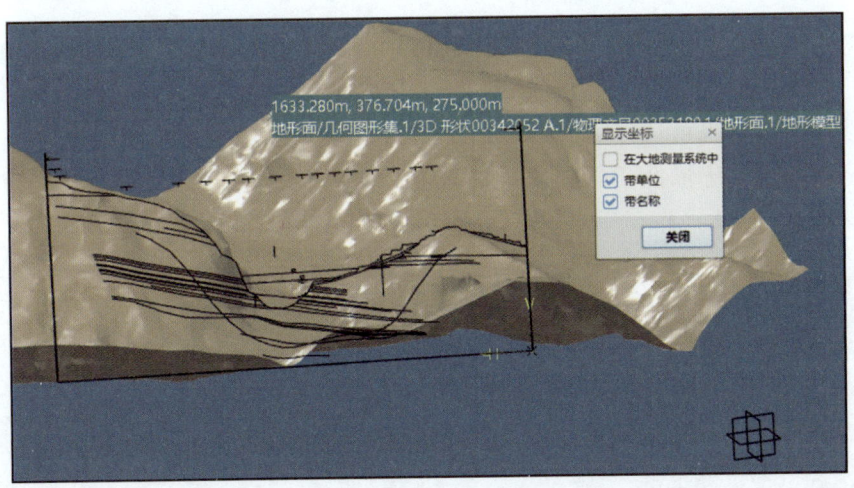

图 7.5-2 显示任意一点在 3DE 平台中的实际坐标

7.5.2 地形网格体模型创建

地形网格体模型的创建主要利用多截片分割或者布尔运算来完成。利用地形网格

(Mesh) 面建立地形体模型的具体操作步骤如下:

(1) 双击激活地形模型 3D 形状,进入 (Terrain Preparation) APP,若双击未能直接进入则单击软件界面左侧 APP 进入。右键单击地形体几何图形集,定义其为工作对象。

(2) 单击【创建】栏下（草图）命令,支持面选 xy 面,原点选系统默认原点,建立定位草图。在草图中利用（轮廓）命令绘制轮廓线,如图 7.5-3 所示。注意,轮廓线一定不能超出地形面范围。

(3) 单击【分析】栏下（草图分析）命令,单击上一步中绘制的轮廓线,检查轮廓线是否封闭,如图 7.5-4 所示,如未封闭则按提示将其封闭。

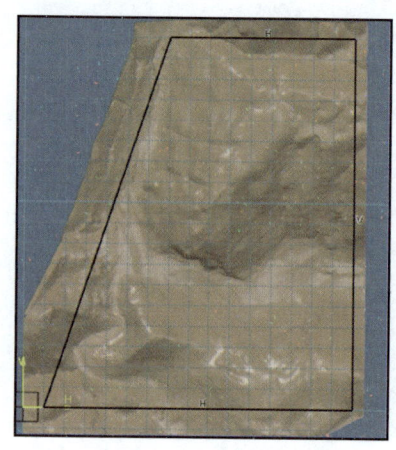

图 7.5-3 绘制轮廓线

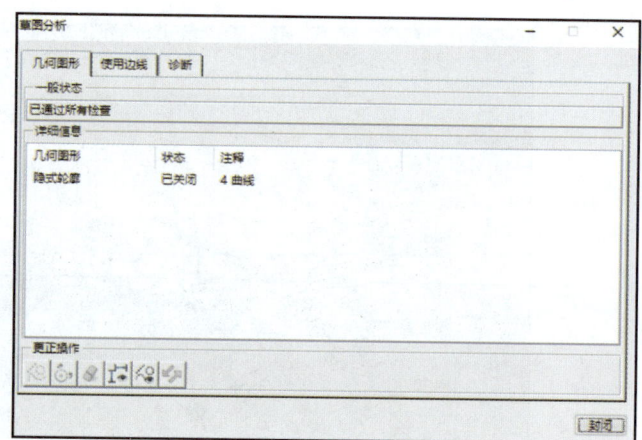

图 7.5-4 检查轮廓线是否封闭

(4) 单击【标准】栏下（退出应用程序）命令,退出草图。单击【创建】栏下（包络体拉伸）命令,弹出的对话框如图 7.5-5 所示。【轮廓】选择上一步中建立的草图,方向可以选择默认,也可选择 Z 方向,【尺寸 1】一定要让包络体高出地形面,【尺寸 2】根据导入剖面或钻孔中最低高程确定,比最低高程略低一点即可,单击"确定"按钮完成包络体创建。

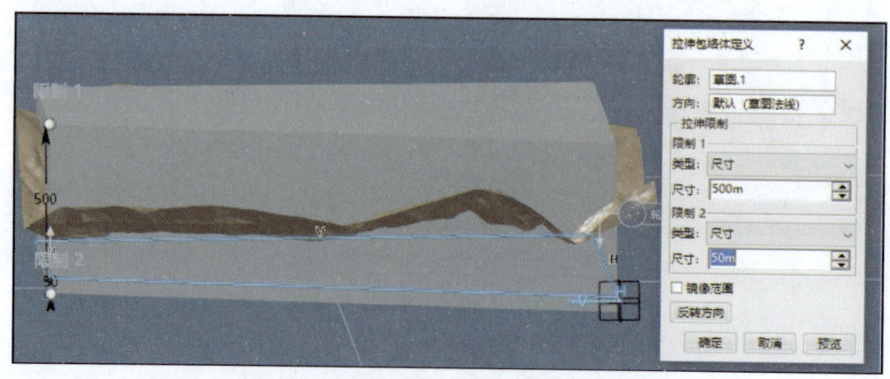

图 7.5-5 包络体创建

7.5 地形网格体模型创建

注意：若地形点云未进行平移或设置几何位置，直接生成地形网格（Mesh）面，在地形网格（Mesh）面范围内绘制草图，则退出草图时会有超出设计范围的警告。

（5）单击【创建】栏下 (三角形化曲面) 命令，弹出的对话框如图 7.5-6 所示。【元素】选择上一步中创建的包络体，【弦高】即包络体和网格（Mesh）面之间的最大偏差，【步长】复选框用来控制三角形的边长，单击"确定"按钮，则可将包络体转化为三角网格（Mesh）面。

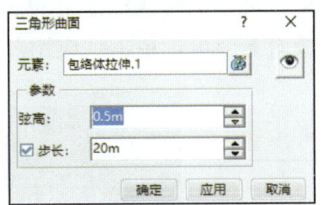

图 7.5-6 包络体网格化

（6）单击【结构】栏下 (多截面片) 命令，弹出的对话框如图 7.5-7 所示。【切片】选择上一步中由包络体转化的三角网格（Mesh）面，【截面】选择修复后的地形网格（Mesh）面，单击"应用"按钮后再单击"确定"按钮，分割后上、下两个单独的网格（Mesh）面会以不同的颜色显示。

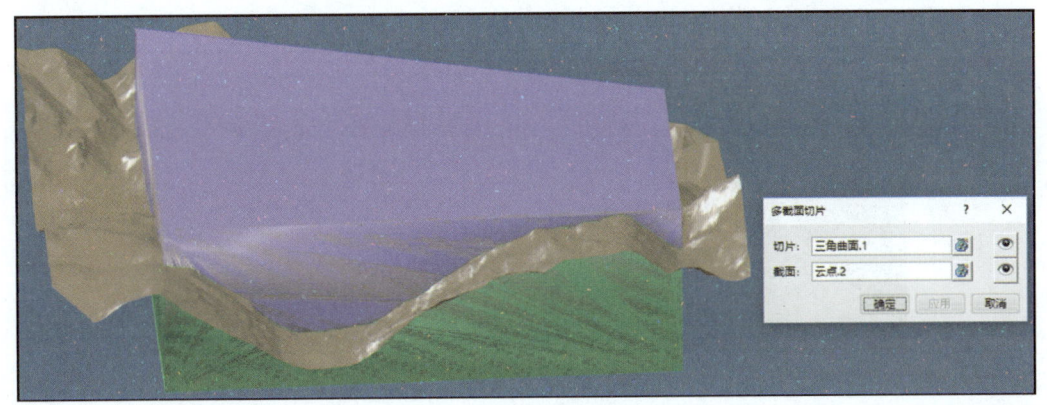

图 7.5-7 多截面切片命令

注意：多截面片命令只在 R2017x 版本中有，R2019x 版本中已没有该命令，可用布尔运算命令代替。

（7）单击【结构】栏下 (拆解地形) 命令，再单击上一步中创建的多截片，可将多截片上、下两部分分离开，保留下部分，即为所需地形体，如图 7.5-8 所示。注意，此步骤无对话框弹出。

图 7.5-8 拆解多截片

上述步骤 6 中除采用多截面切片的方法外，还可采用布尔运算的方法来建立地形体，具体过程如下：

单击【结构】栏下 （布尔运算）命令，弹出的对话框如图7.5-9所示。【A网格】选择由包络体转化成的三角网格（Mesh）面，【B网格】选择修复后的地形网格（Mesh）面，每个箭头显示网格将保留的一侧，绿色为外部方向，红色为内部方向，将两个箭头的方向都调整成向下即可，单击"应用"按钮后再单击"确定"按钮，得到的地形体如图7.5-10所示。

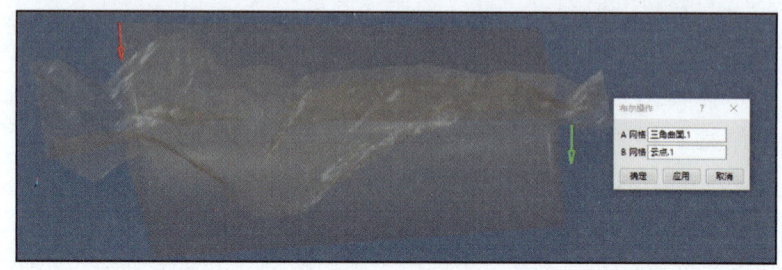

图7.5-9 布尔运算命令对话框

图7.5-10 布尔运算得到的地形

两种方法的不同之处在于，通过布尔运算得到的结果与之前的步骤是相关联的，可以通过3DE平台的自动更新功能进行修改；而通过多截片分割得到的结果则不能更新，只能通过发布的方式进行替换。

7.6 地形网格（Mesh）面转曲面及偏差分析

7.6.1 地形网格（Mesh）面转曲面

为方便设计专业使用，可将地形网格（Mesh）面转成曲面。地形网格（Mesh）面转曲面有两种方式，一种是转为三角形曲面，另一种是转为四边形曲面。目前三角形曲面达索公司还在研发中，笔者有幸参与了该功能测试，它与四边形曲面不同之处在于它没有采用算法来拟合三角网格（Mesh）面的节点，而是采用与三角网格（Mesh）面一一对应的节点来生成的曲面，生成的曲面具有四边形曲面的一些功能，可与设计专业的曲面进行分割及修剪。三角形曲面研发成功后可彻底解决地形网格（Mesh）面转曲面的精度损失问题，而且数据量非常小，它将是未来三维地质建模的发展方向。本节对两种地形网格（Mesh）面转为曲面的方法都进行了介绍。

7.6 地形网格（Mesh）面转曲面及偏差分析

1. 地形网格面转为四边形曲面

3DE R2017x 版本【Terrain Preparation】APP 中的 ![icon]（根据地形创建曲面）命令为试用功能，需要在环境文件里加一行代码 TPE_Autosurf＝1 才能在【创建】工具条下显示该命令，环境变量增加语句的方法详见 1.7 节。在 R2019x 版本中，除了要添加环境变量语句之外，还要将该命令添加至【创建】工具条下才能使用，添加命令的方法见 3.3.4 节。

地形网格（Mesh）面转为四边形曲面的具体操作步骤如下：

（1）双击激活地形模型 3D 形状，进入 ![icon]（Terrain Preparation）APP，若双击未能直接进入，则单击软件界面左侧 APP 进入。右键单击地形面几何图形集，定义其为工作对象。

（2）单击【结构】栏下 ![icon]（根据地形创建曲面）命令，再单击结构树上修复后的地形网格（Mesh）面，弹出的对话框如图 7.6-1 所示，其中：

![icon]：表示沿着 Z 方向或法线方向的公差，即网格点与曲面上点的偏差，该值被设置的越小，则曲面与地形网格（Mesh）面越贴合。

![icon]：表示曲面节点数，曲面节点数越大对计算机的性能要求越高，3DE 平台曲面节点数最大限制为 5000。

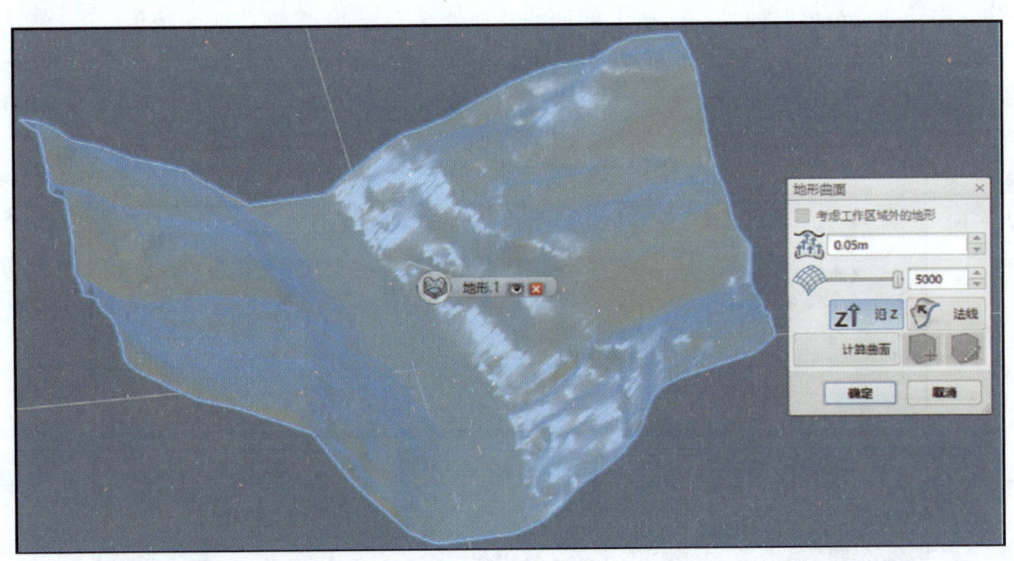

图 7.6-1　地形曲面命令

参数设置完成后单击"确定"按钮，生成的四边形曲面如图 7.6-2 所示。

2. 地形网格面转为三角形曲面

利用 3DE R2017x 版本中的 ![icon]（为工程 3D 设计启用）命令，可将地形网格（Mesh）面转为三角形曲面，该功能为试用功能，需要在环境文件里加语句 PSD_POLYHEDRAL＝1 才能使用，环境变量增加语句方法详见 1.7 节。

地形网格（Mesh）面转为三角形曲面没有参数设置，右键单击地形网格（Mesh）面，选

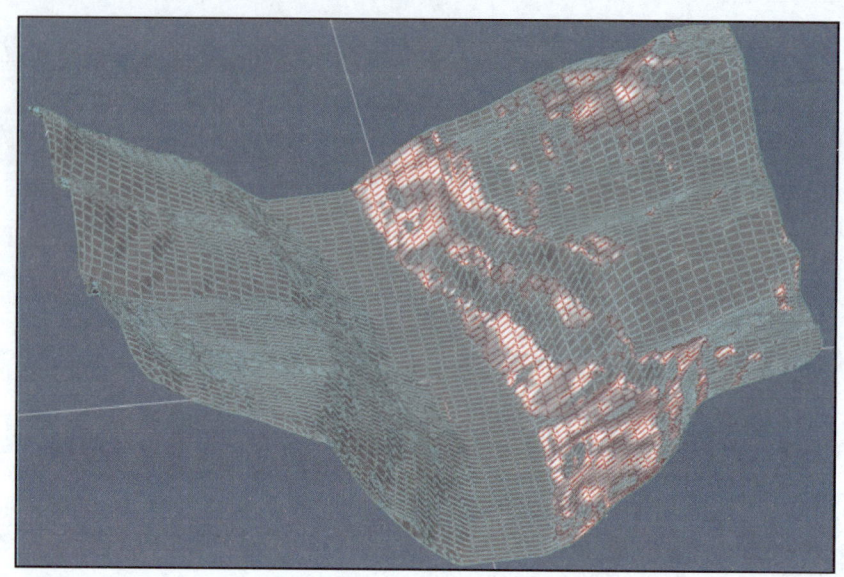

图 7.6-2 四边形曲面

择地形.1 对象,单击 (为工程 3D 设计启用)命令,如图 7.6-3 所示,即可将地形网格(Mesh)面转为三角形曲面。结构树上增加的几何体来自地形.1 项,即为转化后的三角形曲面,如图 7.6-4 所示。右键单击三角形曲面选择属性,弹出的对话框如图 7.6-5(a)所示,选择【更多】选项,属性加载完成后再单击【信息】选项,如图 7.6-5(b)所示。可以看到三角形曲面的三角形数量和地形网格(Mesh)面是一致的,所以这种曲面没有精度的损失。

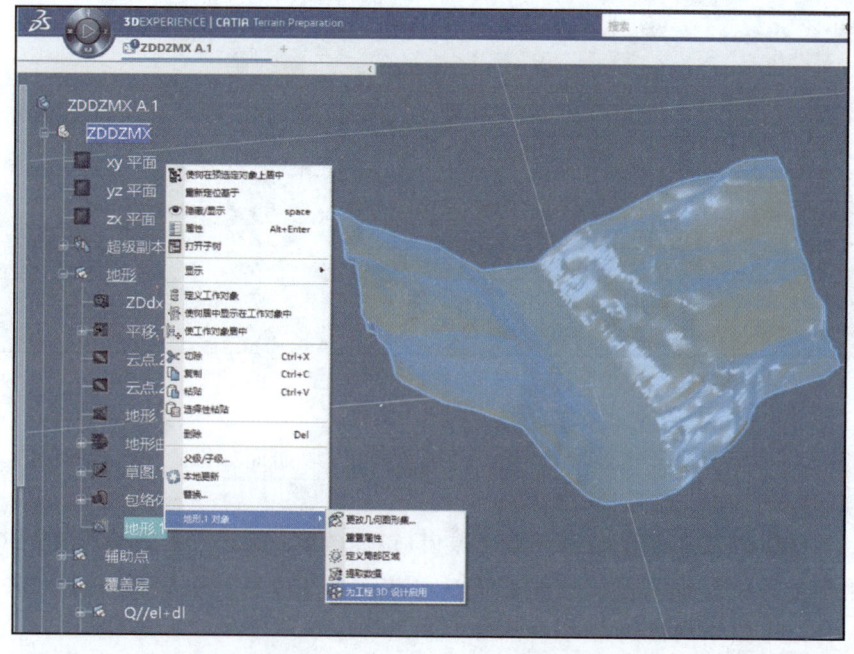

图 7.6-3 为工程 3D 设计启用命令

7.6 地形网格（Mesh）面转曲面及偏差分析

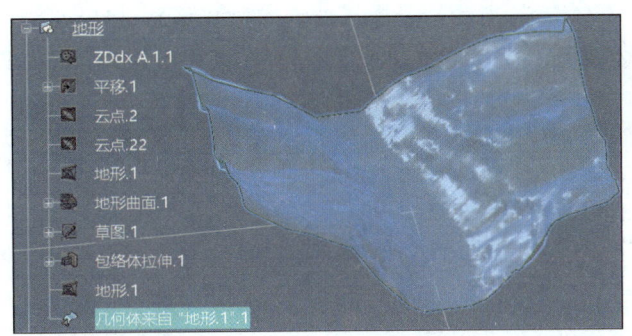

图 7.6-4　三角形曲面

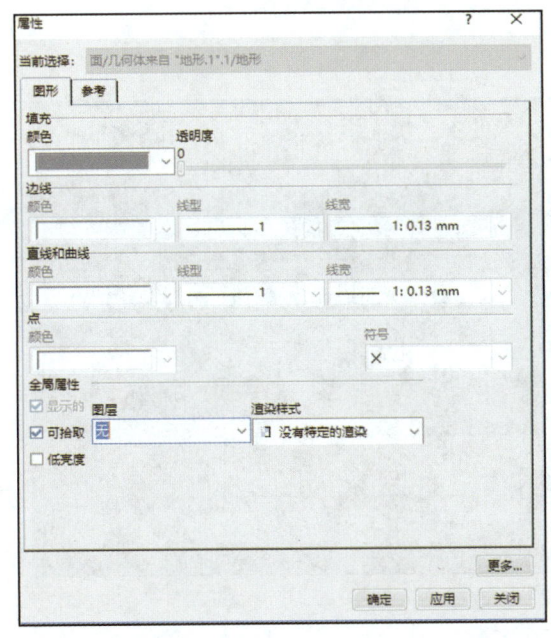

（a）

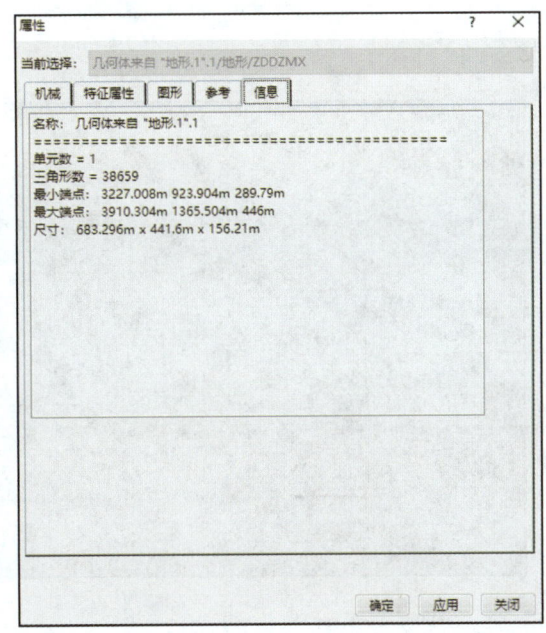

（b）

图 7.6-5　三角形曲面信息

注意：地形网格（Mesh）面在转为四边形曲面或者三角形曲面之前，一定要利用【地形制备】命令对地形网格（Mesh）面进行检查，保证网格（Mesh）面只有一个边界，没有孔洞及小角网格，否则转曲面均可能失败。

7.6.2　地形网格（Mesh）面与曲面偏差分析

三角形曲面与地形网格（Mesh）面完全一致，无须进行偏差分析。四边形曲面采用 UV 曲面拟合地形网格（Mesh）面上的节点，与地形网格（Mesh）面并不完全一致，曲面生成后应进行偏差分析。双击结构树上已经生成的四边形地形曲面，弹出的对话框如图 7.6-6 所示。单击 ▦（创建偏差分析）命令，等待程序运行完成后 ▦（编辑偏差分析）命令变亮，如图 7.6-7 所示。单击 ▦（编辑偏差分析）命令，弹出对话框，可视化中勾选点及最大值，可显示最大偏差位置及所有点的偏差情况，如图 7.6-8 所示。右键单击偏差分析.1，

第 7 章 地形建模

弹出的对话框如图 7.6－9（a）所示，选择【编辑颜色数量】，弹出的对话框如图 7.6－9（b）所示，输入颜色数量值，偏差分析颜色显示如图 7.6－9（c）所示。双击偏差分析.1 数值，弹出的对话框如图 7.6－10 所示，可对颜色映射数值进行修改。

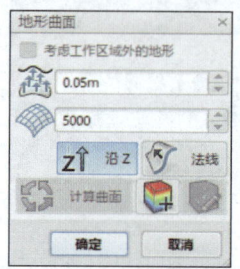
图 7.6－6 创建偏差分析

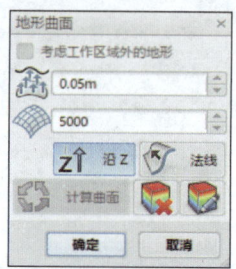
图 7.6－7 编辑偏差分析

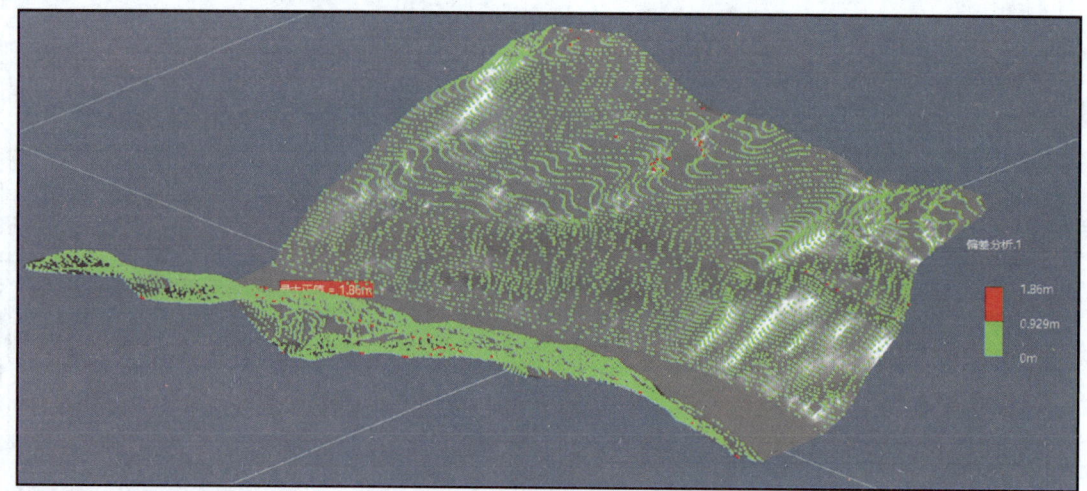
图 7.6－8 地形网格面与曲面之间的偏差

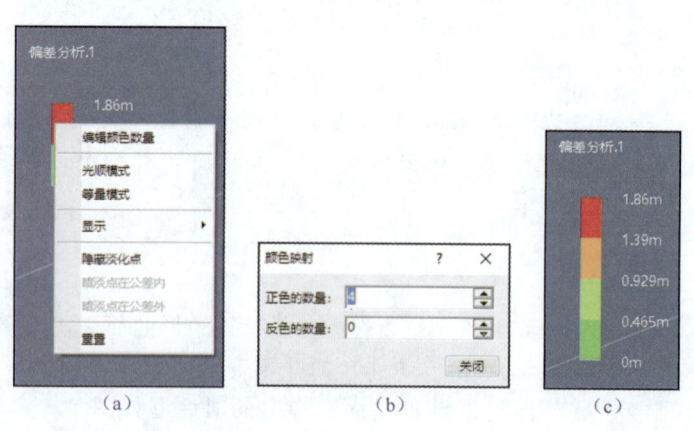

(a)　　　　　　　　(b)　　　　　　(c)

图 7.6－9 编辑偏差分析颜色

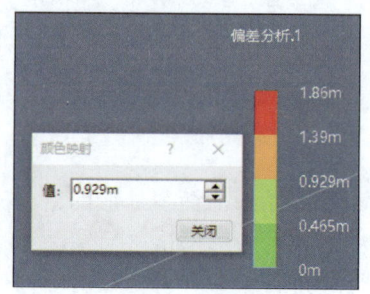

图 7.6－10 编辑偏差分析
颜色映射数值

工程关键部位地形网格面转曲面偏差较大时，需提取局部网格面，重新设置参数转曲面，完成之后将原曲面偏差较大部分分割出去，将新转曲面接合进来。

7.7 地形 Solid 实体模型创建

地形曲面生成后，利用地形曲面就可以创建地形 Solid 实体模型，具体步骤如下：

（1）双击激活地形模型 3D 形状，进入 （Terrain Preparation）APP，若双击未能直接进入，则单击软件界面左侧 APP 进入，右键单击地形体几何图形集，将其定义为工作对象。

（2）在地形范围内绘制包络体轮廓线，方法同 7.5.2 节中的步骤 2 及步骤 3。

（3）单击【创建】栏下 （包络体拉伸）命令，弹出的对话框如图 7.7-1 所示。【轮廓】选择上一步中创建的草图，【方向】可以选择默认，也可选择 Z 方向，【限制 1】类型选择直到元素，直到元素选择上一节中创建的四边形曲面，【限制 2】根据导入剖面或钻孔中最低高程确定，比最低高程略低一点即可，单击"确定"按钮即可完成地形 Solid 实体建模，如图 7.7-2 所示。

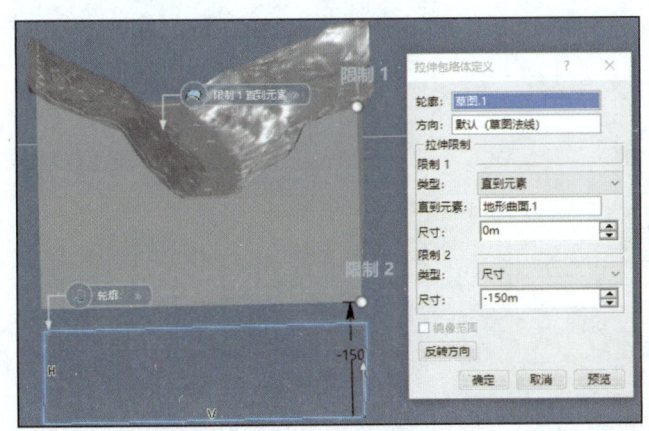

图 7.7-1 拉伸包络体至地形曲面

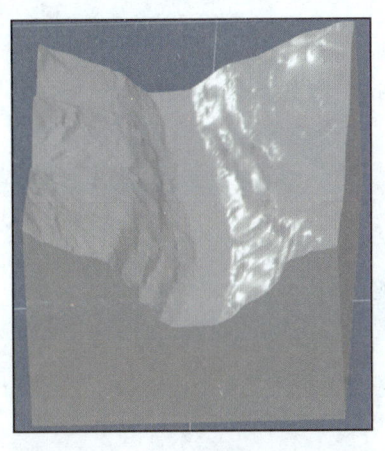

图 7.7-2 地形 Solid 实体模型

注意：目前【包络体拉伸】命令中直到元素选项只适用于四边形曲面，对于三角形曲面则要用【分割】或【修剪】命令来完成地形 Solid 实体建模，具体操作如下：

在上述第 3 步【包络体拉伸】命令中【限制 1】类型选择尺寸，尺寸应超出地形曲面，【限制 2】不变，如图 7.7-3 所示。再利用 （Civil 3D Design）APP【线框和曲面】栏下【分割】命令进行分割，【要切除的元素】选择包络体，【切除元素】选择地形三角曲面，点击"确定"按钮后即可完成地形体闭合曲面创建，如图 7.7-4 所示。再利用【实体】栏下 （封闭曲面）命令，将地

图 7.7-3 拉伸包络体超出地形曲面

117

第 7 章 地形建模

形体闭合曲面封闭成实体,也可利用包络体中 （封闭曲面）命令,将地形体闭合曲面封闭成包络体,完成地形 Solid 实体建模。

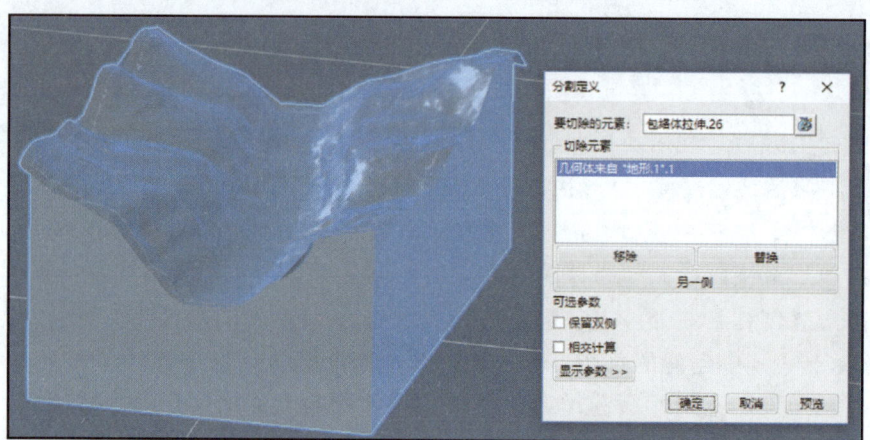

图 7.7-4 分割出地形体

第 8 章 地质建模

地质几何模型创建以地形模型、基础数据模型为基础，采用点、线、面、体图元表示。地质实体以封闭网格（Mesh）面或 Solid 实体表示，并以颜色、透明度、花纹、渲染区分，可采用实体分割或布尔运算等方法建立。地质建模应先整体后局部，优先确定控制性单元，宜按地质年代先新后老的顺序建立。

8.1 覆盖层建模

覆盖层建模可采用逐层分割的方法，依次将各种成因覆盖层从地形模型上剥离出来，也可以将覆盖层作为一个整体从地形模型上剥离出来后再进行逐层分割。

覆盖层模型包含覆盖层上表面及覆盖层下底面。覆盖层上表面由地质平面图覆盖层界线和地形面进行分割形成。覆盖层下底面可由覆盖层上表面进行网格变形形成，网格变形时应利用钻孔及剖面数据。当钻孔或剖面数据不足时，可增加虚拟钻孔。当覆盖层范围较大时，还可以将覆盖层上表面数据导出成 *.asc 格式，利用插值计算的方法，计算出覆盖层下底面，再将计算出的下底面进行变形，使其完全通过控制点。传统计算覆盖层下底面方法的最大缺点在于不经过控制点，笔者对该方法进行了改进，利用新的算法计算覆盖层下底面，直接通过控制点，无须再进行变形。

覆盖层体可直接利用覆盖层下底面 Mesh 面与地形封闭 Mesh 面进行布尔运算得到，也可将覆盖层下底面 Mesh 面转化为曲面，与地形 Solid 实体进行分割或修剪得到覆盖层体。两种方法建立的覆盖层体边缘都应平滑光顺，不应有陡坎或空洞。

覆盖层建模基本流程如图 8.1-1 所示。

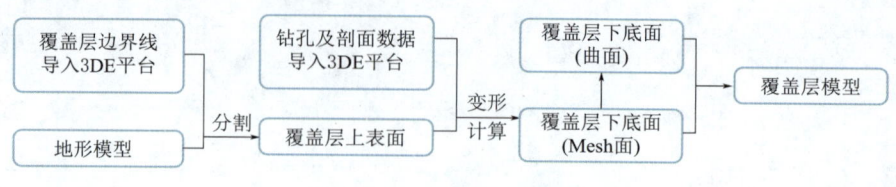

图 8.1-1　覆盖层建模基本流程图

8.1.1　建模方法及命令

利用 3DE 平台进行覆盖层建模有两种方法：一种是通过 (Terrain Preparation) APP 网格（Mesh）面进行布尔运算创建；另一种则是通过 (Civil 3D Design) APP 曲面进行分割或修剪创建。两种方法各有优缺点，通过网格面创建能完全保证覆盖层上表面精度，模型数据量小，但布尔运算操作不易成功；通过曲面创建可能会损失覆盖层上表面部分精度，模型数据量大，但分割或修剪操作容易成功。在实际建模过程中可根据需要灵活选择两种建模方法，并相互补充。

覆盖层两种建模方法用到的相关命令见表 8.1-1。

表 8.1-1　　　　　　　　　　　覆盖层建模相关命令

Terrain Preparation　APP			
图标	名　称	图标	名　称
	修剪/分割		接合地形
	三角形化曲面		自由边线
	变形地形		布尔运算
Civil 3D DesignAPP			
图标	名　称	图标	名　称
	拉伸		边界
	接合		相交
	点面复制		外形渐变
	分割		修剪

8.1.2　建模数据源导入

覆盖层边界线导入如下：

(1) 双击三维地质模型结构树上地质模型 3D 形状节点，右键单击 3D 形状插入两个几何图形集，分别命名为覆盖层及基岩，将这两个几何图形集拖拽至地层模型几何图形集中，如图 8.1-2 所示。双击 3D 形状可进入 (Civil 3D Design) APP，若双击未能直接进入则单击软件罗盘左侧 3D 图标，选择相应 APP 进入。

注意：3DE 平台不同 3D 零件之间元素进行引用时先要复制一个断参的元素，再进行下一步操作。地质体需要逐层分割，如果每次都复制一个同上一步一样的地质体再进行分割，会使得文件数据量变得非常大，影响软件运行速度，所以地质建模时所有元素都放在同一个 3D 零件中。3D 零件中的所有元素只能同时读取到内存中，无法进行单独移除或保留，为了能够实现地质模型分级加载显示，提交成果时需要将不同分类的地质体放在不同的 3D 零件中。

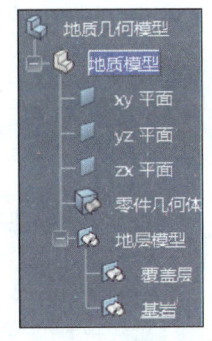

图 8.1-2 建立覆盖层及基岩几何图形集

（2）在地质模型 3D 形状中再插入以覆盖层成因命名的几何图形集，以及建模数据源、建模过程、地质体三个几何图形集，再将其拖拽至覆盖层几何图形集中，如图 8.1-3 所示。

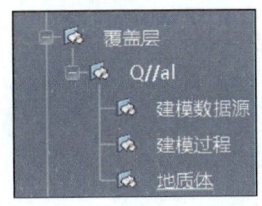

图 8.1-3 建立覆盖层建模几何图形集

注意：在 3DE R2017x 版本中，几何图形集中无法再插入几何图形集，只能在 3D 形状下插入，再将其移动到几何图形集中。R2019x 版本则可以直接在几何图形集中再创建几何图形集。

（3）在建模数据源中插入平面图、剖面图及钻孔三个几何图形集，右键单击平面图将其定义为工作对象，单击 5.5.2 节中导入的工程地质平面图中的地质界线，如无法单独选择地质界线，则需双击地质界线所在的 3D 形状将其激活，激活后再双击覆盖层节点下的 3D 形状，退回到建模节点，便可单独选择地质界线。

选择完成后出现上下文对话框，单击 ▣ （提取）命令，再单击任意位置，将地质界限提取至平面图几何图形集中，如图 8.1-4 所示。如工程地质平面图中内容较多，提取较慢，则可按照 5.5.2 节中平面图的导入方法，将 CAD 图中的单个地质界线直接导入至平面图几何图形集中。

注意：覆盖层建模 3D 零件与工程地质平面图 3D 零件为不同的物理产品，如果覆盖层建模要提取工程地质平面图，软件首先会将提取内容全部复制到覆盖层建模 3D 零件中，再进行提取。

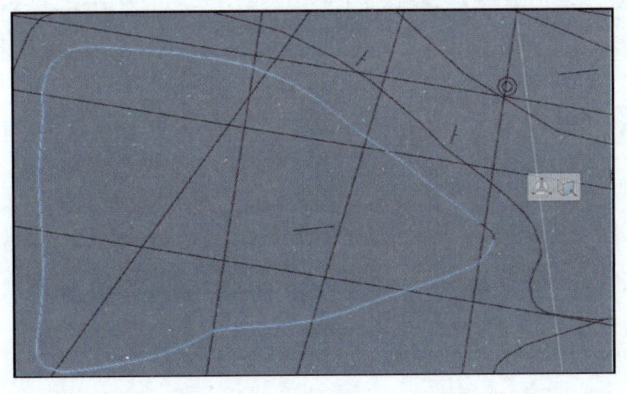

图 8.1-4 提取地质界线

（4）同样方法将与该层建模相关的剖面线及钻孔数据分别提取或直接导入至剖面图及钻孔几何图形集中，完成效果如图 8.1-5 所示。

注意：剖面线导入完成后应检查相交剖面的交点是否重合，如不重合，如图 8.1-6 所示（两个红色点应重合），则应对 CAD 剖面图进行修正，保证相交剖面的交点重合。

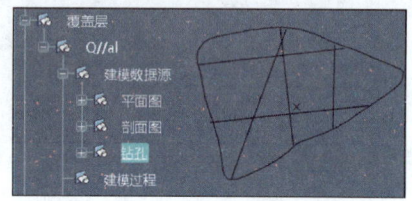

图 8.1-5 覆盖层建模数据源

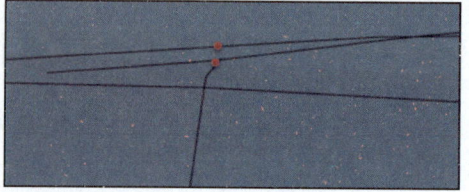

图 8.1-6 检查相交剖面交点

（5）右键单击剖面图几何图形集，定义其为工作对象。单击【线框和曲面】栏下 （点面复制）命令，选择结构树上提取的剖面线，弹出【点复制】对话框，其中实例为点的个数，按需要输入，勾选【在新可编辑几何体中创建】，则可将剖面线转化为点，如图 8.1-7 所示。转化的点在同一个集合中，双击可修改点的个数。将所有剖面线都转化为点用于覆盖层下底面建立。

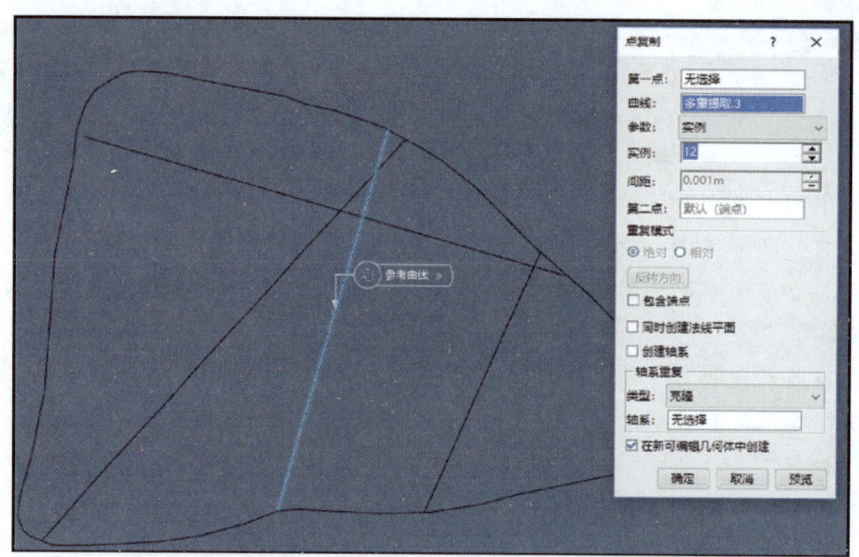

图 8.1-7 将剖面线转化为点

8.1.3 覆盖层上表面分割

覆盖层上表面分割有三种方法，可以是曲面和曲面分割，也可以是曲面和网格面分割，还可以是网格面和网格面分割，不同方法所用的 APP 和命令不同。

1. 方法一：曲面和曲面分割

（1）右键单击建模过程几何图形集，将其定义为工作对象。进入【Civil 3D Design】APP，单击【线框和曲面】栏下 （拉伸）命令，选择覆盖层边界线，将其拉伸穿过地形面，如图 8.1-8 所示。

（2）单击【线框和曲面】栏下 (分割) 命令，【要切除的元素】选择地形面曲面，【切除元素】选择上一步中的拉伸面，单击"预览"按钮，如图 8.1-9（a）所示，检查分割面是否为建模所需的覆盖层上表面，如果不是则单击"另一侧"按钮，分割出覆盖层上表面，如图 8.1-9（b）所示。

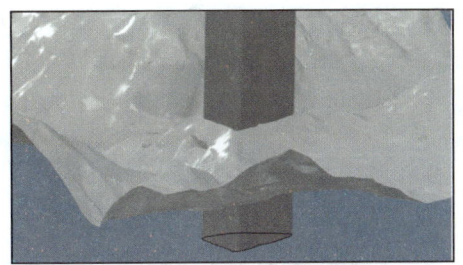

图 8.1-8 拉伸覆盖层界线

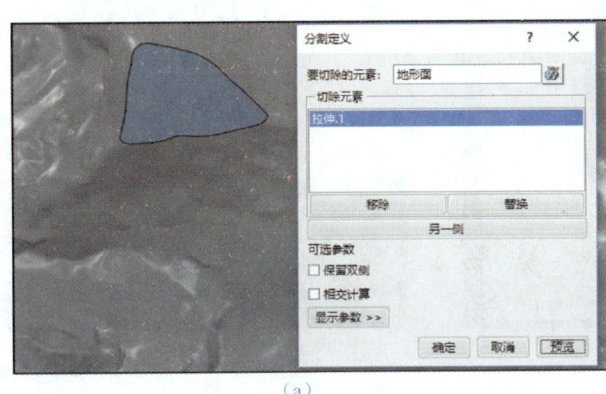
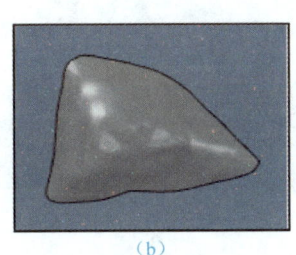

（a） （b）

图 8.1-9 分割地形

（3）单击罗盘左侧 3D 图标，进入 (Terrain Preparation) APP。单击【创建】栏下 (三角形化曲面) 命令，将上一步分割出来的覆盖层上表面转化为网格（Mesh）面，如图 8.1-10 所示。转化完成的网格（Mesh）面可以用于后续变形操作。

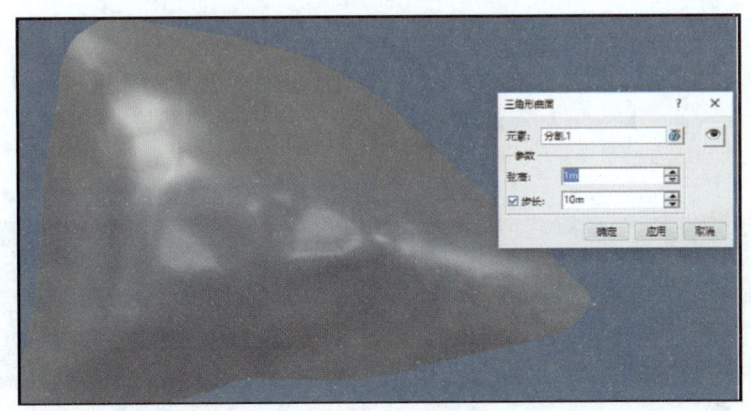

图 8.1-10 曲面转化为网格面

2. 方法二：曲面和网格面分割

（1）拉伸覆盖层边界线，与方法一中第 1 步相同。

（2）单击罗盘左侧 3D 图标，进入 (Terrain Preparation) APP。单击【结构】栏下 (修剪/分割) 命令，弹出的对话框如图 8.1-11 所示。【要分割的元素】选择地形

123

网格（Mesh）面，【切除元素】选择拉伸曲面，【操作】选择分割，【结果】选择不同，单击"应用"按钮后再单击"确定"按钮，结构树上将增加修剪-分割网格.1 及修剪-分割网格.2 两个元素，保留覆盖层上表面即可，如图 8.1-12 所示。

图 8.1-11　分割地形网格面

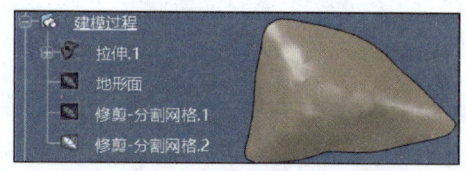

图 8.1-12　修剪-分割覆盖层上表面

注意：上述步骤 2 中【要分割的元素】只能选择网格（Mesh）面，【切除】元素可以是曲面也可以是网格面。

3. 方法三：网格面和网格面分割

（1）拉伸覆盖层边界线，与方法一中第 1 步相同。

（2）单击罗盘左侧 3D 图标，进入 （Terrain Preparation）APP。单击【创建】栏下 （三角形化曲面）命令，可将覆盖层边界拉伸面转化为网格（Mesh）面，再单击【结构】栏下 （分割）命令，弹出的对话框如图 8.1-13 所示。【要切除的元素】选择地形网格（Mesh）面，【切除元素】选择由拉伸面转化成的网格（Mesh）面，单击"应用"按钮后再单击"确定"按钮，将覆盖层上表面分割出来，如图 8.1-14 所示。

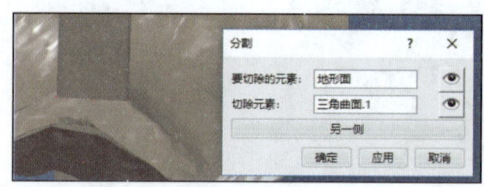

图 8.1-13　分割命令对话框

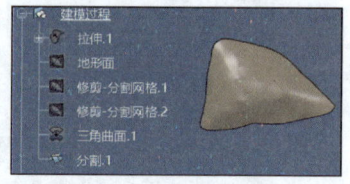

图 8.1-14　分割覆盖层上表面

注意：在 （Terrain Preparation）APP 中，通过 （修剪/分割）命令可以实现网格面与曲面分割，也可以实现网格面与网格面分割，双击修剪-分割结果不能编辑。通过 （分割）命令只能实现网格面与网格面分割，双击分割结果可以编辑，可选择保留【另一侧】。

8.1.4 覆盖层下底面生成

利用覆盖层上表面及剖面点、钻孔点来建立覆盖层下底面有四种方法。方法一：当覆盖层剖面点及钻孔点较多时，可直接利用变形命令完成。方法二：当覆盖层剖面点或钻孔点较少，或者没有剖面点及钻孔点时，可以自行在3DE平台中绘制剖面再将其转化成点进行变形。方法三：当覆盖层剖面点或钻孔点较少，或者没有剖面点及钻孔点，而覆盖层范围又非常大时，可用希盟泰克科技发展有限公司二次开发的插件根据覆盖层上表面计算出覆盖层下底面，再将计算出的下底面进行变形使其完全通过控制点。方法四：利用笔者研发的覆盖层下底面计算插件可以根据控制点计算覆盖层下底面，计算出的下底面直接通过控制点，无须再进行变形。

1. 方法一：直接变形

（1）进入【Terrain Preparation】APP，单击【准备】栏下 ￼（地形制备）命令，再单击结构树上分割出来的覆盖层上表面（Mesh面），弹出的对话框如图8.1-15所示。将【小角】单击 ￼ 进行修复，修复完成后单击 ￼（确定），结构树上将创建一个新的网格（Mesh）面。

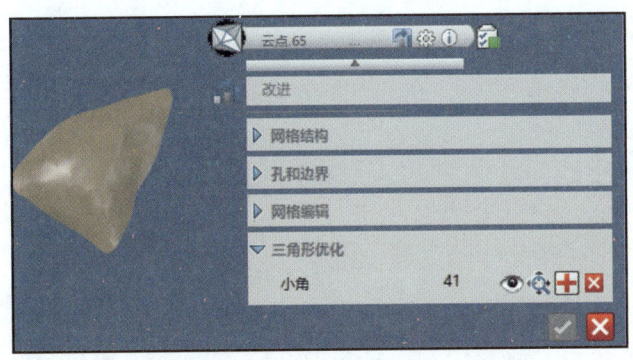

图8.1-15　改进覆盖层上表面

注意：此步骤是为了将覆盖层上表面进行改进，将其网格（Mesh）面中小角（1°或2°以内）的三角网全部进行优化，方便后续进行布尔运算及网格面（Mesh）转曲面的操作。小角优化一定要单击 ￼ 图标进行，如果单击 ￼ 图标，则将这些小角三角面直接删除，网格（Mesh）面会出现很多孔洞及错误，不容易修复。

（2）单击【创建】栏下 ￼（自由边线）命令，再单击结构树上改进后的覆盖层上表面，弹出的对话框如图8.1-16所示，单击"应用"按钮后再单击"确定"按钮，即可提取覆盖层上表面边界线。当覆盖层边界线没有超出建模范围，即在建模范围内边界线闭合时，整个边界都是覆盖层出露线，全部都可用于建模。

当覆盖层边界线超出建模范围，在建模范围内不闭合时，如图8.1-17所示，则要选择正确的建模边线。首先单击边线起始位置，注意箭头方向，折线选择按【不同】或【分组】方式均可，如图8.1-18所示，单击"应用"按钮后再单击"确定"按钮，保留边线如图8.1-19所示。此保留边线为覆盖层出露线，可用于覆盖层边界控制。

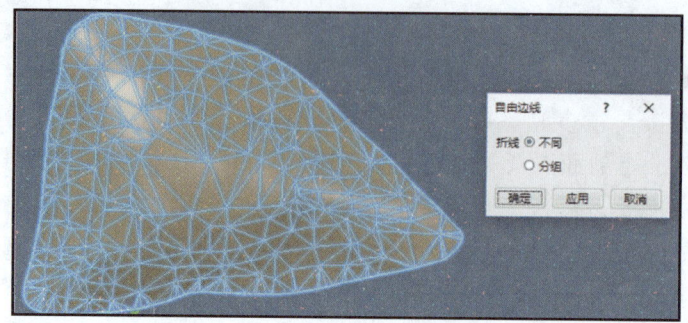

图 8.1-16　闭合覆盖层边界提取

注意：按点提取边界后一定要先单击"应用"按钮后再单击"确定"按钮，直接单击"确定"按钮提取的边界仍为完整边界。

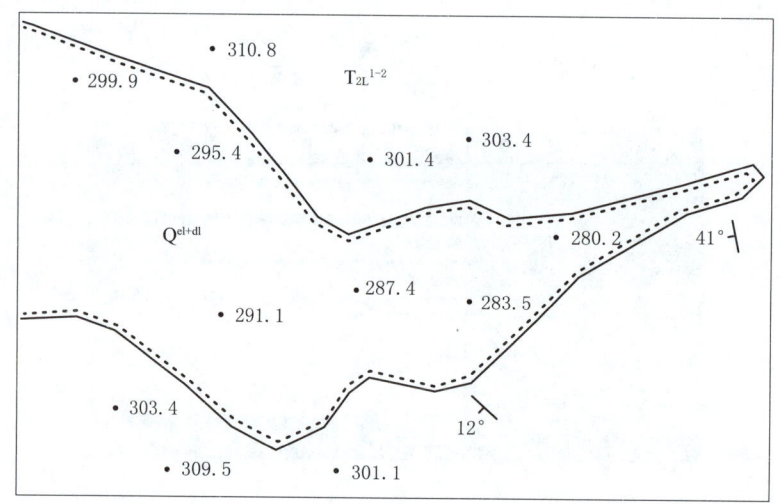

图 8.1-17　非闭合覆盖层边界（CAD）

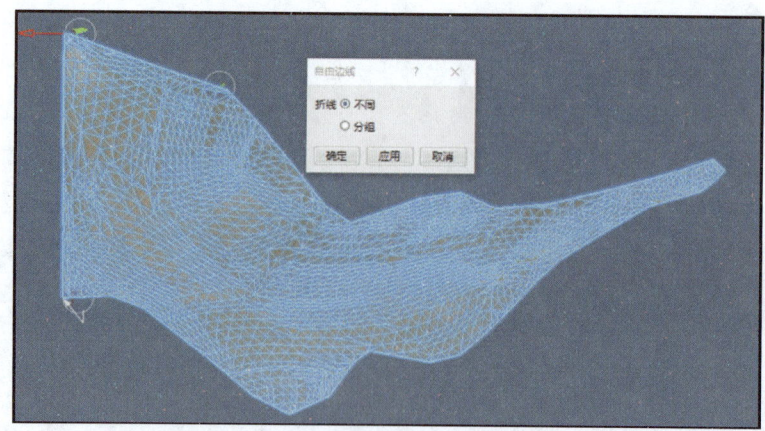

图 8.1-18　非闭合覆盖层边界提取

(3) 单击【准备】栏下 △（改变地形）命令，【要变形的网格】选择修复后的覆盖层上表面（Mesh 面），【目标元素】选择剖面点及钻孔点，【限制元素】选择提取的覆盖层边线，【约束衰减】选择强，勾选【插入目标】，如图 8.1-20 所示。单击"应用"按钮后再单击"确定"按钮，建立的覆盖层上表面及下底面，如图 8.1-21 所示。其中，土黄色为覆盖层上表面，橙色为覆盖层下底面。在 ⊞（线框）模式下，可查看覆盖层上表面及下底面，如图 8.1-22 所示，网格变形前后对比如图 8.1-23 所示。将结构树上变形后的网格面命名为覆盖层下底面。

图 8.1-19　非闭合覆盖层边界

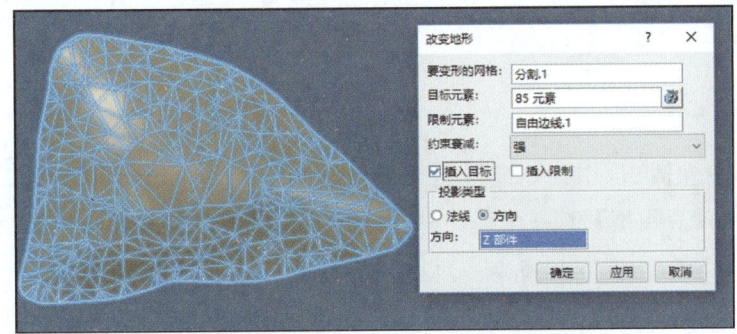

图 8.1-20　改变地形命令对话框图

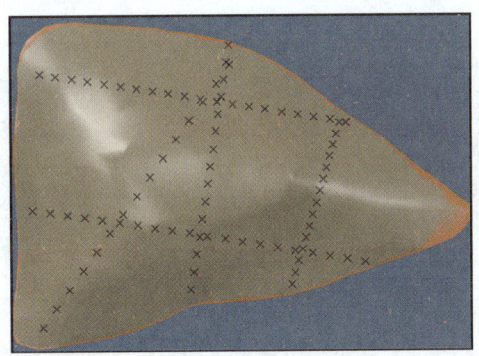

图 8.1-21　覆盖层上表面及下底面

图 8.1-22　覆盖层上表面及下底面（线框模式）

在线框模式下可以看到,变形后的网格(Mesh)面在剖面点处都增加了节点来保证网格变形后完全通过剖面点。

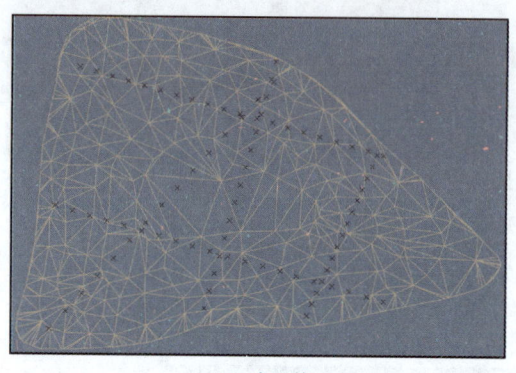
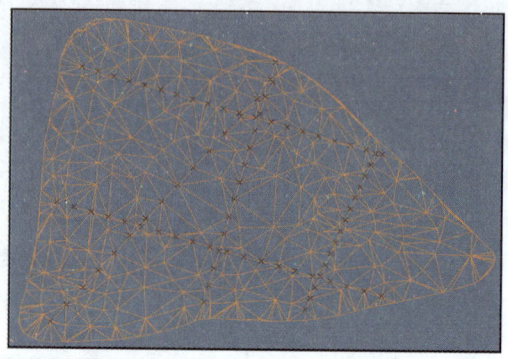

(a) 变形前　　　　　　　　　　　　　　(b) 变形后

图 8.1-23　网格变形前后对比(线框模式)

2. 方法二:在 3DE 平台中绘制剖面再变形

(1) 单击罗盘左侧 3D 图标,进入 (Civil 3D Design) APP。单击【线框和曲面】栏下 □(点)命令,【点类型】选择坐标,沿着分割出来的覆盖层上表面长轴及短轴方向建立四个点,再单击 ∧(折线)命令,将四个点连接起来形成两条剖面线,如图 8.1-24 所示。

(2) 单击【线框和曲面】栏下 (拉伸)命令,选择上一步中完成的一条剖面线,将其沿 Z 轴方向进行拉伸,保证拉伸面穿过覆盖层上表面,如图 8.1-25 所示。

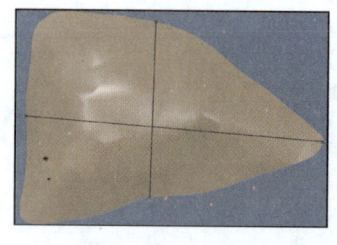
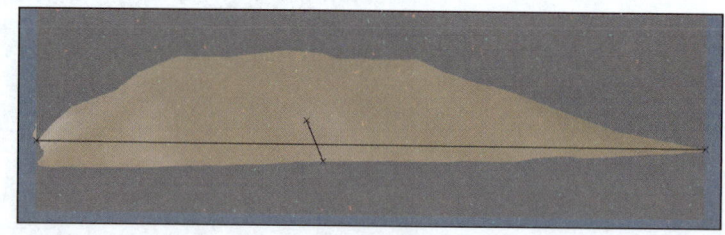

图 8.1-24　绘制剖面线　　　　　　　图 8.1-25　拉伸剖面线

(3) 单击【线框和曲面】栏下 (相交)命令,在弹出的对话框中,【第一元素】选择上一步中的拉伸面,【第二元素】选择 8.1.3 节方法一中分割出来的覆盖层上表面曲面,如图 8.1-26 所示,单击"确定"按钮后可得到地形线,如图 8.1-27 所示。

注意:【Civil 3D Design】APP 中【相交】命令只能实现两个曲面相交提取其交线,所以【第二元素】不能选择分割出来的地形网格面。R2019x 版本在【Terrain Preparation】APP 中新增 (相交地形)命令,可以通过两个网格面相交来创建离散折线。

(4) 单击【线框和曲面】栏下 (定位草图)命令,支持面选择剖面线拉伸面,原点选择默认原点,进入草图。框选地形线,出现的上下文对话框如图 8.1-28 所示,选择 (投影 3D 元素)命令,将地形线投影到草图中。

8.1 覆盖层建模

图 8.1-26 相交命令对话框

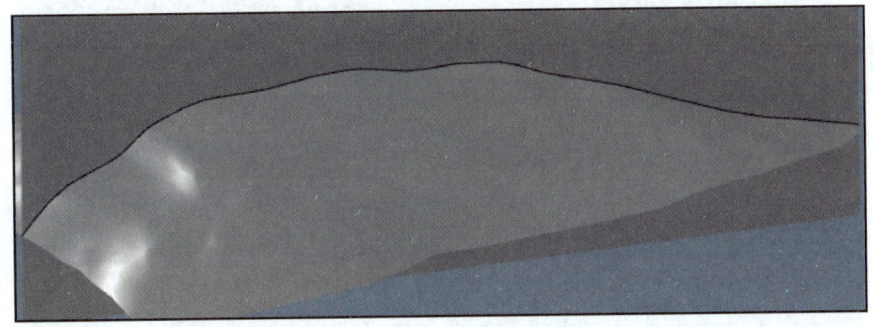

图 8.1-27 沿剖面处地形线

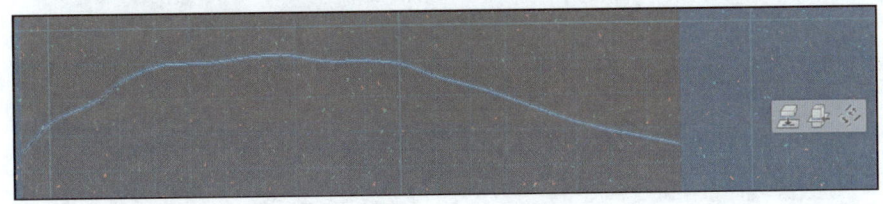

图 8.1-28 投影 3D 元素命令

（5）框选已投影的地形线，出现的上下文对话框如图 8.1-29 所示，选择 命令，将地形线转化为构造元素，转化后地形线变成黄色虚线，不参与建模。

图 8.1-29 将投影元素转为构造元素

129

(6) 单击【草图】栏下 ⌒ （轮廓）命令，根据该类覆盖层特性并结合实际出露情况，推测出覆盖层厚度，绘制剖面线，如图 8.1-30 所示。

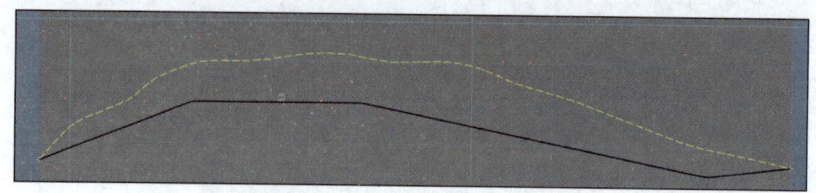

图 8.1-30　绘制第一条剖面线

(7) 单击【标准】栏下 ⬆ （退出应用程序）命令，退出草图。利用 8.1.2 节中介绍过的 （点面复制）命令，将剖面线转化为数量合适的点用于后续变形，如图 8.1-31 所示。

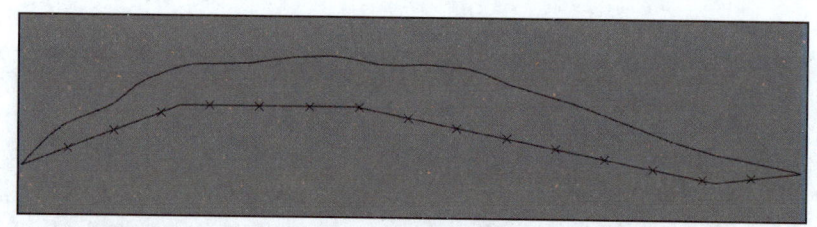

图 8.1-31　第一条剖面线转化为点

(8) 第二条剖面线若与第一条剖面线相交，则需要首先利用【线框和曲面】栏下 （相交）命令求得第一条剖面线与第二条剖面拉伸面的交点，如图 8.1-32 所示。

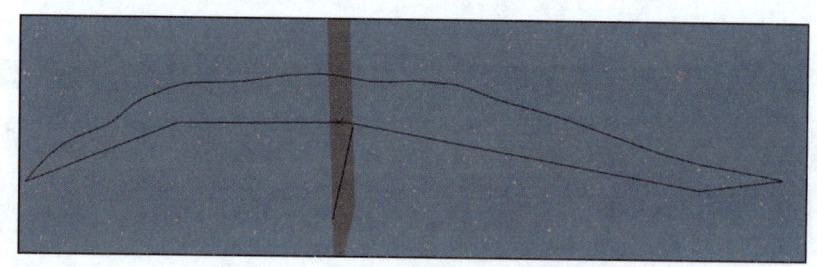

图 8.1-32　两条剖面的交点

(9) 重复上述步骤 2~5，将剖面交点投影至第二条剖面草图中并转化为构造元素，再利用 ⌒ （轮廓）命令，过剖面交点绘制第二条剖面线，如图 8.1-33 所示。

(10) 将第二条剖面线转化为点，如图 8.1-34 所示。

在 3DE 平台中直接绘制剖面的优点在于可以保证两条剖面的交点能在空间相交，剖面条数可根据需要确定。剖面绘制完成后，再利用方法一中的 △ （改变地形）命令，建立覆盖层下底面，如图 8.1-35 所示。

注意：如果覆盖层范围非常大，则需要自行绘制很多剖面，上述步骤 4 完成后，可退

8.1 覆盖层建模

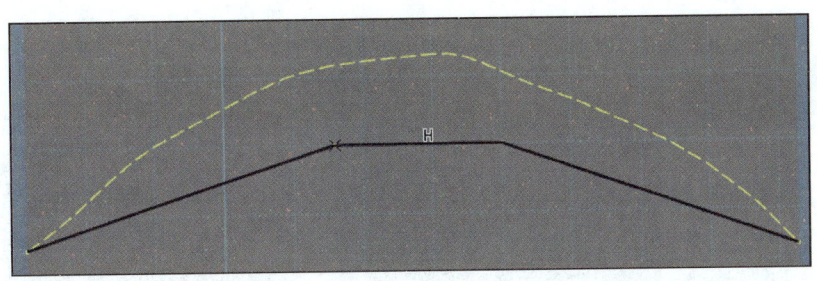

图 8.1-33 绘制第二条剖面线

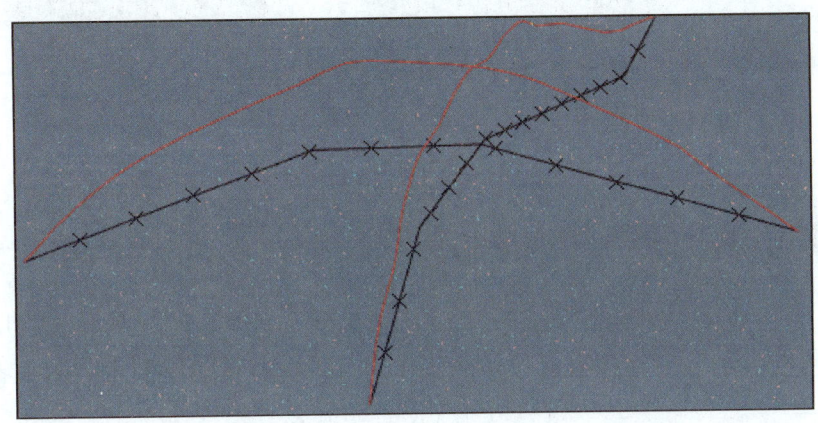

图 8.1-34 第二条剖面线转化为点

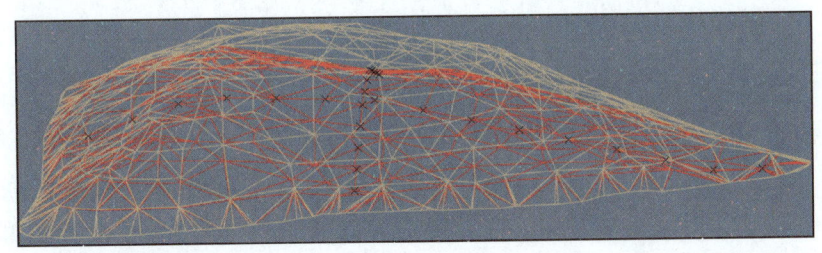

图 8.1-35 覆盖层上表面及下底面（线框模式）

出草图，将步骤1~4做成【超级副本】，只需选择覆盖层上表面上的两个点及覆盖层上表面，可自动完成求地形线交线及交线投影到草图的过程。

【超级副本】制作过程如下：

单击【工具】栏下 ![icon] （超级副本）命令，选择步骤4中完成的草图，弹出的对话框如图 8.1-36（a）所示。在【部件输入】中单击不必要的输入元素，直至输入元素为两个点及覆盖层上表面为止，如图 8.1-36（b）所示。单击"确定"按钮后，结构树上增加【超级副本】节点，并生成【超级副本】元素，其实例化方法与6.1节中【用户特征】的实例化方法相同。

【超级副本】与【用户特征】的区别在于它的建模过程没有封装，实例化后结构树上

131

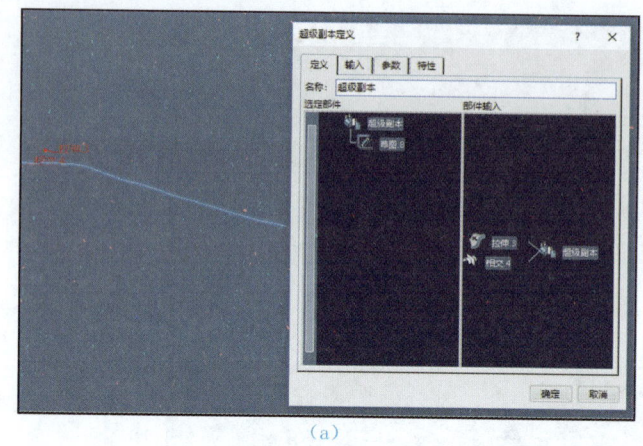 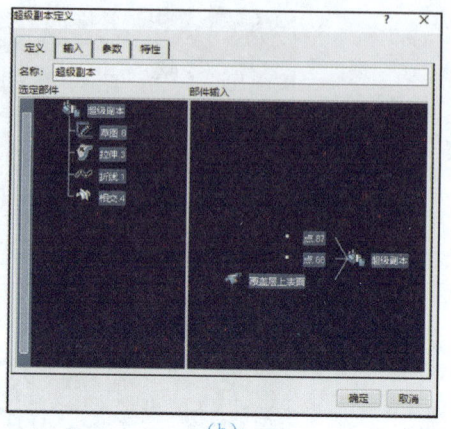

(a)　　　　　　　　　　　　　　　　(b)

图 8.1-36　求解地形线【超级副本】

可以显示及修改建模过程。单击两个点及覆盖层上表面即可将地形线投影到草图中,再打开草图进行剖面线的绘制即可。用来制作【超级副本】的草图不能再继续操作,应在实例化后的草图中继续绘制。

3. 方法三:利用希盟泰克科技发展有限公司开发工具先计算覆盖层下底面再变形

当覆盖层范围非常大时,仅用变形的方法,很难构建出合理的下底面,希盟泰克科技发展有限公司进行了二次开发,根据步长及厚度计算覆出盖层下底面初始面,再将初始面进行变形使其通过制点。二次开发软件包所包含的文件如图 8.1-37 所示。

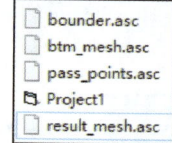

图 8.1-37　希盟泰克科技发展有限公司二次开发软件包

在计算之前,首先要将覆盖层上表面及覆盖层边界线数据导出,具体的操作步骤如下:

(1) 进入 ![icon] (Terrain Preparation) APP,提取覆盖层上表面边界线,具体方法见本节方法一直接变形法中的第 2 步。

(2) 导出覆盖层上表面边界线。单击软件右上角 ![icon] 图标,选择导出右侧的小三角,导出类型选择地形文件,再单击提取的覆盖层上表面边界线,文件格式选择 *.asc 格式,文件名为 bounder,与二次开发软件包中一致,文件位置选择二次开发软件包存储位置,文件单位选择米(m),如图 8.1-38 所示,单击"确定"按钮后将覆盖层上表面边界线导出。

注意:在导出文件之前要进行保存操作,否则无法导出文件。

(3) 采用与导出覆盖层上表面边界线相同的方法,将分割出来的覆盖层上表面网格(Mesh)面导出,文件名为 btm_mesh,数据格式为 *.asc 文件。覆盖层上表面边界线及网格(Mesh)面导出完成后,二次开发软件包中所包含的文件如图 8.1-39 所示。

bounder_(1).asc 及 btm_mesh_(1).asc 即为新导出的覆盖层上表面边界线及网格面。可以用记事本将其打开,如图 8.1-40 所示。

(4) 计算覆盖层下底面。将二次开发软件包中已有的 bounder.asc 及 btm_mesh.asc

8.1 覆盖层建模

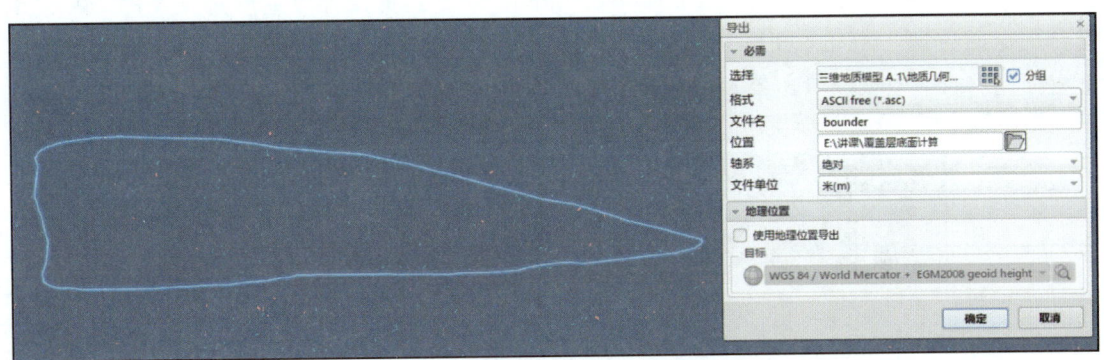

图 8.1-38　导出覆盖层上表面边界线

文件删除，将 bounder_(1).asc 及 btm_mesh_(1).asc 文件改名为 bounder.asc 及 btm_mesh.asc，通过二次开发工具计算生成覆盖层下底面，操作步骤如下：

1) 双击 Project1 图标，系统弹出的对话框如图 8.1-41 所示。

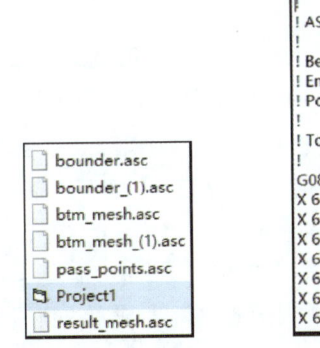
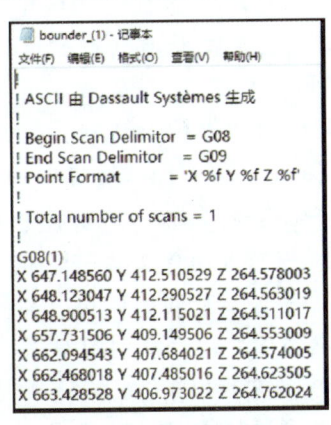

图 8.1-39　二次开发　　图 8.1-40　用记事本打开导出的　　图 8.1-41　转换工具
软件包新增内容　　　　　　覆盖层上表面边界线　　　　　　　对话框

2) 单击"覆盖层底部点阵转换"按钮，在弹出的对话框中输入最大跨度值，然后单击"确定"按钮，如图 8.1-42 所示。

3) 在弹出的对话框中输入适当的深度参数，如图 8.1-43 所示。

4) 单击"确定"按钮，此时系统开始计算，计算完成后弹出如图 8.1-44 所示对话框，单击"确定"按钮，完成计算，结果会保存在 result_mesh.asc 文本文件中。

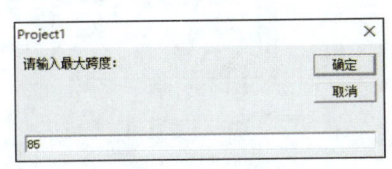
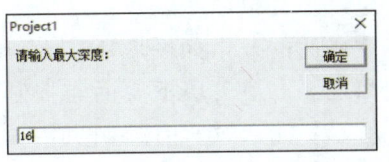
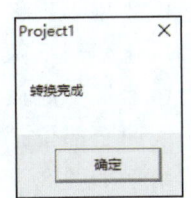

图 8.1-42　输入最大跨度窗口　　　图 8.1-43　输入最大深度窗口　　　图 8.1-44　转换完成窗口

133

5)将计算完成的 result_mesh.asc 及 bounder.asc 数据文件以地形文件方式导入 3DE 平台中,通过 命令将两者合并,再利用 命令创建覆盖层下底面网格面,如图 8.1-45 所示。

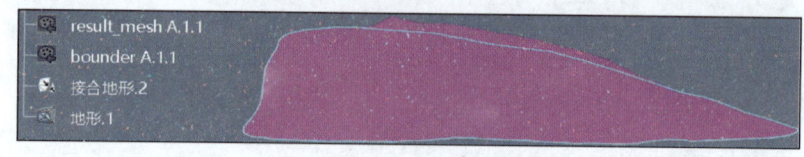

图 8.1-45　覆盖层下底面计算结果

计算覆盖层下底面的方法适用于覆盖层范围很大,完全没有剖面点及钻孔控制点,或者剖面点及钻孔控制点很少,距离这些已知点较远的区域无法控制的情况。如果完全没有剖面点及钻孔控制点,则直接计算即可。如果有少量剖面点及钻孔控制点,则可以先计算后再利用计算出来的覆盖层下底面按照方法一进行变形,保证覆盖层下底面完全通过控制点,变形完成后,局部可能有些区域位于覆盖层上表面之上,这时需要添加一些虚拟点,再继续变形,保证缺少控制点的区域覆盖层下底面都位于覆盖层上表面之下。

当计算出来的覆盖层下底面与剖面点位置比较接近时,除了利用变形命令使其通过所有控制点外,还可以利用【Terrain Preparation】APP 中【准备】栏下 命令使其通过所有控制点。首先利用 命令将剖面点转化为点云,再单击【优化地形】命令,分别单击覆盖层下底面网格(Mesh)面及剖面点点云,【阈值】和【方向】复选框均不勾选,如图 8.1-46 所示。单击"应用"按钮后再单击"确定"按钮,新生成的网格(Mesh)面即可通过所有控制点。

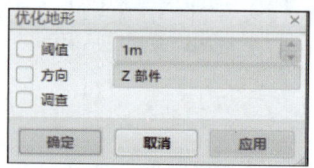

图 8.1-46　优化地形命令

4. 方法四:利用笔者开发工具直接计算覆盖层下底面,无须再进行变形

方法三最大的不足在于计算的覆盖层下底面没有通过所有控制点,需要利用变形命令使其通过所有控制点,而变形命令依据软件自身规则进行,不能进行人为约束,使得很多通过插值算法已经计算完成的点又位于覆盖层上表面之上了。笔者利用 C++ 采用新的算法重新计算了覆盖层下底面,使其直接通过所有控制点,无须再进行变形。若通过新增剖面迭代计算能获得非常理想的下底面模型,且点云分布均匀,则无须大量人工编辑,能使建模效率得到极大提升。新的覆盖层下底面算法分侵蚀堆积型和风化残积型两种情况,工具包如图 8.1-47 所示。侵蚀堆积型覆盖层下底面计算完成后的效果如图 8.1-48 所示,覆盖层下底面全部位于上表面之下。覆盖层下底面与控制点偏差分析的结果如图 8.1-49 所示,完全过所有控制点,最大偏差仅 6mm,满足地质建模要求。

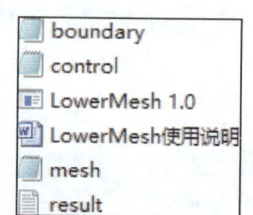

图 8.1-47　自主研发的覆盖层下底面计算工具包

8.1 覆盖层建模

图 8.1-48　侵蚀堆积型覆盖层上表面与下底面

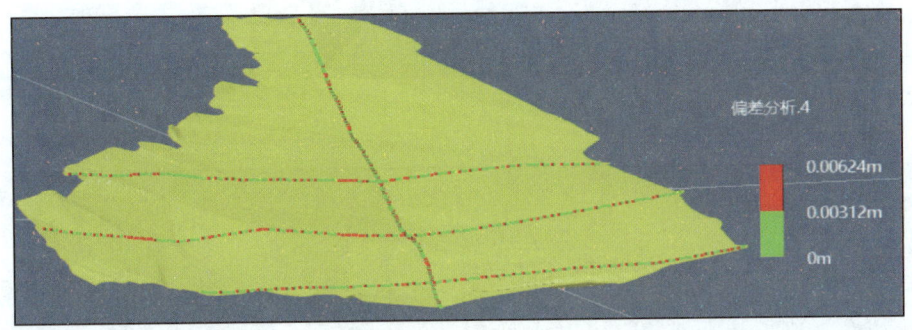

图 8.1-49　覆盖层下底面与控制点偏差分析的结果

8.1.5　覆盖层网格体模型创建

建立覆盖层下底面之后，需要将它的边界延伸出地形面，才能同地形体进行布尔运算或多通过截片分割来得到一个闭合的覆盖层网格体。笔者研究了一种覆盖层下底面（Mesh 面）快速"出头"的方法，可提高覆盖层建模效率，具体操作步骤如下：

(1) 在【Terrain Preparation】APP 中，单击【创建】栏下 ![icon]（自由边线）命令，再单击结构树上覆盖层下底面，提取覆盖层下底面边界线。

(2) 单击【准备】栏下 ![icon]（平移）命令，将覆盖层下底面边界线沿 Z 轴正方向平移 10m 左右。

(3) 单击【结构】栏下 ![icon]（接合地形）命令，将覆盖层下底面边界及平移边界接合起来。

(4) 单击【创建】栏下 ![icon]（创建地形）命令，再单击刚刚创建的接合地形，选择【3D 网格器】，【弦高】为 0m，勾选【已约束】，如图 8.1-50 所示。单击"应用"按钮后再单击"确定"按钮，生成的网格（Mesh）面如图 8.1-51 所示。

下一步只需将边界拉伸面与覆盖层下底面利用 ![icon]（Digitized Shape Sculpting）APP 中 ![icon]（缝合）命令缝合在一起就可以进行布尔运算了。目前在 3DE R2017x 版本中，缝合命令只能在正常范围内使用，大范围与正常范围之间不能相互拷贝，所以需要将边界拉伸面与覆盖层下底面转成 stl 格式，再建立一个正常范围的 3D 零件，将其导入进行缝合操作，具体操作步骤如下：

1) 在 ![icon]（Terrain Preparation）APP 中，单击软件右上角 ![icon]（导出）图标，选择导

135

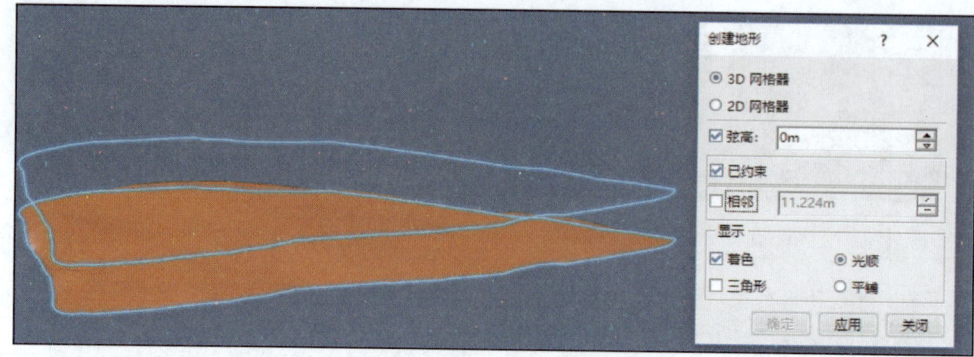

图 8.1-50 创建地形命令

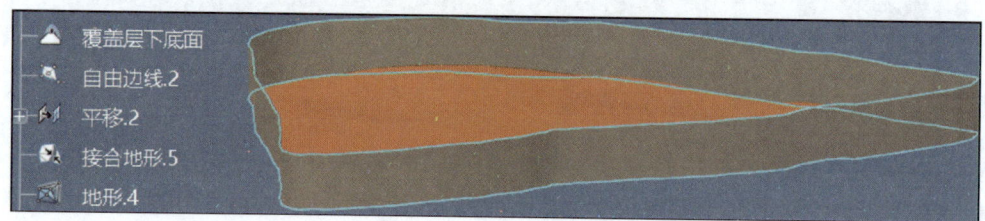

图 8.1-51 覆盖层下底面边界拉伸

出右侧的小三角，导出类型选择地形文件，将覆盖层下底面及边界拉伸面导出成 stl 格式，具体操作过程参照 8.1.4 节方法三中覆盖层边界线输出方法。

2）单击软件右上角 ➕（内容）图标，新建立一个 3D 零件，系统自带生成一个 3D 形状，设计范围均选择正常范围。

3）在新建的 3D 零件中，进入 （Digitized Shape Sculpting）APP。单击软件右上角 ➕（内容）命令，选择导入右侧的小三角，选择 stl 文件，将覆盖层下底面及边界拉伸面都导入进来，如图 8.1-52 所示。

注意：导入文件单位选择米（m）。

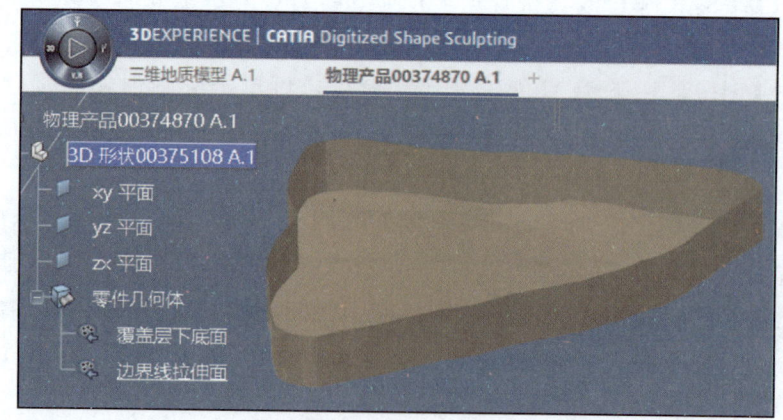

图 8.1-52 覆盖层下底面及边界拉伸面导入正常范围

4)单击【网格准备】栏下 命令,单击覆盖层下底面边界线,同时按住 Ctrl 键再单击拉伸面边界线,如图 8.1-53 所示,单击"应用"按钮后再单击"确定"按钮,结构树上覆盖层下底面及边界拉伸面已缝合在一起,如图 8.1-54 所示。

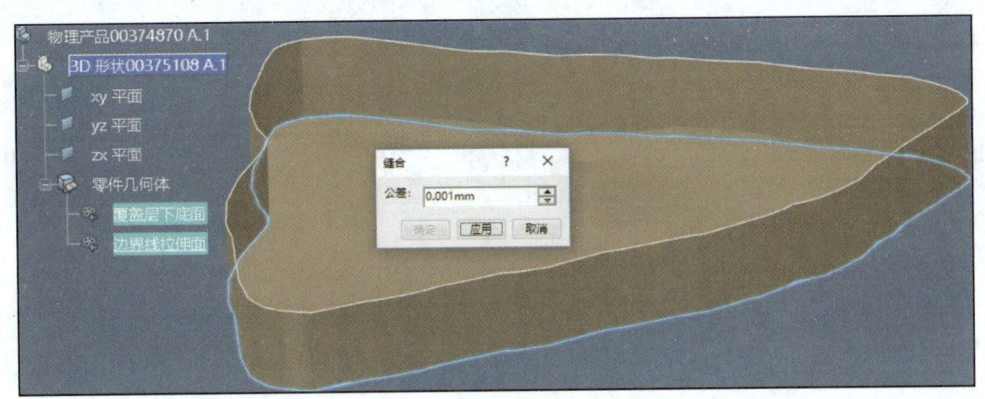

图 8.1-53 缝合命令对话框

图 8.1-54 缝合覆盖层下底面及边界拉伸面

5)单击软件右上角 命令,将缝合面导出成 stl 格式文件。

6)切换至三维地质模型物理产品,激活地层模型节点下的覆盖层几何图形集,切换至 APP,单击软件右上角 图标,将缝合面导入进来。

7)单击【准备】栏下 命令,再单击结构树上的缝合面,弹出的对话框如图 8.1-55 所示。单击 ![]图标,可修复选择的所有缺陷,修复完成后单击 图标,结构树上会生成一个新网格面元素。

8)单击【准备】栏下 命令,单击上一步新生成的网格(Mesh)面,单击孔和边界前面的小三角,弹出的对话框如图 8.1-56 所示。单击 图标,弹出的对话框如图 8.1-57 所示。单击 图标,利用 7.3.2 节中详细介绍的 命令,将多余边界删除掉。一个边界删除完成后单击 按钮,将所有多余边界都删除掉,保证最后的网格(Mesh)面只有一个边界,如图 8.1-58 所

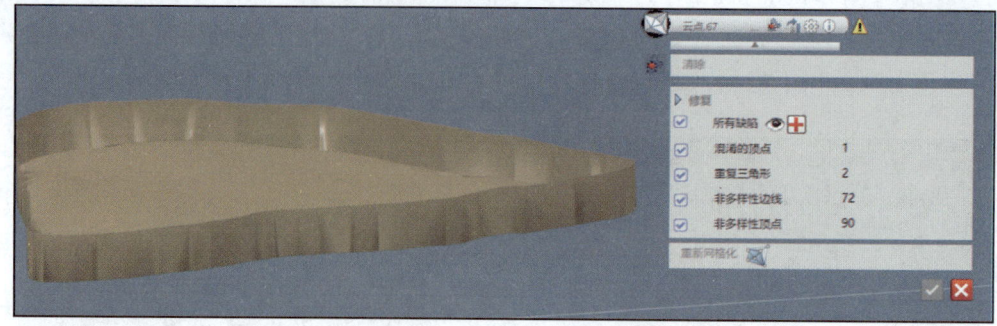

图 8.1-55 缝合面缺陷修复

示。单击 图标退出导航模式。如果缝合面中有小角度的三角形，也要单击 图标，将其修复。

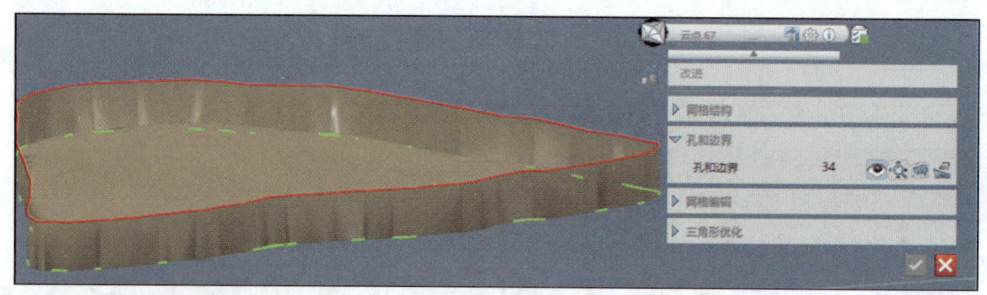

图 8.1-56 缝合面孔和边界检查

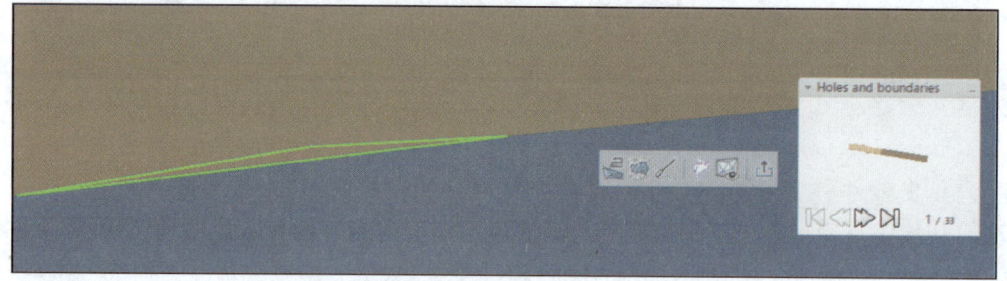

图 8.1-57 删除多余边界

9）单击【结构】栏下 （多截面片）命令，【切片】选择地形网格封闭体，【截面】选择缝合面，如图 8.1-59 所示。由于地形体和缝合面在不同的物理产品中，软件会自动复制一个地形体到当前节点下再进行分割。单击"应用"按钮后再单击"确定"按钮，再利用 （拆解地形）命令将多截片进行拆解，得到单元 1.1 及单元 2.1，如图 8.1-60 所示。一个为覆盖层模型，另一个为剥离覆盖层后的剩余地质体，可用于后续覆盖层建模。覆盖层建模完成后，可将单元 1.1 及单元 2.1 拖拽至地质体几何图形集中，覆盖层地质体建议以覆盖层成因命名。

8.1 覆盖层建模

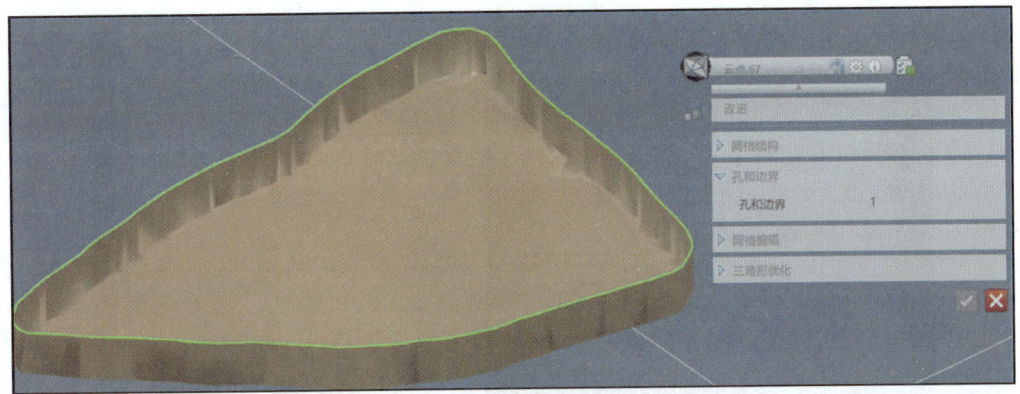

图 8.1-58　缝合面边界

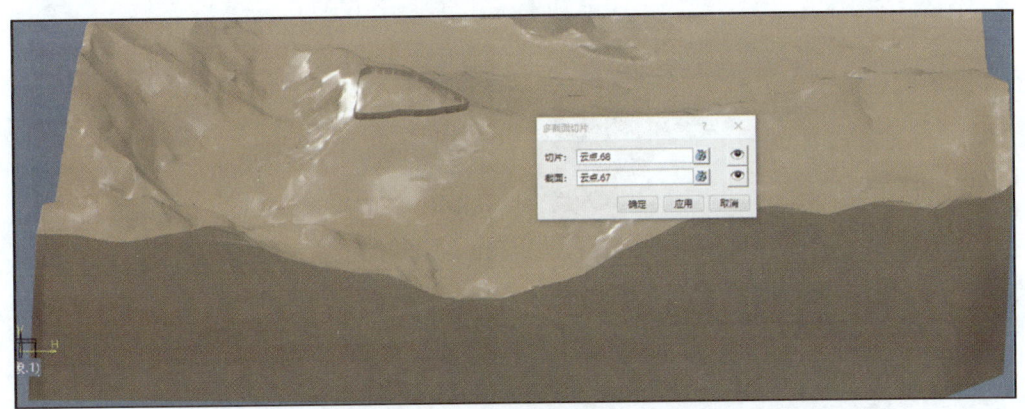

图 8.1-59　多截面片命令对话框

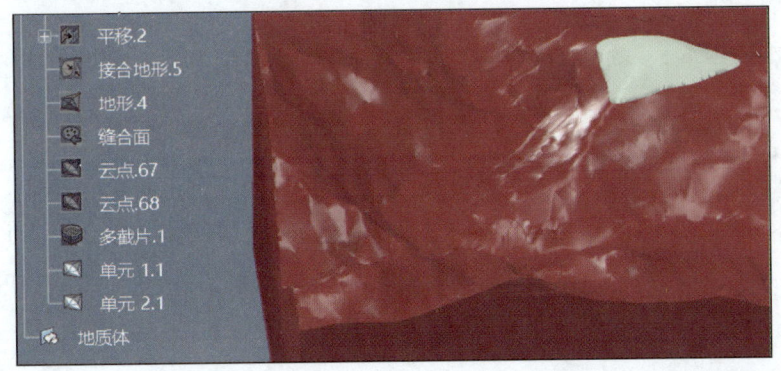

图 8.1-60　完成覆盖层模型创建

右键单击覆盖层网格体，选择属性，弹出属性对话框，单击显示模式选项卡，在【网格】复选框中勾选平面，如图 8.1-61 所示，将剩余地形体显示模式也改为平面，则覆盖层显示如图 8.1-62 所示。在光顺模式下覆盖层体显示如图 8.1-63 所示，光顺模式下覆盖层边界显示不如平面模式下美观。

139

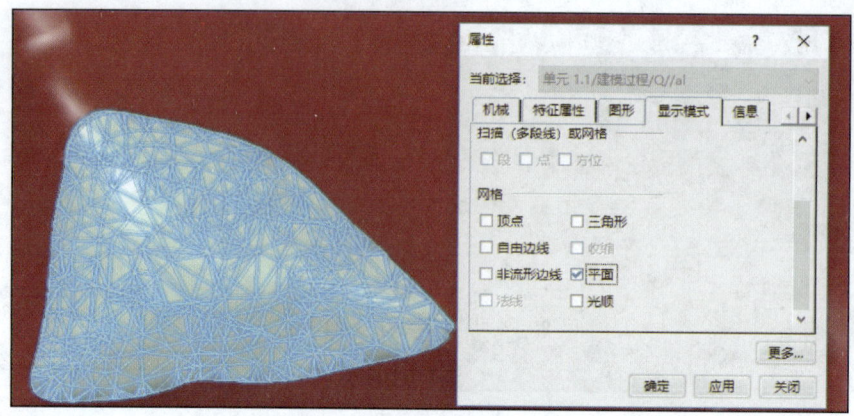

图 8.1-61　显示模式对话框

图 8.1-62　平面显示

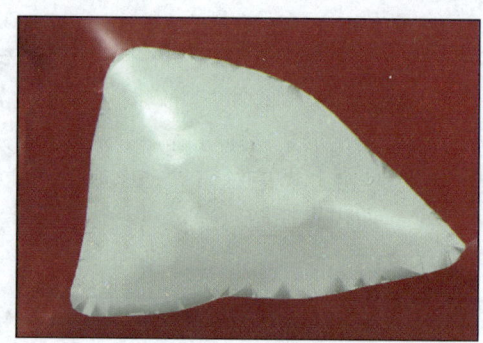

图 8.1-63　光顺显示

　　覆盖层下底面和边界拉伸面的缝合面创建完成后，还可以通过布尔运算生成覆盖层的网格体模型，具体操作步骤可参考 7.5.2 节中的介绍，这里不再赘述。通过布尔运算生成覆盖层网格体模型时，需要对覆盖层底面两侧分别做两次布尔运算，才能在地形模型上剥离覆盖层。

8.1.6　覆盖层 Solid 实体模型创建

　　覆盖层 Solid 实体模型的生成首先需要将覆盖层下底面网格（Mesh）面转换成曲面，再通过 (Civil 3D Design) APP 中【修剪】命令生成覆盖层曲面模型，再将曲面模型封闭成 Solid 实体模型，流程如图 8.1-64 所示。

图 8.1-64　覆盖层 Solid 实体模型生成流程图

　　（1）覆盖层下底面网格（Mesh）面转化为曲面。网格（Mesh）面转换成曲面的操作步骤可参考 7.6 节的内容。需要注意的是，转换完成之后网格（Mesh）面和四边形曲面一定要进行偏差分析，以保证曲面精度，如图 8.1-65 所示，误差最大值为 0.1m，可满足地质建模要求。

8.1 覆盖层建模

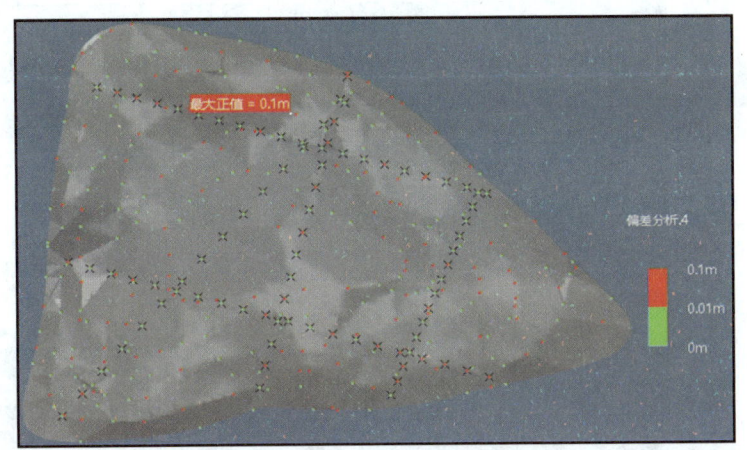

图 8.1-65　覆盖层下底面曲面与网格（Mesh）面偏差分析

3DE 平台【Terrain Preparation】APP 中的 ![icon]（根据地形创建曲面）命令为试用功能，需要在环境文件里加一行 TPE_Autosurf＝1 才能在【创建】工具条下显示该命令。该命令对于网格（Mesh）面边界控制较差，对于边界复杂的覆盖层转曲面会失败，如图 8.1-66 所示。

笔者将图 8.1-66 中的地形网格（Mesh）面导出成 stl 格式，在 CATIA V5 R19 版本及 R20 版本中分别进行了曲面转换。

地形网格（Mesh）面从 3DE 平台导出过程为：单击右上角 ![icon]（导出）图标，弹出

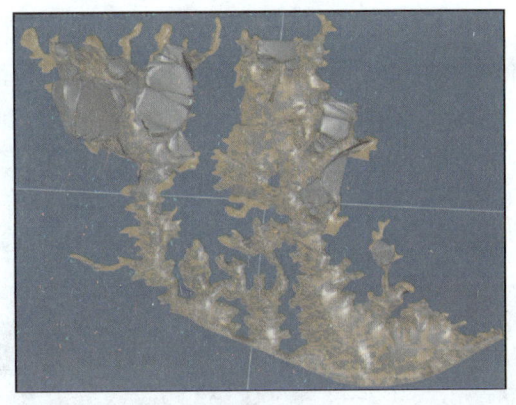

图 8.1-66　复杂边界网格（Mesh）面转曲面

的对话框如图 8.1-67（a）所示，再单击导出右侧的小三角，弹出的对话框如图 8.1-67（b）所示。选择【地形文件】菜单，弹出的对话框如图 8.1-67（c）所示，其中【选择】项单击结构树上要导出的三角网格面，【格式】项选择 Stl，【文件名】项为 QS，再选择导出文件要存放的位置，【文件单位】项选择米（m），即可将地形网格面导出。

地形网格面从 3DE 平台导出后再利用 CATIA V5【DSE】模块 ![icon]（Import）命令可导入 CATIA V5 R19 版本及 R20 版本中。注意，由于地形网格（Mesh）面已在 3DE 平台中进行了平移，所以在 CATIA V5 中导入时可以 m 为单位进行导入。如果地形网格（Mesh）面未平移，以 m 为单位导入时会超出软件设计范围，则只能以 mm 进行导入。导入完成之后利用【Quick Surface Reconstruction】模块 ![icon]（Automatic Surface）命令，在 CATIA V5 R19 版本及 R20 版本中分别进行网格（Mesh）面转曲面的操作。CATIA V5 R19 版本网格（Mesh）面与曲面不关联，因此曲面【Surface detail】（节点数）可以大于 5000，转化完成后平均公差为 0.15m，95％的点在平均偏差之内，如图 8.1-68 所示。CATIA V5 R20 版本与 3DE 平台一样，网格（Mesh）面和曲面是关联的，对边界控

141

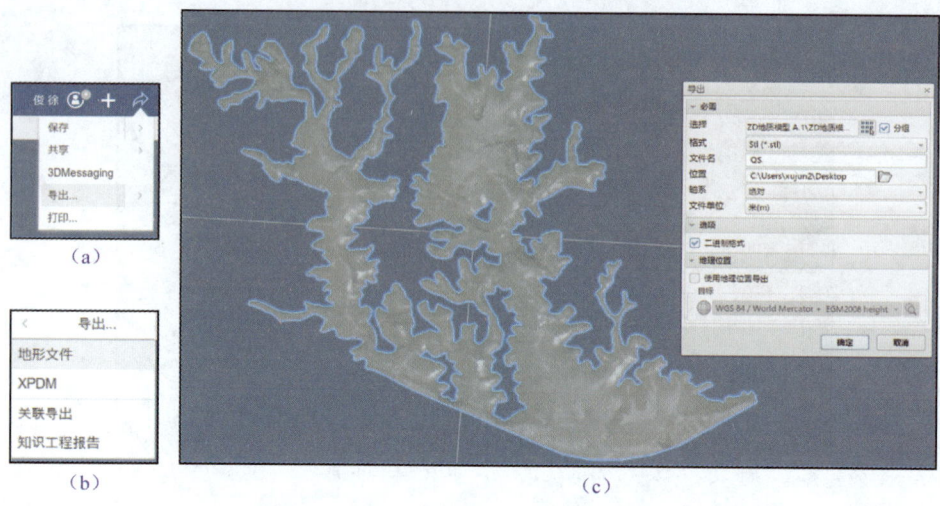

图 8.1-67　地形网格（Mesh）面导出

制较差，【Surface detail】（节点数）不能超过 5000，节点数取 5000 时转曲面会失败，笔者用 4000 和 3000 的节点数分别进行了转曲面，转化完成后平均公差分别为 0.38m 和 0.47m，73.9% 和 66.2% 的点在平均偏差之内，如图 8.1-69 和图 8.1-70 所示。由此可知，网格（Mesh）面转曲面的精度受到节点数量的影响。从以上对比的结果来看，CATIA V5 R19 版本网格（Mesh）面转曲面精度损失比 R20 版本及 3DE 平台都要小一些，而且可以控制边界。CATIA V5 R19 版本网格（Mesh）面转曲面最终效果如图 8.1-71 所示。

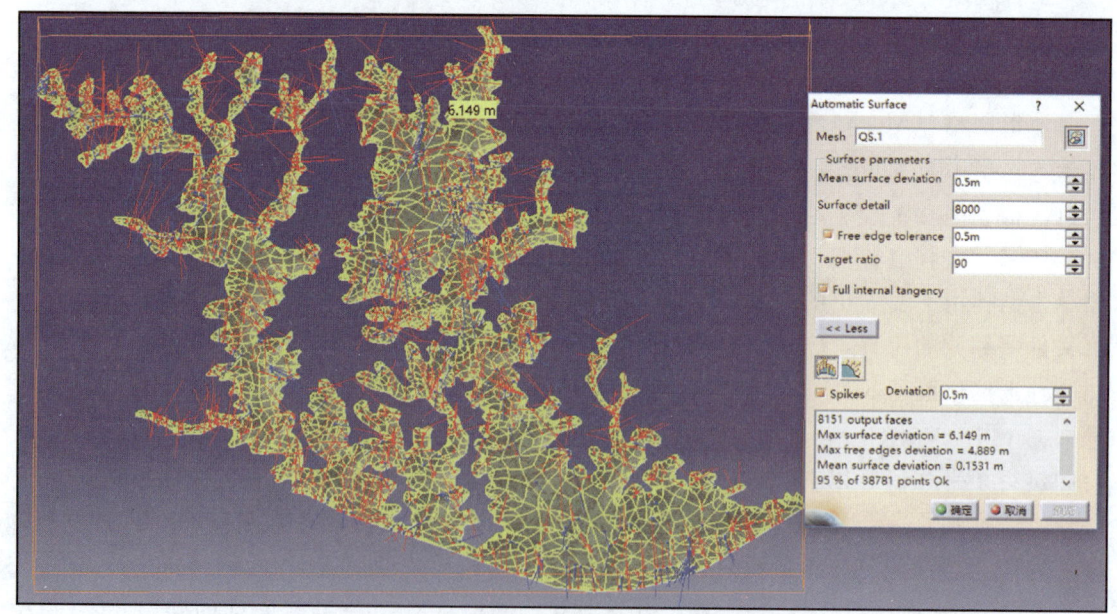

图 8.1-68　CATIA V5 R19 版本地形网格（Mesh）面与曲面之间的偏差

当 3DE 平台中 ▦（为工程 3D 设计启用）命令成熟后，可将覆盖层下底面网格（Mesh）面直接转为三角形曲面，三角形曲面可以完全控制边界，没有精度损失，文件数据量小，与四

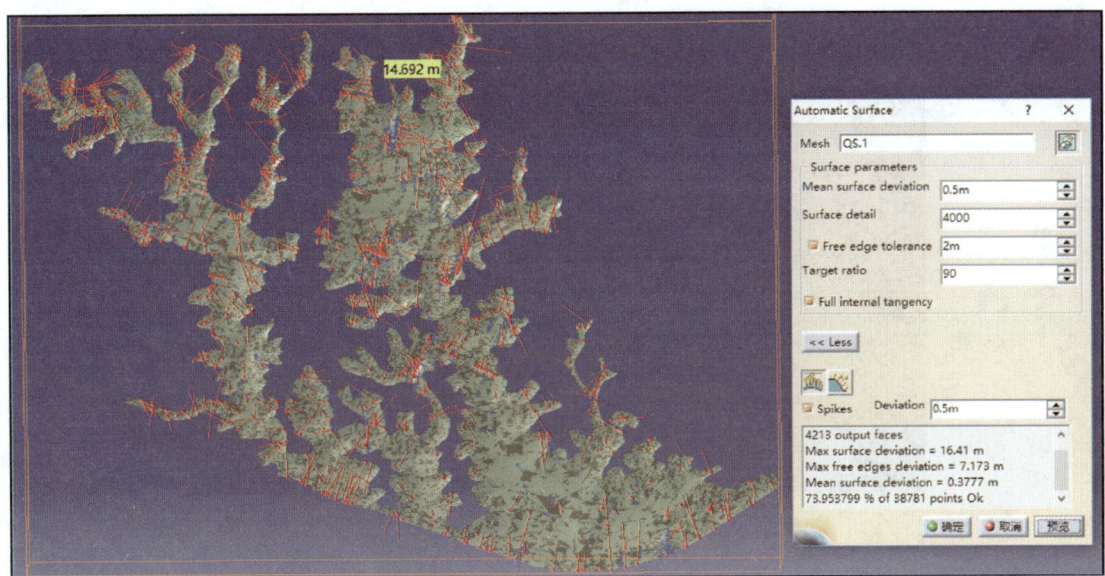

图 8.1-69　CATIA V5 R20 版本 4000 节点数地形网格（Mesh）面与曲面之间的偏差

图 8.1-70　CATIA V5 R20 版本 3000 节点数地形网格（Mesh）面与曲面之间的偏差

边形曲面具有相同的功能，是解决目前网格（Mesh）面转曲面所遇到问题的最佳方案。

（2）提取曲面边界。单击罗盘左侧 3D 图标，进入 　（Civil 3D Design）APP。单击【线框和曲面】栏下 　（边界）命令，再单击结构树上覆盖层下底面曲面，如图 8.1-72 所示，单击"确定"按钮后完成边界提取，如图 8.1-73 所示。

注意：如果只需要提取边界的一部分时，则需要先利用 　（点）命名，将边界的起点及终点在边界上创建出来，然后在【限制 1】和【限制 2】中进行单击拾取起点及终点

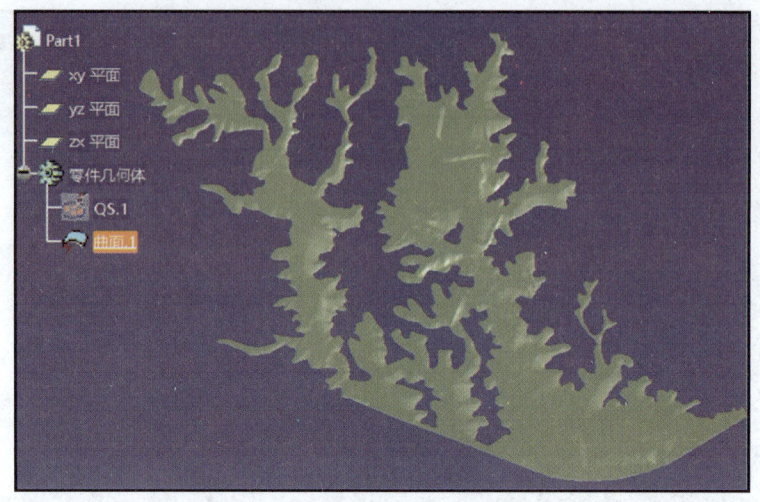

图 8.1-71 CATIA V5 R19 版本网格（Mesh）面转曲面最终效果

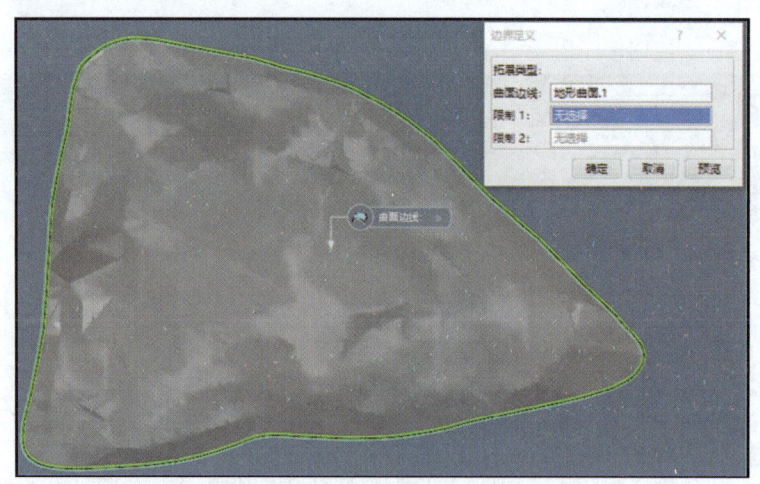

图 8.1-72 【边界】命令对话框

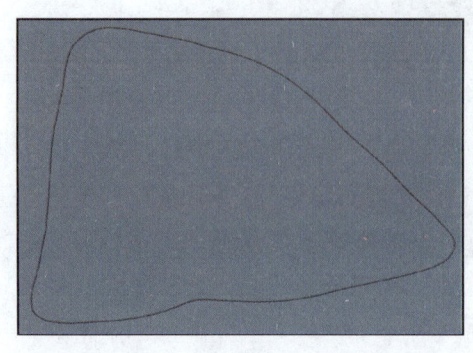

图 8.1-73 提取边界

即可，如图 8.1-74 所示。

（3）边界拉伸。单击【线框和曲面】栏下 命令，弹出对话框后再单击上一步中提取的边界，如图 8.1-75 所示。方向选择 Z 轴，限制 1 中尺寸可以在 100m 以内，只需要将边界拉出地表即可，限制 2 中尺寸为 0m，无须向地面以下拉伸。

注意：此操作中限制 2 中尺寸必须为 0m，否则下一步中，此拉伸面无法与覆盖层下底面接合起来。

8.1 覆盖层建模

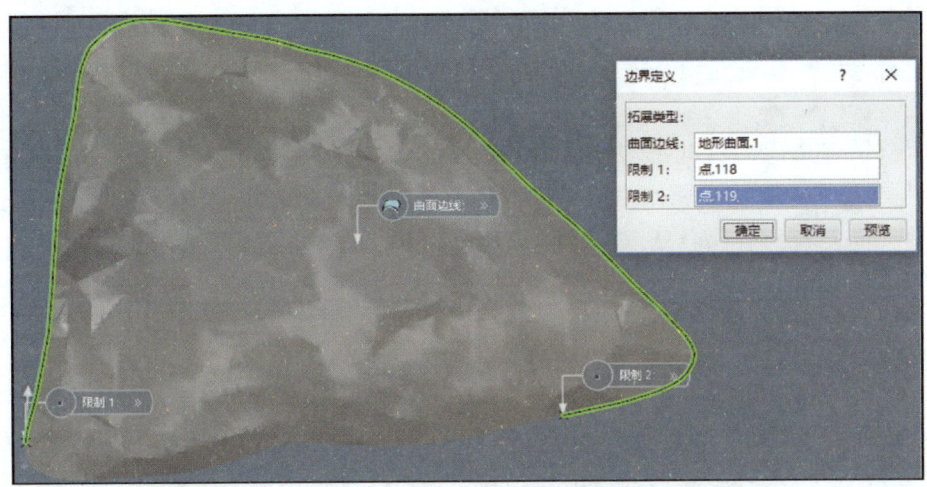

图 8.1-74 提取部分边界

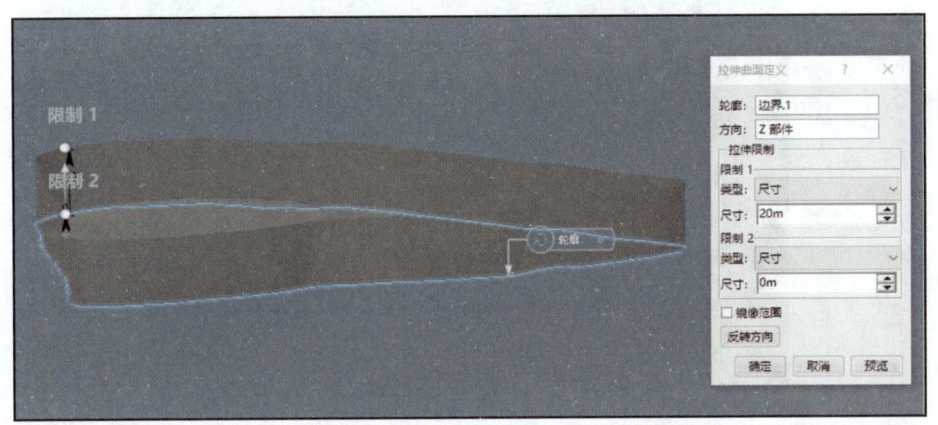

图 8.1-75 拉伸边界

（4）曲面接合。单击【线框和曲面】栏下 ![icon]（接合）命令，弹出对话框后在特征树上依次选择覆盖层下底面曲面和拉伸的边界曲面，文件名称会显示在【要接合的元素】栏，如图 8.1-76 所示。

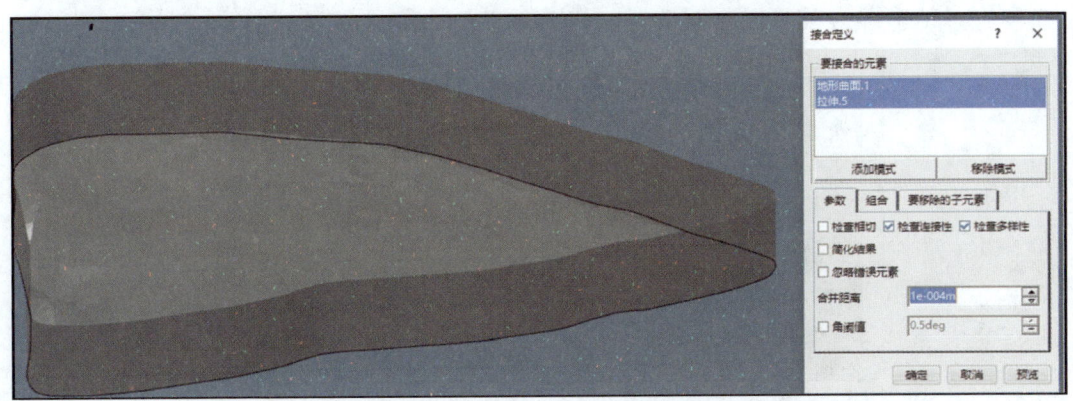

图 8.1-76 【接合】命令对话框

145

单击"添加模式"按钮可以添加要接合的元素,单击"移除模式"按钮可以移除已选择的接合元素。勾选【检查连接性】及【检查多样性】选项,【合并距离】参数一般选择默认即可。

(5)修剪地形体。右键单击地质体几何图形集,定义其为工作对象。单击【线框和曲面】栏下 （修剪）命令,在结构树上依次选择地形曲面实体模型和上一步中的接合面,被选中的元素的名称会显示在【修剪元素】下方的文本框中,如图8.1-77所示。

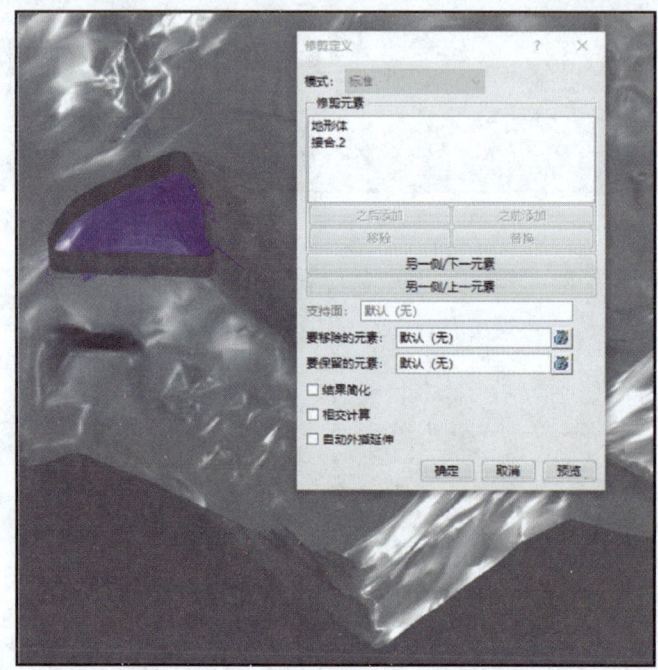

图 8.1-77 【修剪】命令对话框

选择好修剪元素后系统会自动进行修剪操作,并可在绘图区预览修剪效果,如图 8.1-78 所示。若预览效果不是需要的结果,可以单击【另一侧/下元素】按钮和【另一侧/上元素】按钮对修剪部位进行调整,确认无误后,单击"确定"按钮,完成曲面修剪,结果即为覆盖层曲面模型,如图 8.1-79 所示。

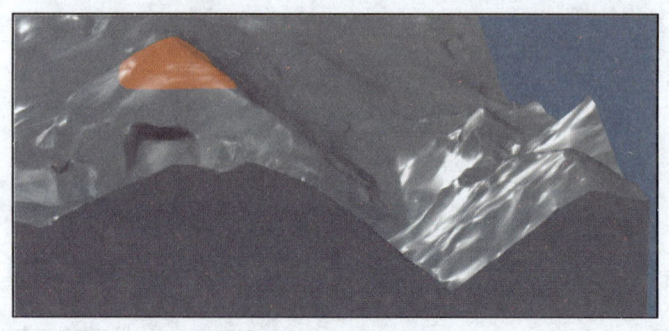

图 8.1-78 预览修剪效果

8.1 覆盖层建模

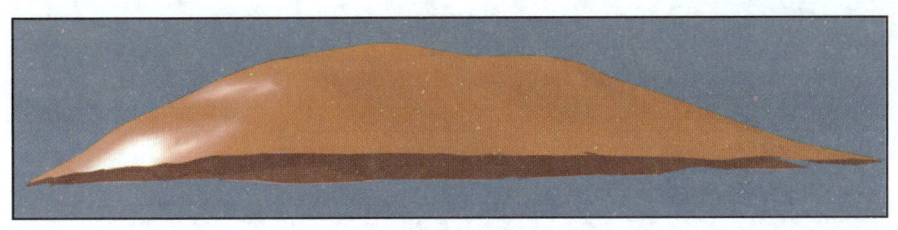

图 8.1-79　覆盖层曲面模型

注意：在完成覆盖层曲面模型创建后必须再进行一次修剪操作，以便生成剥离覆盖层之后的地形模型，且下一次覆盖层模型的生成都要基于上一次剥离掉覆盖层之后的地形模型进行操作，对于网格体模型来说也是这样。

利用修剪命令经常会出现分割或修剪运算无法完成的情况，如图 8.1-80 所示，此时需要检查分割面和被修剪体之间的接触关系。单击【线框和曲面】栏下 （相交）命令，【第一元素】选择分割面，【第二元素】选择被修剪体，如图 8.1-81 所示，单击"确定"按钮后，弹出多重结果管理对话框，如图 8.1-82 所示。选择【保留所有子元素】，逐一检查每段交线，最终发现影响修剪的部位，如图 8.1-83 所示。此时可对分割面或被修剪体进行调整，改善其在该点的相交情况，如图 8.1-84 所示，调整之后即可完成修剪，如图 8.1-85 所示。

图 8.1-80　分割或修剪运算出错

（6）覆盖层曲面封闭成 Solid 实体。覆盖层曲面修剪完成后在边界的地方可能会有一些碎片，不利于封闭成实体，可以单击【线框和曲面】栏下 （接合）命令旁边的小三角，选择 （拆解）命令，再单击结构树上覆盖层闭合曲面，如图 8.1-86 所示。拆解模式选择【仅限域】，即可将边界周围的碎片分离出来。拆解完成后，可单击【实体】栏下 （封闭曲面）命令将覆盖层闭合曲面封闭成实体，也可利用包络体中 （封闭曲面）命令将覆盖层闭合曲面封闭成包络体，如图 8.1-87 所示。

第 8 章 地质建模

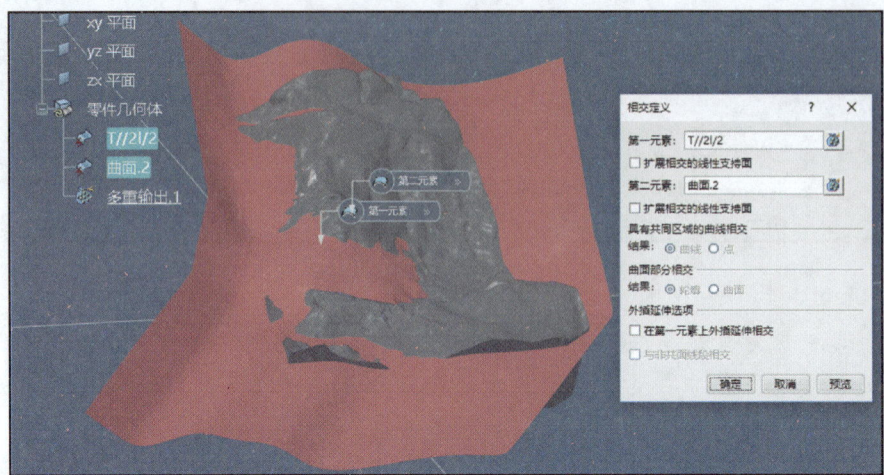

图 8.1-81 相交命令对话框

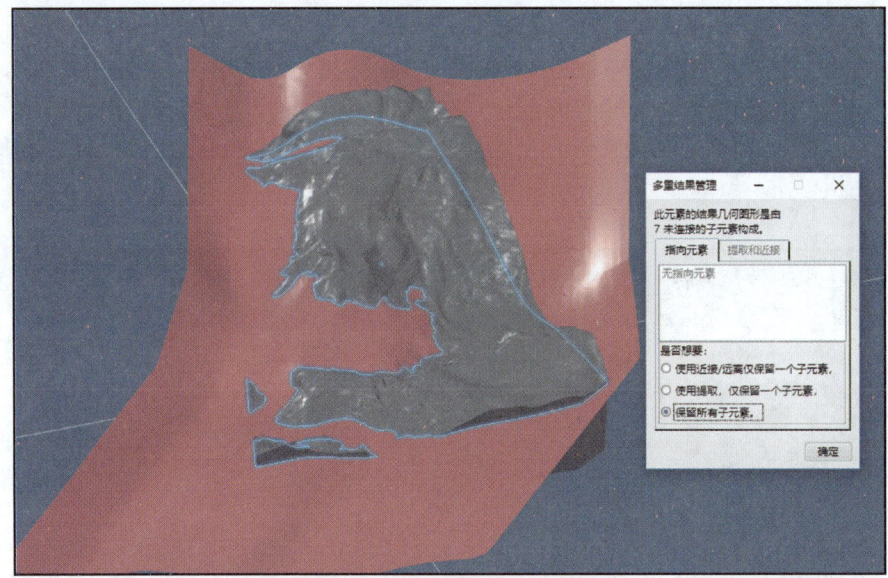

图 8.1-82 相交保留所有交线

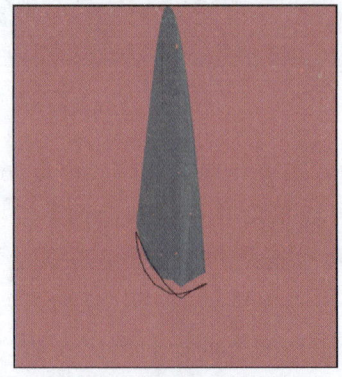

图 8.1-83 影响修剪部位

8.1 覆盖层建模

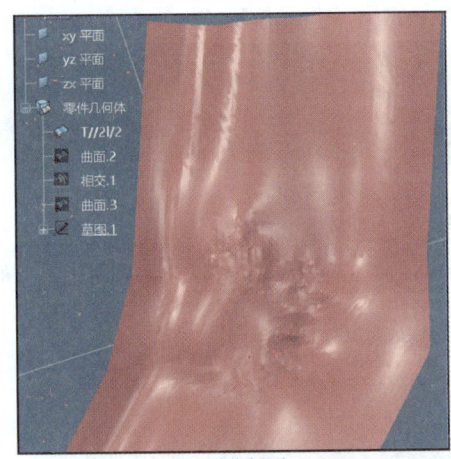
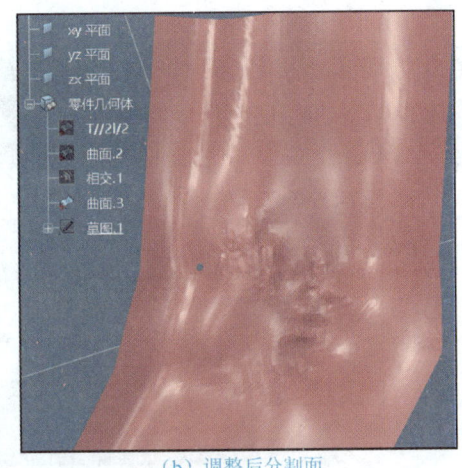

（a）原分割面　　　　　　　　　（b）调整后分割面

图 8.1-84　调整分割面

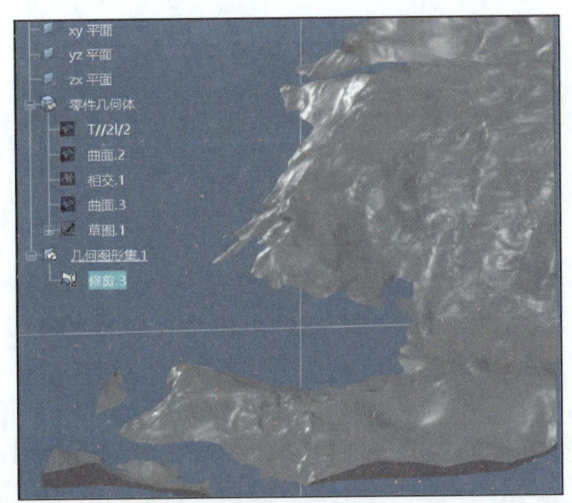

图 8.1-85　完成修剪

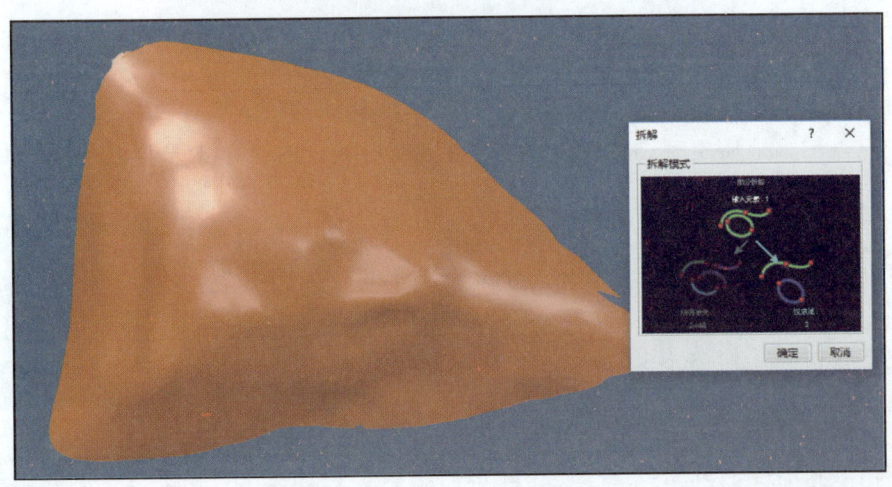

图 8.1-86　拆解命令对话框

149

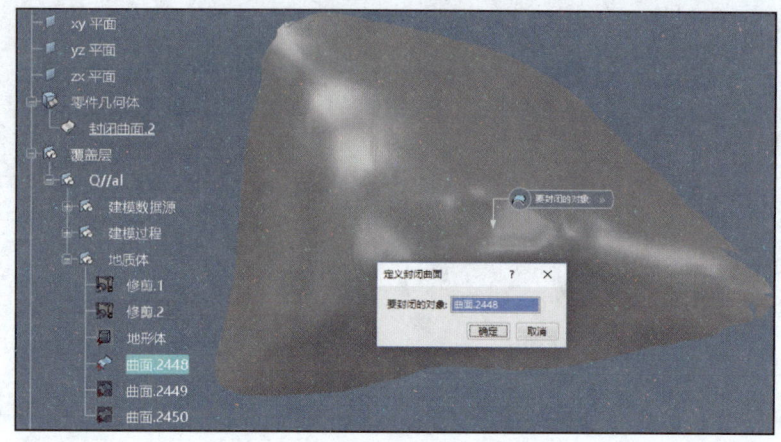

图 8.1-87 封闭曲面命令对话框

注意： ◇（封闭曲面）命令完成后，实体只能放在零件几何体中； ◇（封闭曲面）命令完成后，包络体可放在零件几何体中，也可放在几何图形集中。

8.2 岩体建模

完成覆盖层的剥离后，剩下的就是基岩。基岩一般由不同产状、岩性的地层组成。对于单斜构造岩层，其倾向和倾角大致均一，可以直接用岩层走向线沿倾向方向进行拉伸来确定岩层分界面，再与剥离覆盖层之后的体进行修剪或布尔运算，得到岩体。对于水平构造岩层则需利用剖面数据来确定岩层分界面，再进行修剪或布尔运算。基于曲面的岩体建模流程如图 8.2-1 所示。

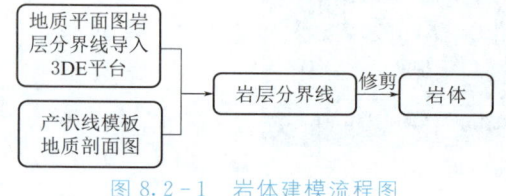

图 8.2-1 岩体建模流程图

8.2.1 单斜构造岩层建模

单斜构造岩层建模步骤及具体操作方法如下：

（1）双击三维地质模型结构树上地层模型 3D 形状，右键单击基岩几何图形集，将其定义为工作对象。

（2）在基岩几何图形集中插入以基岩地层代号命名的几何图形集和建模数据源、建模过程及地质体三个几何图形集，如图 8.2-2 所示。

（3）将数据源几何图形集定义为工作对象，在其中插入平面图、剖面图及钻孔三个几何图形集，利用 5.4 节、5.5 节及 5.6 节中钻孔、平面图及剖面图导入方法，将建模数据源导入 3DE 平台并放置到相应几何图形集中，导入完成效果如图 8.2-3 所示。

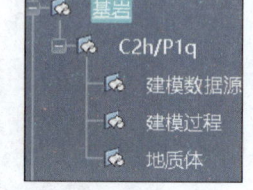

图 8.2-2 建立基岩建模几何图形集

8.2 岩体建模

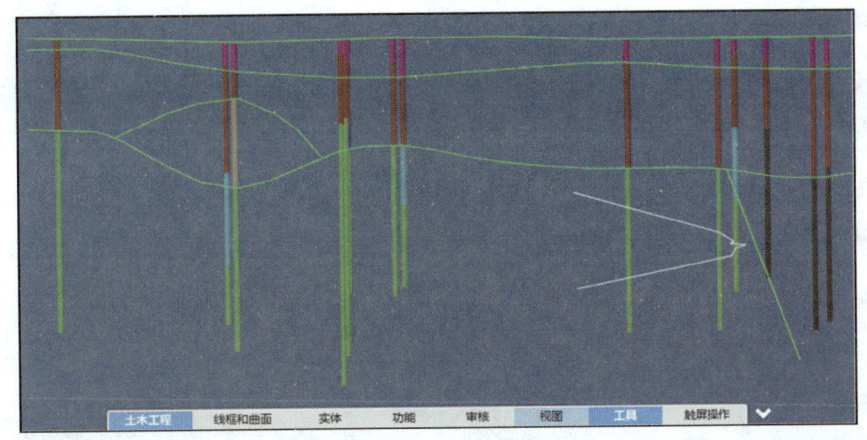

图 8.2-3 建模数据源导入

(4) 将建模过程几何图形集定义为工作对象。单击【线框和曲面】栏下 （投影）命令，【投影类型】选择沿某一方向，【已投影】选择结构树上导入的岩层分界线，【支持面】选择剥离全部覆盖层之后的基岩与覆盖层之间的分界面，方向选择 Z 方向，如图 8.2-4 所示。岩层分界线在导入 3DE 平台后默认位于 xy 平面上，利用投影命令可得到它在基岩与覆盖层分界面上的真实分界线。

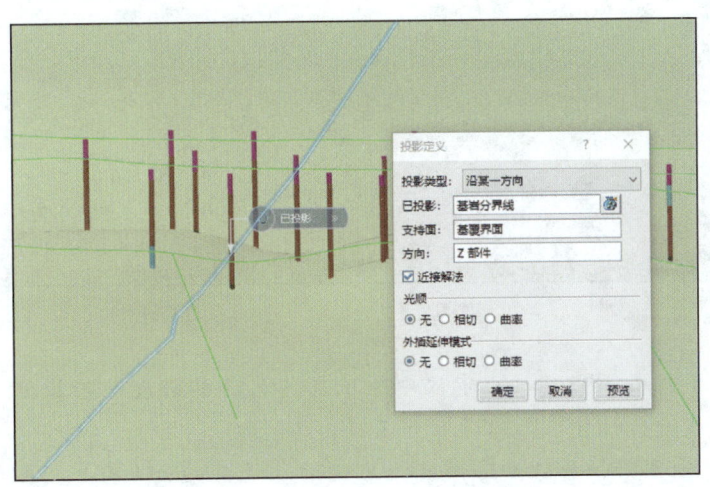

图 8.2-4 岩层分界线投影

注意：完成覆盖层建模后，可在首选项设置【自定义】选项卡中按 5.6.3 节中添加展开命令的方法，将 （多重提取）命令添加至【线框和曲面】栏下。单击 （多重提取）命令，逐一单击基岩体四周的面及下底面，勾选【补充模式】，如图 8.2-5 所示，单击"确定"按钮后可将基岩体表面（基覆界面）提取出来。

(5) 单击【线框和曲面】栏下 （拉伸）命令，将投影线沿剖面图中岩层分界线方向进行拉伸，要保证拉伸面穿出地形体上表面及下底面，如图 8.2-6 所示。

151

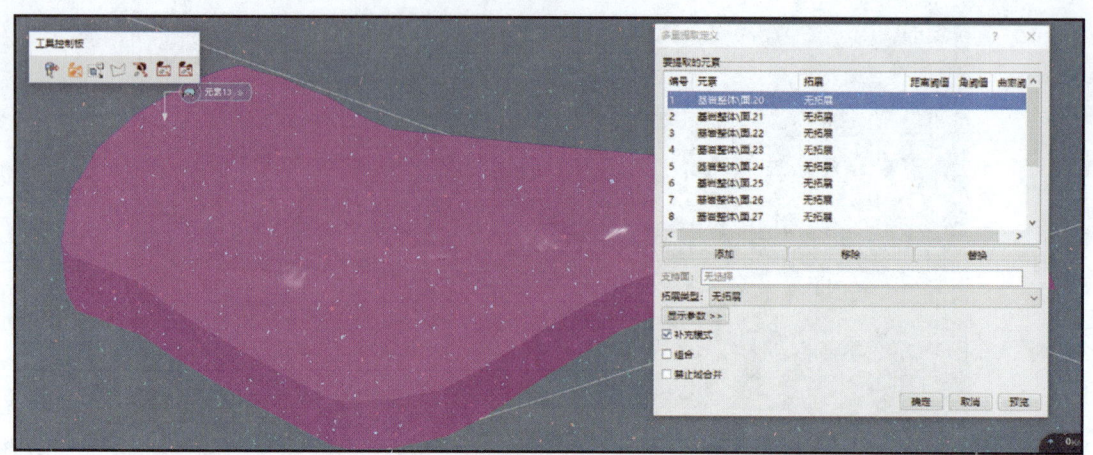

图 8.2-5 基覆界面提取

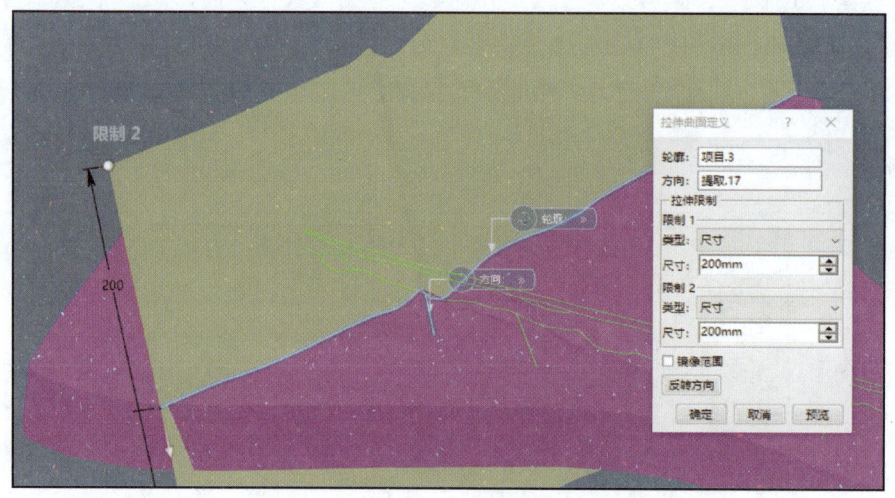

图 8.2-6 岩层分界线拉伸（沿剖面线方向）

注意：对于单斜构造岩层，此步骤中除了直接利用剖面线进行拉伸外，还可以在投影线上添加产状线进行拉伸，具体过程如下：

1) 双击激活地层岩性物理产品节点，右键插入现有的 3D 零件，再单击第 6 章中完成的产状线模板 3D 零件，如图 8.2-7 所示。

注意：产状线模板是在大范围中完成的，只能在大范围中被实例化，无法将其插入正常范围的物理产品中。正常范围下建的模板，若要在大范围中使用，则需在环境变量下添加下列语句：

UDF_PC_DIFFERENT_SCALE_INSTANTIATION= 1

2) 双击激活产状线模板 3D 形状，再双击激活地层岩性 3D 形状，将基岩几何图形集中建模过程定义为工作对象，右键单击产状线模板选择实例化，如图 8.2-8 所示。

8.2 岩体建模

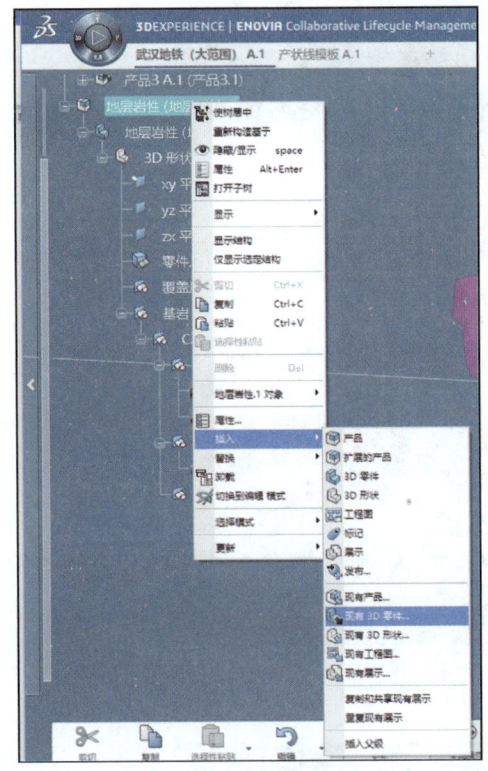

图 8.2-7 插入产状线模板

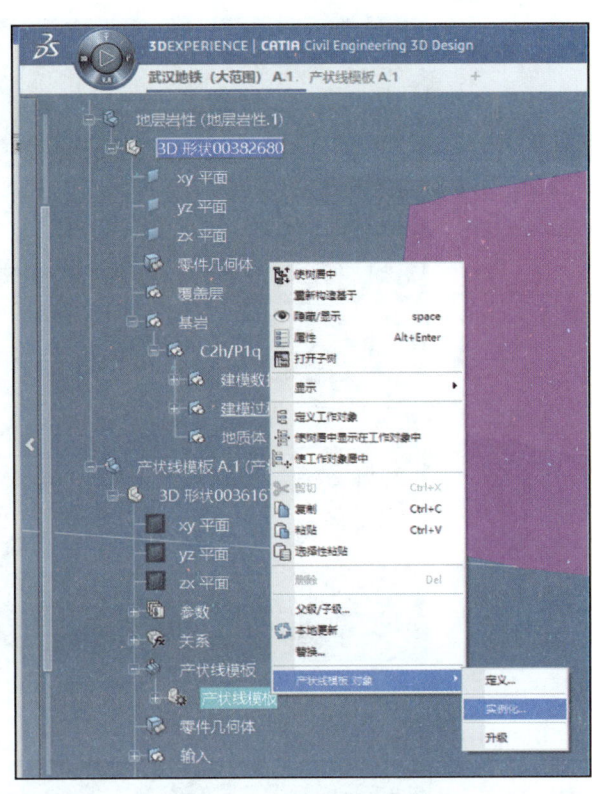

图 8.2-8 产状线模板实例化

3）双击产状线模板.1，单击参数，根据现场实测产状输入倾向及倾角，如图 8.2-9 所示，单击"确定"按钮，在岩层分界线上加入产状，如图 8.2-10 所示。

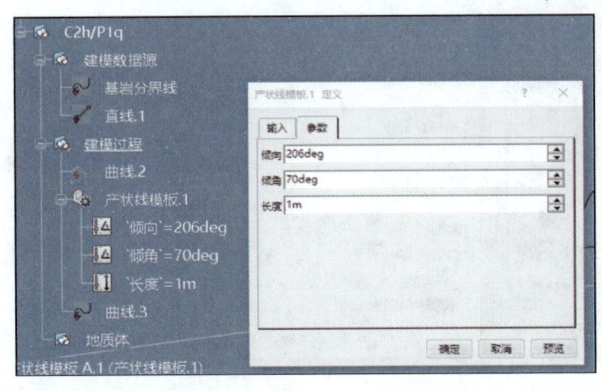

图 8.2-9 修改产状

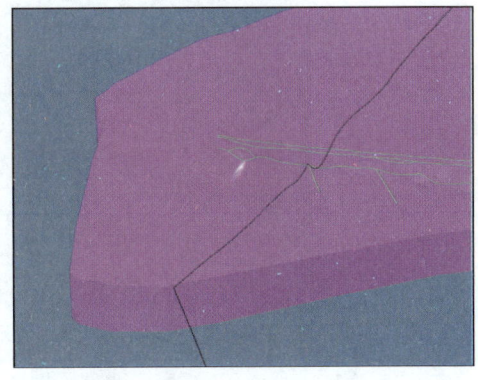

图 8.2-10 添加产状

4）将投影线沿产状线方向进行拉伸，如图 8.2-11 所示。

（6）岩层分界线沿剖面线或产状线拉伸后，即生成岩层分界面，同时还需要保证分界面左右两侧也穿出地形体，否则无法修剪。若分界面左右两侧未穿出地形体，可使用 （外插延伸）命令，在弹出的对话框中，边界选择需要延伸的边线，输入延伸长度，如图 8.2-12 所示。

153

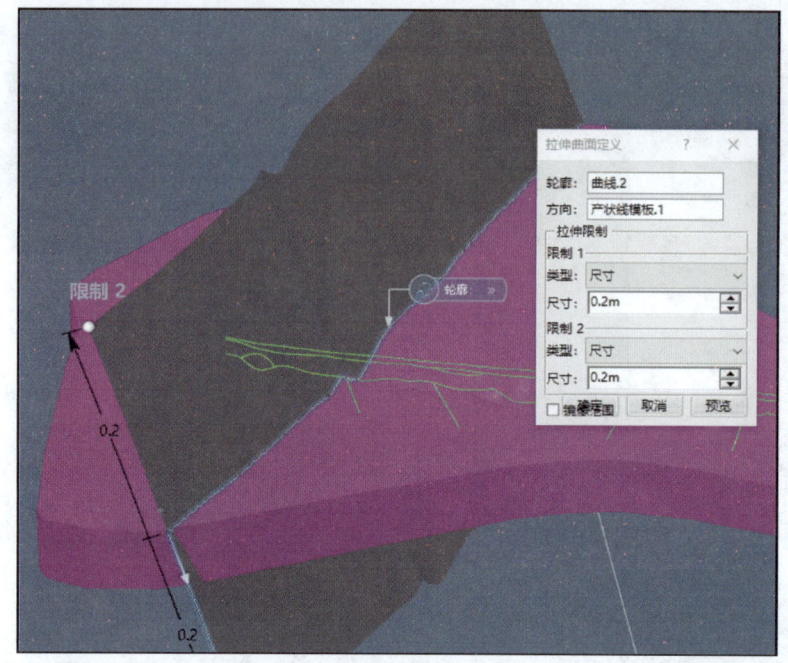

图 8.2-11 岩层分界线拉伸（沿产状线方向）

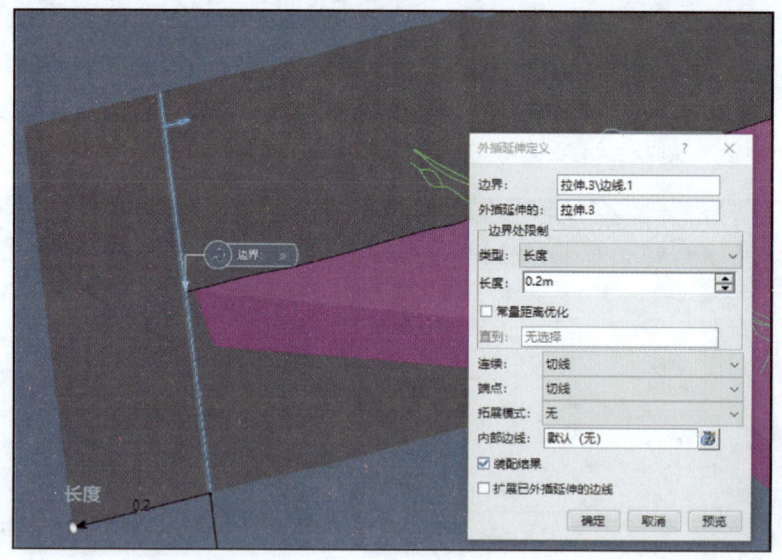

图 8.2-12 延伸左右边线

（7）将地质体几何图形集定义为工作对象，单击【线框和曲面】栏下 命令，在特征树上依次选择基岩整体和上一步中生成的外插延伸面，被选中的元素的名称会显示在【修剪元素】下方的文本框中，如图 8.1-13（a）所示，需保留另外一侧岩体时可再进行一次修剪，如图 8.1-13（b）所示。

（8）将修剪得到的岩体闭合曲面封闭成实体或者包络体，完成岩体建模。

8.2 岩体建模

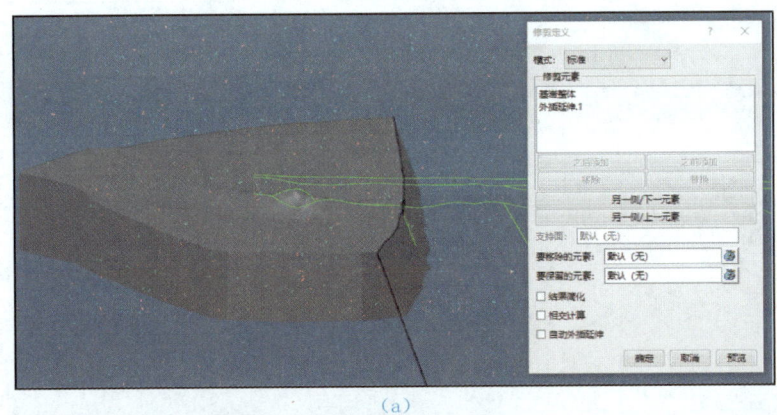

(a)

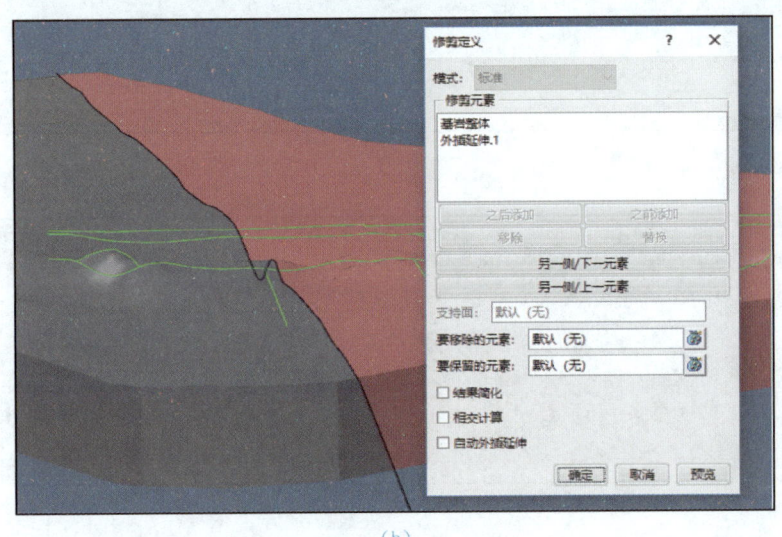

(b)

图 8.2-13 修剪岩体

8.2.2 缓倾岩层建模

将缓倾岩层剖面导入 3DE R2017x 版本中，如图 8.2-14 所示。缓倾岩层建模的前三步与单斜构造岩层一样，将建模数据源提取或导入至平面图、剖面图几何图形集中，如图 8.2-15 所示。蓝色线条为工程地质平面图中岩层边界线，黑色线条为工程地质剖面图中岩层分界线。

缓倾岩层建模步骤及具体操作方法如下：

(1) 右键单击建模过程几何图形集，将其定义为工作对象。单击【线框和曲面】栏下 □ （点）命令，选择任意三条剖面线的端点，建立三个点，如图 8.2-16 所示。

(2) 单击【线框和曲面】栏下 □ （平面）命令，通过上一步中的三个点建立一个平面，再单击 ✏ （定位草图）命令支持面选择新建的平面，原点为系统默认。在草图中利用 ⌒ （轮廓）命令画一个封闭轮廓，使其超出地形曲面范围，如图 8.2-17 所示。

155

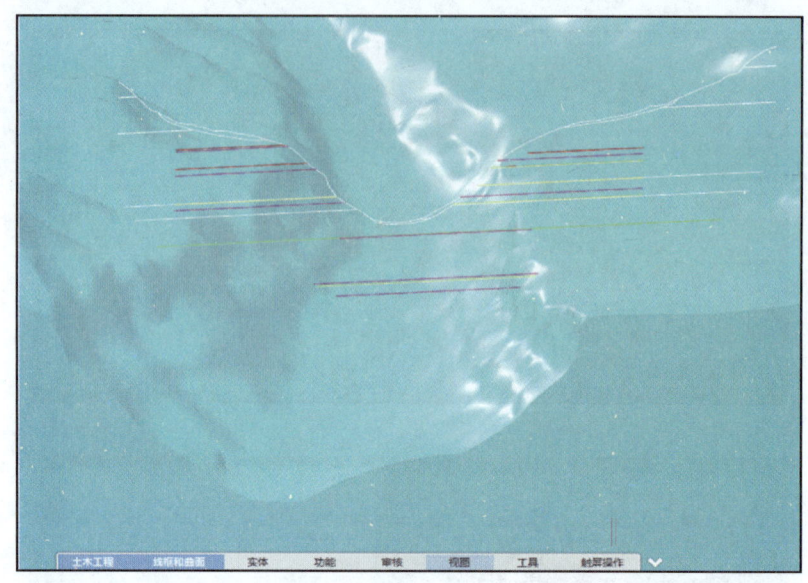

图 8.2-14 缓倾岩层剖面

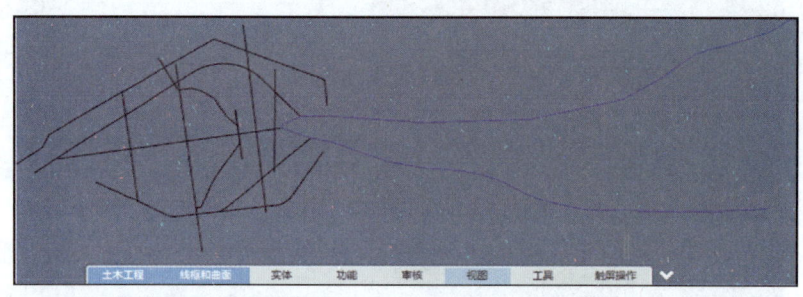

图 8.2-15 建模数据源

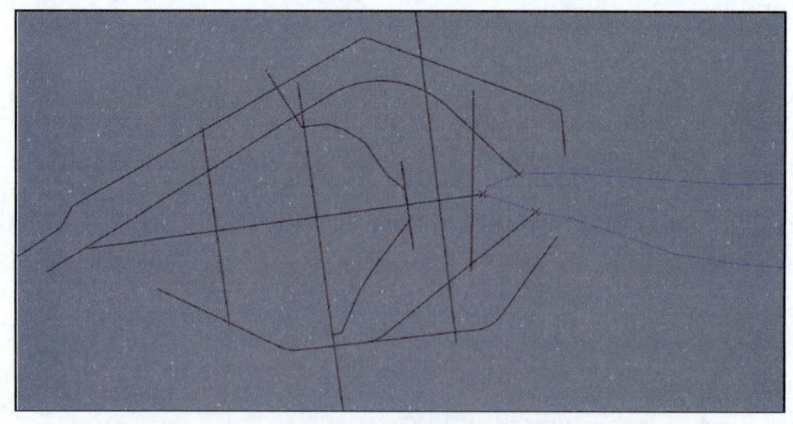

图 8.2-16 提取剖面线三个端点

（3）单击【标准】栏下 命令，退出草图。单击【线框和曲面】栏下 命令，将草图轮廓填充成曲面，如图 8.2-18 所示。

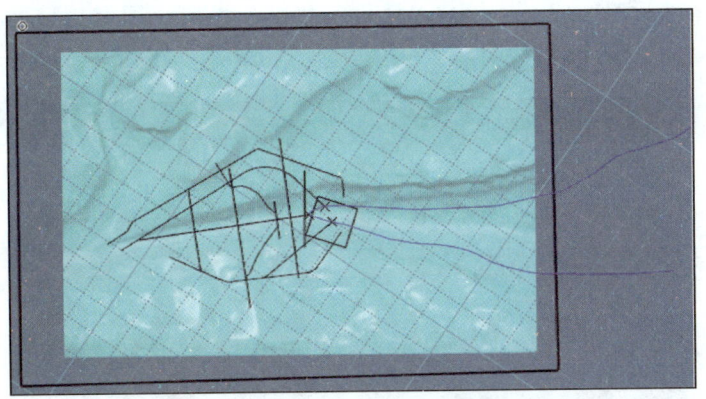

图 8.2-17 建立草图

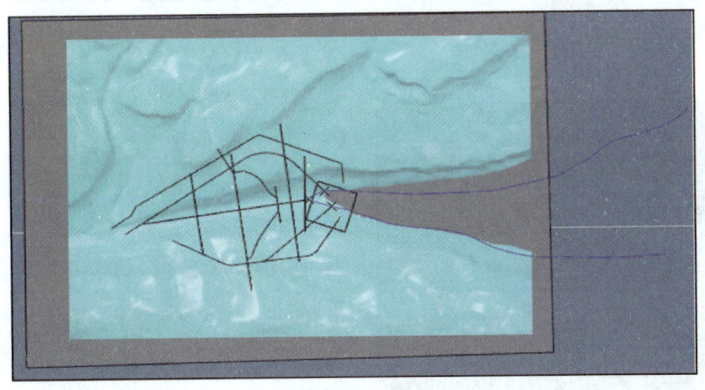

图 8.2-18 草图轮廓填充成曲面

（4）单击【线框和曲面】栏下 (拉伸)命令，将岩层平面图中边界线沿 Z 方向进行拉伸，拉伸后使其穿过上一步中生成的填充面，如图 8.2-19 所示。

图 8.2-19 拉伸岩层边界线

(5) 单击【线框和曲面】栏下 命令，将填充面和拉伸面进行分割，分割完成后建立岩层初步分界面，如图 8.2-20 所示。

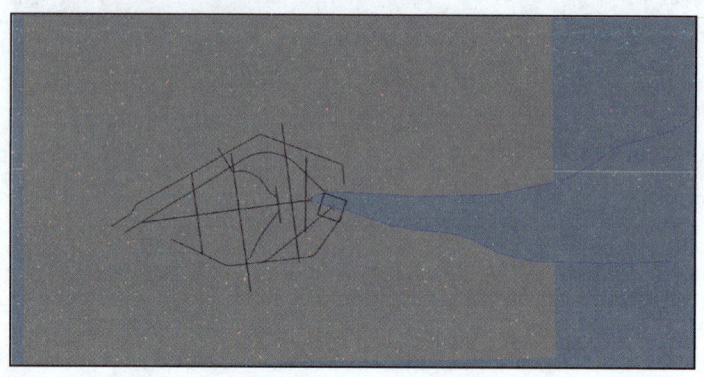

图 8.2-20　岩层初步分界面

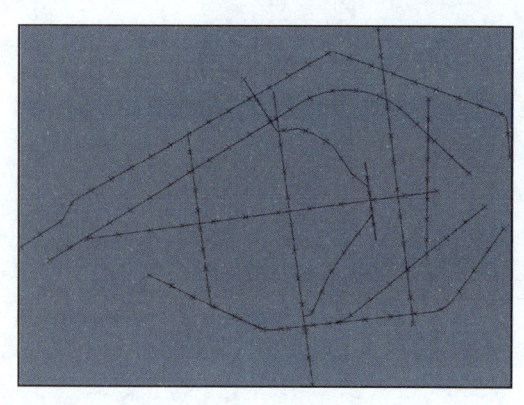

图 8.2-21　剖面线转化为点

(6) 建立岩层初步分界面之后，利用【线框和曲面】栏下 命令，将所有剖面线转化为点，如图 8.2-21 所示，为后续的变形做准备。这里可以采用两种变形方法将岩层初步分界面变形到所有剖面点上。第一种方法是在 APP 中，利用 命令将岩层初步分界面转化为三角网格面，再利用 8.1.4 节中详细介绍的 命令，利用网格面变形使岩层初步分界面通过所有剖面点。注意，有明显错误或者不合理的剖面点不应参与变形，变形中的【限制元素】只选岩层初步分界面上在地表出露的那一段，如图 8.2-22 所示。

第二种方法是在 APP 中，利用 命令直接进行曲面变形。首选单击【线框和曲面】栏下 命令，沿 Z 方向将所有剖面点都投影到岩层初步分界面上，再单击 命令，提取变形限制边界，如图 8.2-23 所示。图中黑色点为剖面点，红色点为剖面点投影。再单击 命令，【要变形的元素】选择岩层初步分界面，逐一单击剖面投影点作为【参考】，剖面点作为【目标】，【限制元素】选择岩层边界线，【方向】向内，如图 8.2-24 所示。单击"确定"按钮后形成的岩层最终分界面如图 8.2-25 所示，灰色面为岩层初步分界面，蓝色面为岩层最终分界面。

注意：若外形渐变命令在工具栏中没有时，可以参照 5.6.3 节中的方法自行添加。利用曲面直接变形省去了曲面与网格（Mesh）面之间相互转换的步骤，但变形的参考和目标元素不能框选，只能逐一选择，因此，此方法适用于剖面点较少的情况。变形的目标和参考可以是点，也可以是线。

8.2 岩体建模

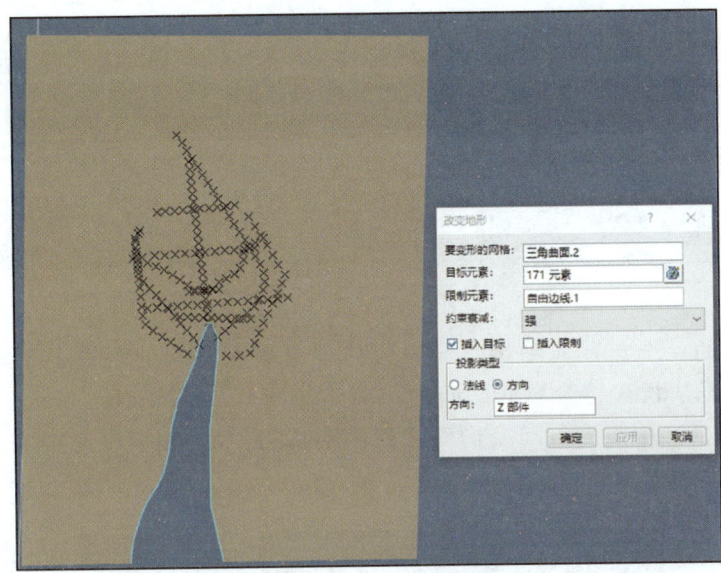

图 8.2-22 变形初始分界面

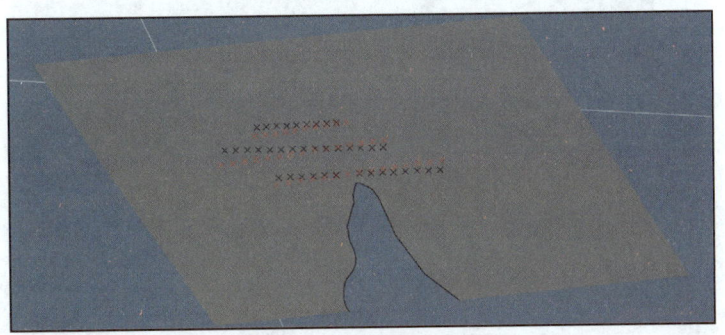

图 8.2-23 投影剖面点及提取边界

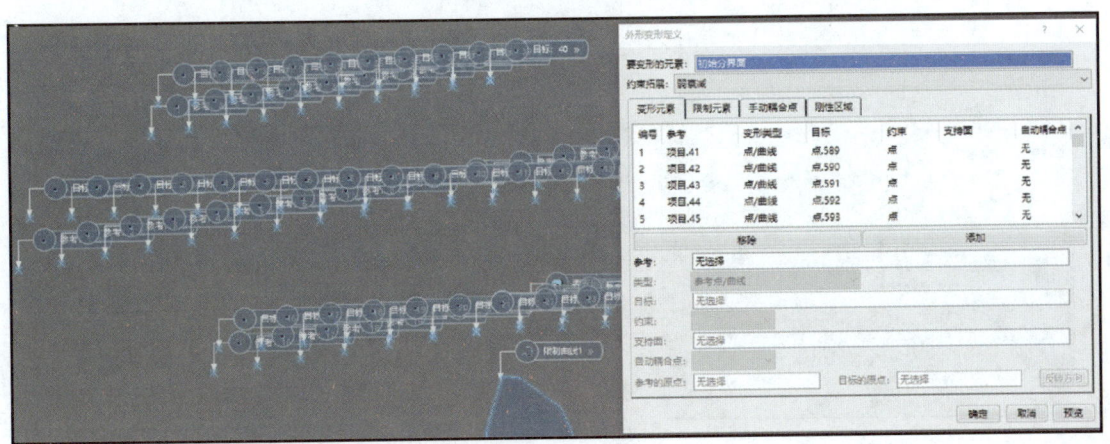

图 8.2-24 曲面变形

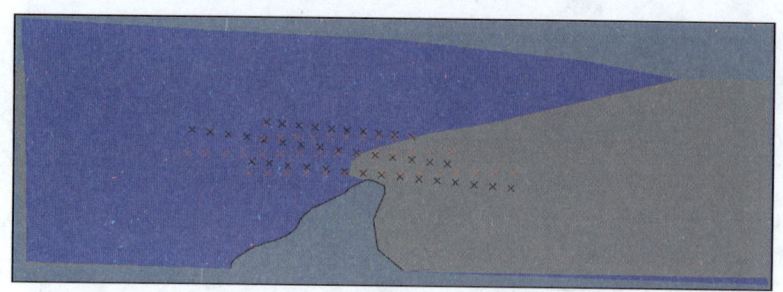

图 8.2-25 岩层初步分界面及最终分界面

提取剖面上的一个点,先测量它与岩层初步分界面之间的距离,如图 8.2-26(a)所示,再测量它与岩层最终分界面之间的距离,如图 8.2-26(b)所示,来验证变形效果。图 8.2-26(b)中剖面点与变形面之间的距离为 0m,表明变形面完成通过剖面点,满足要求。

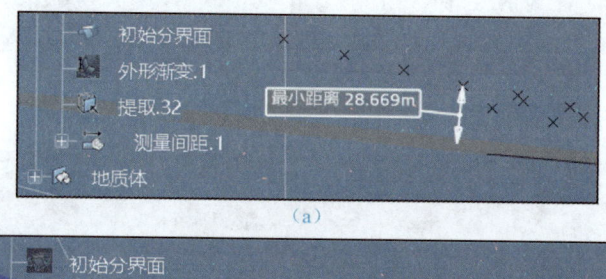

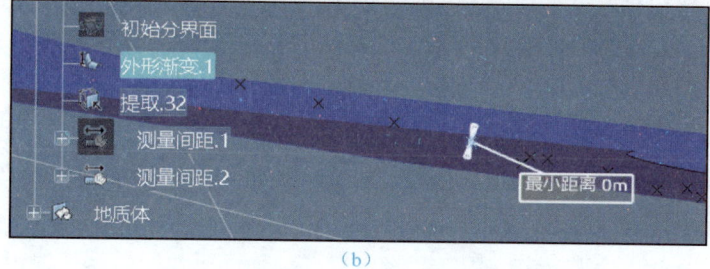

图 8.2-26 测量剖面点与岩层分界面之间的距离

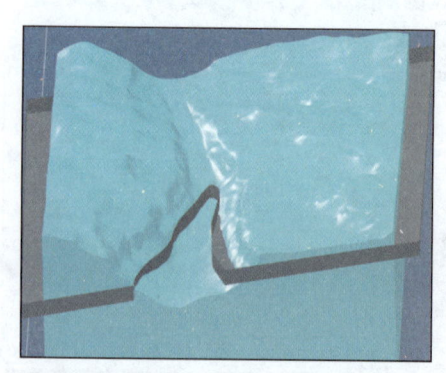

图 8.2-27 岩层最终分界面

(7) 第一种方法网格(Mesh)面变形完成后应将网格(Mesh)面转化为曲面,再切换至 (Civil 3D Design) APP 中,提取曲面边界并拉伸,再与曲面进行接合,形成的岩层最终分界面如图 8.2-27 所示。第二种方法直接利用曲面变形则不需再转成曲面了,后面的步骤与第一种方法相同。

(8) 右键单击地质体几何图形集,将其定义为工作对象。单击【线框和曲面】栏下 (修剪)命令,单击结构树上地质体及岩层最终分界面,进行适当保留,形成水平构造岩层闭合曲面,如图 8.2-28 所示。

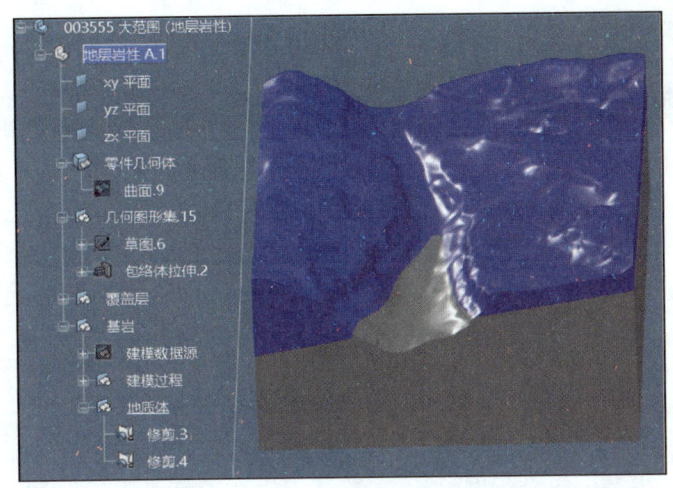

图 8.2-28　缓倾岩层岩体

（9）可利用【实体】栏下 ◎（封闭曲面）命令，将岩层闭合曲面封闭成实体，也可利用包络体中 ◎（封闭曲面）命令，将岩层闭合曲面封闭成包络体。

对于剖面点非常多的地层，还可以利用 ◎（Terrain Preparation）APP 中【创建】栏下 ◎（云/点）转化命令，将剖面点转化为点云，如图 8.2-29 所示。再单击 ◎（创建地形）命令，直接利用点云构建岩层分界面，如图 8.2-30 所示。此方法构建的岩层分界面只分布在剖面范围内，对于剖面范围以外区域则需要根据已知剖面点添加虚拟点，再将虚拟点转化为点云，与现有点云接合起来共同生成岩层最终分界面。

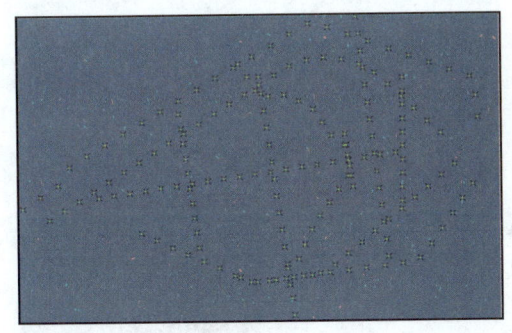

图 8.2-29　剖面点转化为点云

图 8.2-30　点云生成网格面

8.3　断层建模

断层是指地壳受力发生断裂，沿破裂面两侧岩块发生显著相对位移的构造。断层的规模大小不等，大者沿走向延长可达数百千米，向下可切穿地壳，通常由许多断层组成，称为断裂带；小者长以厘米计，可见于岩石标本中。断层的几何要素包括断层

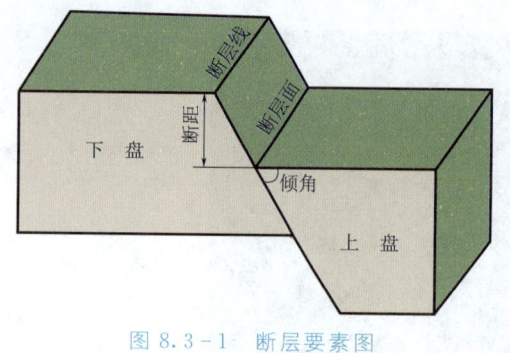

图 8.3-1 断层要素图

本身的基本组成部分以及阐明断层空间位置和运动性质的具有几何意义的相关要素，主要由断层面、断层线、上盘、下盘、倾角及断距六大要素组成，如图 8.3-1 所示。按断层两盘相对运动情况可将断层分为正断层、逆断层、平移断层、正平移断层、逆平移断层和枢纽断层等。断层构造三维建模包括两部分：一是断层面的建模；二是断盘岩体的建模。

8.3.1 断层面建模方法

断层面为切断岩石并使两侧岩石发生位移的断裂面，可以是一个平面，也可以是一个曲面，其空间方位和形态可用走向、倾向和倾角加以描述。断层面在空间中也有一定的厚度，一般可以将其建成体，建模流程如图 8.3-2 所示。

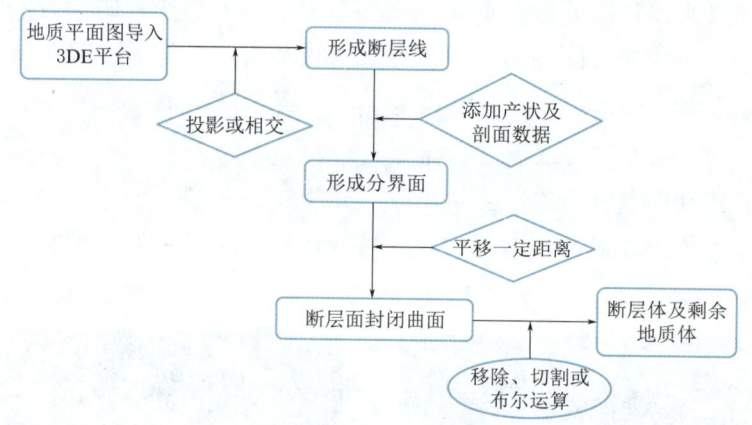

图 8.3-2 断层面建模流程图

具体操作步骤如下：

（1）双击三维地质模型结构树上地层模型 3D 形状，插入断层几何图形集，将其定义为工作对象，进入 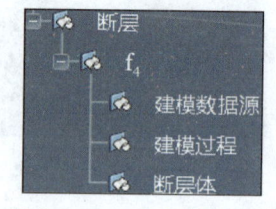（Civil 3D Design）APP。

（2）在断层几何图形集中插入以断层代号命名的几何图形集，以及建模数据源、建模过程、断层体三个几何图形集，如图 8.3-3 所示。

图 8.3-3 建立断层建模几何图形集

（3）右键单击建模数据源几何图形集，将其定义为工作对象。将地质平面图中 f_4 断层的断层线（图 8.3-4）导入 3DE 平台中，导入完成效果如图 8.3-5 所示。

（4）右键单击建模过程几何图形集，将其定义为工作对象。仅提取断层线，断层线产状不提取。单击【线框和曲面】栏下 （拉伸）命令，将断层线沿 Z 方向拉伸穿过地形面，再利用 （相交）命令创建拉伸面和地形面的交线，再提取产状所在位置点，将

8.3 断层建模

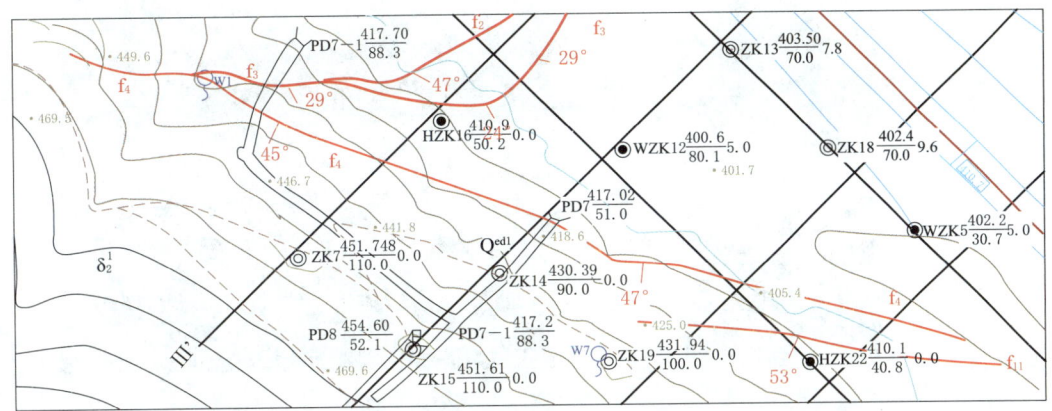

图 8.3-4 地质平面图中的 f_4 断层线（CAD）

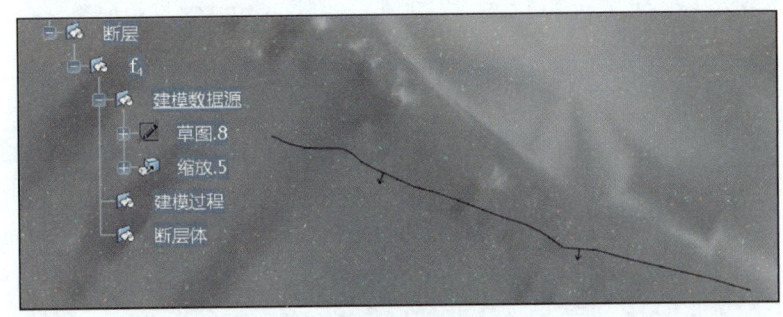

图 8.3-5 f_4 断层线导入 3DE 平台中

其投影到地形面上，如图 8.3-6 所示。断层线导入 3DE 平台后位于 xy 平面上，通过求交线的方法，得到在地形面上真实的断层线，也可以通过投影的方法获得。

注意：产状点投影到地形面上可能在断层线附近，并不完全在断层线上，此时最好在断层线上创建一个与它距离非常近的点用来添加产状线。

（5）在产状点及断层线两端插入第 6 章中制作的产状线模板，如图 8.3-7 所示。如果在不同合作区使用产状线模板，则可以先将模板导出成带创作的 3DXML（*.3dxml）格式，再导入使用。

（6）单击【线框和曲面】栏下 (多截面曲面) 命令，截面选择产状线，引导线选择断层线，如图 8.3-8 所示。单击"确定"按钮后完成多截面曲面创建，如图 8.3-9 所示。

注意：第 4 步中产状位置点投影到地形表面可能不在断层线上，一定要在断层线上创建一个与它距离非常近的点来添加产状线，否则直接用投影点添加产状线，创建多截面曲面时可能会出现错误。

（7）单击【线框和曲面】栏下 (平移) 命令，【元素】为上一步创建的多截面曲面，【向量定义】选择方向、距离，单击"确定"按钮完成平移。右键单击平移曲面，在属性中调整曲面颜色，完成后的效果如图 8.3-10 所示。

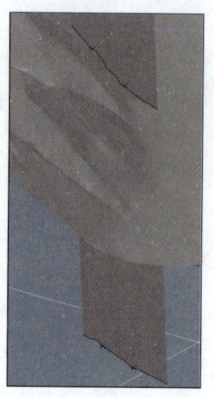 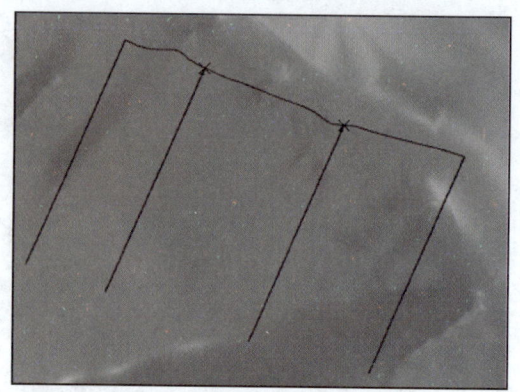

图 8.3-6　地形面上真实的断层线　　　　图 8.3-7　插入产状线模板

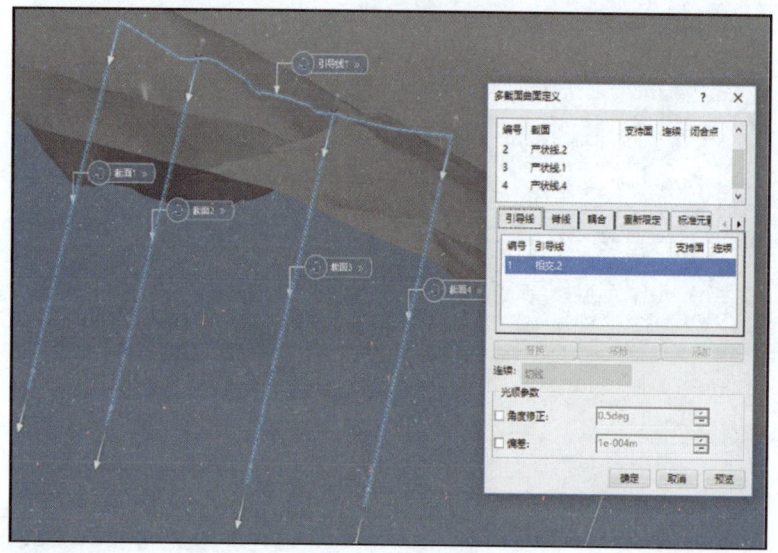

图 8.3-8　多截面曲面对话框

 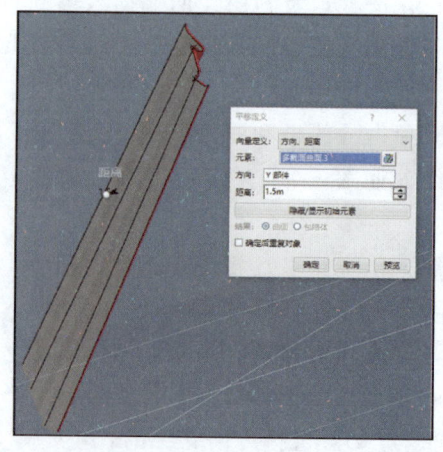

图 8.3-9　完成多截面曲面　　　　图 8.3-10　平移多截面曲面

8.3 断层建模

（8）单击【线框和曲面】栏下多截面曲面下面的 ◇（桥接）命令，选择多截面曲面及平移面的两条边线，如图 8.3-11 所示，单击"确定"按钮后可将两个曲面侧面桥接起来。采用相同的方法将另一侧面及上、下面都桥接起来。

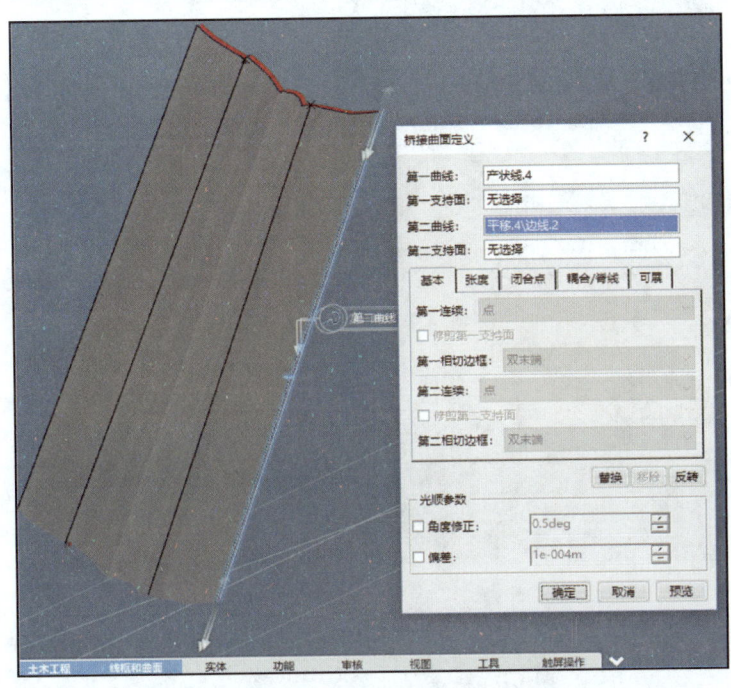

图 8.3-11 桥接命令对话框

注意：上、下面桥接时边线不容易选中，可以先利用 ◇（边界）命令将其提取出来，如图 8.3-12 所示，再进行桥接。

（9）单击【线框和曲面】栏下 ▦（接合）命令，将多截面曲面、平移面及四个桥接面接合在一起，如图 8.3-13 所示。

（10）右键单击断层体几何图形集，定义其为工作对象。单击【分割】命令下面的 ◇（修剪）命令，分别选择地形体及上一步中生成的接合面，进行适当保留，完成修剪后将断层体改为红色，如图 8.3-14 所示。地形体中移除断层体如图 8.3-15 所示。

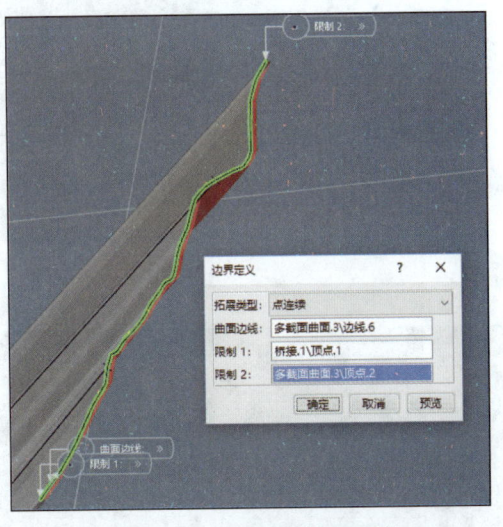

图 8.3-12 边界命令对话框

8.3.2 断盘岩体建模

如果断层没有错断地层，没有破坏地层的空间连续性，则这种情况称为层间断层，这时地层建模不需要特别处理。如果断层错断地层，使得地层的空间连续性产生破坏，则断层两侧岩体按 8.2 节岩体建模方法分别建模就可以了。

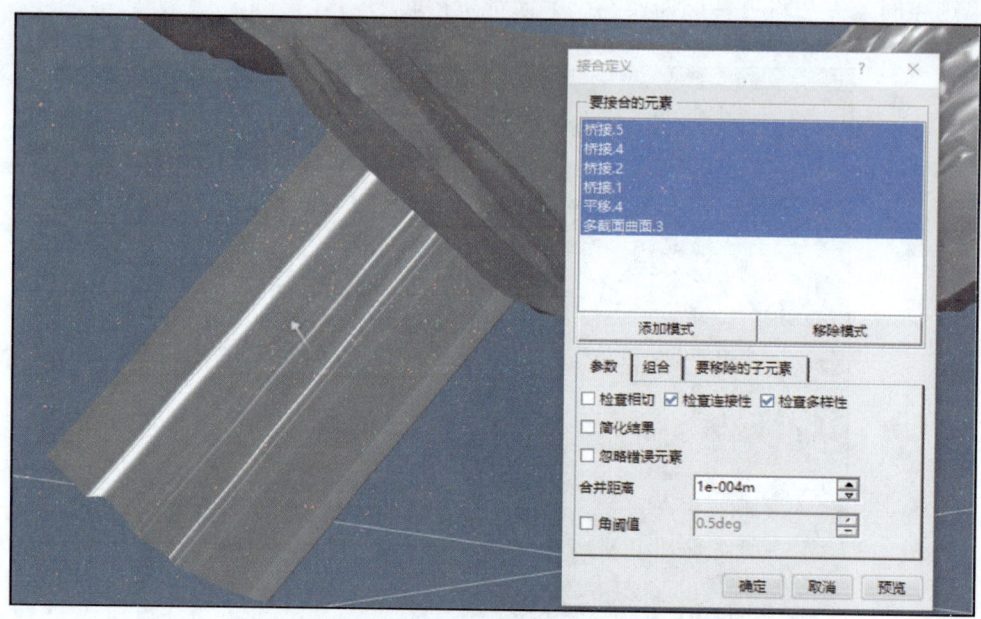

图 8.3-13　接合命令对话框

图 8.3-14　断层体

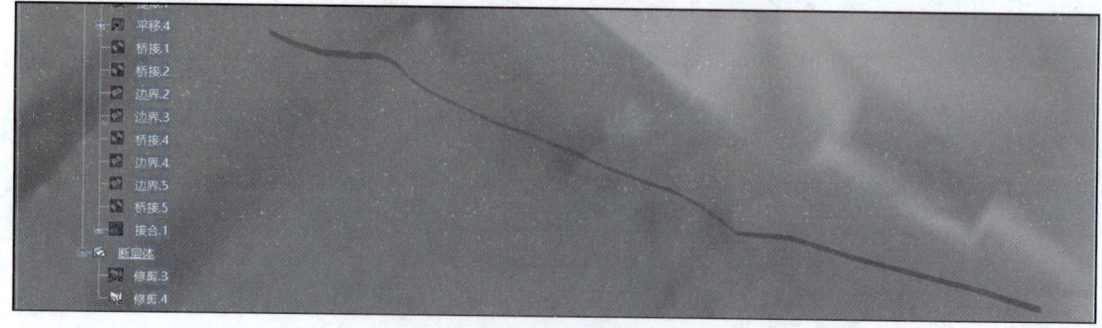

图 8.3-15　地形体中移除断层体

8.4 褶皱建模

8.4.1 褶皱要素

褶皱是指岩石中的各种面（如层面、面理等）受力发生弯曲而显示的变形。它是岩石中原来近于平直的面变成了曲面的表现。形成褶皱的变形面绝大多数是层理面；变质岩的劈理、片理或片麻理以及岩浆岩的原生流面等也可成为褶皱面；有时岩层和岩体中的节理面、断层面或不整合面，受力后也可能变形而形成褶皱。因此，褶皱是地壳上一种常见的地质构造。

面状构造（如层理、劈理或片理等）形成的单个的弯曲也称褶曲。褶皱中心部位为较老地层，两侧为较新地层，称为背斜；褶皱中心部位为新地层，两侧为老地层，称为向斜。在地层未发生倒转等其他特殊情况下，背斜呈背形，向斜呈向形，背斜和向斜是褶皱的两种基本形式。褶皱的规模差别极大，小至手标本或在显微镜下的显微褶皱，大至卫星相片上的区域性褶皱。

褶皱要素是褶皱的基本组成部分，用以描述褶皱的形态和产状，如图8.4-1所示。褶皱要素包括以下几个方面：

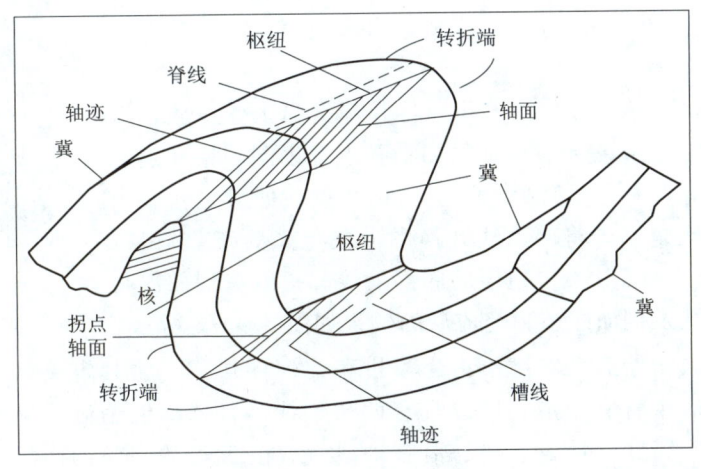

图 8.4-1 褶皱要素

(1) 核 (core)：指褶皱中心部位的岩层。背斜的核是该褶皱中最老的地层，向斜的核是该褶皱中最新的地层。

(2) 翼 (limb)：泛指褶皱两侧比较平直的部位。当背斜和向斜相连时，有一翼是两者共用的。

(3) 转折端 (hinge zone)：指褶皱面（如岩层面）从一翼过渡到另一翼的弯曲部分。转折端的形态有圆弧状、尖棱状、箱状和膝状等，据此分别将褶皱描述为圆弧褶皱 (a)、尖棱褶皱 (b)、箱状褶皱 (c)、扇状褶皱 (d) 和挠曲 (e) 等。

(4) 枢纽 (hinge zone):指单一褶皱面(如岩层面)上最大弯曲点的连线。枢纽可以是直线,也可以是曲线和折线。枢纽的空间产状可以是水平的、倾斜的或直立的,它可以表示褶曲在其延长方向上产状的变化。

(5) 轴面 (axial plane):各相邻褶皱面(如岩层面)的枢纽连成的面称为轴面,轴面是一个设想的标志面,它可以是平直面,也可以是曲面,轴面与地面或其他任何面的交线称轴迹。

(6) 拐点:为连续的周期性波形曲线上的上凸与下凹部分的分界点,即褶皱翼部曲率为零的点。

(7) 脊线和槽线:同一背形褶皱面的最高点的连线称为脊线;反之,同一向形褶皱面的最低点的连线称为槽线。

8.4.2 褶皱建模方法

褶皱建模可以先根据少量钻孔及剖面数据构建初级枢纽面,再将初级枢纽面变形到钻孔点或剖面点上,使其完全通过剖面点或钻孔点,完成最终枢纽面构建,再与地质体进行修剪即可。具体操作步骤如下:

(1) 双击三维地质模型结构树上地层模型 3D 形状,插入基岩几何图形集,将其定义为工作对象,进入 (Civil 3D Design) APP。

(2) 在基岩几何图形集中插入以地层年代命名的几何图形集,以及建模数据源、建模过程、地质体等几何图形集,如图 8.4-2 所示。

(3) 右键单击钻孔点几何图形集,将其定义为工作对象,将导入 3DE 平台的钻孔中揭穿 T_{1j}^{4-1} 地层的钻孔点都复制到钻孔点几何图形集中。注意,一定要是揭穿该层的钻孔点,如果是孔底未揭穿该层,则不能复制。将剖面线几何图形集定义为工作对象,将导入 3DE 平台的剖面中 T_{1j}^{4-1} 地层的底部界线都提取至剖面线几何图形集中。钻孔及剖面线整理完成后的效果如图 8.4-3 所示。

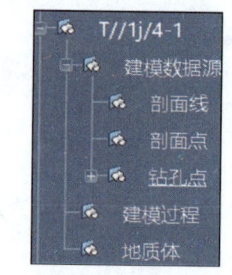

图 8.4-2 建立基岩建模几何图形集

(4) 建立褶皱初始面。右键单击建模过程几何图形集,将其定义为工作对象。该褶皱由一个向斜和一个背斜组成,所以具有两条轴线,且该褶皱为倾伏褶皱,即褶皱的脊线不在同一高程上。提取脊线上端与褶皱轴线垂直的最长的一条剖面的两个端点,连接成一条直线,再将直线拉伸成面,如图 8.4-4 所示。

(5) 以拉伸面为支持面画草图,将剖面线和高程最低的钻孔点利用 (投影 3D 元素)命令投影到草图中,单击【视图】栏下 (无 3D 背景)命令,将外部背景全部隐藏,草图中只显示投影元素,并将投影元素转化为构造线,如图 8.4-5 所示。单击 (样条曲线)命令,沿着投影元素绘制枢纽线,如图 8.4-6 所示。

注意:草图元素可视化模式有三种:常用、低光度、无 3D 背景。 (常用)模式为默认模式,该模式下,可以看见草图外的 3D 模型,并可以选中模型上的元素进行投影; (低光度)模式下,草图外的 3D 模型呈低亮显示,无法选中模型上的元素进行投影;

8.4 褶皱建模

📝（无 3D 背景）模式下，草图外的所有元素均被隐藏。

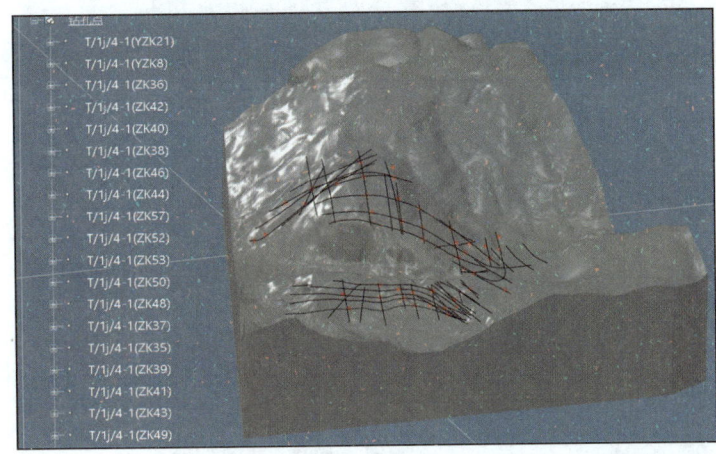

图 8.4-3 整理钻孔及剖面

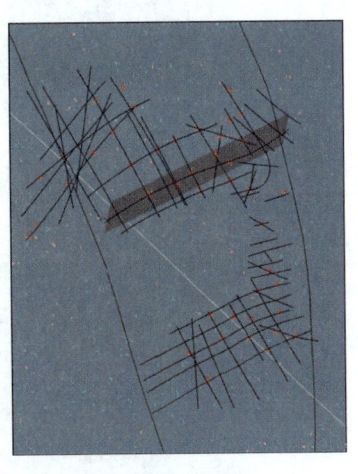

图 8.4-4 建立草图支持面

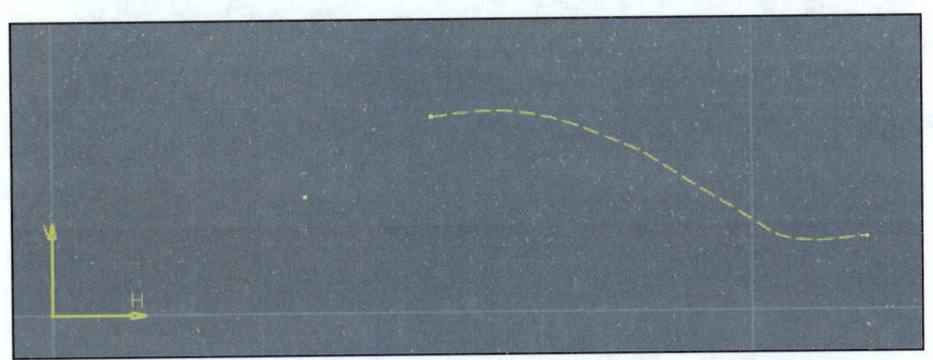

图 8.4-5 剖面线及钻孔点投影到草图中

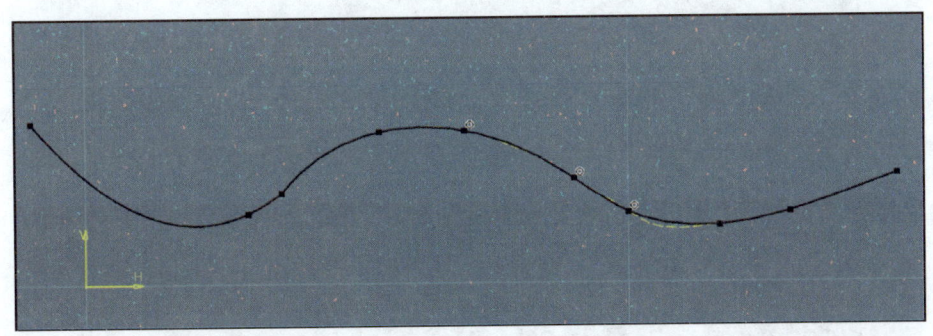

图 8.4-6 褶皱枢纽草图

（6）同样在脊线下端也绘制一条枢纽线草图，或者将脊线上端枢纽线平移到脊线下端来，平移方式选择点到点，两点选择在同一纵剖面上的两个钻孔。两条枢纽线完成后的效果如图 8.4-7 所示。

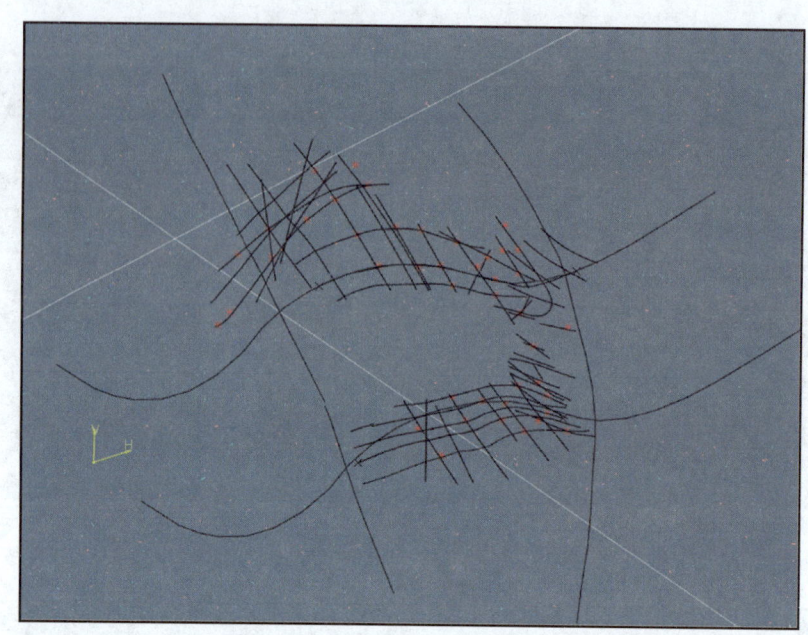

图 8.4-7 褶皱两条枢纽

(7) 将脊线上端枢纽线及下端枢纽线分别沿褶皱轴线方向进行拉伸，如图 8.4-8 所示和图 8.4-9 所示。单击 ![] (桥接) 命令，将上、下端枢纽线桥接成面，再单击 ![] (接合) 命令，将两个拉伸面和桥接面接合成一个完整的面，完成初步枢纽面创建，如图 8.4-10 所示。初步创建的枢纽面一定要超过地形体范围，如果没有超出，可以利用 ![] (外插延伸) 命令，使其超出。

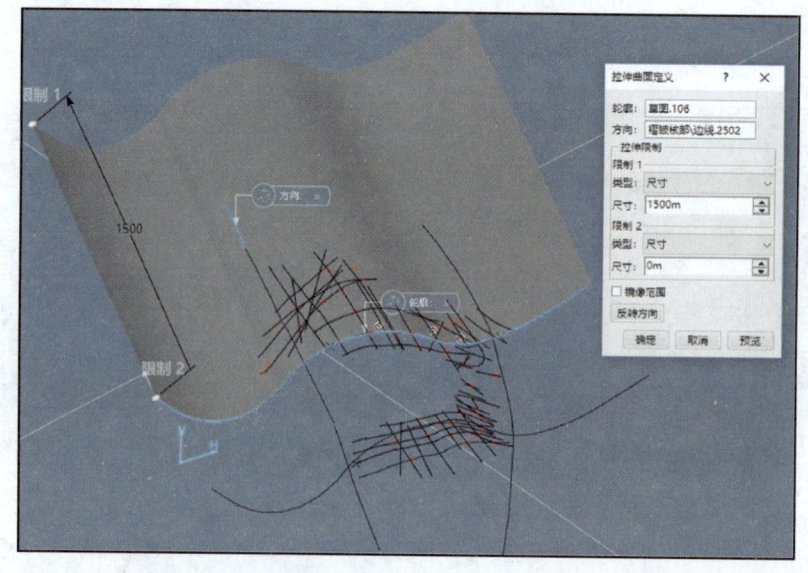

图 8.4-8 脊线上端枢纽线拉伸

8.4 褶皱建模

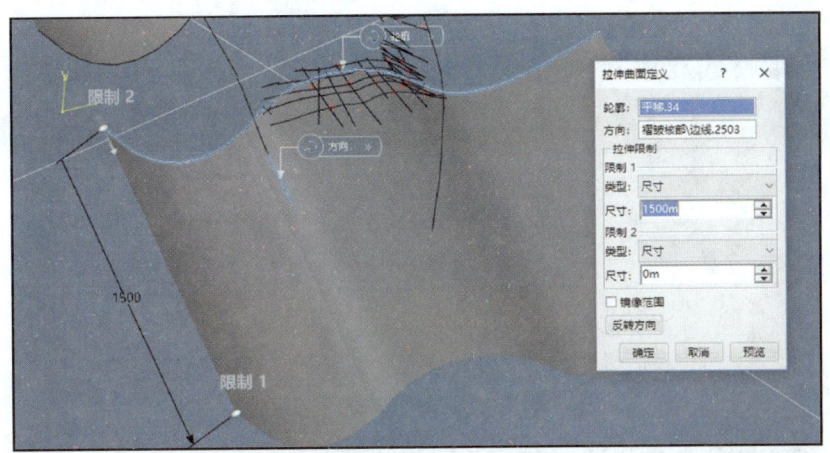

图 8.4-9 脊线下端枢纽线拉伸

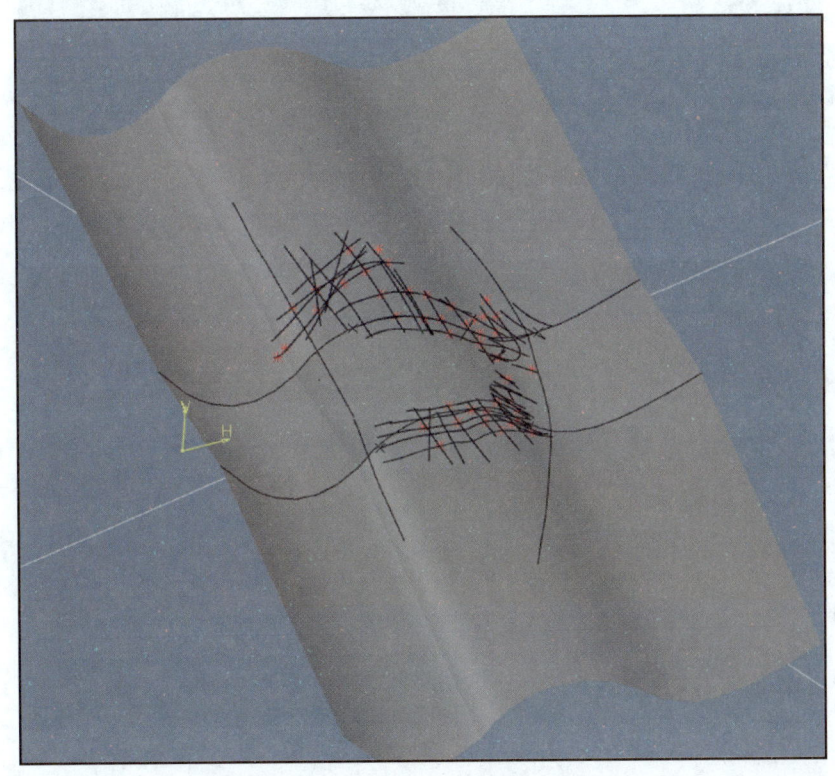

图 8.4-10 初步枢纽面

（8）切换至 ■（Terrain Preparation）APP，单击【创建】栏下 ■（三角形化曲面）命令，将初步枢纽面转化为网格面。再单击【准备】栏下 △（改变地形）命令，要变形的面选取初步枢纽面的网格面，目标元素选择所有的钻孔点，约束衰减选择强，勾选插入目标，则可以保证变形后的网格面通过所有钻孔点，如图 8.4-11 所示。单击"应用"按钮后再单击"确定"按钮，完成最终枢纽面创建。

171

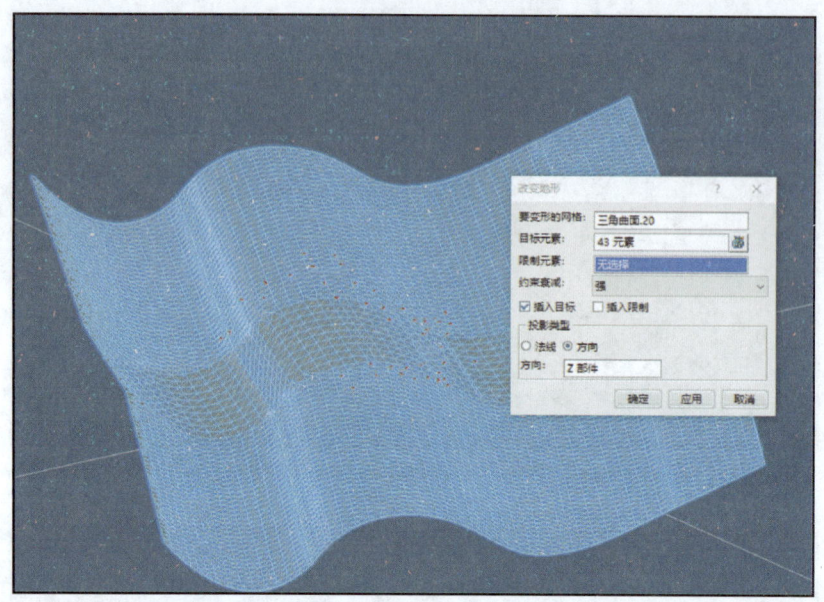

图 8.4-11 初步枢纽面变形通过钻孔

（9）再将最终枢纽面转化为曲面，如图 8.4-12 所示，与地质体进行修剪，即可完成该层褶皱建模。

图 8.4-12 最终枢纽面

8.5 透镜体建模

透镜体建模有两种方法：第一种是直接建模方法，根据剖面上透镜体的形态，直接利用多截面命令建立透镜体，即正向建模；第二种是利用透镜体上表面变形来建立透镜体下底面，再将上表面及下底面接合起来建立透镜体。

1. 方法一：多截面曲面直接建立透镜体

（1）右键单击基岩几何图形集，将其定义为工作对象。插入透镜体几何图形集，在透镜体中插入建模数据源、建模过程及地质体三个几何图形集，将剖面上透镜体边界线导入或提取至建模数据源几何图形集，如图8.5-1所示。

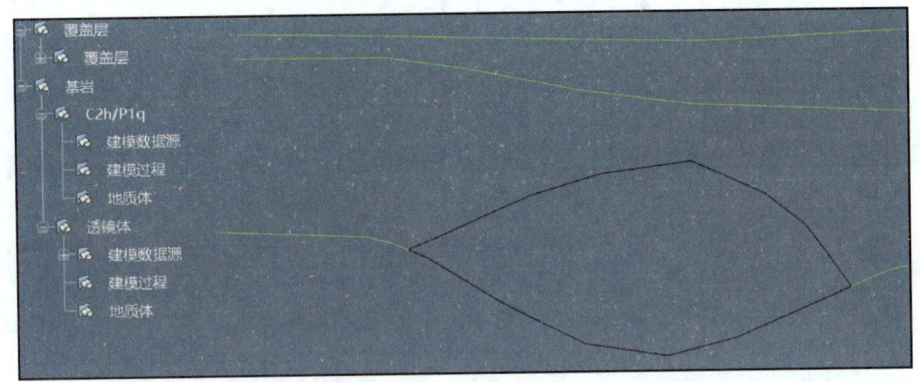

图 8.5-1　建立透镜体建模几何图形集

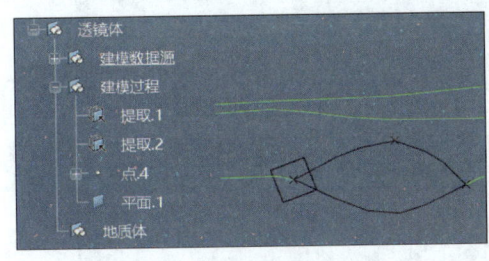

图 8.5-2　建立剖面平面

（2）右键单击建模过程几何图形集，将其定义为工作对象，提取透镜体剖面上的两个尖灭点及一个最高点，利用 ▭ （平面）命令，过此三个点建立一个平面，如图 8.5-2 所示。

（3）单击 ▱ （投影）命令，投影类型为沿某一方向，方向选择 Z 方向，将剖面最高点投影到透镜体底线上，如图 8.5-3 所示。再利用点命令，求得两点之间的中点，如图 8.5-4 所示。

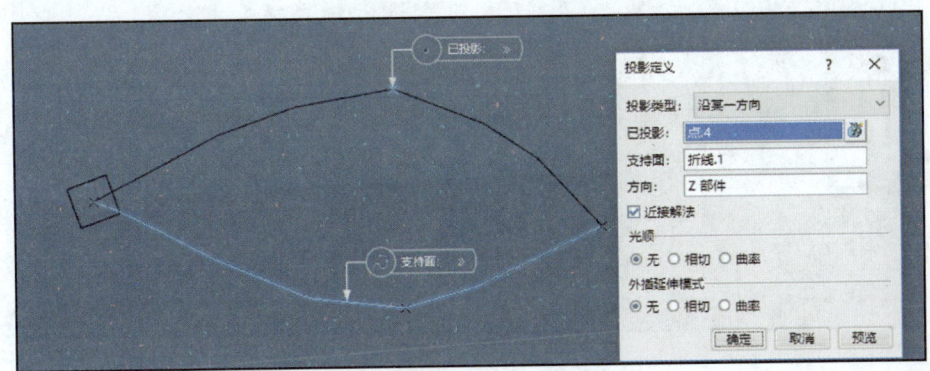

图 8.5-3　投影最高点

（4）单击 ▱ （平移）命令，向量定义选择方向、距离，元素选择上一步中创建的中点，方向选择步骤 2 中创建的平面，鼠标移动到距离栏，右键单击选择 ƒx 编辑公式，如

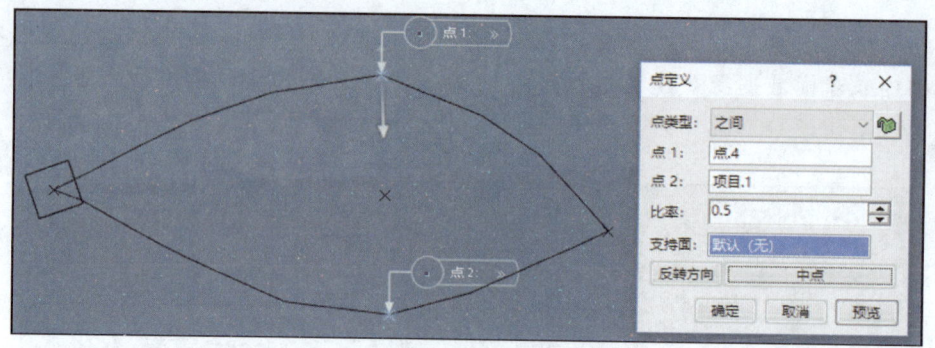

图 8.5-4 创建最高点与投影点的中点

图 8.5-5 所示。在弹出的对话框中输入"distance()",括号里面双击最高点及其投影点,最高点及其投影点之间使用逗号隔开,再输入"/3",如图 8.5-6 所示。中点向两侧平移的距离可以是最高点与投影点之间距离的 1/3,也可以是一半,或者是其他值,根据现场情况及地质员经验确定。

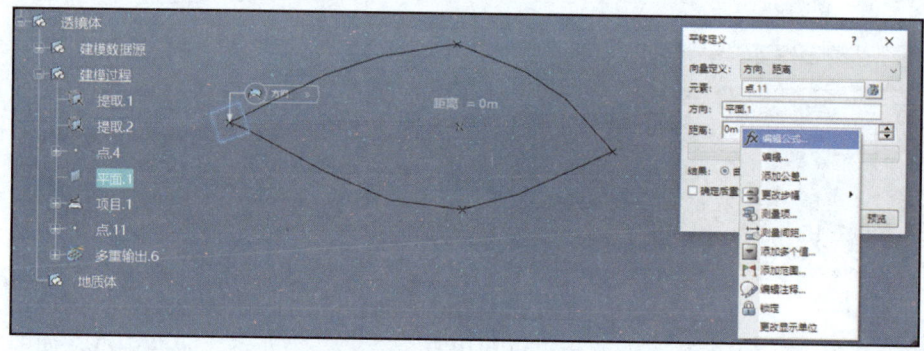

图 8.5-5 平移中点

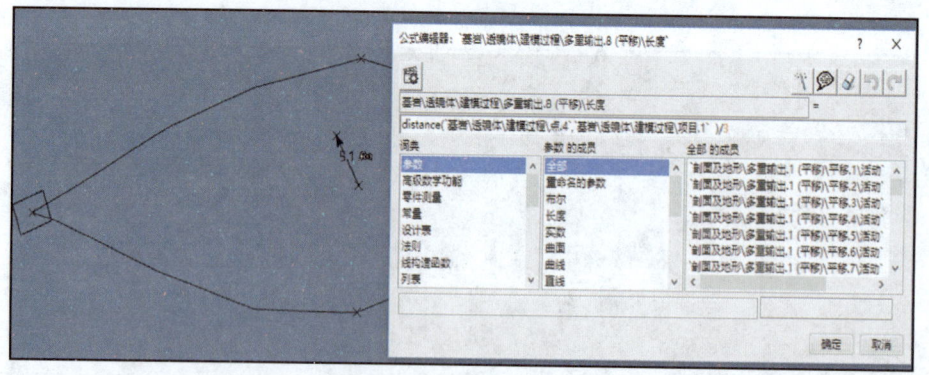

图 8.5-6 中点平移距离

注意:公式编辑器里面的输入内容一定要在英文输入状态下输入。

(5) 同理利用 ![icon] (平移) 命令,将中点平移到另一侧,完成后的效果如图 8.5-7 所示。

8.5 透镜体建模

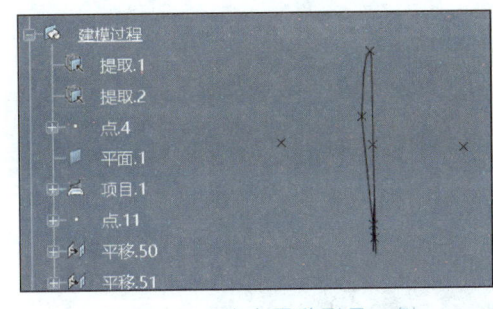

图 8.5-7 中点平移到另一侧

(6) 单击 ~ (样条曲线) 命令, 将最高点、两个平移点及投影点依次连接, 勾选【封闭样条线】选项, 构成一个封闭的截面, 如图 8.5-8 所示。

(7) 单击【工具】栏下 (用户特征) 命令, 部件输入单击上一步骤中的样条曲线, 将不需要的输入通过单击移动到【内部部件】中, 最后输入为点、透镜体底部折线及平面, 平移采用的公式也要添加到【内部部件】中, 如图 8.5-9 所示。

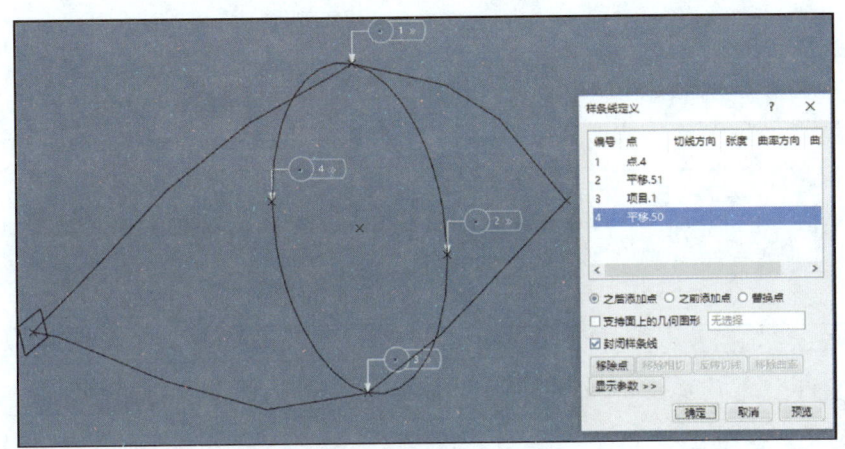

图 8.5-8 样条曲线封闭成截面

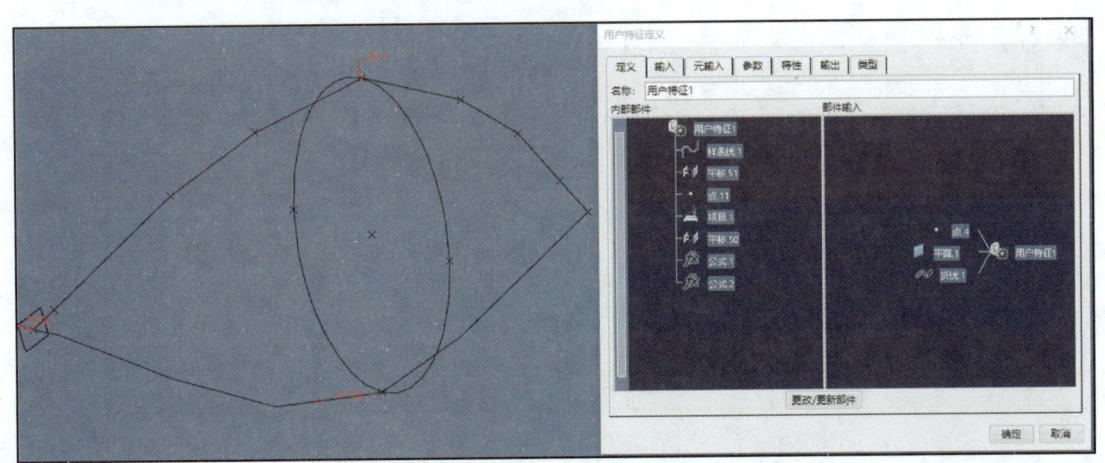

图 8.5-9 制作透镜体截面工程模板

(8) 将工程模板实例化, 逐一布置在透镜体剖面各个节点上, 如图 8.5-10 所示。

注意: 此过程需要将工程模板进行多次实例化, 过程比较烦琐, 可以采用 3DE 平台特有的 CBD 技术进行一次性布置, 步骤如下:

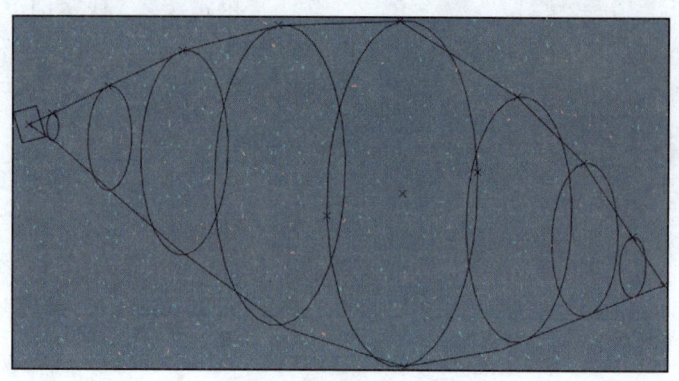

图 8.5-10 截面模板实例化

1) 单击软件右上角 ➕ 图标，选择新建内容，在搜索栏里输入烟囱，再单击 🔍 图标，对话框如图 8.5-11 所示。由于目前 CBD 类型里没有地质，因此只能把地质模板挂在其他类型下面。

2) 单击 🏭 烟囱类型 图标，弹出的对话框如图 8.5-12 所示，将标题改为透镜体截面，产品实例化方法选择适应性，单击"确定"按钮。

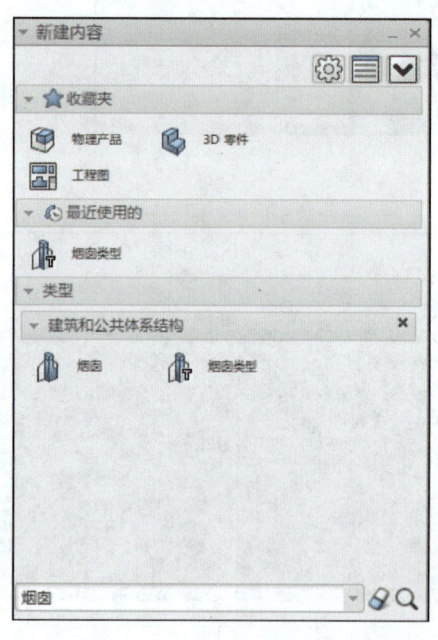

图 8.5-11 创建类型

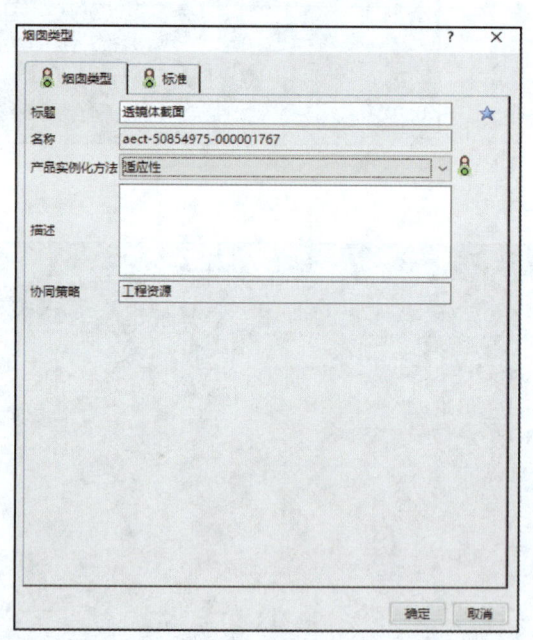

图 8.5-12 创建透镜体截面类型

3) 标题栏出现透镜体截面类型，如图 8.5-13 所示。双击资源表，弹出的对话框如图 8.5-14 所示。双击【基于特征的设计】栏中的【取消设置】，弹出的对话框如图 8.5-15 所示。单击【选择】，再单击上一步中创建的透镜体截面工程模板，如图 8.5-16 所示。单击"确定"按钮后弹出的对话框如图 8.5-17（a）所示，再单击一下【用户特征 1】,"确定"按钮高亮,如图 8.5-17(b)所示,再单击"确定"按钮,资源表管理如图 8.5-18 所示,单击资源表管理中"确定"按钮,Ctrl+S 保存整个透镜体截面类型。

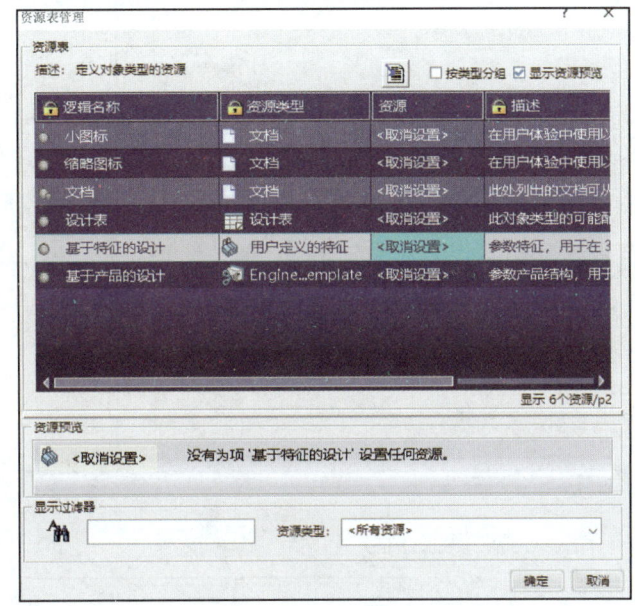

图 8.5-13 透镜体截面类型　　　　　图 8.5-14 透镜体截面资源表

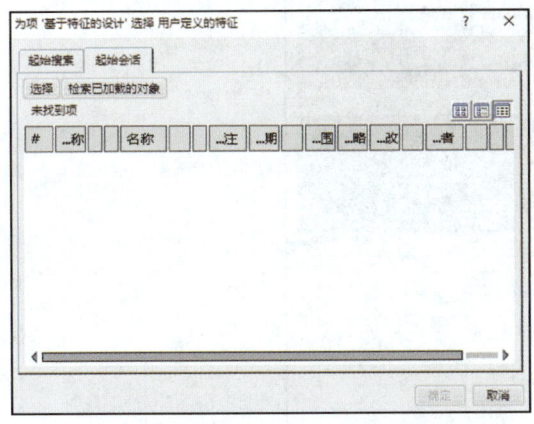

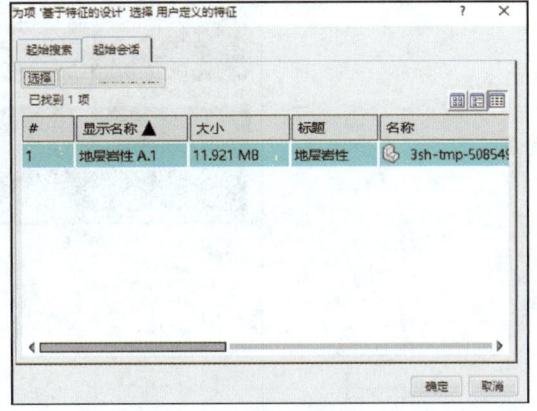

图 8.5-15 基于特征的设计选择　　　　图 8.5-16 选择透镜体截面模板

注意:完成图 8.5-17(a)中步骤后,一定要单击一次【用户特征 1】,让"确定"按钮高亮,再单击"确定"按钮,否则工程模板并没有加载进入透镜体截面类型的资源表中,后面就无法进行批量化布置。

4)回到地层岩性 3D 零件中,利用(点面复制)命令在透镜体上部剖面线上创建数十个点,再插入一个透镜体截面几何图形集,如图 8.5-19 所示。

5)单击【土木工程】栏下 (捕捉部件规格)命令,弹出的对话框如图 8.5-20 所

第 8 章 地质建模

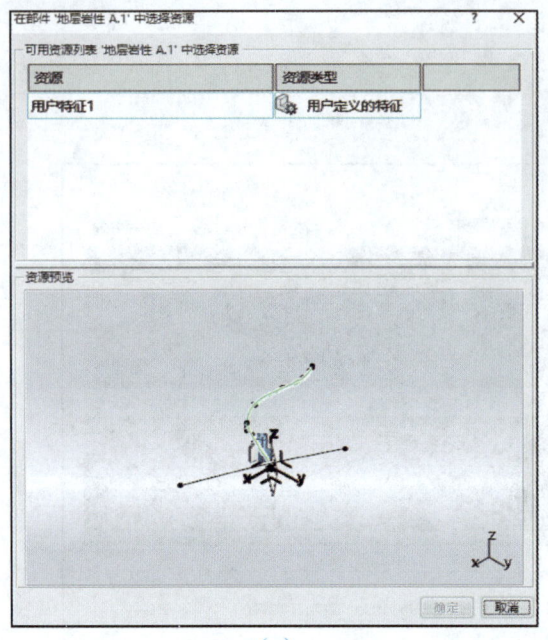

(a)

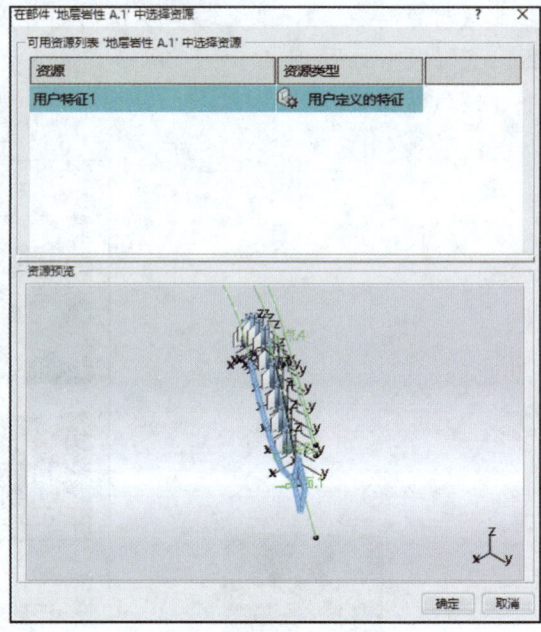

(b)

图 8.5-17 在部件地层岩性中选择资源

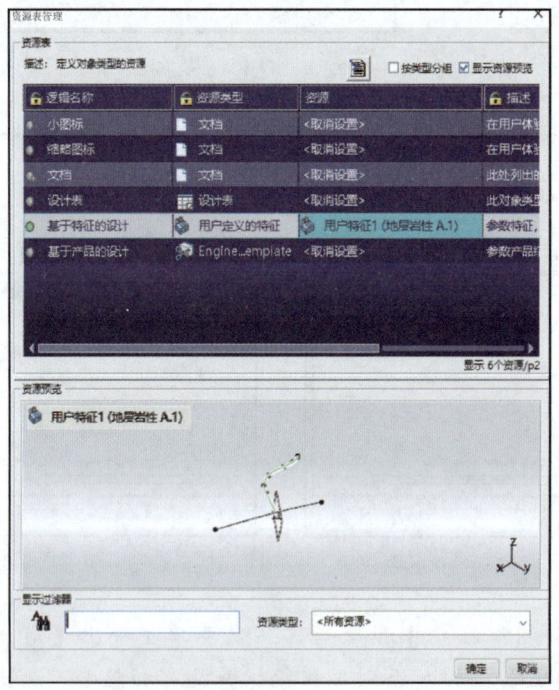

图 8.5-18 选择完成后的资源表内容

示。单击后面的 🔍 图标，弹出的对话框如图 8.5-21（a）所示，在过滤器中输入烟囱，弹出的对话框如图 8.5-21（b）所示，单击"确定"按钮后弹出的对话框如图 8.5-22 所示，勾选透镜体截面，弹出的对话框如图 8.5-23 所示。

8.5 透镜体建模

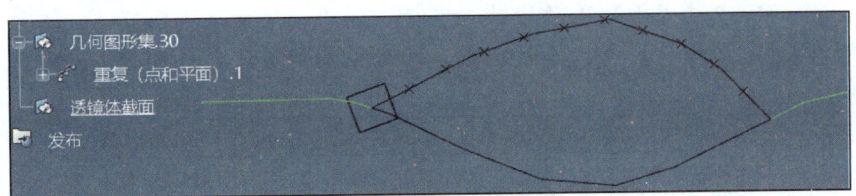

图 8.5-19 批量化布置截面准备工作

图 8.5-20 捕捉部件规格对话框

(a)

(b)

图 8.5-21 类型浏览器对话框

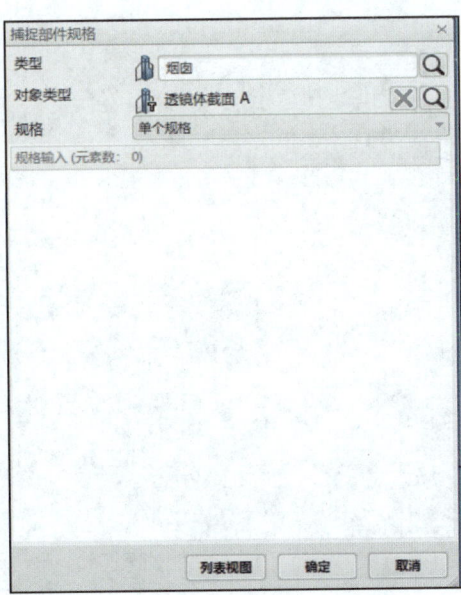

图 8.5-22 选择透镜体截面类型　　图 8.5-23 捕捉部件规格对话框

179

6）图 8.5-23 中【规格】选择按模式选择，弹出的对话框如图 8.5-24 所示，【输入模式】选择点，【选择模式】为从集，单击第 4 步中创建的点，如图 8.5-25 所示。

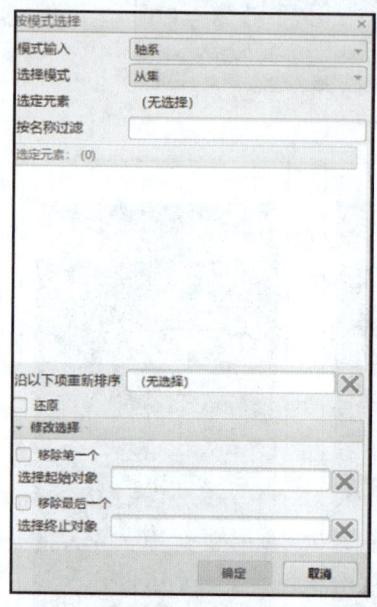

图 8.5-24 按模式选择对话框　　　　　图 8.5-25 选择输入点

7）上一步单击"确定"按钮后弹出的对话框如图 8.5-26 所示。用户特征目标选择透镜体截面几何图形集，再单击【编辑输入】，弹出的对话框如图 8.5-27 所示。编辑

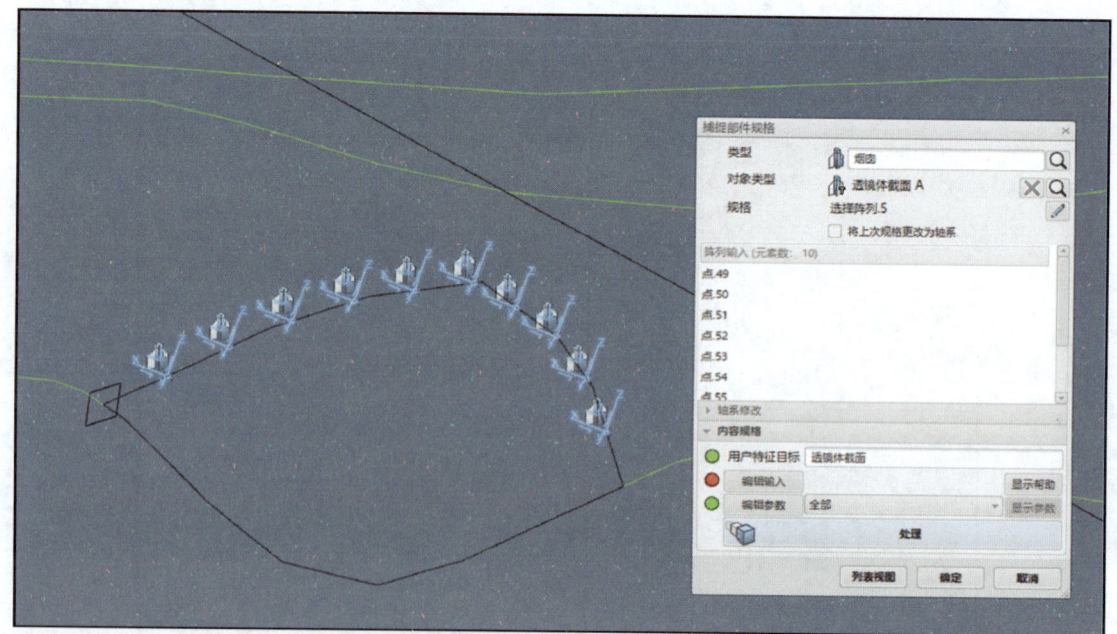

图 8.5-26 捕捉部件规格对话框

点.4【选择输入】选择按模式，弹出的对话框如图 8.5-28 所示，选择第 4 步中创建的点。单击"确定"按钮后弹出的对话框如图 8.5-29 所示，选择平面 1 及透镜体剖面下底面折线，如图 8.5-30 所示，单击【处理】后，沿各点布置透镜体截面，如图 8.5-31 所示。单击"确定"按钮后完成所有操作。

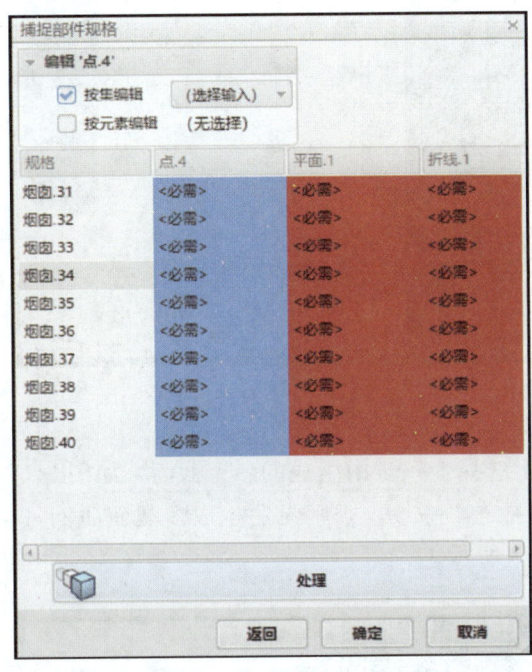

图 8.5-27 模板输入元素

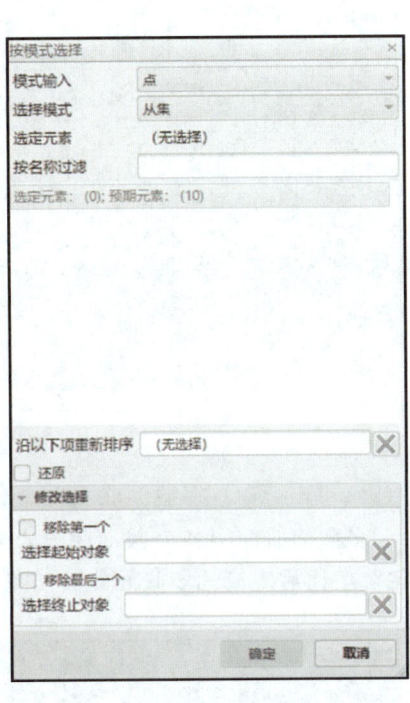

图 8.5-28 选择输入点

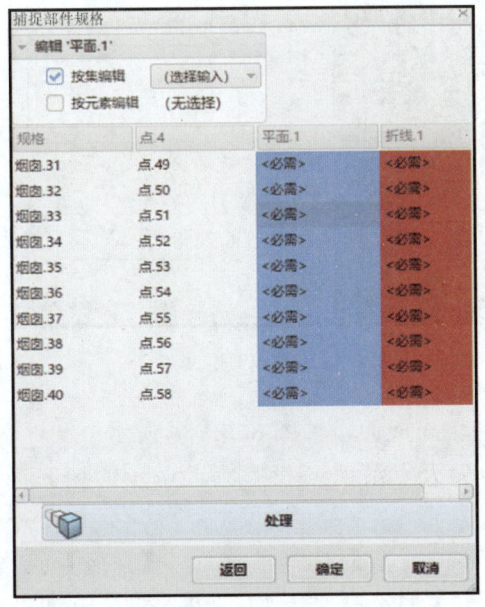

图 8.5-29 平面及折线输入

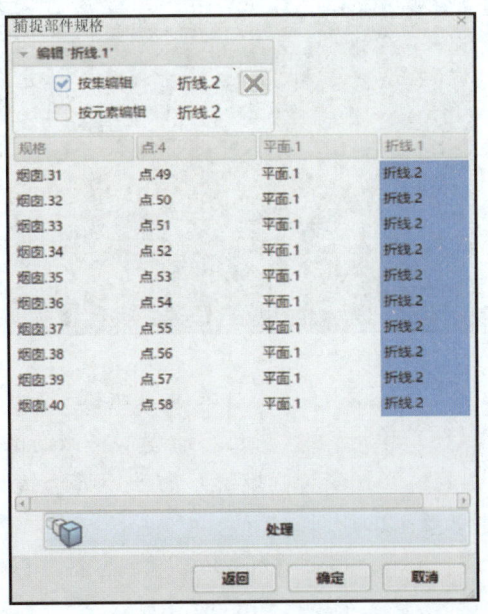

图 8.5-30 平面及折线选择

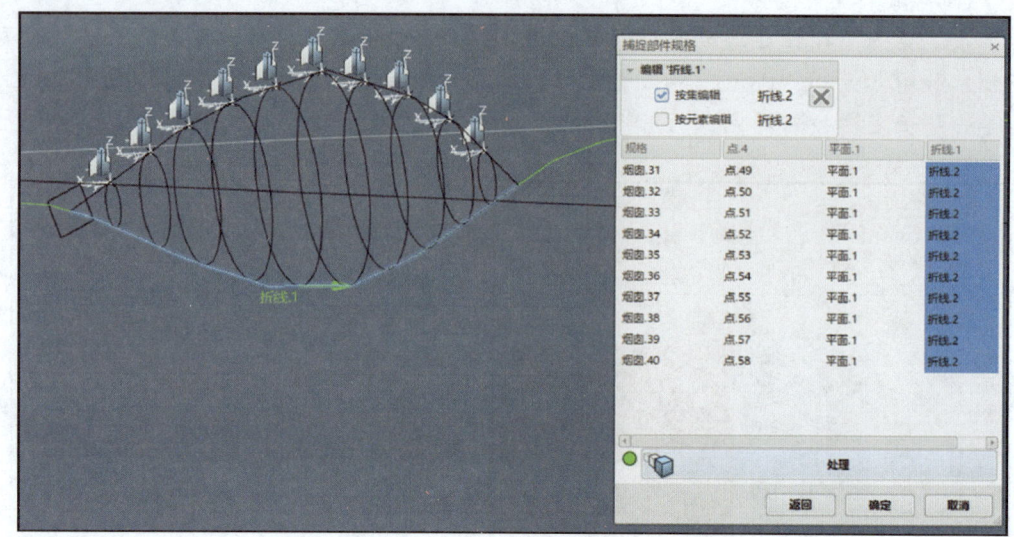

图 8.5-31　完成截面批量化布置

(9) 单击 命令，依次选择上一步中生成的各个截面，如图 8.5-32 所示。多截面曲面中各个截面闭合点及方向一定要一致，否则无法生成多截面曲面，单击"确定"按钮后生成的多截面曲面如图 8.5-33 所示。

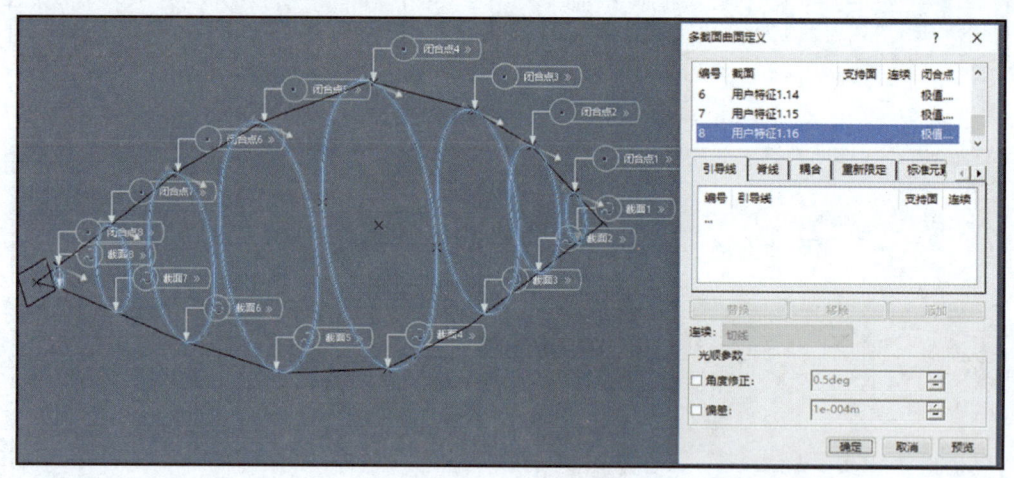

图 8.5-32　多截面曲面对话框

(10) 单击 命令，将截面的一端填充成面，如图 8.5-34 所示。

(11) 单击 命令，将透镜体的尖灭点沿法向投影到上一步的填充面中，如图 8.5-35 所示。

(12) 单击 命令，【要变形的元素】选择填充面，【参考】选择尖灭点的投影点，【目标】选择歼灭点，【限制元素】选择填充面的边界线，方向向内，如图 8.5-36 所示，单击"确定"按钮后完成填充面变形，如图 8.5-37 所示。

8.5 透镜体建模

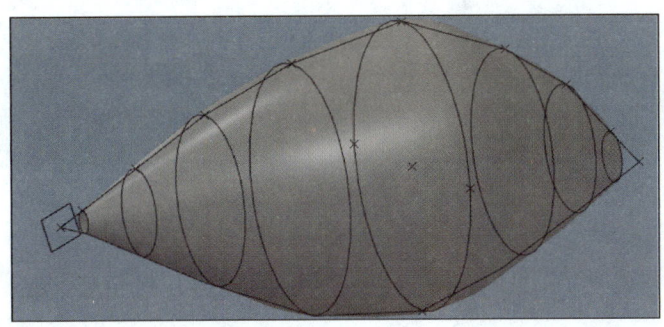

图 8.5-33 透镜体多截面曲面

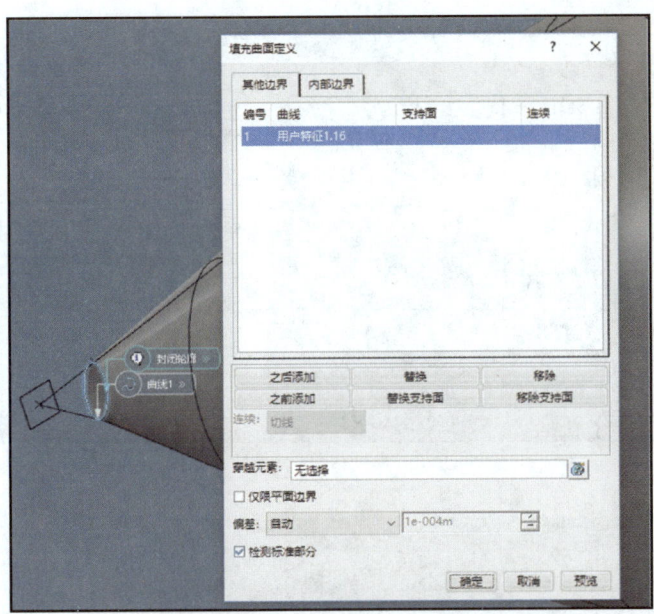

图 8.5-34 填充命令对话框

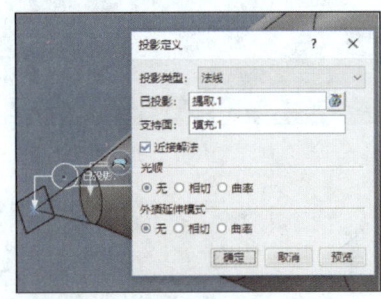

图 8.5-35 投影命令对话框

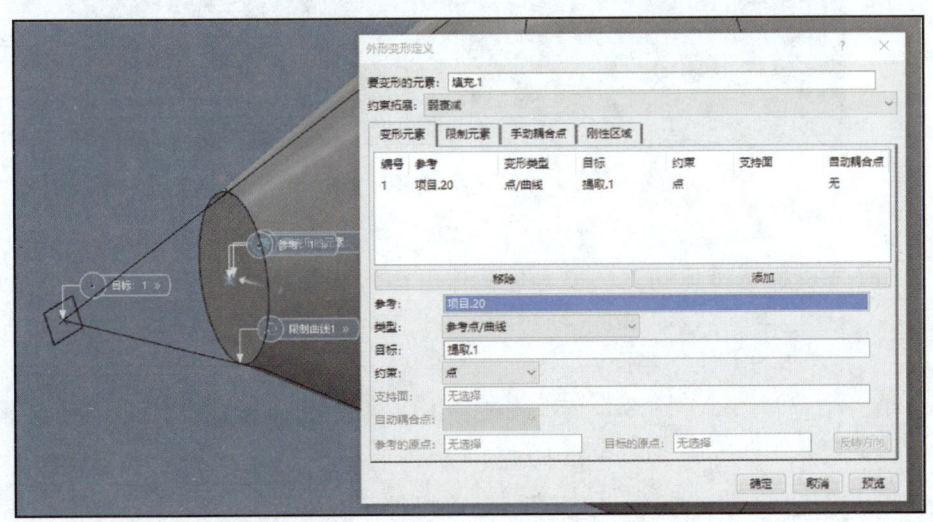

图 8.5-36 外形渐变命令对话框

183

第 8 章 地质建模

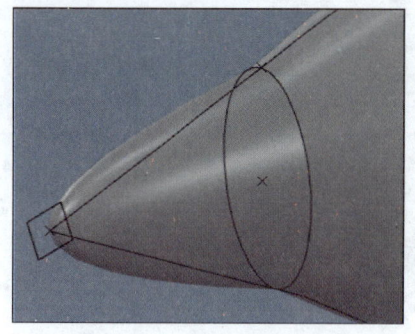

图 8.5-37 填充面变形效果

注意：外形渐变命令在工具栏中没有显示时，可以参照 5.6.3 节中的方法自行添加。

（13）采用相同的方法将另一端也进行外形渐变。单击 ▦（接合）命令，将多截面曲面及外形渐变面接合在一起，如图 8.5-38 所示，完成透镜体曲面模型创建。

（14）将地质体几何图形集定义为工作对象，单击 ◯（封闭曲面）命令，将透镜体曲面封闭成包络体，如图 8.5-39 所示。

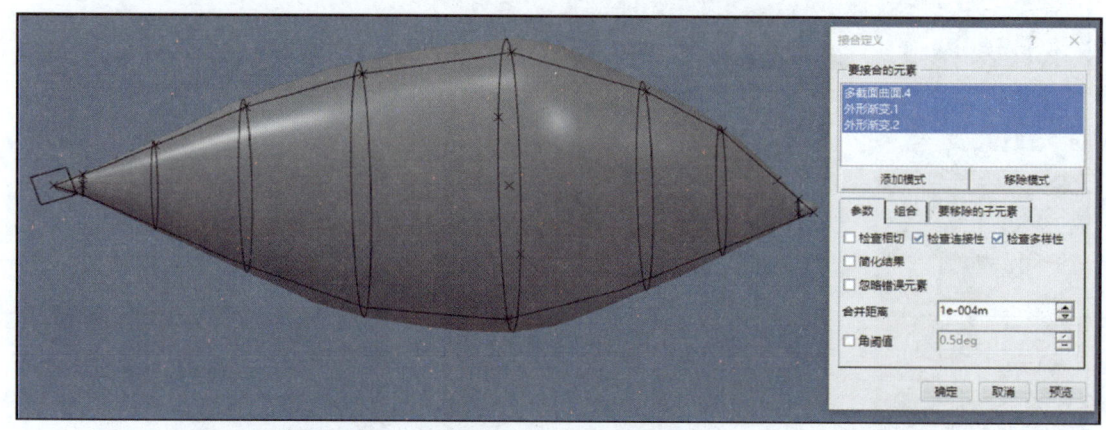

图 8.5-38 接合命令对话框

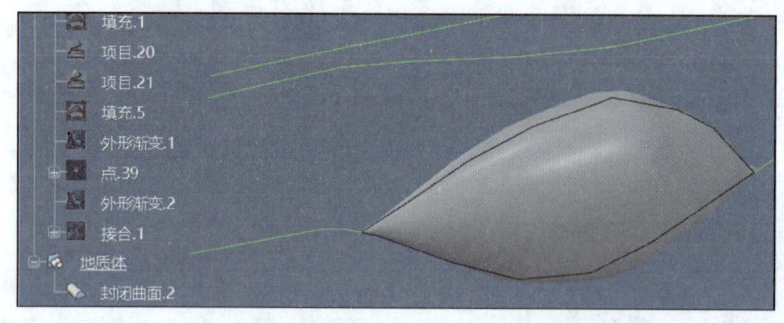

图 8.5-39 透镜体包络体

2. 方法二：上表面变形建立透镜体

上表面变形建立透镜体的方法要求透镜体上部地层都已建立完成，且剩余地质体表面与透镜体上表面相吻合，如图 8.5-40 所示。

（1）～（5）步与方法一相同。

（6）单击 ⌒（样条线）命令，依次将透镜体两端的尖灭点及两侧的平移点连接起来，勾选封闭样条线，如图 8.5-41 所示。

（7）单击 ⬚（拉伸）命令，将样条线沿 Z 方向进行拉伸，使其穿过地质体表面，如图 8.5-42 所示。

8.5 透镜体建模

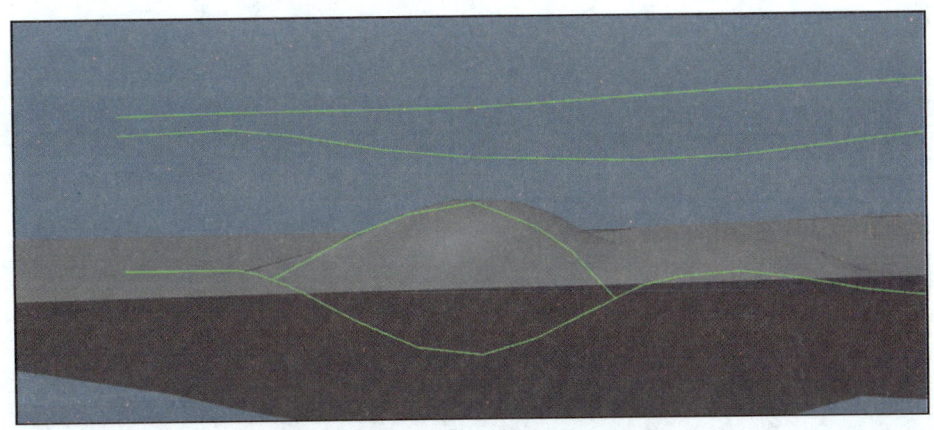

图 8.5-40　剩余地质体表面

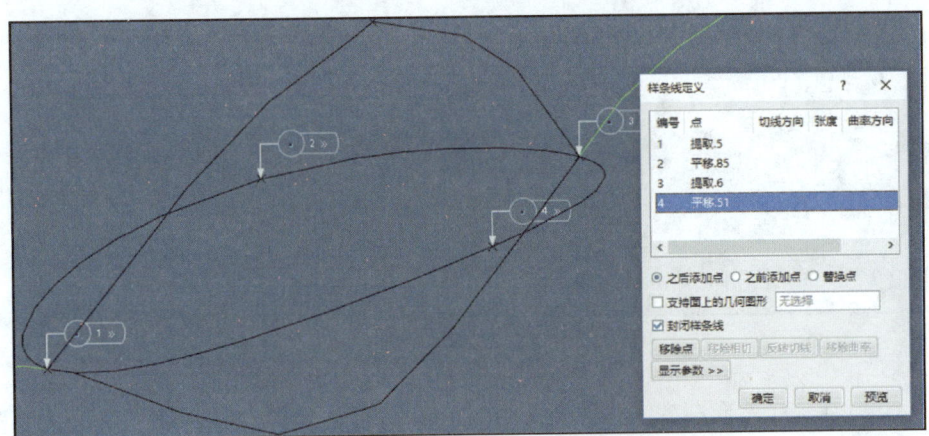

图 8.5-41　样条线对话框

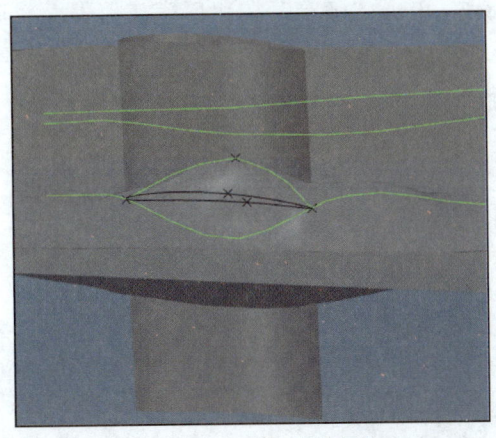

图 8.5-42　拉伸样条线

（8）单击 ![](分割）命令，分割出透镜体上表面，如图 8.5-43 所示。

（9）单击 ![](边界）命令，提取透镜体上表面边界。单击 ![](投影）命令，将透镜体下边界线沿 Z 方向投影到镜体上表面，如图 8.5-44 所示。

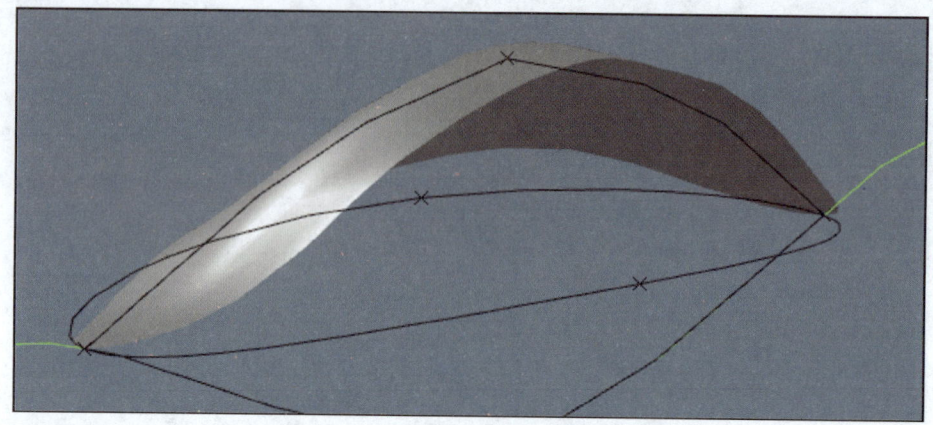

图 8.5-43 透镜体上表面

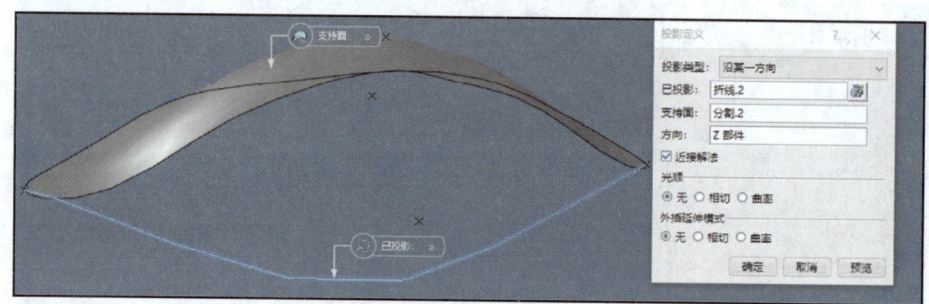

图 8.5-44 投影命令对话框

（10）单击 ![icon]（外形渐变）命令，【要变形的元素】选择透镜体上表面，【参考】选择上一步中的投影线，【目标】选择透镜体下边界线，限制元素选择上表面的边界线，方向向内，如图 8.5-45 所示，单击"确定"按钮后完成上表面变形，得到的透镜体下底面如图 8.5-46 所示。

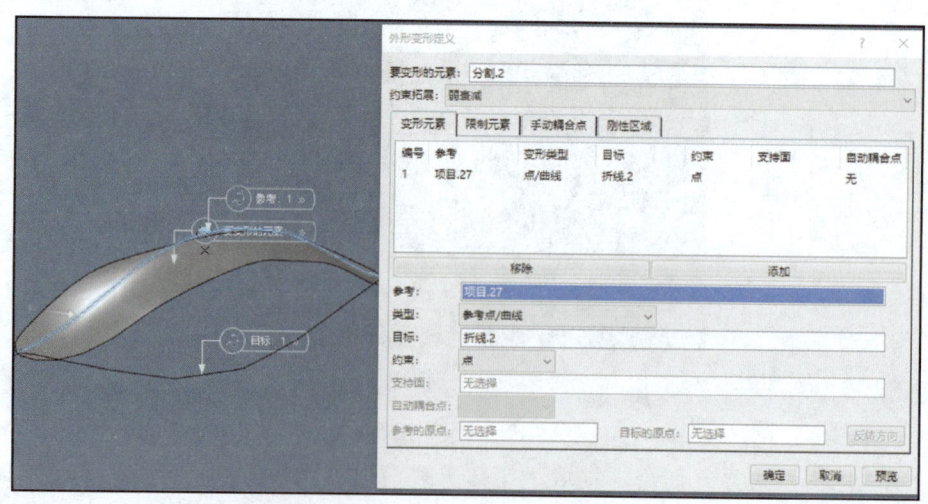

图 8.5-45 透镜体上表面变形

8.5 透镜体建模

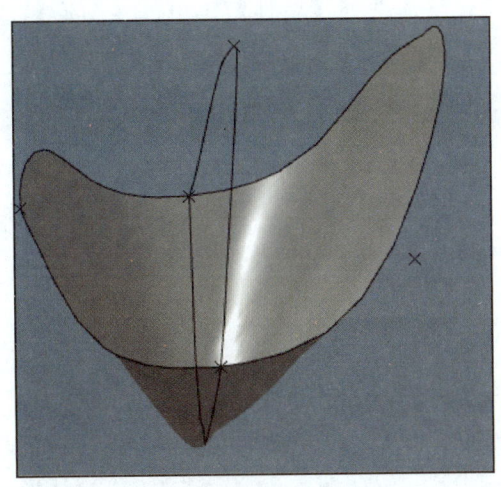

图 8.5-46 透镜体下底面

注意：外形渐变命令中直接利用边线作为参考及目标元素有时无法完成变形，可用 (点面复制) 命令，将线转化为点后再变形。

(11) 右键单击地质体几何图形集，将其定义为工作对象，单击 (接合) 命令，将透镜体上表面及下底面接合起来，再将其封闭为包络体，如图 8.5-47 所示。

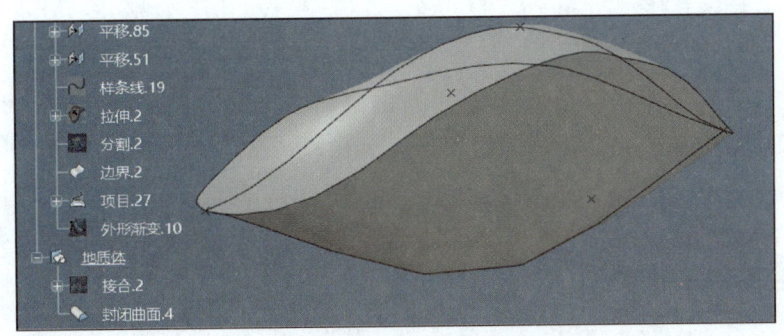

图 8.5-47 透镜体包络体

(12) 单击 (移除) 命令，【基对象】选择地质体，【已移除操作数】选择透镜体包络体，单击"确定"按钮，可将透镜体从地质体中移除，如图 8.5-48 所示。

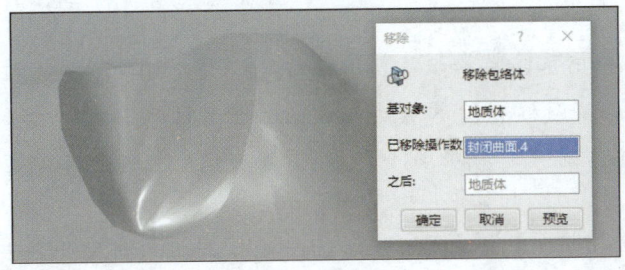

图 8.5-48 移除透镜体

(13) 右键单击透镜体包络体选择【属性】再单击【图形】选项卡，可为透镜体更改颜色，如图 8.5-49 所示。

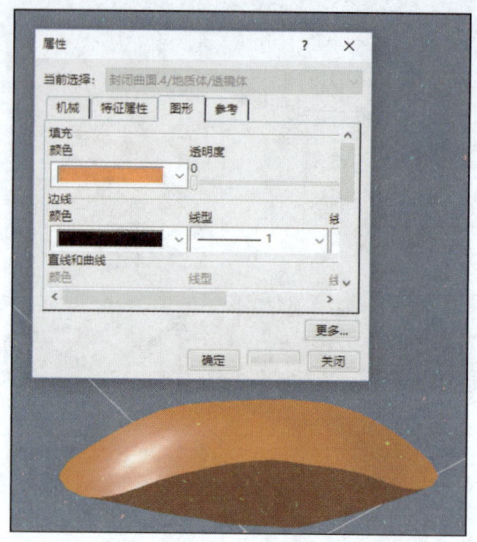

图 8.5-49　更改透镜体颜色

8.6　风化面建模

风化面建模首选需要根据导入 3DE 平台的剖面数据确定风化面的边界线，边界线确定后，风化面建模方法与 8.1 节覆盖层建模方法相同，这里不再重复叙述。风化面可只提供面模型，根据需要也提供体模型。

8.7　地层岩性标注

对于地质模型地层岩性的标注，最常用的是文字标注，本节将重点介绍对地质模型进行文字标注的方法。

(1) 打开地质模型，如图 8.7-1 所示，激活地层岩性 3D 形状，进入 （Civil 3D Design）APP，在 3D 形状中插入几何体并命名为地质体标注，系统会默认新插入的几何体为工作对象。

注意： 在 3D 形状中系统自带的几何体称为 （零件几何体），新插入的几何体称为 （几何体），它们除了图标有所不同外，功能上也有区别。在一个 3D 形状中零件几何体只能有一个，几何体则可以有很多个，零件几何体不能进行布尔运算，几何体之间可以进行布尔运算。

(2) 单击【线框和曲面】栏下 （点）命令，在要进行标注的地层附近创建三个点，再单击 （平面）命令，通过这三个点创建一个平面，如图 8.7-2 所示。

8.7 地层岩性标注

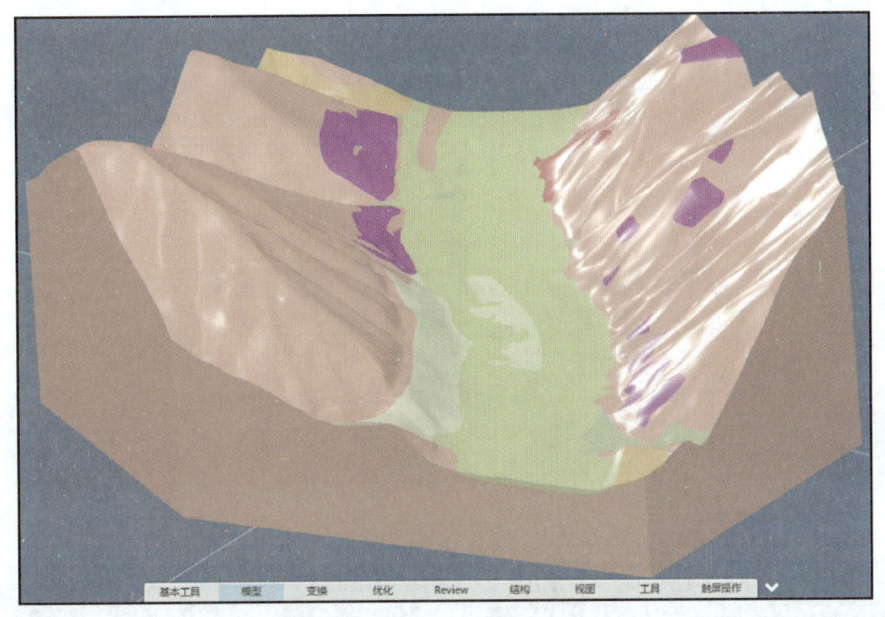

图 8.7-1　某工程地质模型

图 8.7-2　创建点和平面

（3）单击 ![icon] （定位草图）命令，支持面选择上一步中创建的平面，原点选择投影点，再单击上一步中创建的三个点中的任意一个点。注意，草图 H 轴要指向右方，保证标注的文字从左向右排列，单击"确定"按钮后进入草图。单击【草图】栏下 ![icon] （文本）命令，输入闪长岩，字体选择 3ds，字号根据需要选择，如图 8.7-3 所示。单击 ![icon] （退出应用程序）命令退出草图。

189

(4)单击【实体】栏下 (凸台)命令,长度选择1m,轮廓选择上一步中创建的草图,如图8.7-4所示,单击"确定"按钮后完成岩性标注。所有地层及岩性标注完成效果如图8.7-5所示。

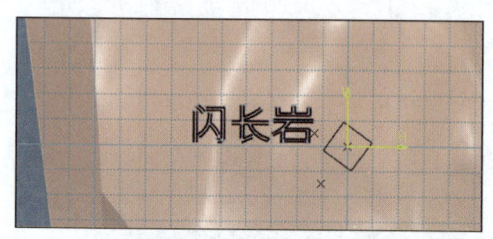

图8.7-3 在文本中输入闪长岩

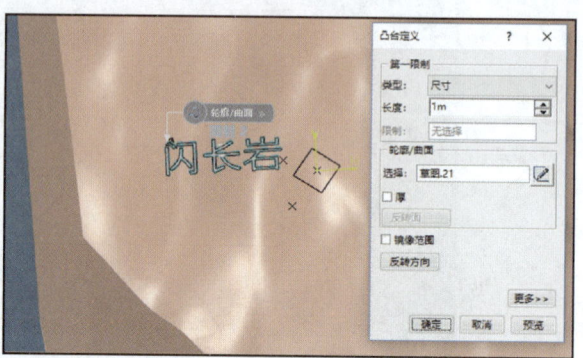

图8.7-4 文本拉伸成凸台

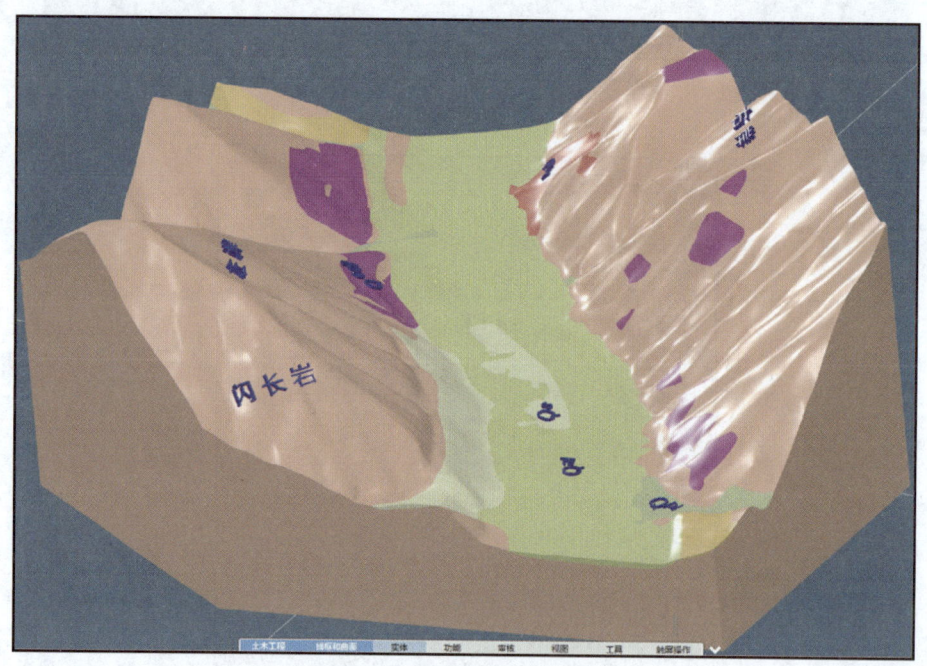

图8.7-5 地质模型标注效果

第 9 章
三维地质模型正向设计实例

本章在 3DE 平台 R2019x 版本中,以某水电项目坝址区为例,详细介绍了三维地质模型正向设计的流程,最后通过新增 2 个钻孔的数据对模型进行了快速更新。

9.1 地形处理及建模

(1) 新建地形文件,【类型】选择位于【建筑和公共空间结构】的【地形】。在弹出的对话框中,将新建的文件命名为 ZD 地质模型,【地形】标签下【设计范围】选择【大范围】,如图 9.1-1 (a) 所示;【3D 零件】标签下勾选【创建 3D 零件】,【特征】复选框中勾选【启用混合设计】,如图 9.1-1 (b) 所示。

(2) 将 3D 建模应用程序切换到【Terrain Preparation】APP 中,在软件右上角依次选择 ➕ -【导入】-【导入地形文件】,在弹出的对话框中单击【导入文件】,选择 .asc 后缀的地形文件,确认弹出的对话框后,在搜索框下部的对话框中单击 ✅(确定)。在弹出的【导入】对话框中选择默认设置,注意【缩放系数】为 1,【文件单位】为 m。打开【几何位置】选项卡,勾选【使用几何位置导入】选项卡,在【目标】组合框的 X、Y、Z 输入框中分别输入 470000m、3180000m、0m,单击 ⇨(箭头)和"确定"按钮,如图 9.1-2 所示。

说明:①注意【首选项】-【常规】-【参数和测量】-【单位】-【与设计限制关联的单位】-【大范围】-【长度】的单位应设置为 m;②软件的"大范围"指 100km 以

第 9 章 三维地质模型正向设计实例

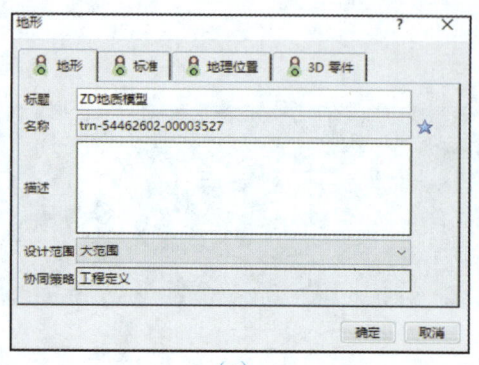

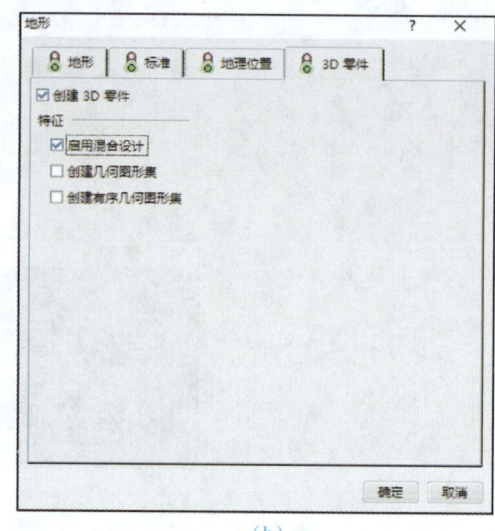

（a） （b）

图 9.1-1 新建地形文件

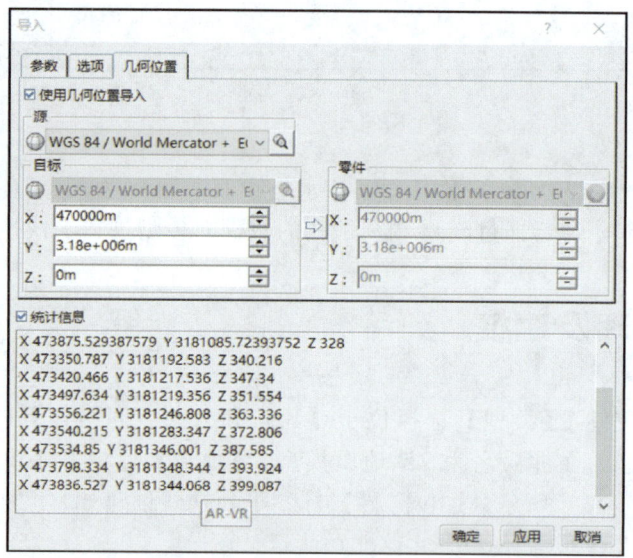

图 9.1-2 导入地形数据

内，设置几何位置的目的是对地形点云进行平移，以保证其坐标范围位于软件的工作范围内。

（3）单击【准备】栏下 （过滤点云）命令，对导入的点云进行过滤。在弹出的过滤器对话框中，【过滤器类型】选择同质，数值输入 1m，在【输出】中勾选【物理移除】，依次选择"应用"-"确定"。生成的云点命名为云点.地表，如图 9.1-3 所示。

（4）选择云点.地表，再单击【创建】栏下 （创建地形）命令，在弹出的对话框

9.1 地形处理及建模

图 9.1-3 对导入的点云进行过滤

中选择 3D 网格器,【相邻】输入 60m,依次选择 "应用" - "确定"。生成的地形命名为地形. 地表,如图 9.1-4 所示。

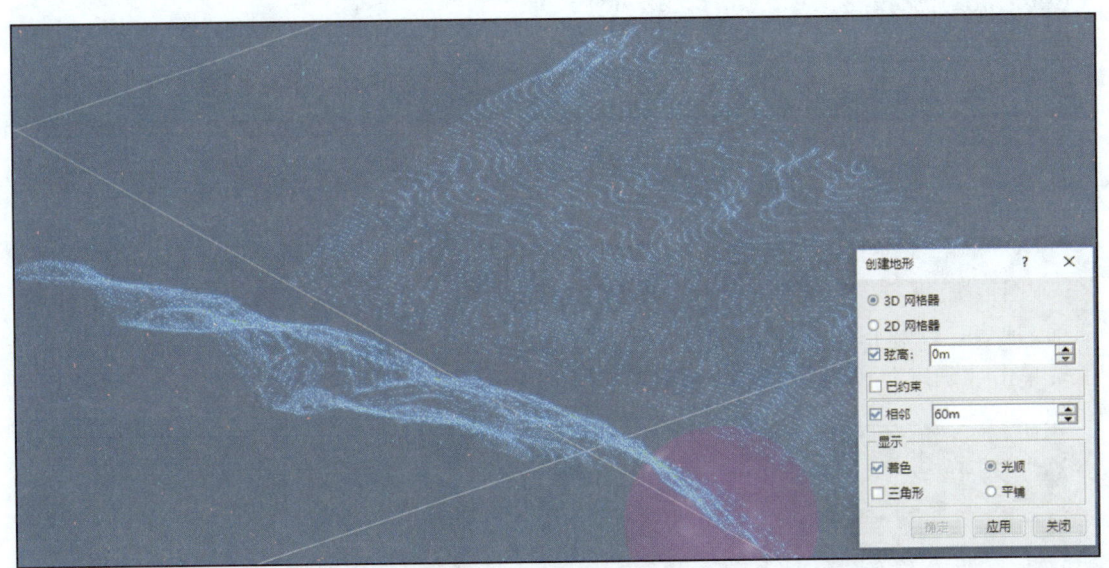

图 9.1-4 利用点云创建地形

说明：相邻即拟生成的三角形最大边长，一般选择较大的数值以保证区域内的地形没有孔洞；在地形的边缘处有些网络明显不合理时，可以通过【准备】栏下 ![icon] （地形制备）命令中的 ![X] （从网格中移除元素）命令，对多余的网格进行移除。

（5）单击【准备】栏下 ![icon] （地形制备）命令，选择地形. 地表，在弹出的对话框中对地形进行改进，直至出现如图 9.1-5 所示结果，单击 ![√] （确定）。

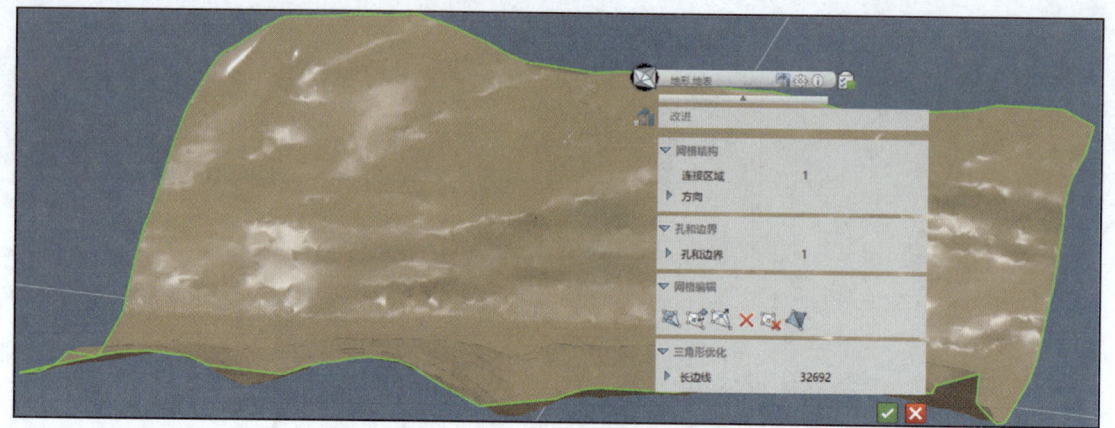

图 9.1-5　地形优化

(6) 首先选择地形.地表，再单击【创建】栏下 命令，在弹出的对话框中，公差输入 0.5m，曲面密度选择 5000，方向选择沿 Z 轴投影，单击【计算曲面】，如图 9.1-6 所示。完成之后单击"确定"按钮，生成的地形曲面命名为地形曲面.地表。

(7) 单击【创建】栏下 命令，【支持面】选择 xy 平面。选择【视图】-俯视，选择【草图】栏下 命令，画一条封闭轮廓线，范围比地表范围略小即可。退出【草图】，将生成的草图命名为草图.制图范围，如图 9.1-7 所示。

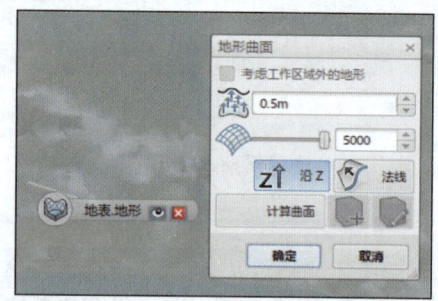

图 9.1-6　生成地形曲面

(8) 单击【创建】栏下 命令，在弹出的对话框中，【轮廓】选择草图.制图范围，【方向】选择 Z 部件，【限制 1】类型选择直到元素，【直到元素】选择地形曲面.地表，【限制 2】根据钻孔中最低高程确定，比最低高程略低一点，如图 9.1-8 所示，单击"确定"按钮后生成的地形体如图 9.1-9 所示。

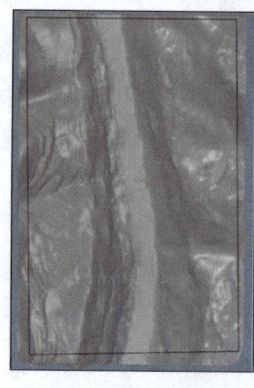

图 9.1-7　制图范围草图

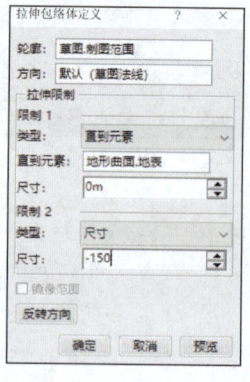

图 9.1-8　【包络体拉伸】对话框

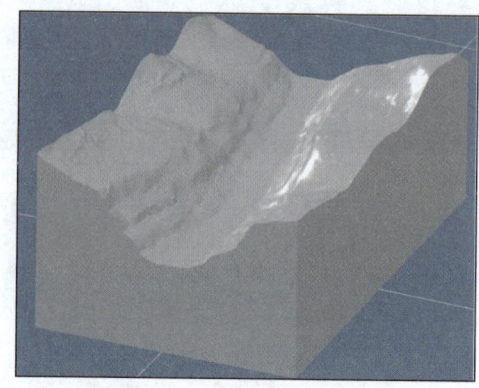

图 9.1-9　地形体

9.2 导入平面图

(1) 将整理后的地质平面图在 CAD 中进行坐标平移(向 -X 和 -Y 方向分别平移 470000、3180000)。

(2) 单击 3DE 右上角的 + 图标,选择导入,选择该平面图的 dwg 文件。

(3) 导入的平面图将位于新建的 Drafting 应用程序中,用鼠标框选所有的地质界线,单击右键,选择复制。

(4) 返回地形模型窗口,选择【创建】栏下 ✏ (定位草图)命令,【支持面】选择 xy 平面,原点选择默认。在草图中,使用快捷键 Ctrl+V 粘贴,将地质界线全部粘贴到草图中。

(5) 在结构树上选择该草图,单击右键选择【重新定位基于】,定位到粘贴在草图中的内容,全部框选,选择【草图】栏下 ↗ (缩放)命令,【复制模式】不勾选,选择原点 (0,0) 为基点,【缩放值】输入 1000,如图 9.2-1 所示,确定后退出草图。将生成的草图命名为草图.地质界线,检查地质界线是否与地形图范围相吻合,如图 9.2-2 所示。

说明: 因为 CAD 中的文件以 mm 为单位,3DE 中选择了以 m 为单位,需要将 CAD 中的图形放大 1000 倍。

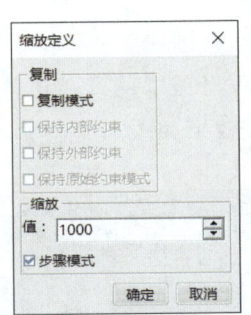

图 9.2-1 缩放地质界线

图 9.2-2 地质界线放缩完成

9.3 导入钻孔数据

使用钻孔数据导入工具将整理好的钻孔数据导入 3DE 中(向 -X 和 -Y 方向分别偏移 470000、3180000),单位为 m,具体导入方法见第 5 章 5.4 节,导入完成效果如图 9.3-1 所示。

第 9 章 三维地质模型正向设计实例

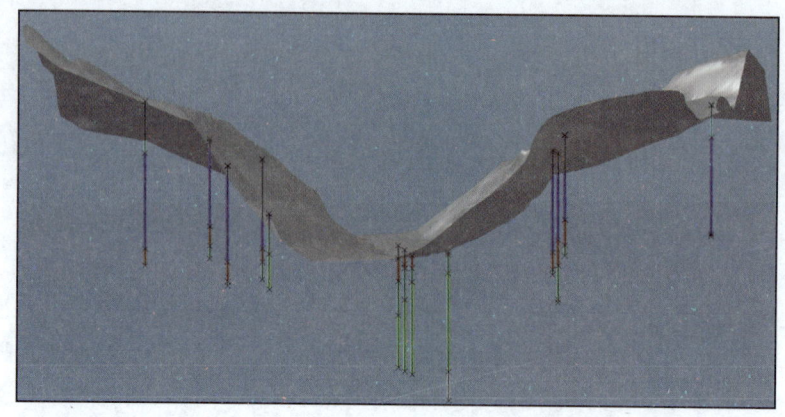

图 9.3-1 钻孔数据导入 3DE

9.4 覆盖层建模

（1）打开草图.地质界线，将覆盖层界线两端适当延长，使其超过地形的范围，以便于分割，退出草图。

说明：在草图中延长覆盖层界线时，应注意与原界线端点相合。

（2）选择其中一块覆盖层（下面以西北角覆盖层为例），提取其所有边界。

图 9.4-1 点连续提取覆盖层边界

说明：注意需切换到 Civil 3D Design APP 中才能提取草图中的元素。提取时先选择其中一段线，在右上方弹出的上下文工具栏选择提取，接着选择点连续，即可将相连的边界一次提取到三维空间中，如图 9.4-1 所示。

（3）选择【线框和曲面】栏下 （拉伸）命令，将提取的 2 条边界分别沿 Z 方向拉伸，超过地形高度，如图 9.4-2 所示。【拉伸】完成效果如图 9.4-3 所示。

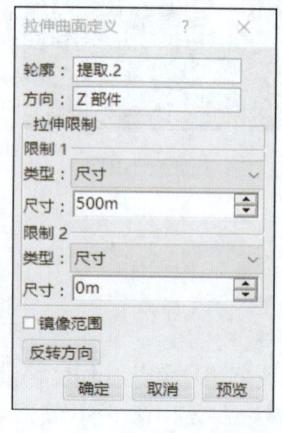

图 9.4-2 【拉伸】命令对话框

图 9.4-3 拉伸完成效果

9.4 覆盖层建模

（4）单击【线框和曲面】栏下 (分割)命令，依次选择地表的地形曲面及2个拉伸面，对地表地形曲面进行分割，将分割后的覆盖层曲面命名为曲面.覆盖层1，如图9.4-4和图9.4-5所示。

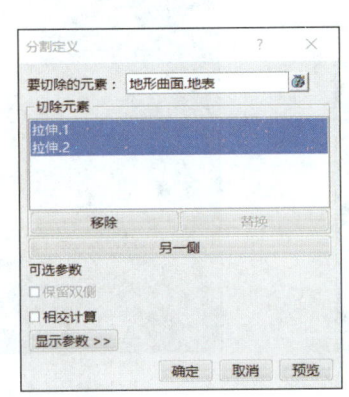
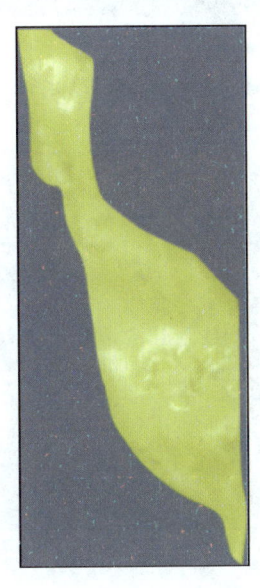

图9.4-4 【分割】命令对话框　　图9.4-5 分割完成效果

（5）切换到【Terrain Preparation】APP中，单击【创建】栏下 (三角形化曲面)命令，选择曲面.覆盖层1，在弹出的对话框中，【弦高】输入0.5m，【步长】输入20m，单击"确定"按钮，将生成的三角网格面命名为地形.覆盖层1。

注意：弦高值决定了生成三角网格面的精度，弦高值越小，三角网格面越精确，但后续所有计算量将明显增加。

（6）单击【创建】栏下 (自由边线)命令，选择地形.覆盖层1，在弹出的对话框中选择分组，分段提取覆盖层边线，如图9.4-6所示。点击"应用"按钮后单击"确定"按钮，提取边线完成效果如图9.4-7所示。

（7）单击【结构】栏下 (接合地形)命令，将上一步中两条边线接合起来，将其命名为自由边线.覆盖层1。

（8）点击软件右上角 图标，选择【导出】后面的【>】再选择【地形文件】，在弹出的对话框中选择地形.覆盖层1，格式选择 *.asc，文件命名为btm_mesh，选择位置，如图9.4-8所示。再次重复此操作，选择自由边线.覆盖层1，将边线导出，文件命名为bounder，如图9.4-9所示。

注意：由三角网格面生成的asc文件应小于2MPa，如果文件过大，计算覆盖层下底面时将耗费很长时间。

（9）对导出的覆盖层1地形文件和边界文件利用覆盖层计算工具进行计算，跨度选择20m，覆盖层厚度选择10m，得到覆盖层1下底面点云文件。

第 9 章 三维地质模型正向设计实例

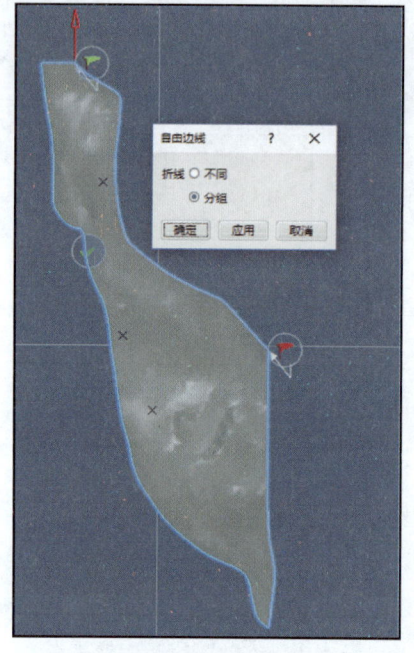

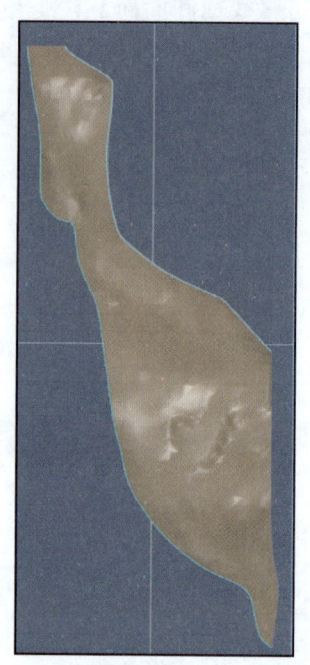

图 9.4-6 【自由边线】命令对话框 　　图 9.4-7 提取边线完成效果

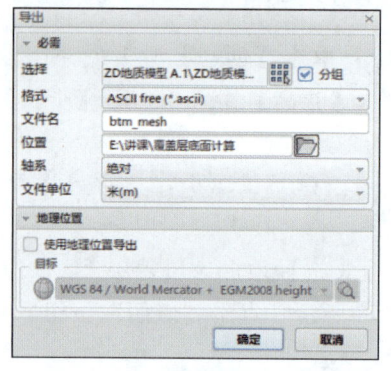

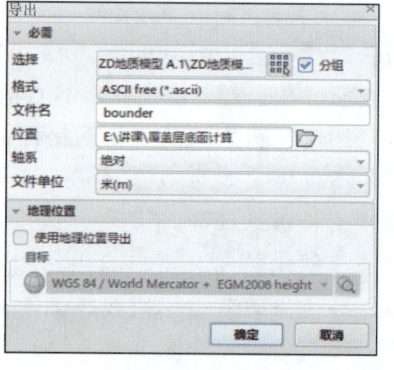

图 9.4-8 导出地形. 覆盖层 1 　　图 9.4-9 导出自由边线. 覆盖层 1

（10）导入计算出来的覆盖层 1 下底面点云文件，步骤同 9.1 节，但无须选择几何位置，将生成的云点命名为云点. 覆盖层 1。

（11）选择【结构】栏下 命令，依次选择覆盖层 1 下底面云点. 覆盖层 1 和覆盖层 1 边线自由边线. 覆盖层 1，将生成的接合地形命名为地形. 覆盖层 1 下底面。

（12）选择【创建】栏下 命令，选择地形. 覆盖层 1 下底面，在弹出的对话框中，【相邻】输入 70m，点击"确定"按钮，将生成的地形命名为地形. 覆盖层 1 -底。

注意：应检查生成的地形，确保没有孔洞，且边界处没有缺失，若存在孔洞和缺失，

198

应调整【相邻】值,确保生成的地形范围大于覆盖层1的自由边线。

(13) 选择【准备】栏下 命令,对地形.覆盖层1-底网格面进行检查,确保没有错误网格。地形.覆盖层1-底网格面中超出边线的三角网,如图9.4-10所示,通过点击命令即可将其删除。

(14) 从平面图上可知,在覆盖层1范围内的钻孔分别为ZK6和ZK10,选择【准备】栏下 命令,【要变形的网格】选择地形.覆盖层1-底,【目标元素】选择ZK6和ZK10的覆盖层控制点,共2点,【限制元素】选择自由边线.覆盖层1,【约束衰减】选择强,勾选【插入目标】,如图9.4-11所示。单击"确定"按钮,将生成的形态地形命名为形态地形.覆盖层1-底。

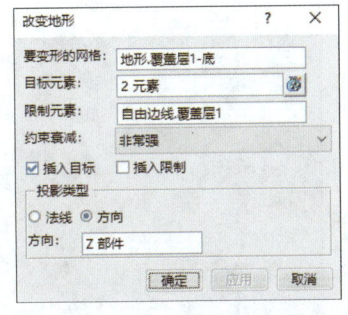

图9.4-10 删除多余三角网　　　　图9.4-11 【改变地形】对话框

(15) 按9.1节中第6步进行【根据地形创建曲面】操作,在转换完成后选择 ![] 按钮进行【偏差分析】,确保转换偏差在合理范围内。将生成的地形曲面命名为覆盖层1-底。

注意:应检查生成的覆盖层下底面是否完全在上表面之下.如局部存在交叉,则可以在该部分增加虚拟控制点,控制其高程比目前曲面高程略底,接着双击结构树中的形态地形.覆盖层1-底.在弹出的对话框中单击目标元素右侧的 ![] 按钮添加虚拟控制点,如图9.4-12所示,单击"确定"按钮,让网格面重新进行变形,保证下底面完全位于上表面之下。

(16) 覆盖层1-底网格面转为曲面后,要"出头"才能和地形体进行分割或修剪运算得到覆盖层体。切换到【Civil 3D Design】APP中,选择【线框和曲面】栏下

第 9 章 三维地质模型正向设计实例

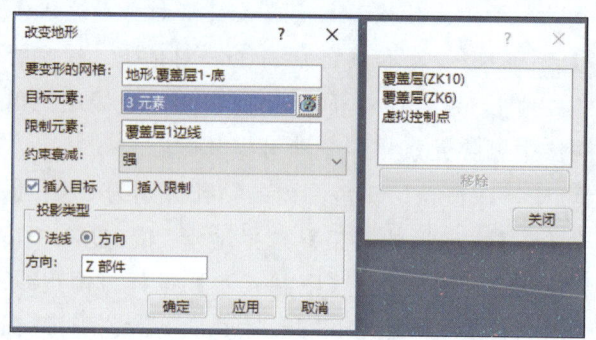

图 9.4-12 【改变地形】对话框增加虚拟控制点

命令,在弹出的对话框中【曲面边线】选择曲面.覆盖层1-底。单击"确定"按钮,将生成的边界命名为边界.覆盖层1-底。

(17) 选择【线框和曲面】栏下【拉伸】命令,在弹出的对话框中【轮廓】选择边界.覆盖层1-底,【方向】选择Z部件,【限制1】尺寸输入30m。单击"确定"按钮,将生成的拉伸命名为拉伸.覆盖层1-底边界。

注意: 拉伸方向只沿Z正方向,【限制2】中尺寸为0。

(18) 选择【线框和曲面】栏下 (接合) 命令,在弹出的对话框中【要接合的元素】选择拉伸.覆盖层1-底边界和覆盖层1-底曲面,【合并距离】选择0.01m。单击"确定"按钮,将生成的接合命名为接合.覆盖层1,如图9.4-13所示。

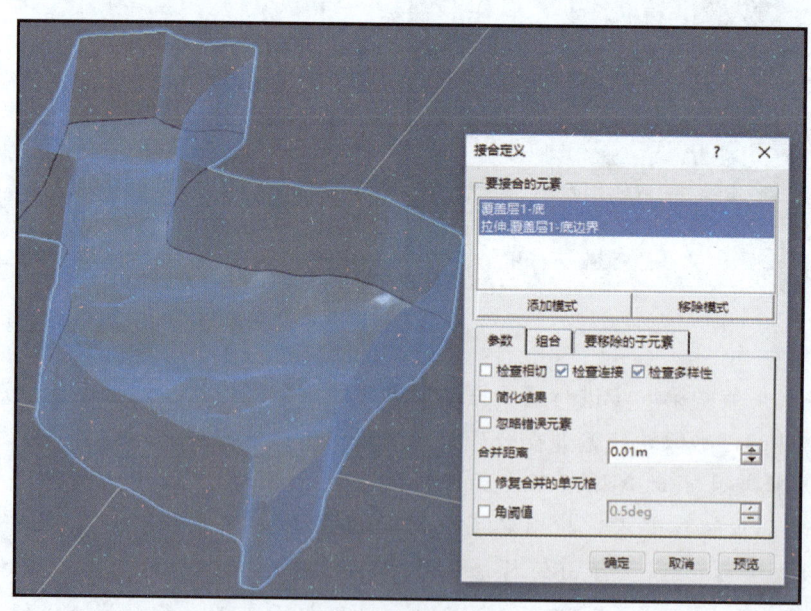

图 9.4-13 【接合】命令对话框

(19) 选择【线框和曲面】栏下 (分割) 命令,【要切除的元素】选择地形体包络体,【切除元素】选择接合.覆盖层1。单击"确定"按钮,将后生成的分割命名为分割.

覆盖层1，覆盖层1建立完成。

（20）选择刚建立的分割.覆盖层1，复制粘贴到同一几何图形集下，命名为分割.切除覆盖层1，双击进行编辑，切割方向修改为【另一侧】，用于下一步建模，如图9.4-14所示。

（21）依次完成覆盖层2和覆盖层3的建模，最终完成的覆盖层模型如图9.4-15所示。

注意：每完成一次体的切割，均应复制，并将切割方向修改为【另一侧】，用于下一步的切割操作。

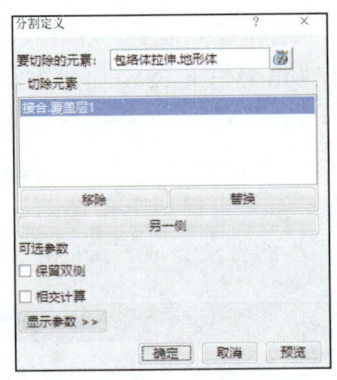
图9.4-14 【分割】命令另一侧

图9.4-15 覆盖层模型

9.5 基岩建模

切割完所有覆盖层后，即可进行基岩建模。基岩建模一般从上向下进行，也可以选择从下往上进行，如果某一层特征明显，也可以先建特征层，再往上、下分别建模。本节介绍自上而下的建模方法。

（1）观察平面图，可见揭露到J//2s/3层的钻孔有ZK7、ZK8和ZK10。选择【线框和曲面】栏下▨（平面）命令，【平面类型】选择通过三个点，点依次选择ZK8、ZK10、ZK7。单击"确定"按钮，将生成的平面命名为平面.J2S3，如图9.5-1所示。

（2）选择【线框和曲面】栏下▨（定位草图）命令，支持面选择平面.J2S3，原点为默认，进入草图。选择【草图】栏下▨（轮廓）命令，画一个封闭的多边形，其边界比整个工作范围略大即可，如图9.5-2所示。退出草图，将生成的草图命名为草图.J2S3。

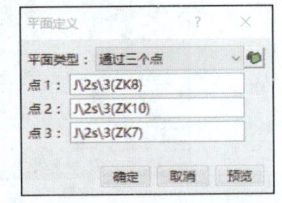
图9.5-1 通过三个钻孔点建立一个平面

（3）选择【线框和曲面】栏下▨（填充）命令，【边界】选择草图.J2S3。单击"确定"按钮，将生成的填充命名为填充.J2S3，如图9.5-3所示。

(4）选择【线框和曲面】栏下 ✂（分割）命令，【要切除的元素】选择分割覆盖层1～3之后的包络体，【切割元素】选择填充.J2S3。将生成的分割命名为分割.J2S3，复制该分割，双击，选择另一侧，将生成的分割命名为分割.切除J2S3。

（5）观察平面图，可见揭露到J//2s/2-3层的钻孔有ZK1、ZK4～ZK8、ZK10、ZK13，选择其中的三个钻孔点建立平面，以该平面为支持面建立定位草图，在草图中画一条封闭轮廓，填充该轮廓为曲面。在【Terrain Preparation】APP中选择【创建】栏下 ▨（三角形化曲面）命令，将曲面转化为三角网格面。再单击【准备】栏下 ⛰（改变地形）命令，对该三角网格面进行变形，将所有相关钻孔点添加到【目标元素】中，【限制元素】选择无，【约束衰减】选择强，勾选插入目标，方向为Z部件，再单击【创建】栏下 ✦（根据地形创建曲面）命令，将变形后的三角网格面转化为曲面，最后根据上述第4步的方法完成该层的建模。

图9.5-2 J2S3层草图

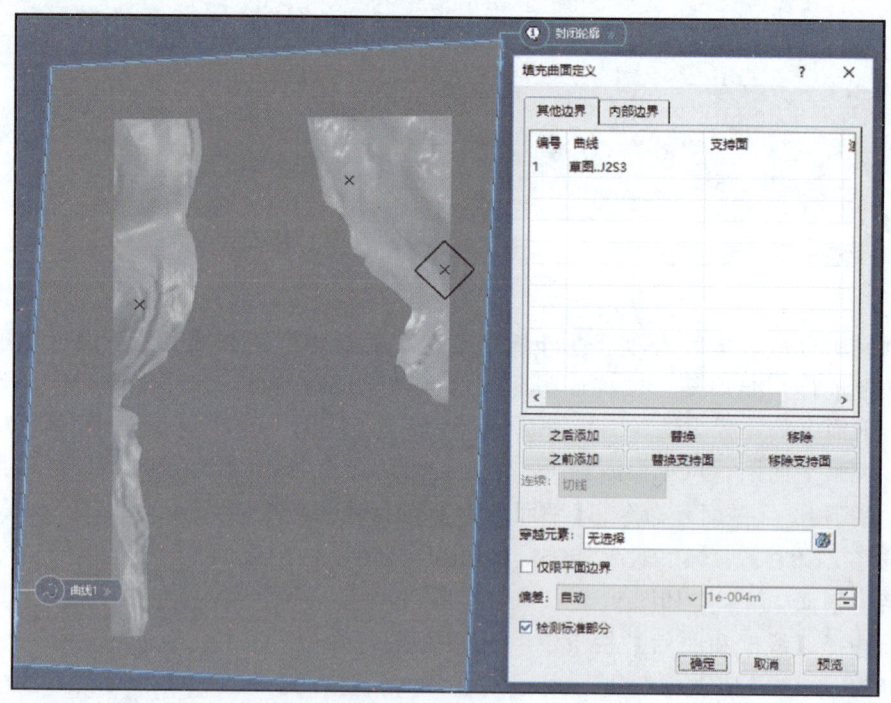

图9.5-3 填充J2S3层草图

（6）依次完成J//2s/2-2层和J//2s/2-1层的建模。

（7）观察钻孔数据可知，通过J//2s/1-3层的钻孔只有ZK2，无法按步骤1通过三点建立平面，可以将J//2s/2-1层中建立的底面向下平移使其通过ZK2即可，再利用平移面进行切割，即可完成J//2s/1-3层的建模。完成后的地质模型如图9.5-4所示。

图 9.5-4　三维地质模型

对于图 9.5-4 中红色地质体（粉砂质泥岩）的建模，传统做法是将钻孔、平面及剖面数据导入 3DE 平台，再根据导入的数据推测岩层在覆盖层下面的出露线，再结合剖面数据，左右岸分开进行建模，过程烦琐，数据量大，且分割时极易出错。

现在可利用左右岸钻孔直接建立地层分界面，与模型的交线便是岩层出露线，不分左右岸，一次性完成分割，可实现三维地质模型正向设计。

9.6　模型快速更新

完成建模后，往往需要修改和更新，当增加新的钻孔时，可以采用以下步骤进行更新：

（1）利用钻孔导入工具导入钻孔 ZK14 的数据。ZK14 揭穿的地层有：覆盖层 1、J//2s//2-3 层、J//2s\2-2 层。

（2）双击形态地形.覆盖层 1-底，在弹出的【改变地形】对话框中，单击目标元素右侧的 ![icon] （扩展）按钮，随后添加 ZK14 覆盖层的控制点，单击"确定"按钮，模型即开始更新。

（3）依次将 J//2s\2-3 层、J//2s\2-2 层的形态地形打开，添加该钻孔的对应控制点，J//2s\2-3 层、J//2s\2-2 层即开始更新。

当已有钻孔分层数据需要更改时，可直接打开该钻孔中对应该层的点定义，调整该点坐标的 Z 值，单击"确定"按钮，模型在计算完成后即可实现更新。

9.7　模型校对

在模型完成创建后需要进行核对检查，主要步骤如下：

(1) 单击【线框和曲面】栏下 ╱（直线）命令，在弹出的对话框中选择两点，如孔口坐标（ZK8）和孔口坐标（ZK7），起点和终点均输入 100m，以使直线超过模型范围，如图 9.7-1 所示。将生成的直线命名为直线.检查（ZK8-ZK7）。

(2) 单击【线框和曲面】栏下 （拉伸）命令，轮廓选择直线.检查（ZK8-ZK7），方向选择 Z 部件，【限制 1】中尺寸输入 100m，【限制 2】中尺寸输入 500m，注意调整限制的方向，使生成的拉伸面超过模型的范围，如图 9.7-2 所示。将生成的拉伸面命名为拉伸.检查（ZK8-ZK7）。

(3) 单击【线框和曲面】栏下 （相交）命令，在弹出的对话框中，【第一元素】选择拉伸.检查（ZK8-ZK7），【第二元素】框选整个模型，如图 9.7-3 所示。单击"确定"按钮后弹出的对话框如图 9.7-4 所示，单击【否】即可。将生成的多重输出命名为多重输出.（相交）（ZK8-ZK7）。

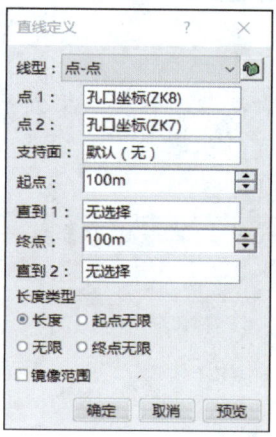
图 9.7-1　创建直线

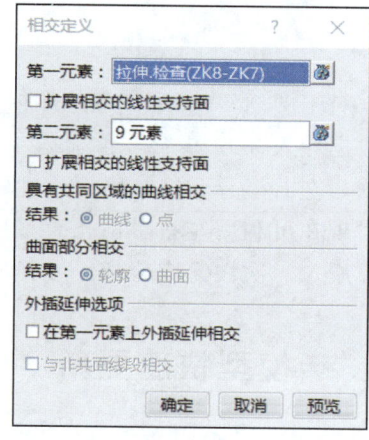
图 9.7-2　拉伸直线　　　图 9.7-3　拉伸面与模型相交

注意：选择【第二元素】时，不应选择模型之外的其他元素，否则可能会产生错误，此时可将模型以外的其他元素均隐藏起来以方便选择。当拉伸面和某些地质体不相交时，弹出对话框，如图 9.7-5 所示，此时只需单击【全部删除】将不相交的地质体剔除出去即可。

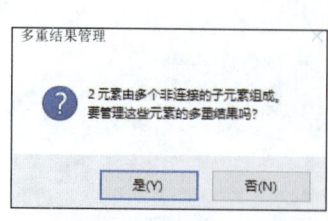
图 9.7-4　管理多重结果

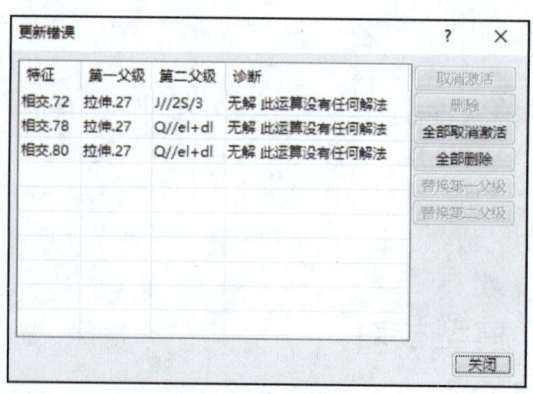
图 9.7-5　删除没有交线地质体

(4) 打开钻孔 ZK8 和 ZK7 的数据,即可进行检查,如图 9.7-6 所示。

图 9.7-6　相交线与钻孔校核

第 10 章
二维地质出图

二维地质出图主要是针对已建好的三维地质模型进行剖面切割，常用的工程剖面有三种形式：直线剖面、折线剖面和曲线剖面，对应到 3DE 平台中是通过工程制图模块中偏移截面分割、对齐截面分割和曲线截面分割三个命令实现。3DE R2017x 版本没有曲线截面分割功能，本章所讲的操作步骤均在 R2019x 版本中完成。

10.1 软件设置

在进行二维地质出图之前，需对软件首选项进行设置。单击软件右上角 (Me) 图标，在首选项-所有首选项-3D 建模-机械系统-工程制图中，将首选项页面设置与图 10.1-1～图 10.1-4 保持一致。

对于需要导出 DXF 格式的文件，需要将导出模式设置成语义。

10.2 自定义线型及填充图案

在 3DE R2019x 版本工程制图中，线型和花纹都可以自定义，但需要具有合作区的所有者权限才能进行操作，具体步骤如下：

（1）单击 (Me) 图标下拉菜单中【首选项】旁边的小三角，选择【标准】选项，如图 10.2-1 所示。弹出的对话框如图 10.2-2 所示，此时需要在环境变量中给 CATCol-

10.2 自定义线型及填充图案

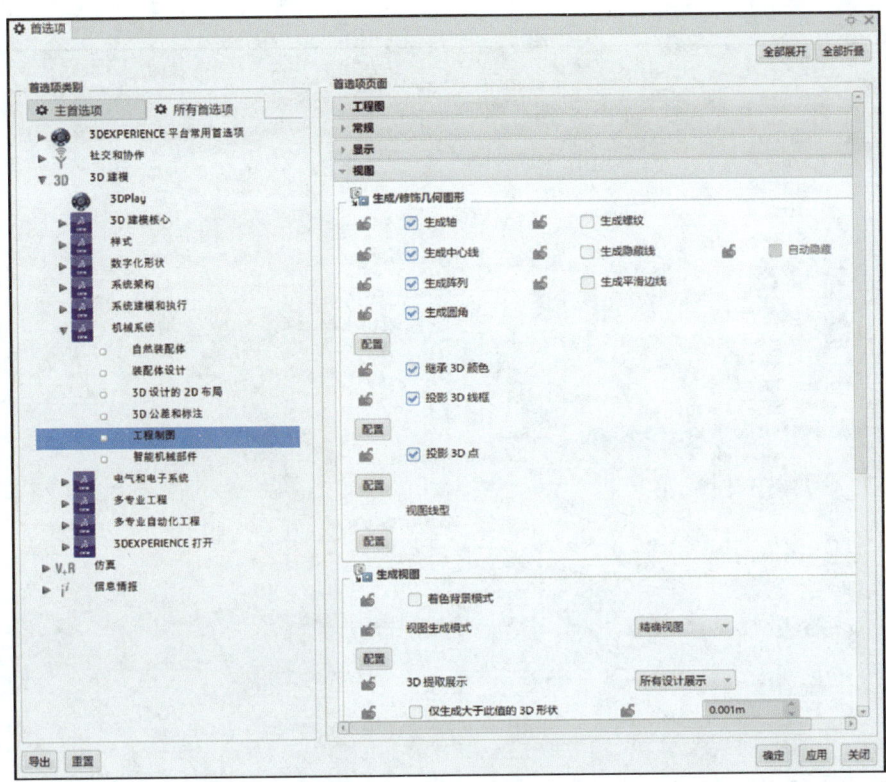

图 10.1-1 工程制图-视图设置

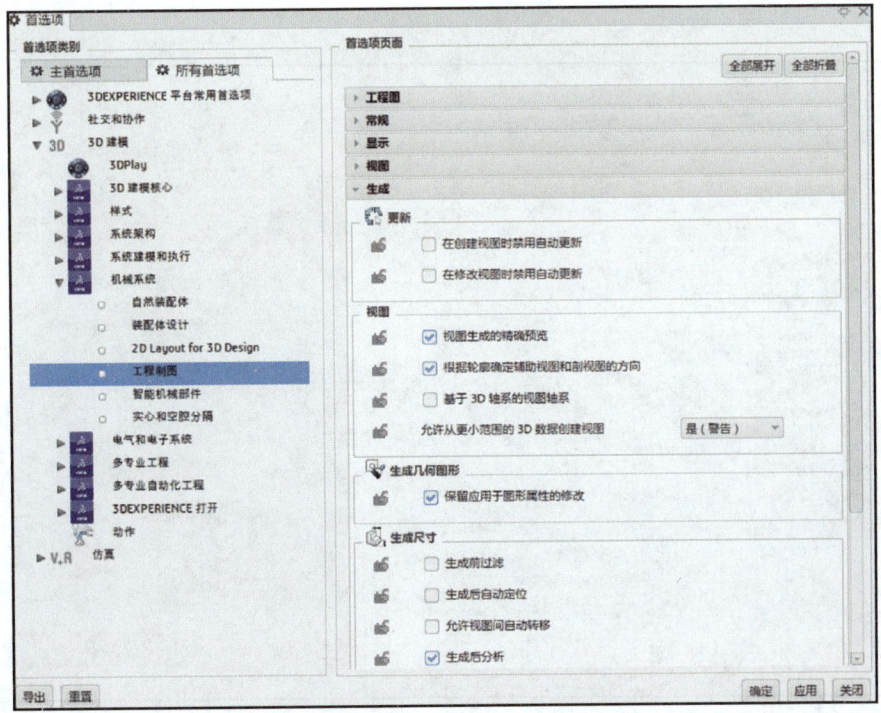

图 10.1-2 工程制图-生成设置

第 10 章 二维地质出图

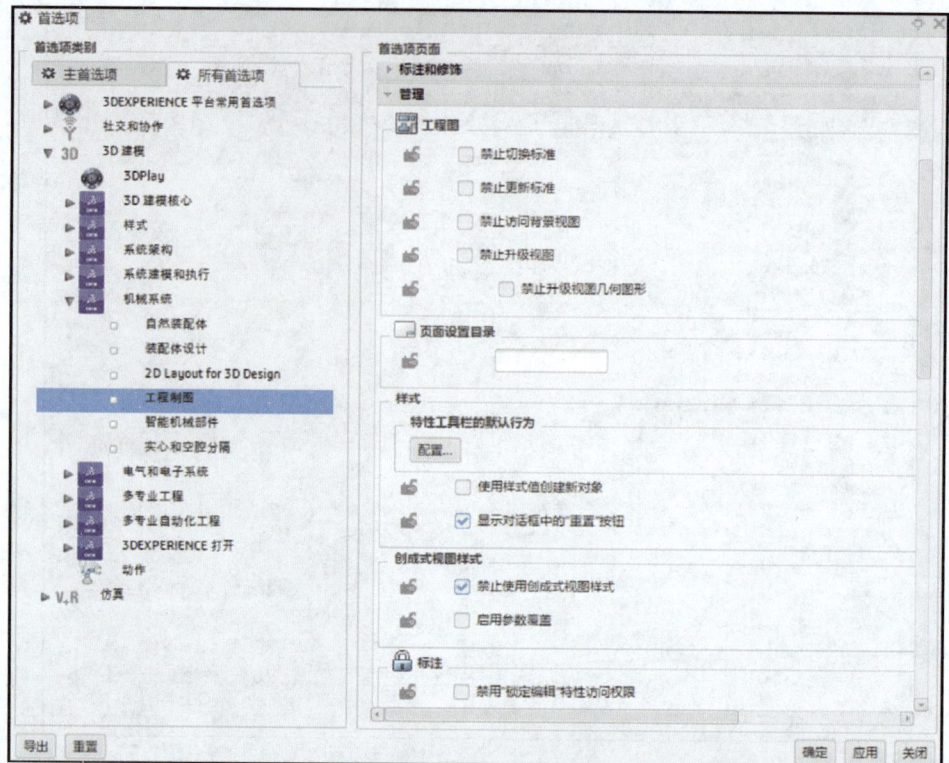

图 10.1-3 工程制图-管理设置

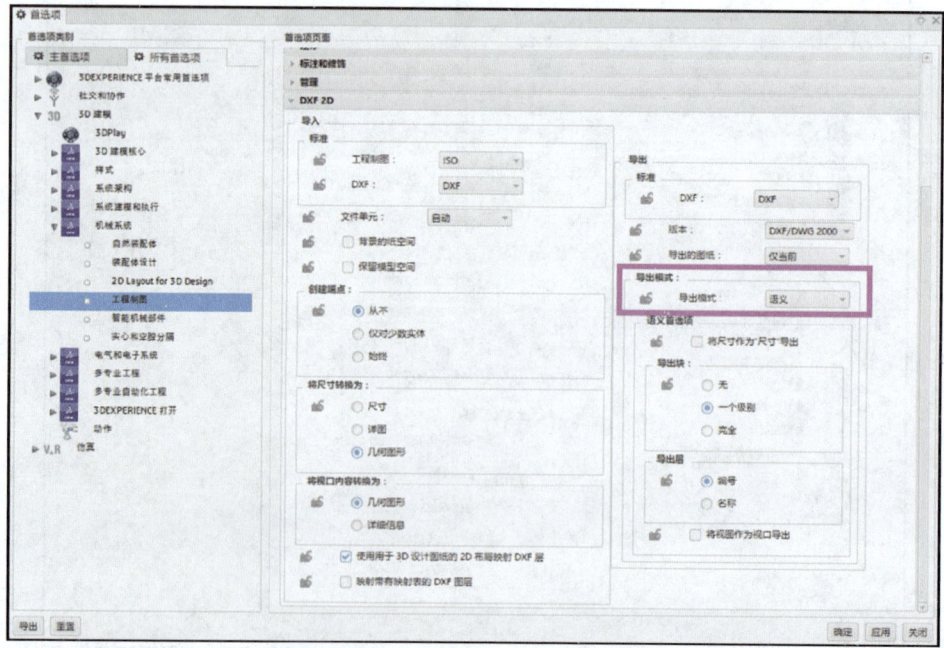

图 10.1-4 工程制图-DXF 2D 设置

lectionStandard 一个路径 CATCollectionStandard＝D：\DS\PAT，并在 D：\DS 路径下新建 PAT 文件夹，放置 CATCollectionStandard 中的内容，重启软件即可。在环境变量中添加内容具体操作见第 1 章 1.6 节。

（2）在标准定义【类别】下拉菜单中选择 drafting，文件选择 ISO.xml，单击"另存为新文件"，新文件保存在上一步新建的 PAT 文件夹中，命名为 ISO-DZ 即可，如图 10.2-3 所示。

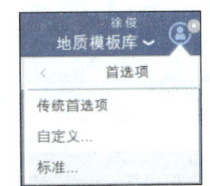

图 10.2-1 【标准】选项

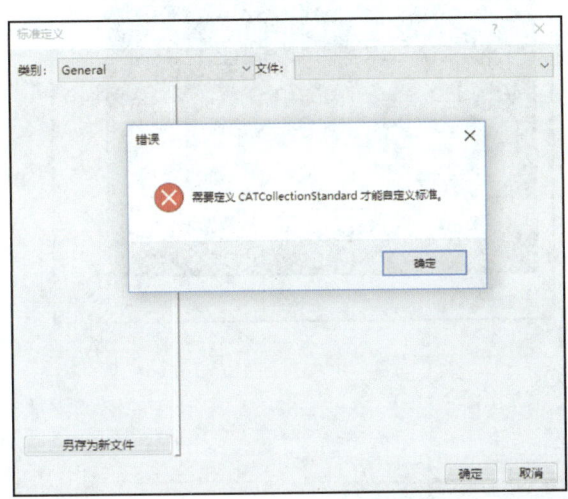

图 10.2-2 定义标准路径

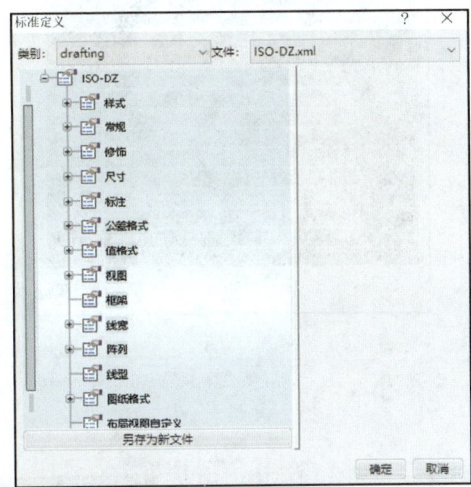

图 10.2-3 drafting 标准项

（3）点击 ISO-DZ 标准下的线型选项并将右边窗口下拉至 36 列，如图 10.2-4 所示。双击第 36 列，弹出的对话框如图 10.2-5（a）所示，双击【双维线型】中的 1，在

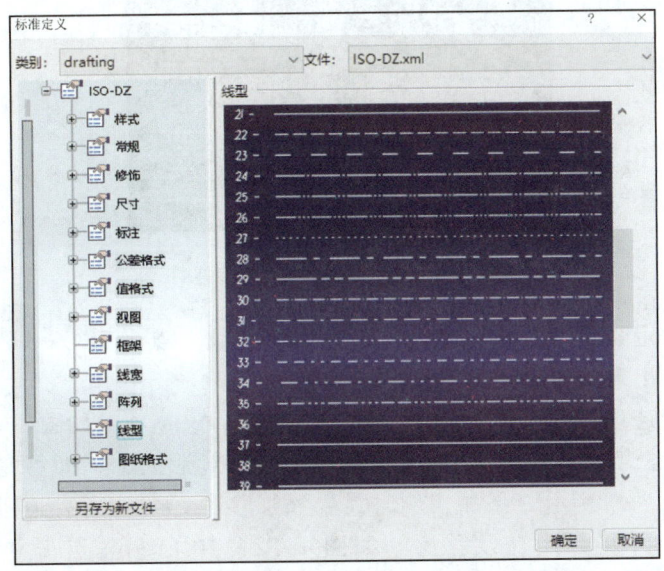

图 10.2-4 drafting 线型项

弹出的对话框中可以绘制本专业所需的线型,单击开始绘制,单击右键结束绘制,如图 10.2-5(b)所示,点击"确定"按钮后的效果如图 10.2-6 所示。

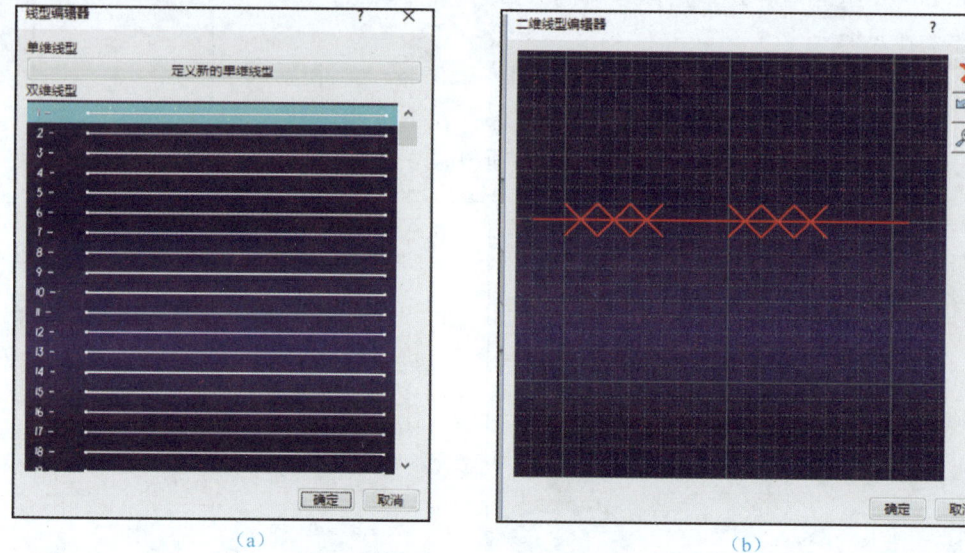

图 10.2-5　drafting 自定义线型

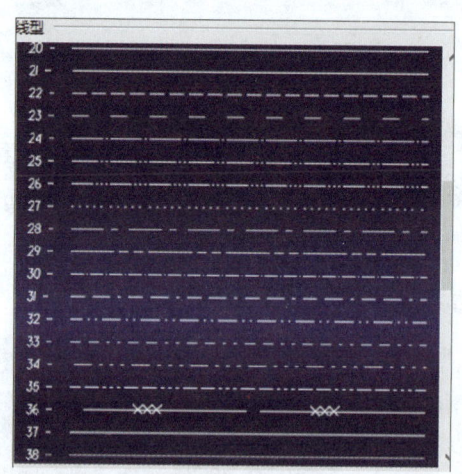

图 10.2-6　自定义强风化线型

(4)除了可自定义线型外,还可以自定义填充花纹。点击 ISO-DZ 标准下的阵列选项,再选择向量,出现的对话框如图 10.2-7 所示。

(5)点击向量选项右侧添加实例按钮,左边增加 vector 项,如图 10.2-8 所示。点击 vector 项,可将砂岩填充花纹的 PAT 文件拷贝至右边对话框中,即可完成砂岩填充花纹的制作,如图 10.2-9 所示。添加实例时需要添加多项,要将所有地质专业要用的填充花纹都添加进来,并将无用花纹移除,如图 10.2-10 所示,点击"确定"按钮保存即可。

10.3 图框绘制

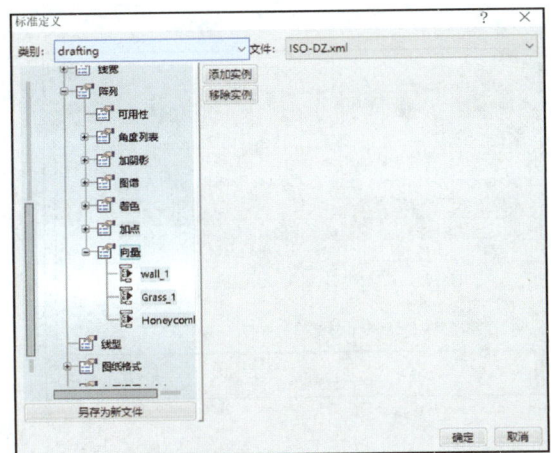

图 10.2-7　drafting 向量项

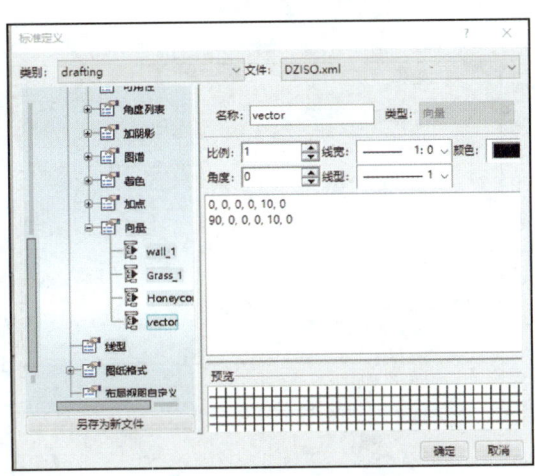

图 10.2-8　drafting 向量添加实例

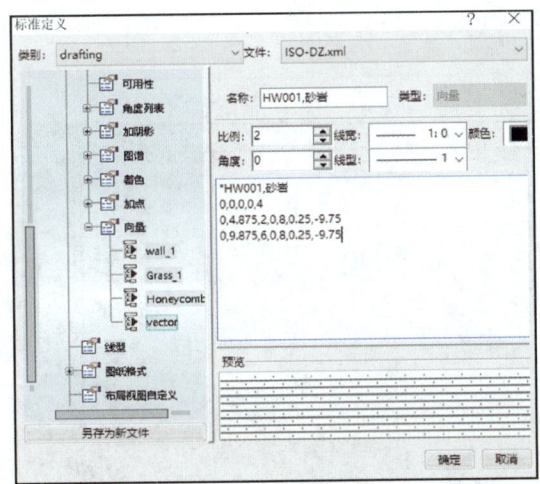

图 10.2-9　砂岩填充图案

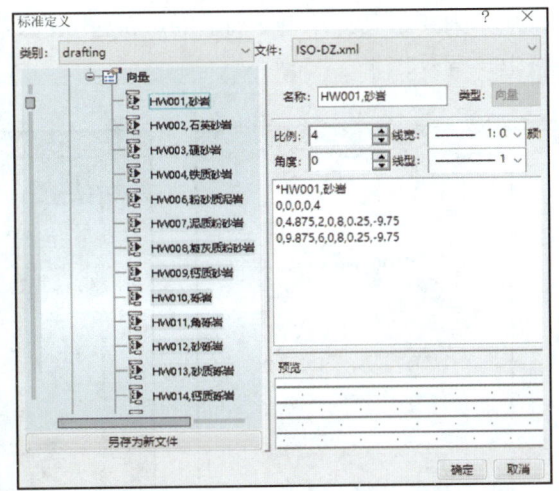

图 10.2-10　地质花纹列表

10.3　图框绘制

图框绘制主要有两种方法：①在 （Drafting）APP【编辑背景】中直接绘制；②在 CAD 软件中绘制好图框，拷贝至【编辑背景】中。

1. 方法一：直接绘制

（1）新建工程图。在 3DE 平台中打开已建的地质模型，再单击罗盘左侧 3D 图标，进入 （Drafting）APP，弹出的工程图对话框如图 10.3-1 所示。在【工程图】选项中设计范围选择大范围，在【工程图信息】选项中标准选择 10.2 节中完成的 ISO-DZ，图纸样式按需选取，勾选在模型中插入工程图，则工程图可以显示在模型结构树上，单击

第 10 章 二维地质出图

"确定"按钮完成工程图新建。

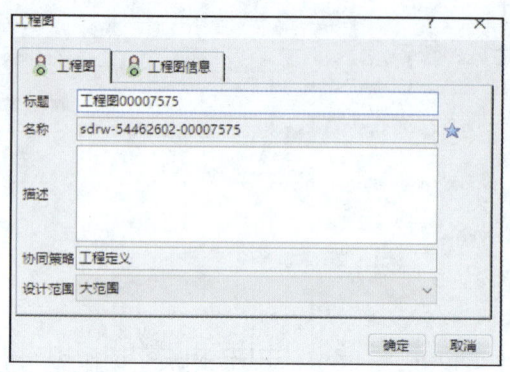
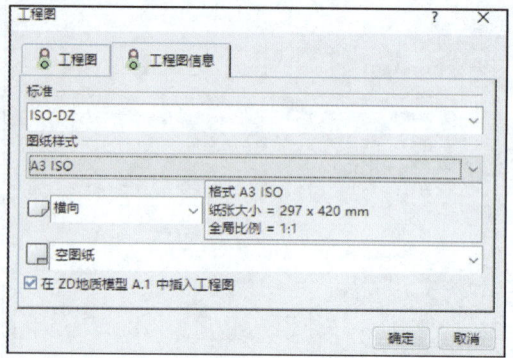

图 10.3-1 新建工程图对话框

（2）右键单击【图纸】进入【编辑背景】空间，如图 10.3-2 所示，再通过绘图工具按照相关要求直接绘制，如图 10.3-3 所示，绘制完成后，单击 （工作视图）命令即可退出背景编辑。

图 10.3-2 进入编辑背景空间

图 10.3-3 绘制图框

2. 方法二：导入

（1）在 CAD 软件中按 1∶1 尺寸绘制标准图框，并将图框左下角置于 (0, 0) 点。

（2）单击软件右上角 图标，将 CAD 图框导入至工程图中。

（3）将导入的 CAD 图框拷贝至【编辑背景】中，框选所有文字，右键单击属性，弹出的对话框如图 10.3-4 所示，修改字体及大小。单击【注释】栏下【区域填充】命令旁边的小三角，选择 （插入图片）命令，可插入单位 logo 图片，完成后单击 （工作视图）命令，退出背景编辑，如图 10.3-5 所示。

10.3 图框绘制

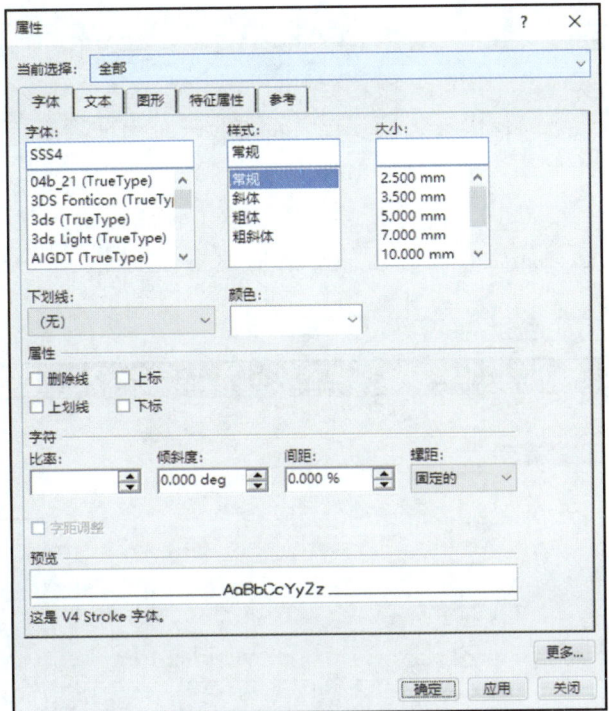

图 10.3-4 修改图签字体

图 10.3-5 完成图框、图签导入

10.4 直线剖面

完成绘图标准定制及图框图签绘制之后，可进行二维图件绘制。

直线剖面的绘制共包含 9 步，具体操作步骤如下：

（1）新建工程图。按照 10.3 节中所述方法新建工程图并绘制图框图签。在建好的工程图中右键单击图纸选择属性，在弹出的对话框中将标度改为 1：1000，如图 10.4-1 所示。

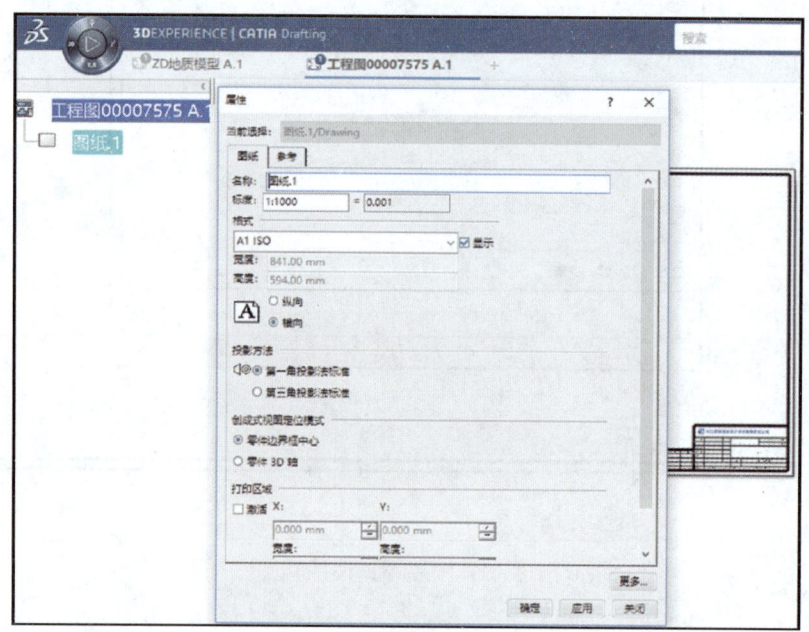

图 10.4-1　更改图纸标度

（2）正视图投影。单击【视图布局】栏下 （正视图）命令，然后将工作平台切换至已建好的地质模型界面，如图 10.4-2 所示。单击结构树中 xy 平面后，软件会自动返回至新建的工程图界面，如图 10.4-3 所示。在绿色虚线框以外的空白地方单击左键，界面右下角会弹出正视图生成步骤进度图，如图 10.4-4 所示，步骤执行完毕后，即可生成正视图，如图 10.4-5 所示。

注意：第 1 步中如果未设置图纸标度，则执行【正视图】命令将按照 1：1 比例进行投影，投影完成后，【前视图】将远远超出图框的范围，此时可以右键单击图 10.4-5 中红色框架，选择属性，在弹出的对话框中将放缩改为 1：1000，如图 10.4-6 所示。若不勾选【显示视图框架】，则红色框架不显示。移动【前视图】时需显示框架，此时可以在结构树上右键单击【前视图】，选择属性，再将【显示视图框架】勾选即可。【前视图】缩小之后，可以单击结构树上的【前视图】，利用【重新定位基于】命令，将【前视图】在绘图区居中显示。

10.4 直线剖面

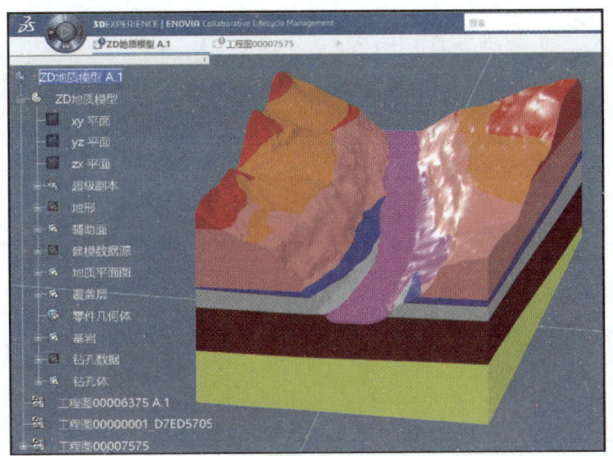

图 10.4-2　选择投影 xy 面

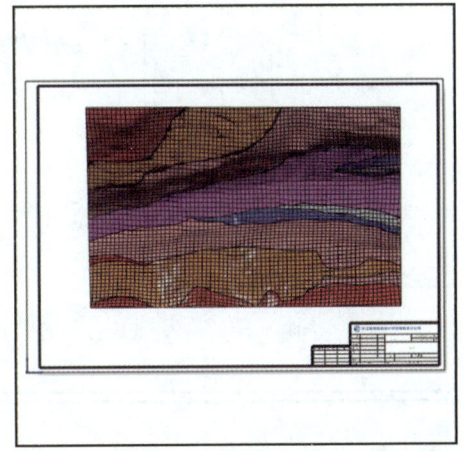

图 10.4-3　返回新建的工程图后的界面

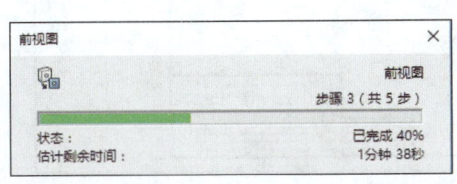

图 10.4-4　生成步骤对话框

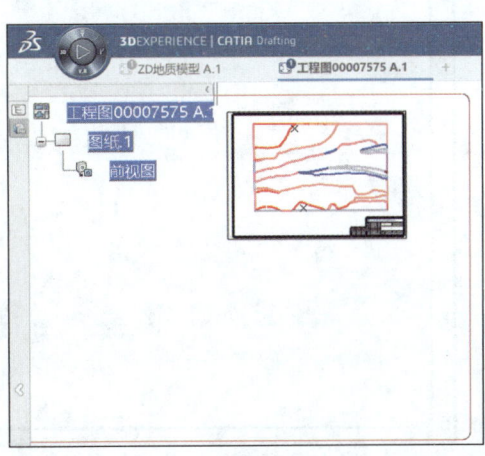

图 10.4-5　正视图

215

（3）画直线剖面线。单击【视图布局】栏下 ▨▨ （偏移剖视图）命令右侧小三角，选择 ▨▨ （偏移截面分割）命令，如图 10.4-7 所示。在【前视图】中画一条直线剖面线，如图 10.4-8 所示，直线的终点完成绘制后，双击鼠标左键即可退出绘制。随后弹出剖面

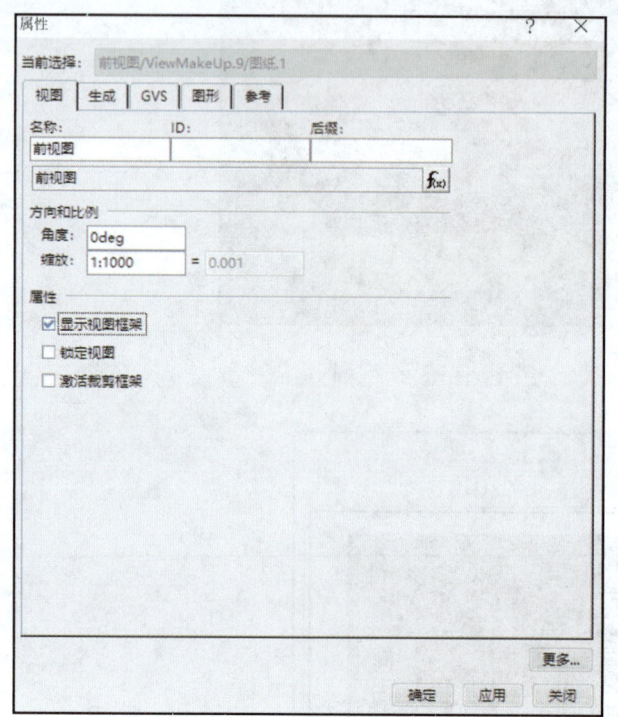

图 10.4-6　前视图属性对话框

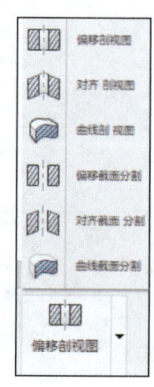

图 10.4-7　【偏移截面分割】命令

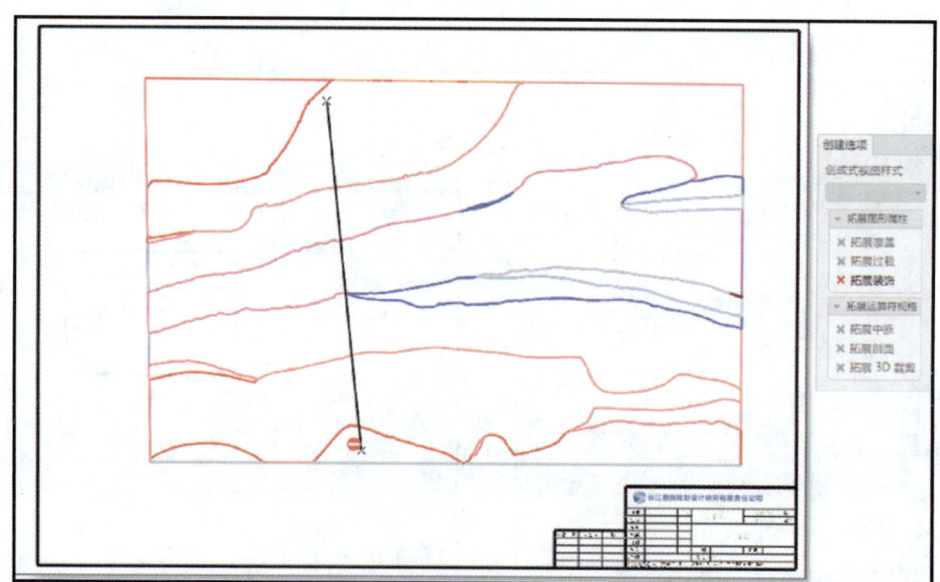

图 10.4-8　画直线剖面线（黑线）

10.4 直线剖面

预览界面,如图 10.4-9 所示,将预览图移动至适当的位置后单击鼠标左键,得到偏移截面分割的步骤进度图,如图 10.4-10 所示。生成步骤完成后即可生成二维直线剖面图,如图 10.4-11 所示,选中剖面图,单击鼠标右键,选择属性,如图 10.4-12 所示,将

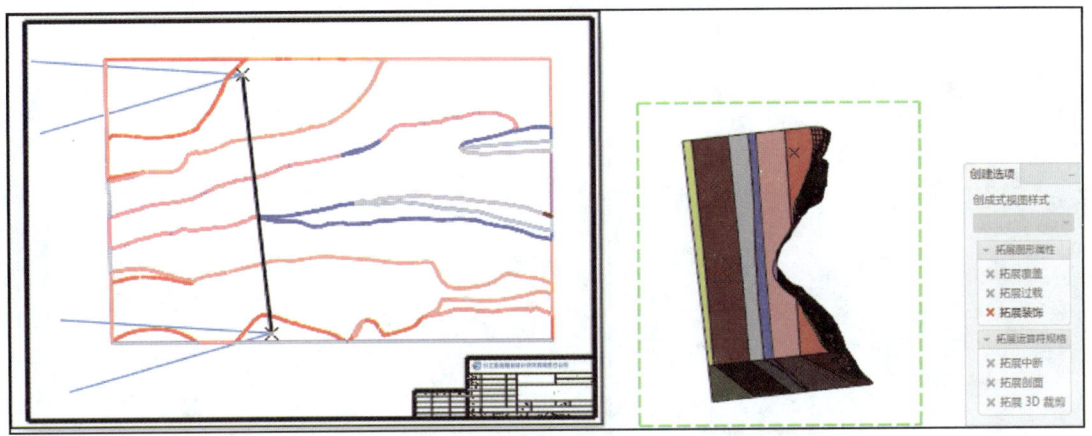

图 10.4-9 剖面预览界面

【角度】设置为 180°或 0°后的二维直线剖面如图 10.4-13 所示。

注意:图 10.4-11 中剖面图只能左右移动而无法上下移动时,可右键单击黄色框架,选择【视图定位】-【独立于参考视图定位】选项,如图 10.4-14 所示,操作完成后,剖面图即可随意移动。

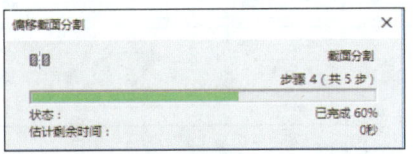

图 10.4-10 偏移截面分割步骤对话框

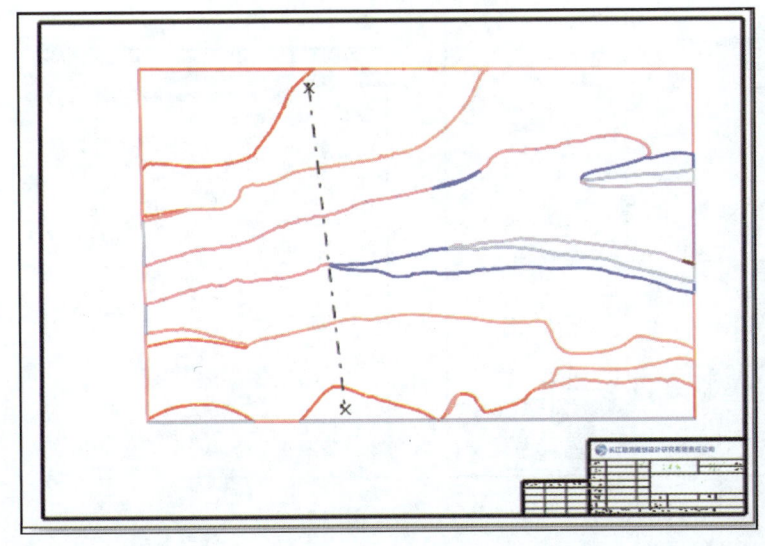
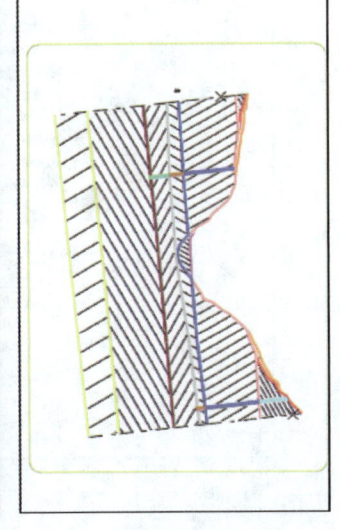

图 10.4-11 二维直线剖面图

(4)新建图纸。右键单击工程图选择新图纸,则可新建图纸,如图 10.4-15 所示。将图 10.4-13 中的直线剖面剪切粘贴到新图纸中。注意,新建图纸可继承上一张图纸的

图框及图签，若大小不合适，则可以在编辑背景中进行删除，最后一步再进行添加。为了方便打印，一张图纸中最好只放一张图。

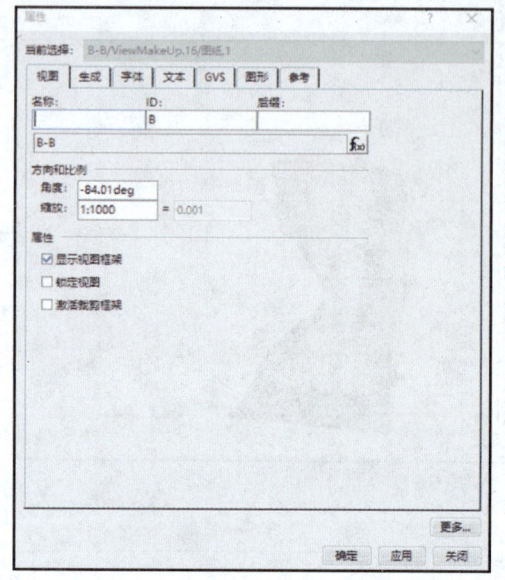

图 10.4-12　二维直线剖面属性设置

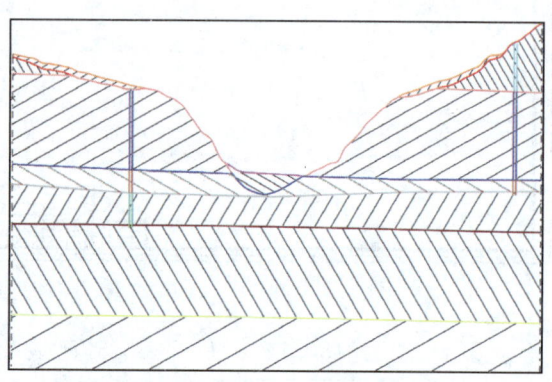

图 10.4-13　属性设置后的剖面图

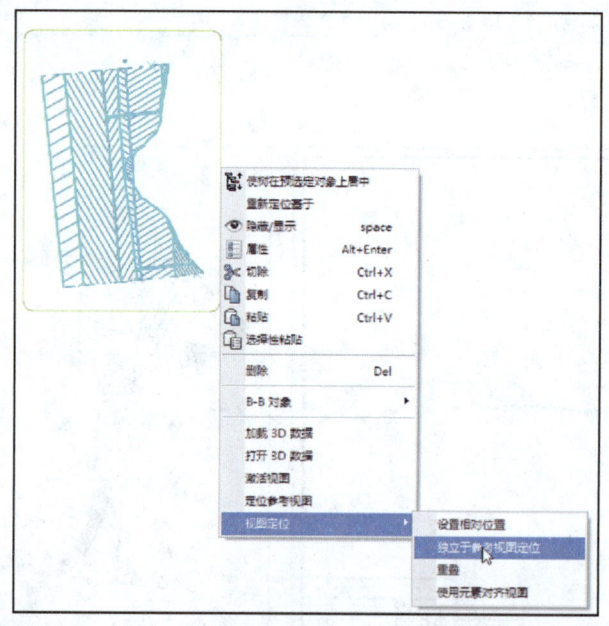

图 10.4-14　视图定位设置

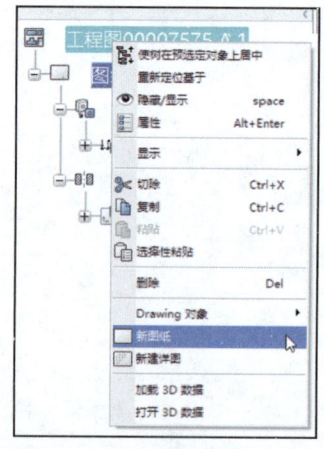

图 10.4-15　新建图纸

（5）修改填充图案。单击剖面图中的填充图案，弹出属性对话框，在【阵列】栏类型选项中选择向量，弹出阵列选择器对话框，如图 10.4-16 所示。点击"下一步"按钮，选择需要的花纹填充图案，剖面填充最终完成后的效果如图 10.4-17 所示。

10.4 直线剖面

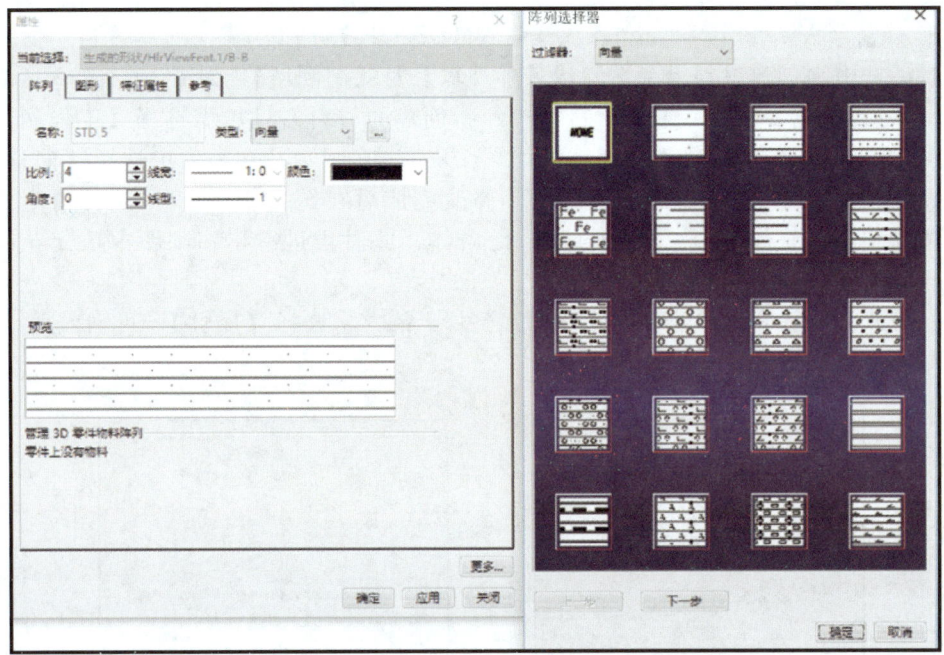

图 10.4-16 选择填充花纹

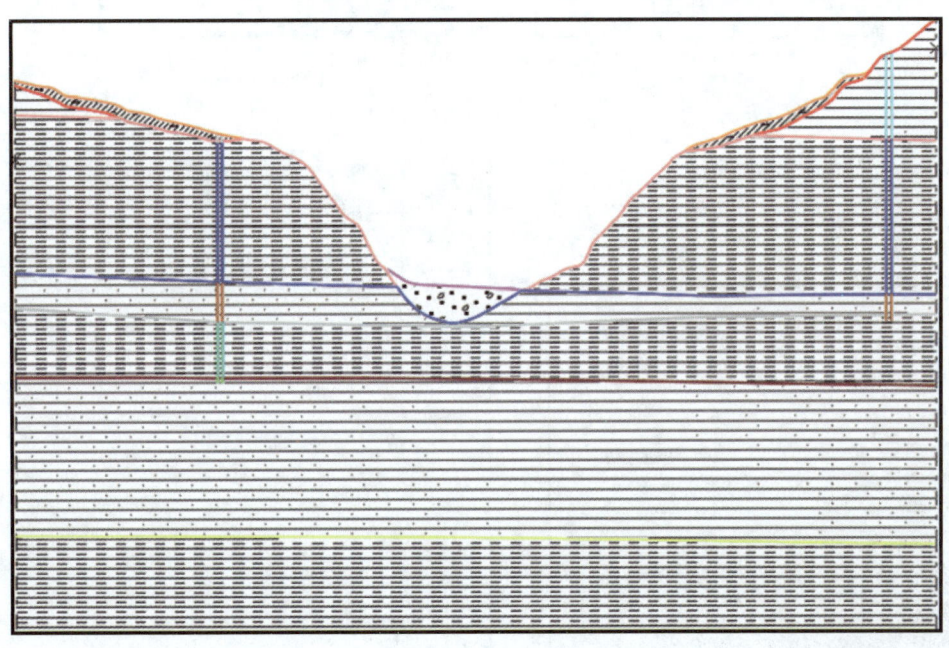

图 10.4-17 完成地质岩性花纹填充

注意：每个地质体都要封闭成包络体或实体，否则无法显示填充花纹。每个地质包络体都要放在不同的几何图形集中，否则无法单独修改填充花纹。

填充图案除了在此处修改外，还可以在模型材料里自定义填充截面。回到地质模型文件，进入（Assembly Design）APP，单击【工具】栏下 （创建材料）命令，在弹出的对话框中为创建材料命名，勾选【外观域】及【制图域】，如图 10.4－18 所示。再单击 （材料浏览器）命令搜索材料，找到新创建的材料右键单击选择【工程制图】选项，如图 10.4－19 所示，弹出的对话框如图 10.4－20 所示，在类型中选择【向量】，再将所需岩性花纹 PAT 文件拷贝进来即可。修改完成后在图 10.4－19 中选择【应用】选项，再选择相应地质体，即可将材料赋予地质体，此时再进行出图则图中填充花纹即为地质专业所需花纹。

（6）修改线型。右键单击剖面图中的岩性分界线，选择【属性】，可对线型进行修改，如图 10.4－21 所示。

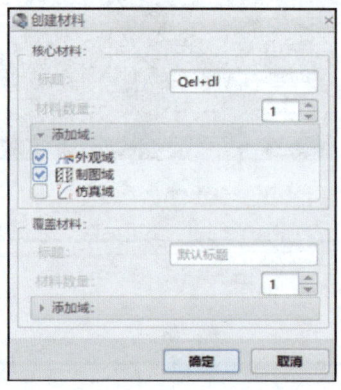

图 10.4－18　创建材料

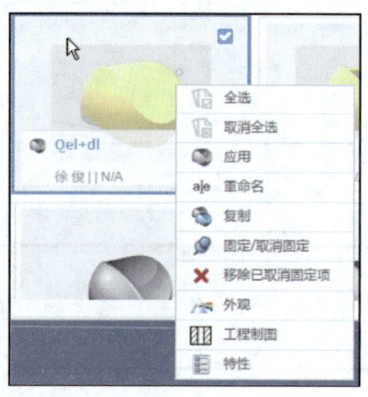

图 10.4－19　搜索材料

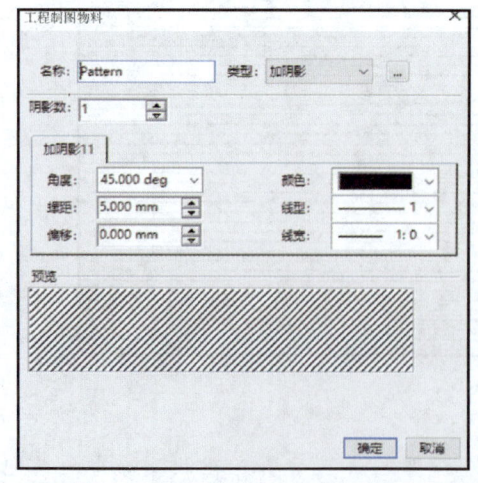

图 10.4－20　修改材料工程制图

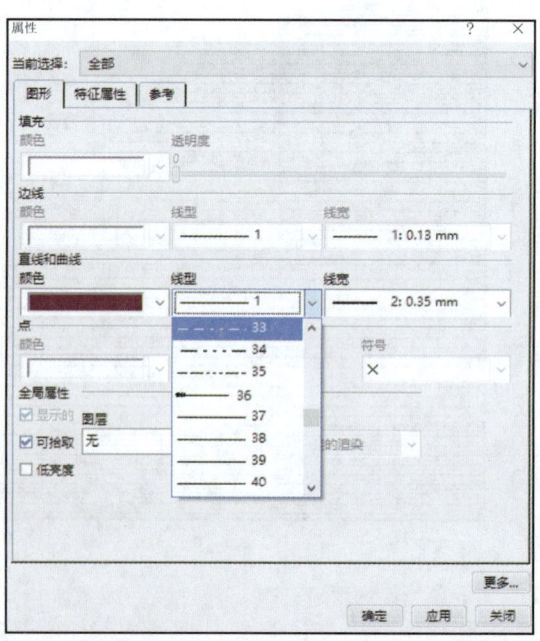

图 10.4－21　修改线型

（7）生成剖面点坐标。双击剖面图框架，框架变为红色则为激活状态。单击【注释】栏下【图例表】中的【坐标尺寸表】命令，如图 10.4－22 所示，再单击剖面图中的一个点，弹出的对话框如图 10.4－23 所示。逐一单击需要列出坐标的点，单击"确定"按钮后生成表格，双击表格可以对表格内容进行编辑，如图 10.4－24 所示。编辑完成后，在空白处单击左键可退出表格编辑模式。右键单击表格选择属性，可修改表格内文字样式及大小，如图 10.4－25 所示。

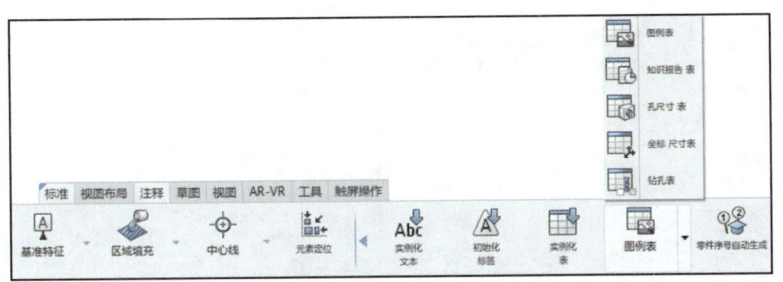

图 10.4－22　坐标尺寸表

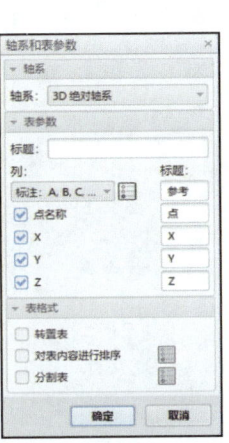

图 10.4－23　坐标尺寸表内容

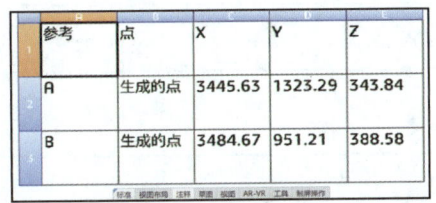

图 10.4－24　编辑坐标尺寸表

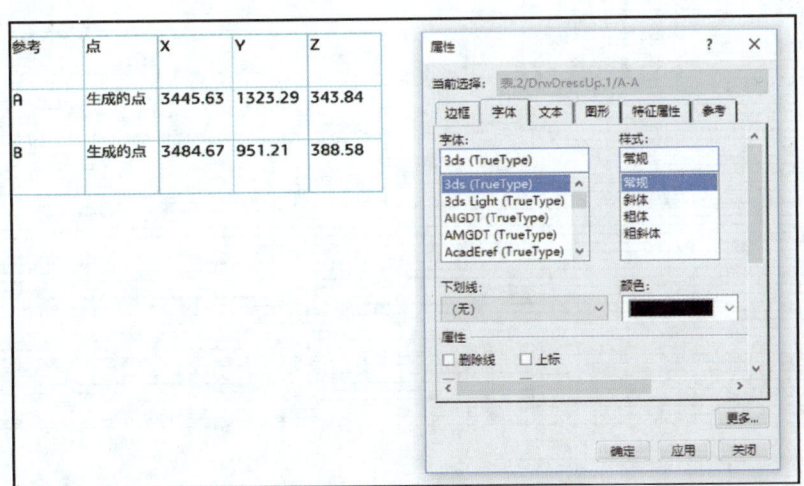

图 10.4－25　选择坐标尺寸表文字样式及大小

(8) 标注地层代号。单击【注释】栏下 Abc（文本）命令可标注地层代号。标注完成后，选择文字再右键单击选择属性，可将所选文字改为上标或下标。右键单击文字边框，选择属性，在【框架】复选框中选择矩形，【空白背景】选择区域填充，如图 10.4-26 所示。单击"确定"按钮后可为标注文字添加一个外框并遮挡填充图案，地层标注完成后的效果如图 10.4-27 所示。

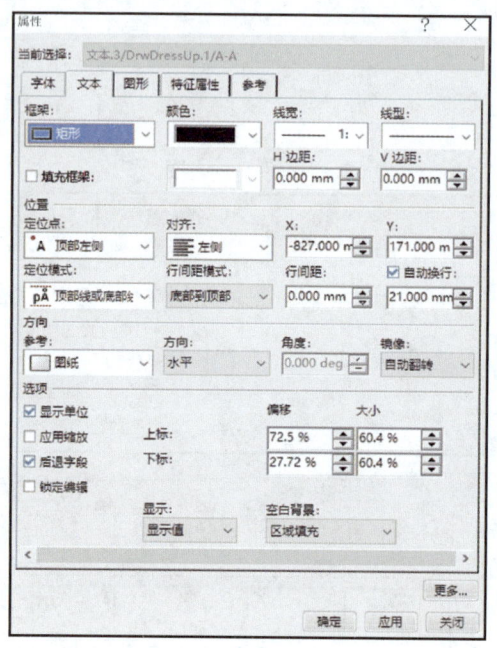

图 10.4-26　设置标注文字属性

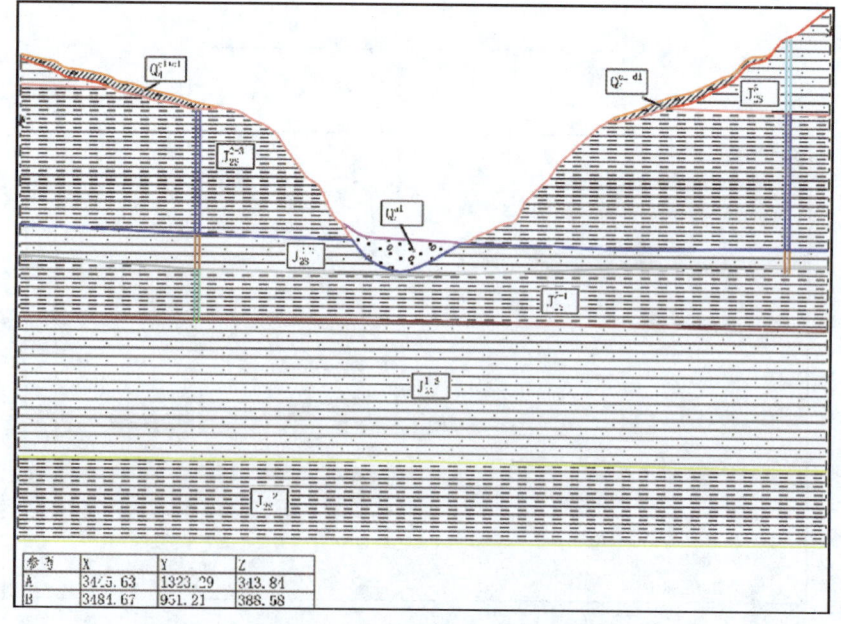

图 10.4-27　完成地层代号标注

（9）添加图框、图签、标尺及信息栏。在 CAD 软件中按 1∶1 尺寸绘制好图框、图签、标尺及信息栏，按照 10.3 节中方法二添加到剖面图背景中去，再将剖面图根据参考点坐标移动到正确的高程位置，完成后的效果如图 10.4-28 所示。

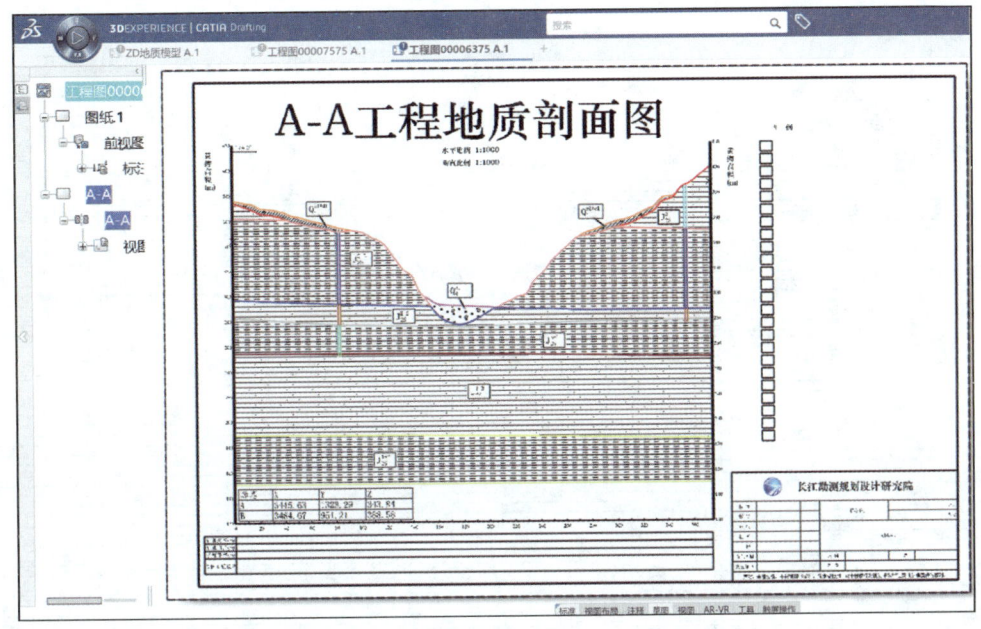

图 10.4-28 添加图框、图签、标尺及信息栏

上述直线剖面图（图 10.4-27）还可导出成 DWG 文件，在 CAD 软件中根据相关制图标准添加图例、图框，标尺等。具体操作过程如下：

首先在工程图中保存文件，再单击软件右上角 ![icon]（导出）图标，直接单击导出图标（勿单击右侧的展开图标），弹出导出对话框，如图 10.4-29 所示。【格式】选择 DWG，【位置】选择合适的路径，单击"确定"按钮。完成后会跳转至导出成功界面提示，如图 10.4-30 所示。在 CAD 软件中可打开 DWG 文件，如图 10.4-31 所示。

图 10.4-29 导出界面

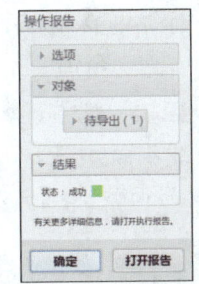

图 10.4-30 导出成功界面提示

第 10 章 二维地质出图

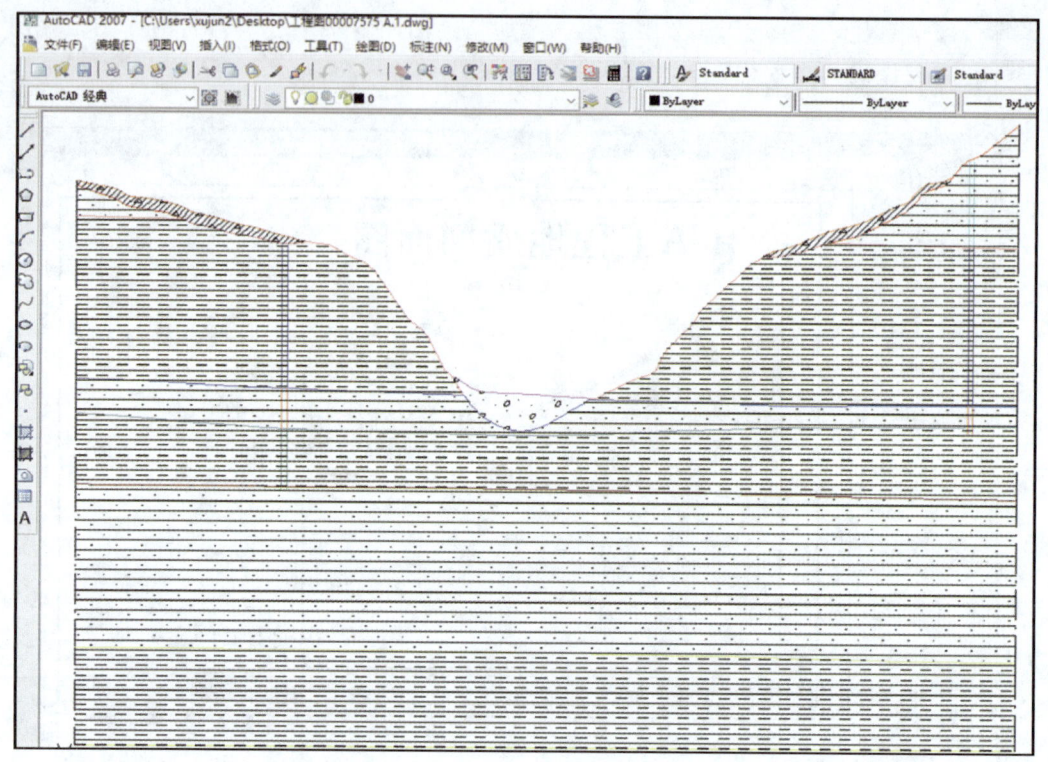

图 10.4-31 在 CAD 中打开剖面图

10.5 折线剖面

折线剖面的绘制共包含 9 步，具体步骤如下：

（1）新建工程图，具体操作方法见 10.4 节中的第 1 步。

（2）正视图投影，具体操作方法见 10.4 节中的第 2 步。

（3）画折线剖面线。单击【视图布局】栏中 ▨ （偏移剖视图）右侧的小三角，选择 ▨ （对齐截面分割）命令，如图 10.5-1 所示。在【正视图】中画一条折线剖面线，如图 10.5-2 所示。折线的终点完成绘制后，双击鼠标左键退出剖面线绘制，弹出剖面预览界面，如图 10.5-3 所示。将预览图移动到适当的位置后单击鼠标左键，得到对齐截面分割步骤进度图，如图 10.5-4 所示。生成步骤完成后得到二维折线剖面图，如图 10.5-5 所示。选中剖面图，单击鼠标右键，选择属性，如图 10.5-6 所示，将角度设置为 180°或 0°，设置后的二维折线剖面如图 10.5-7 所示。

注意：绘制折线剖面线时【正视图】一定要处于激活状态，即【正视图】框架为红色。

（4）新建图纸，具体操作方法见 10.4 节中的第 4 步。

（5）修改填充图案，具体操作方法见 10.4 节中的第 5 步。

10.5 折线剖面

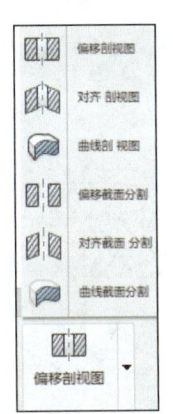

图 10.5-1 【对齐截面分割】命令

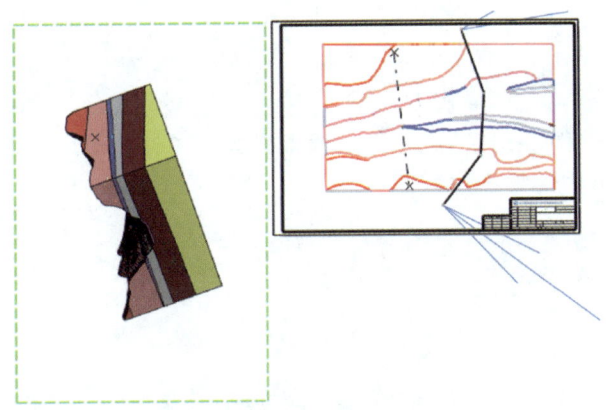

图 10.5-2 画折线剖面线（黑线）

图 10.5-3 剖面预览界面

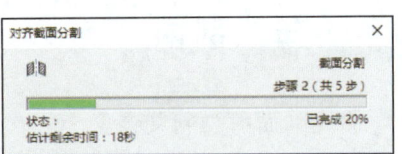

图 10.5-4 对齐截面分割步骤对话框

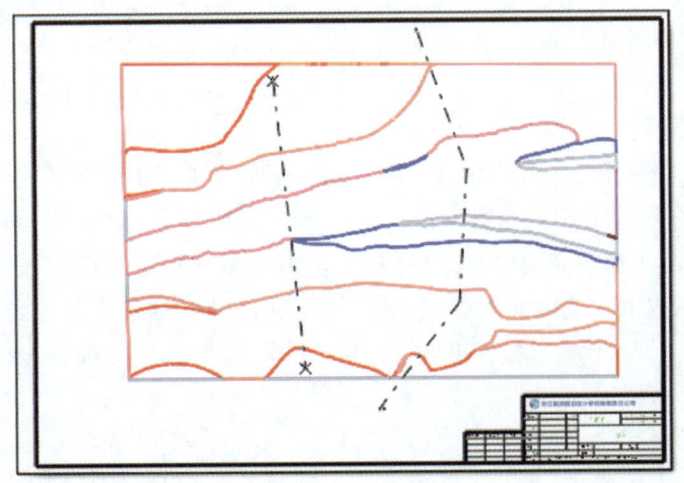

图 10.5-5 二维折线剖面图

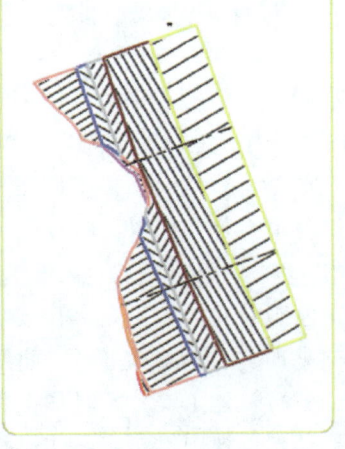

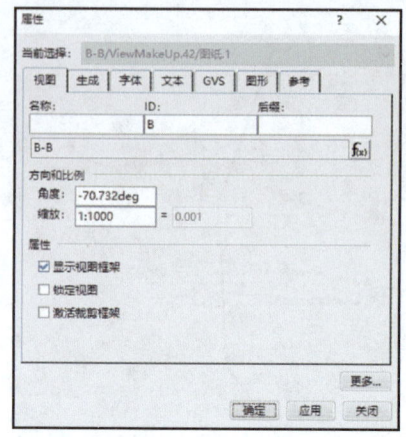

图 10.5-6　二维折线剖面属性设置　　　　图 10.5-7　属性设置后的剖面图

（6）修改线型，具体操作方法见 10.4 节中的第 6 步。
（7）生成剖面点坐标，具体操作方法见 10.4 节中的第 7 步。
（8）标注地层代号，具体操作方法见 10.4 节中的第 8 步。
（9）添加图框、图签、标尺及信息栏，具体操作方法见 10.4 节中的第 9 步。

上述折线剖面图还可导出成 DWG 文件，在 CAD 软件中根据相关制图标准添加图例、图框及标尺等，具体操作方法见 10.4 节中的导出过程。

10.6　曲线剖面

曲线剖面的绘制共包含 10 步，具体步骤如下：

（1）在已建三维地质模型中创建 3D 曲线。打开已建三维地质模型，激活三维地质模型 3D 形状节点，进入 （Civil 3D Design）APP。单击【线框和曲面】栏下 （3D 曲线）命令，弹出 3D 曲线对话框，如图 10.6-1（a）所示。在俯视图模式下，在模型范围内画一条 3D 曲线，创建类型选择【通过点】，曲线剖面线绘制完成后，单击右键弹出对话框，如图 10.6-1（b）所示，选择约束此点，结束剖面线绘制。至此在三维地质模型中创建了一条 3D 曲线，如图 10.6-2 中黑色线条所示。

该步骤中 3D 曲线创建还可以利用 （Civil 3D Design）APP【工具】栏下 （公式）命令，在地质模型中创建一个曲线的新类型参数并命名为 3D 曲线，再以 xy 平面建立定位草图，利用 （轮廓）命令画一条带弧线的轮廓线，退出草图后，右键单击 3D 曲线选择 3D 曲线对象-编辑公式选项，如图 10.6-3 所示。在弹出的对话框中双击结构树上刚刚新建的草图，如图 10.6-4 所示，将 3D 曲线与草图关联起来，结构树上 3D 曲线前出现 图标，完成 3D 曲线绘制。

（2）新建工程图，具体操作方法见 10.4 节中的第 1 步。
（3）正视图投影，具体操作方法见 10.4 节中的第 2 步。注意在进行正视图投影之前应隐藏模型中 3D 曲线及新建草图。

10.6 曲线剖面

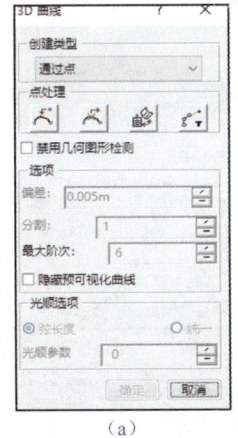
(a)

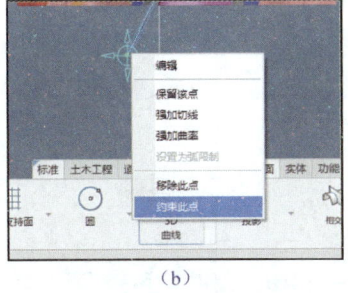
(b)

图 10.6-1 3D 曲线对话框

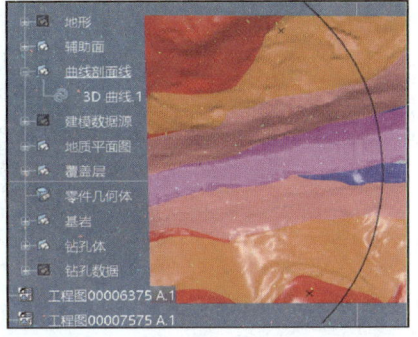

图 10.6-2 画一条 3D 曲线

(4) 画曲线剖面。单击【视图布局】栏中 ▨ (偏移剖视图) 右边的小三角,选择 ▨ (曲面截面分割) 命令,切换至已建三维地质模型中,选择第一步绘制的 3D 曲线,软件自动弹回工程图界面并出现剖面预览界面,如图 10.6-5 所示。将预览图移动到适当的位置单击鼠标左键,得到曲面截面分割步骤进度图,如图 10.6-6 所示。在生成步骤完成后得到二维曲线剖面图,如图 10.6-7 所示。选中剖面图,单击鼠标右键,选择属性,如图 10.6-8 所示,将角度设置为 180°或 0°,设置完成后的二维曲线剖面如图 10.6-9 所示。

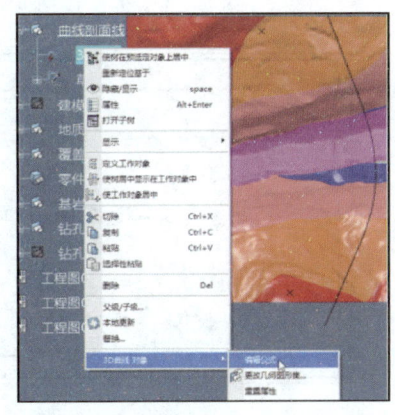

图 10.6-3 编辑 3D 曲线对象

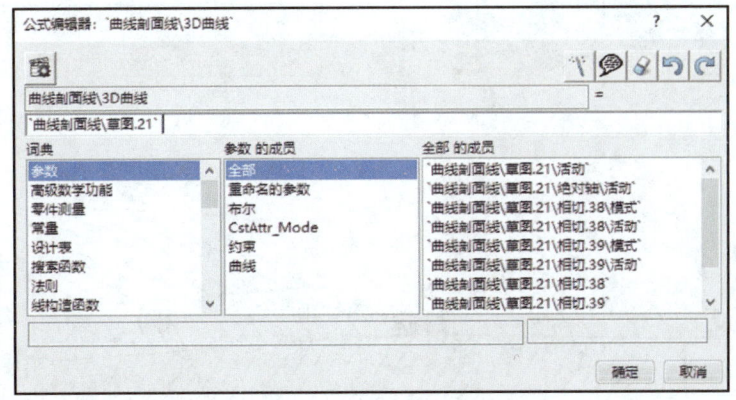

图 10.6-4 3D 曲线与草图关联

(5) 新建图纸,具体操作方法见 10.4 节中的第 4 步。
(6) 修改填充图案,具体操作方法见 10.4 节中的第 5 步。

227

第 10 章　二维地质出图

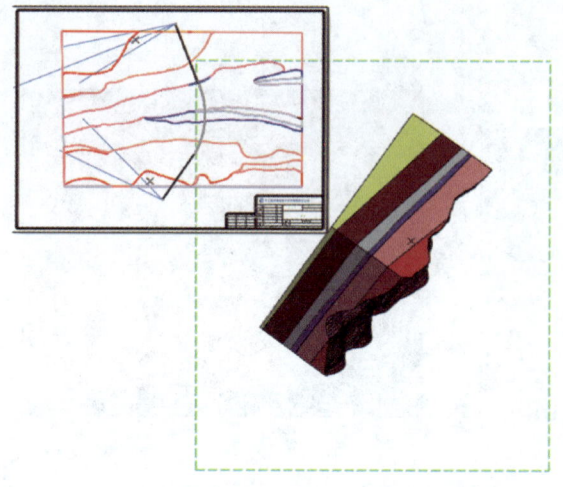

图 10.6-5　剖面预览界面

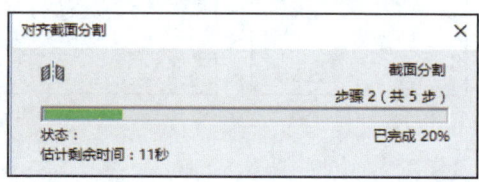

图 10.6-6　曲面截面分割步骤对话框

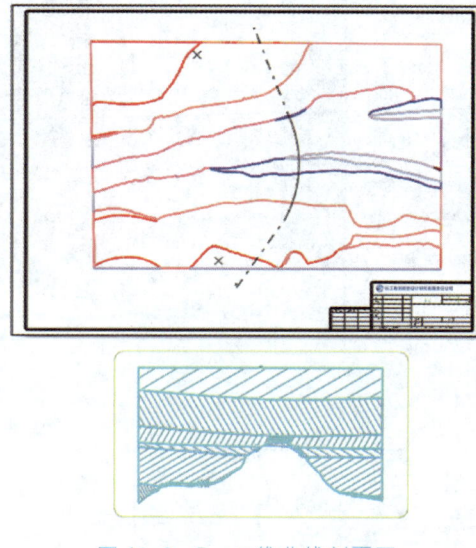

图 10.6-7　二维曲线剖面图

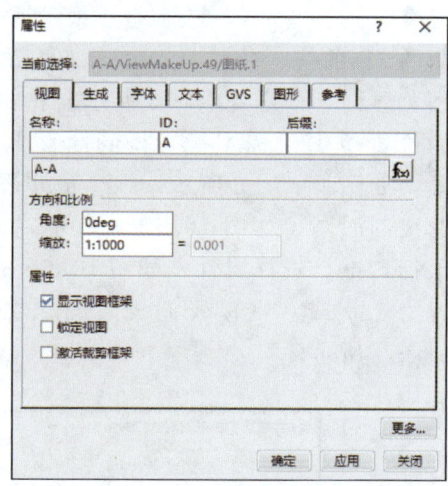

图 10.6-8　二维曲线剖面属性设置

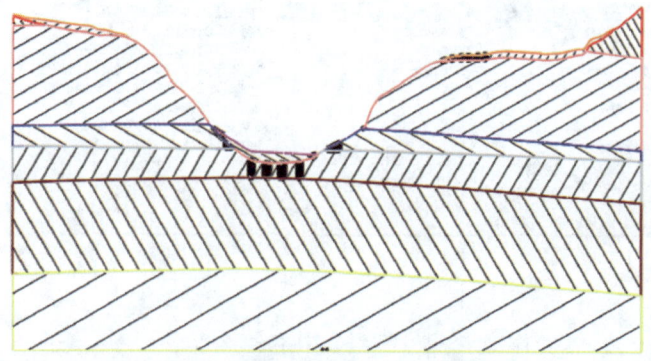

图 10.6-9　属性设置后的剖面图

(7) 修改线型，具体操作方法见 10.4 节中的第 6 步。

(8) 生成剖面点坐标，具体操作方法见 10.4 节中的第 7 步。

(9) 标注地层代号，具体操作方法见 10.4 节中的第 8 步。

(10) 添加图框、图签、标尺及信息栏，具体操作方法见 10.4 节中的第 9 步。

上述曲线剖面图还可导出成 DWG 文件，在 CAD 软件中根据相关制图标准添加图例、图框，标尺等，具体操作方法见 10.4 节中的导出过程。

第 11 章
地质模型贴图、漫游及高分辨率出图

11.1 地形贴图

基于 3DE 平台所建立的三维地形面为网格（Mesh）面或曲面，仅能显示地形的起伏形态，无法体现房屋、道路、植被及河流等地物的明显区别，视觉效果较差。可通过后期贴图处理，将卫星图片或飞机航拍照片贴在三维地形面上来展示自然地形环境，使三维地形面的视觉效果更加逼真。基于 3DE R2017x 版本进行地形面贴图的具体操作步骤如下：

（1）双击激活地形物理产品节点，单击罗盘 3D 图标，切换至 ▲（Aesthetical Shape Modeler）角色下的 ▓（Rendering Scene Design）APP，如图 11.1-1 所示。

（2）单击软件右上角 ➕ 图标，新建一个工程文档，并命名为贴图照片，选择存放在本地电脑上的卫星图片或飞机航拍照片，如图 11.1-2（a）所示，单击"确定"按钮后弹出的对话框如图 11.1-2（b）所示，即将图片上传至服务器。

（3）单击【视图】栏下 ▓（含材料着色）命令，将显示模式调整为含材料着色，这样才能显示材质及图片的贴图效果。

（4）单击【Rendering Scene Design】栏下 ▓（创建贴画）命令，系统弹出对话框，再单击一下地形曲面，则 Link 栏下出现信息，如图 11.1-3 所示，贴画和地形建立连接。单击"确定"按钮后弹出的对话框如图 11.1-4 所示，单击【纹理选择器】选项，弹出的对话框如图 11.1-5 所示，单击 ▓（从数据库内打开纹理文件）图标，弹出选择纹理图

11.1 地形贴图

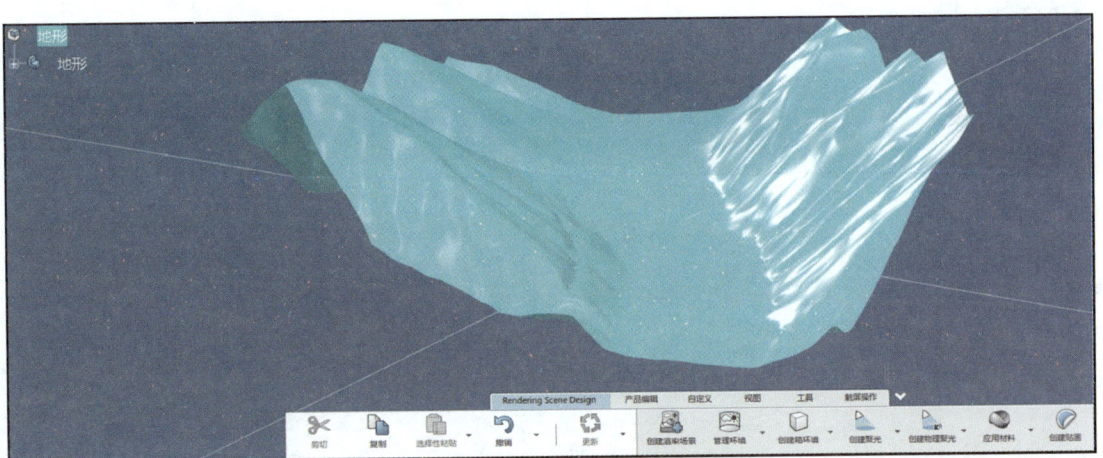

图 11.1-1　进入【Rendering Scene Design】APP

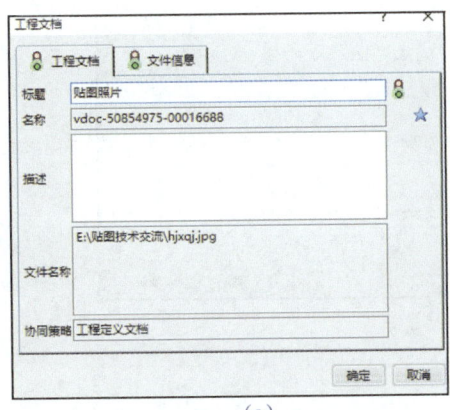
(a)

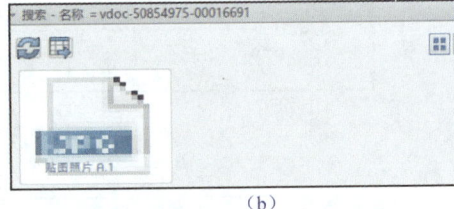
(b)

图 11.1-2　创建工程文档

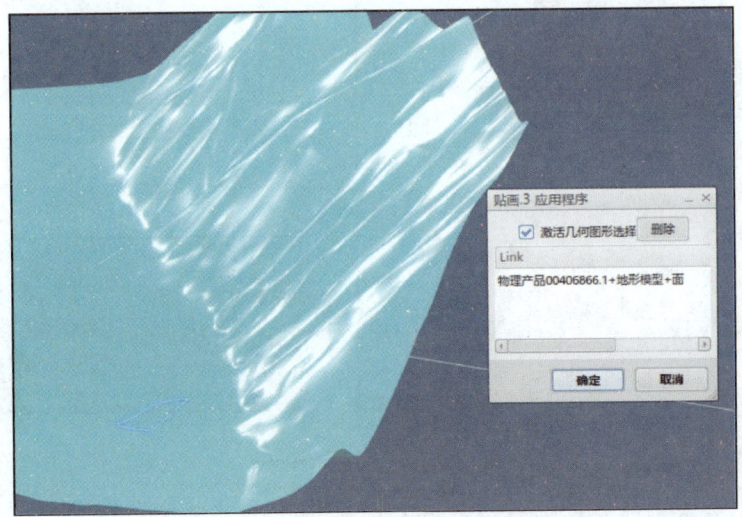

图 11.1-3　贴画和地形建立连接

片对话框,如图 11.1-6 所示,选择第 2 步中导入的贴图照片工程文档,此时纹理选择器对话框如图 11.1-7 所示,再将贴图图片拖拽至【Channel area】栏,如图 11.1-8 所示,单击"Apply"按钮后再单击"OK"按钮。

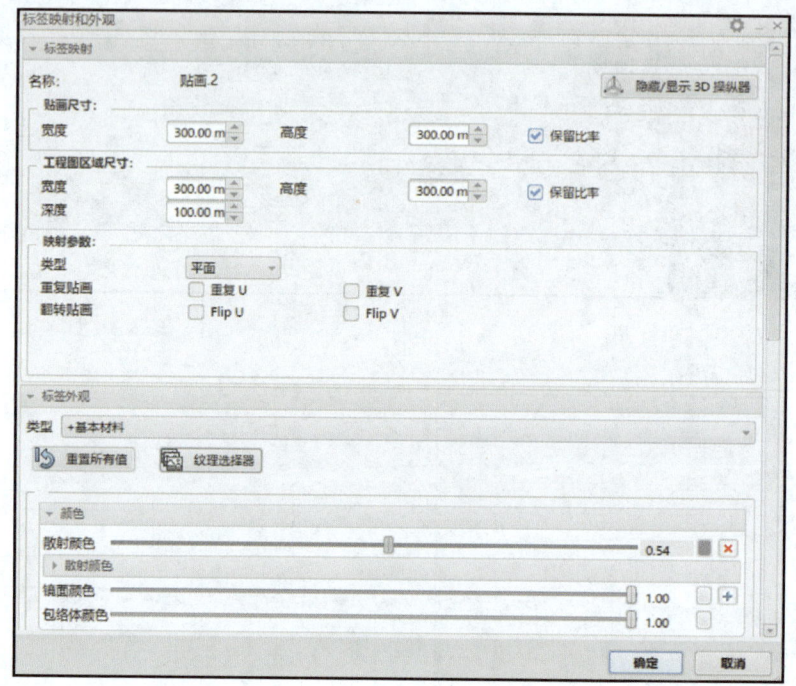

图 11.1-4 【标签映射和外观】对话框

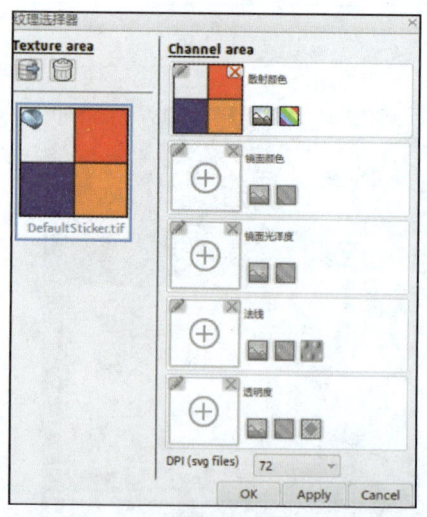

图 11.1-5 从数据库内打开纹理文件

图 11.1-6 选择纹理图片

(5)单击上一步中【标签映射和外观】对话框中的"确定"按钮后,结构树上增加【渲染场景创建】节点,如图 11.1-9 所示。

11.1 地形贴图

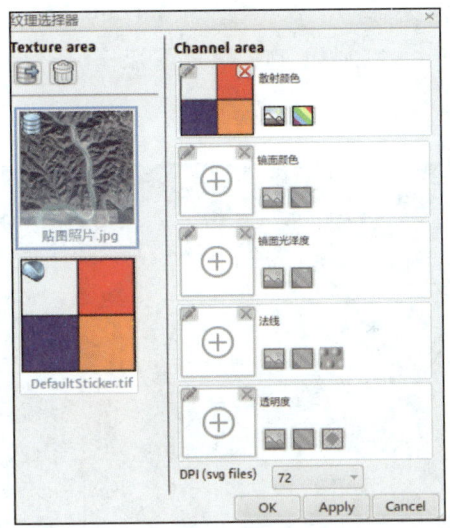

图 11.1-7 加载纹理图片

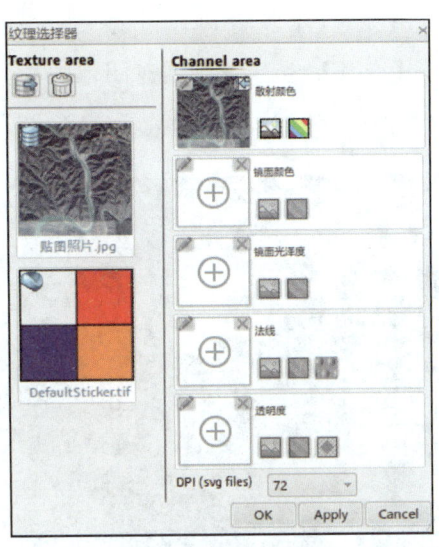

图 11.1-8 图片拖入【Channel area】栏

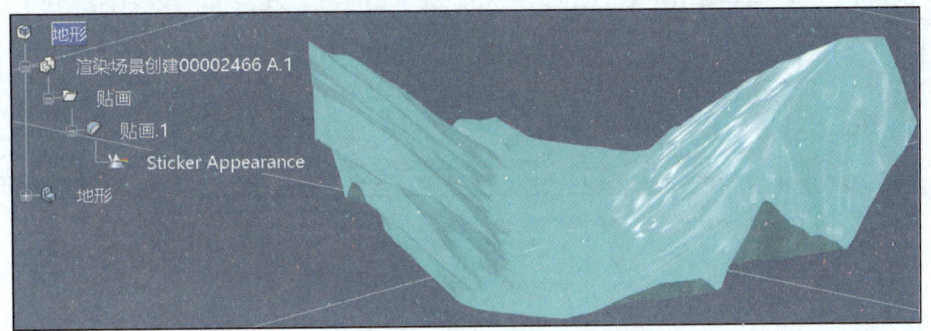

图 11.1-9 结构树上增加【渲染场景创建】节点

（6）单击贴画，可对贴画进行编辑，如图 11.1-10 所示。在俯视图模式下，拖动图片的对角，如图 11.1-11 所示，可以调整图片的大小，让图片与模型相匹配，贴图完成后的效果如图 11.1-12 所示。R2017x 版本中采取将图片上道路、河流等边界与模型相吻

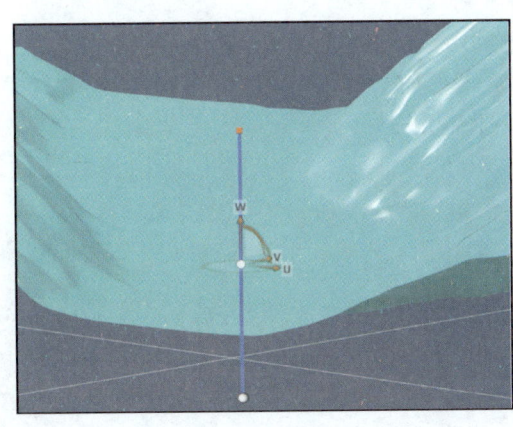

图 11.1-10 编辑贴画

图 11.1-11 调整贴画大小

233

合的方法来将图片调整到合适的大小及位置。R2019x 版本 （Terrain Preparation）APP 中，【准备】栏下 ▣ （创建图像映射）命令可以利用 TIF 格式图片坐标直接进行贴图，图片位置更加准确。

图 11.1-12　贴图完成后的效果

11.2　地质体贴图

地质模型建成后，为了使模型具有更好的视觉效果，通常采用颜色来表达不同的地质实体。通过对不同的地层、岩性、断层等地质体添加不同的颜色，可以使地质体的空间分布和变化规律更加直观地体现出来。

为了更加逼真地区分不同的地层岩性的结构形态，增加地质模型的视觉效果，还可以通过 3DE 平台自身的材料库，针对不同的地质体添加不同的材料。通过各种材料不同的图案或纹理，可以更加方便地查看各地层的属性和分布。

材质贴图具体操作步骤如下：

（1）双击激活地质模型物理产品节点，单击 3D 罗盘，切换至 ▣ Aesthetical Shape Modeler 角色下的 ▣ （Rendering Scene Design）APP，如图 11.2-1 所示。

（2）单击软件右上角 ✚ 图标，新建一个工程文档，将碎石土照片导入服务器，具体操作方法与 11.1 节中第 2 步相同。

（3）单击【视图】栏下 ▣ （含材料着色）命令，将显示模式调整为含材料着色，这样才能显示材质及照片的贴图效果。

11.2 地质体贴图

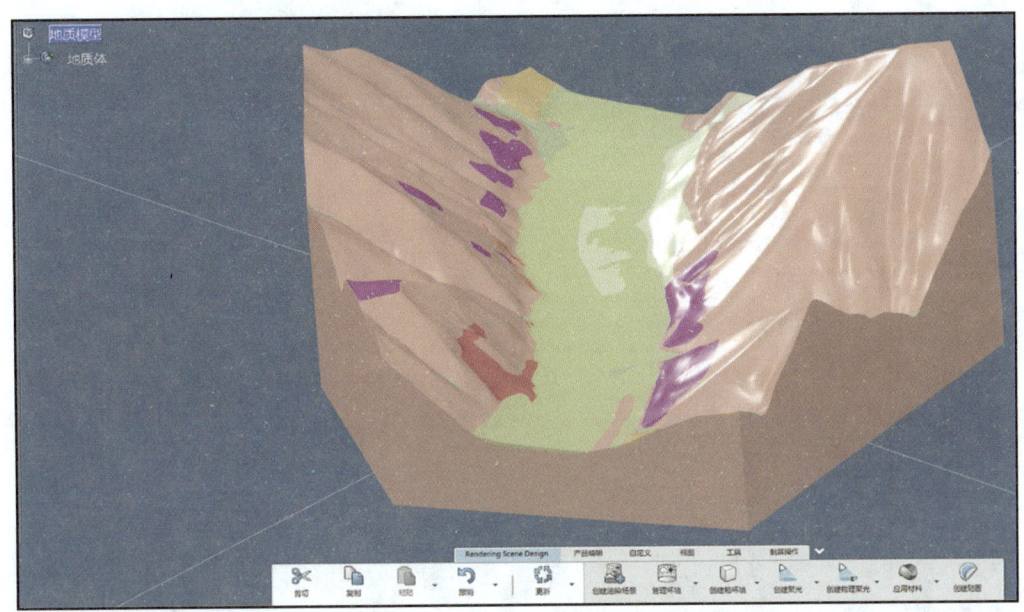

图 11.2-1 进入【Rendering Scene Design】APP

（4）单击【Rendering Scene Design】栏下 ![icon]（创建材料）命令，在弹出的对话框中将标题改为碎石土，【添加域】中勾选【外观域】及【制图域】，如图 11.2-2 所示，单击"确定"按钮后系统自动跳转至材料浏览器界面，如图 11.2-3 所示。右键单击创建的碎石土材料，选择外观，如图 11.2-4 所示。在弹出的对话框中单击【纹理选择器】，将上一步导入的照片加载进来，具体操作方法与 11.1 节第 4 步相同，【类型】选择基本材料，将环境颜色均改为白色，选择【自适应映射】，调整合适比例，完成后的效果如图 11.2-5 所示。

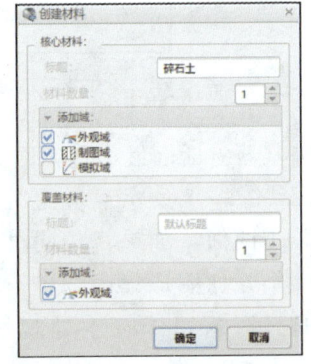

图 11.2-2 创建材料对话框

（5）单击【Rendering Scene Design】栏下 ![icon]（应用材料）命令，系统跳转至材料浏览器界面，如图 11.2-6 所示。右键单击碎石土材料选择"应用"选项，将材

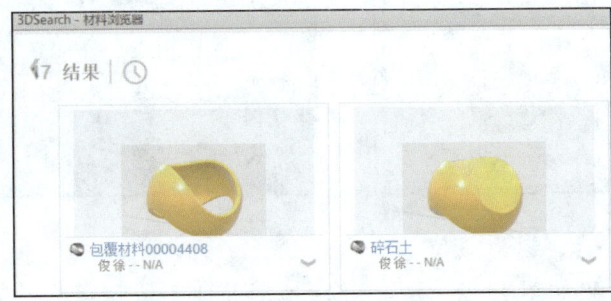

图 11.2-3 材料浏览器界面

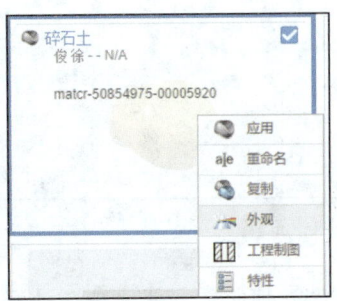

图 11.2-4 右键单击材料

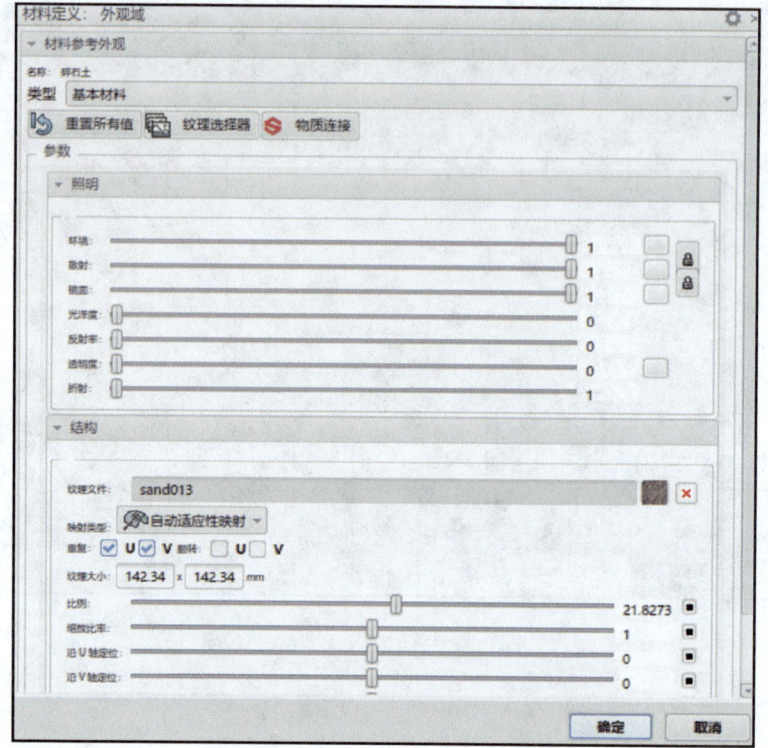

图 11.2-5　编辑材料外观域

料浏览器对话框最小化，回到地质模型3D零件中，单击碎石土地质体，弹出的对话框如图 11.2-7 所示。应用对象可以应用于整个 3D 零件、3D 形状、几何图形集及所选的单个曲面，如果将相同材质的地质体都放于同一个几何图形集中，则可将材质应用于整个几何图形集中，单击 ✓（确定）图标，初步完成材料应用，如图 11.2-8 所示。此时可在返回碎石土外观域中调整图片比例，使图片与模型相匹配，如图 11.2-9 所示。

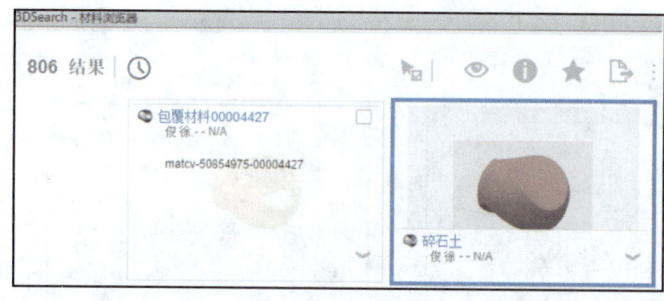

图 11.2-6　材料浏览器界面

图 11.2-7　材料应用对象

（6）地质体最终完成材质贴图效果如图 11.2-10 所示，地形及地质体同时贴图效果如图 11.2-11 所示。

11.2 地质体贴图

图 11.2-8　材料初步应用

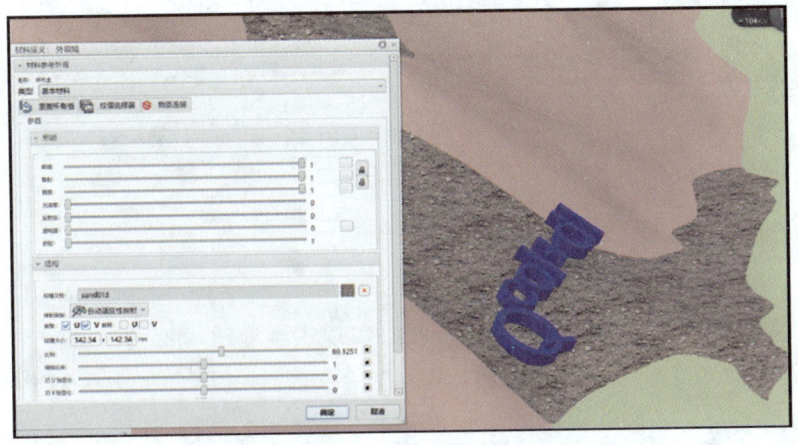

图 11.2-9　调整图片比例

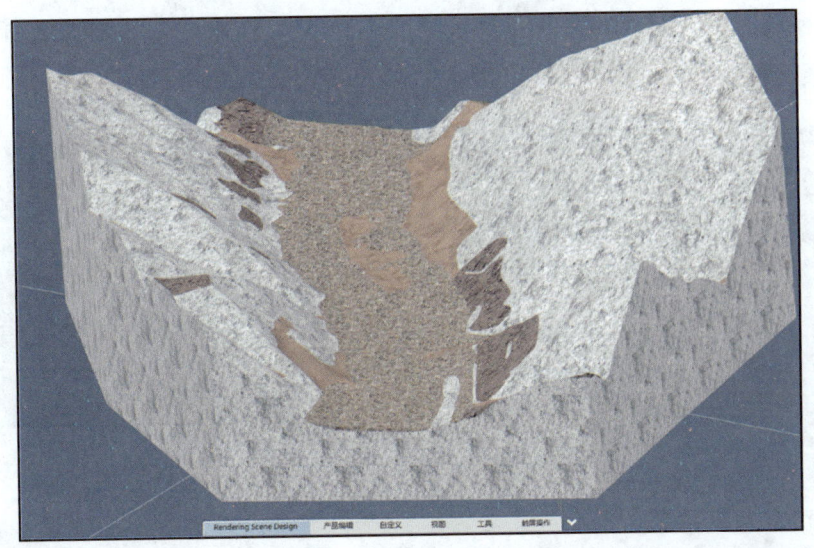

图 11.2-10　地质体贴图效果

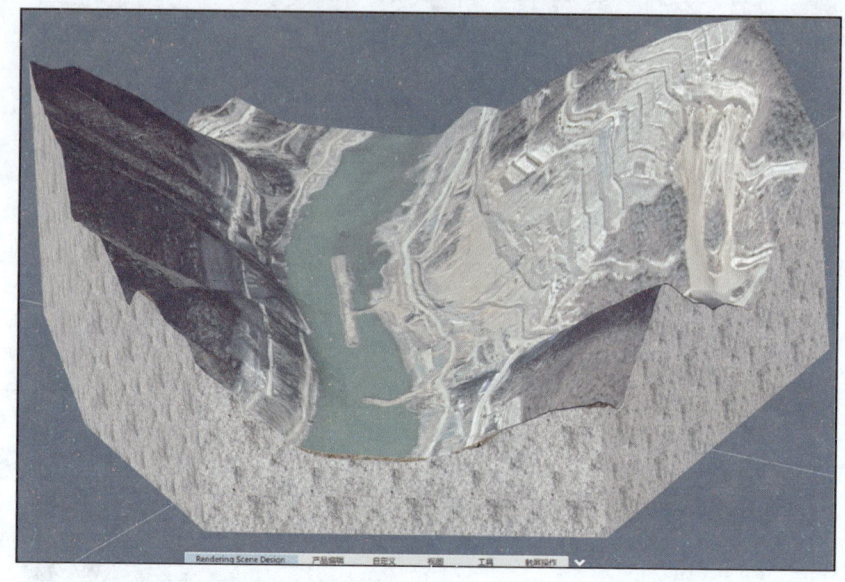

图 11.2-11　地形及地质体贴图效果

11.3　模型漫游

在 3DE 平台飞行和步行浏览模式下，可以实现三维地质模型的漫游浏览。

（1）沿建筑物浏览地层。打开地质模型，在 <img>（Civil 3D Design）APP【视图】栏下选择 <img>（飞行通过）命令，屏幕上出现 <img> 图标，如图 11.3-1 所示。这时长按键盘上的上键（↑）、下键（↓）可以控制 <img> 图标前进及后退，左键（←）、右键（→）可以控制 <img> 图标左右移动，同时使用鼠标可以改变 <img> 图标方向，这样可沿工程线路轴线方向动态浏览工程沿线地形地貌及地层分布。

图 11.3-1　工程沿线地层浏览

飞行速度显示在屏幕右下角，若要改变速度，则可以单击键盘加号（+）来增加速度，单击减号（-）来降低速度。【飞行通过】命令键盘及鼠标功能见表 11.3-1。

表 11.3-1　　　　　　　　【飞行通过】命令键盘及鼠标功能表

键　盘	功　能	键　盘	功　能
上键（↑）	向前移动	加号	加速
下键（↓）	向后移动	减号	减速
左键（←）	左转	按 Shift＋滚动鼠标滚轮	增加/减慢旋转速度
右键（→）	右转	按 Ctrl＋滚动鼠标滚轮	加大/减小视角
Page Up	上移	Esc	退出飞行模式
Page Down	下移		

（2）地下隧洞漫游。首先，根据地下隧洞的设计方案，建立隧洞的三维模型；再由隧洞曲面分割地质模型，提取隧洞的地质模型；然后，根据隧洞沿线不同的地质体添加相应的材料。

隧洞地质模型建成后，也可以沿隧洞轴线标注里程桩号、断层和地层岩性的代号及名称、隧洞的围岩分类等地质信息。最后，通过 3DE 平台的飞行或步行模式，控制飞行的速度及方向，即可实现地下隧洞地质模型的三维漫游，并可实时查看隧洞围岩的地质情况，如图 11.3-2 所示。

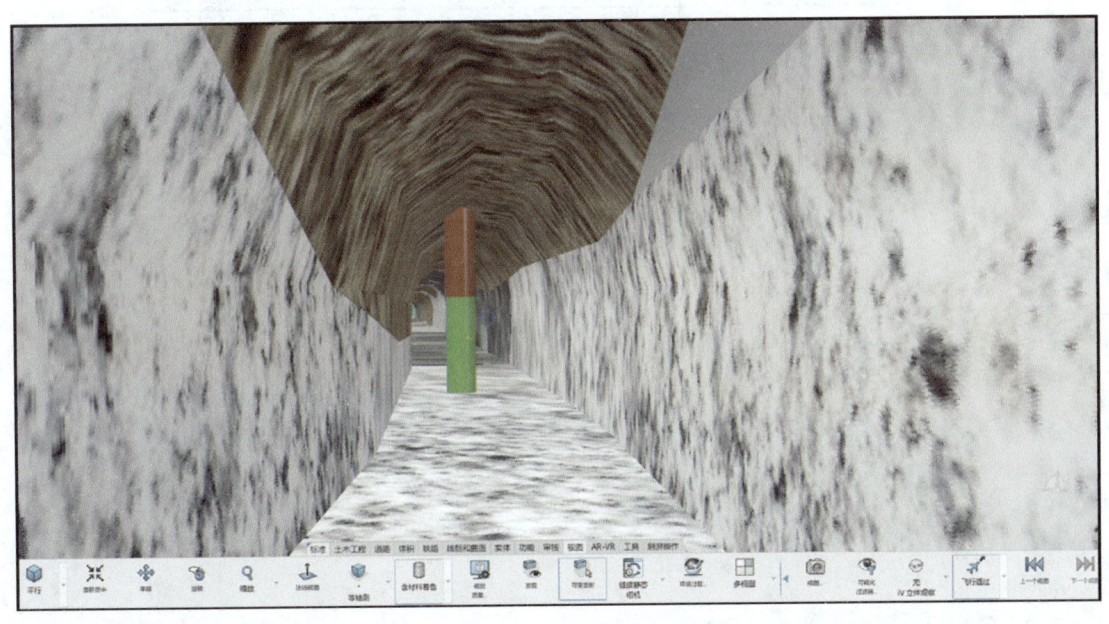

图 11.3-2　地下洞室漫游

11.4　模型高分辨率出图

地质模型进行贴图之后，可以出高分辨率图片用于展示，具体操作如下：

第 11 章 地质模型贴图、漫游及高分辨率出图

打开地质模型,进入 （Civil 3D Design）APP。单击【工具】栏下 ▣◎（视频）命令旁边的小三角,选择 ▣◎（捕获）命令,弹出的对话框如图 11.4-1 所示。单击 ▣◎（捕获配置）图标,弹出的对话框如图 11.4-2 所示,选择【渲染】选项,单击【质量】后面的【更多】选项可自定义图片像素及分辨率,如图 11.4-3 所示。设置完成后,单击 ●（捕获）图标,框选要出图的范围,弹出的对话框如图 11.4-4 所示,单击 ▣（保存）图标即可保存成高分辨率图片。注意捕获图标旁边还有小三角,里面提供了捕获的几种方式,可以根据需要选择。

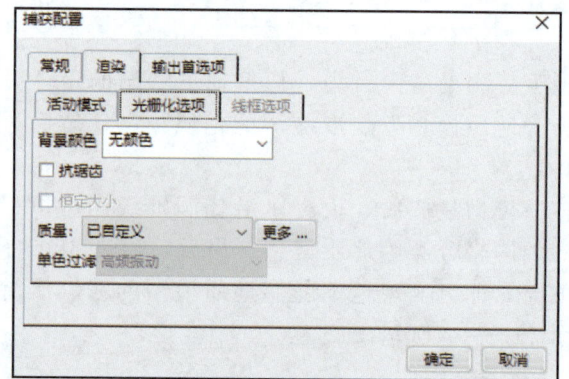

图 11.4-1　捕获命令

图 11.4-2　捕获配置

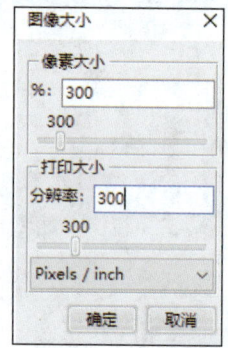

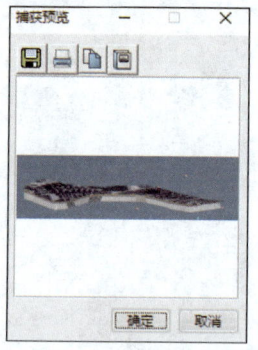

图 11.4-3　自定义图片像素及分辨率

图 11.4-4　捕获预览

第 12 章
地质模型发布及保留

12.1 地质模型发布

三维协同设计是工程设计企业实施 BIM 技术应用的重点之一。在 3DE 平台项目合作区内，由项目负责人创建项目总体结构树，再通过平台中的协同功能由项目负责人更改责任对象，转移管理权限，向设计人员派发任务，按照工号将各节点分配给相应人员，进行三维协同设计工作，如图 12.1-1 所示。

地质工程师可直接在 DZ（工程地质）节点下组织地质模型结构树（图 4.2-1），建立地质模型，也可按地质模型结构树建立地质模型后再插入 DZ（工程地质）节点下。右键单击 DZ（工程地质）节点选择【插入】-【现有产品】或【现有 3D 零件】，再选择地质模型物理产品或 3D 零件，即可完成插入。地质模型完成后应将模型发布，供下游专业引用，达到各专业进行三维协同设计的目的。利用 （Civil Engineering Design）APP 中【工具】栏下或 （Assembly Design）APP 中【产品编辑】栏下 （创建发布）命令，可将地质模型进行发布，具体操作如下：

(1) 双击激活地质模型 3D 零件节点，进入 （Assem-

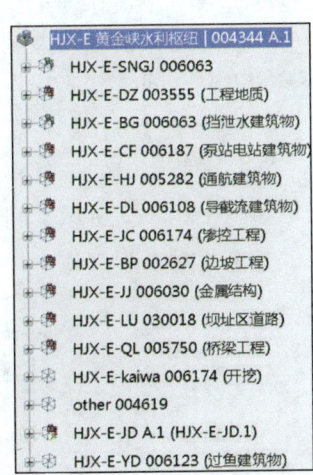

图 12.1-1 某项目结构树

bly Design）APP。

（2）点击【产品编辑】栏下 (创建发布)命令，再选择结构树上要发布的地质体，弹出的对话框如图 12.1-2 所示，单击"确定"按钮后即可将所选地质体发布。

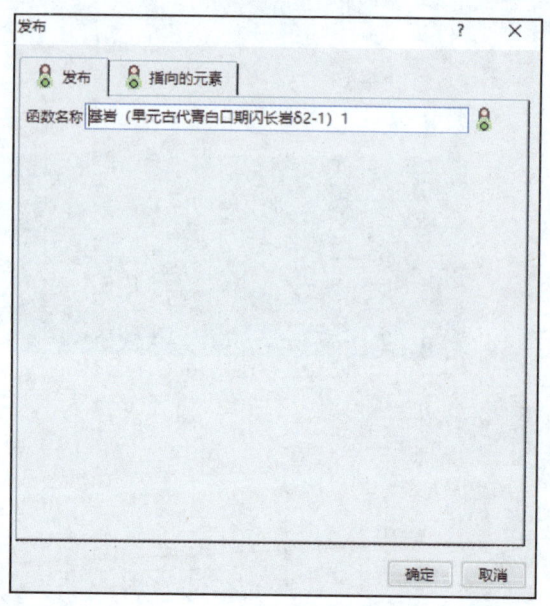

图 12.1-2　创建发布对话框

12.2　地质模型保留

地质模型在整个工程项目节点下，其他专业人员也能看到，为了避免其他专业对地质模型进行误操作，可以将地质模型保留实例和参考，这样其他人就不能对地质模型进行修改了。具体操作如下：

（1）双击激活地质模型 3D 零件节点，单击 (罗盘北象限)图标，进入 (Collaborative Lifecylcle）APP。

（2）点击【协作】栏下 (保留)命令，再点击地质模型 3D 零件，弹出的对话框如图 12.2-1 所示，勾选【实例】及【参考】，点击"确定"按钮，模型上出现绿色带锁图标，如图 12.2-2 所示，则表明保留成功。在整个项目的结构树上还会看到 图标，则表示实例和参考均由他人保留。

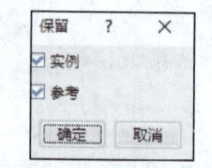 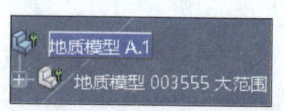

图 12.2-1　保留对话框　　图 12.2-2　保留成功图标

注意：如果是对物理产品进行保留则需将模型全选之后再进行保留。右键单击物理产品总节点，将鼠标移至【选择模式】选择【全选】选项，如图 12.2-3 所示。

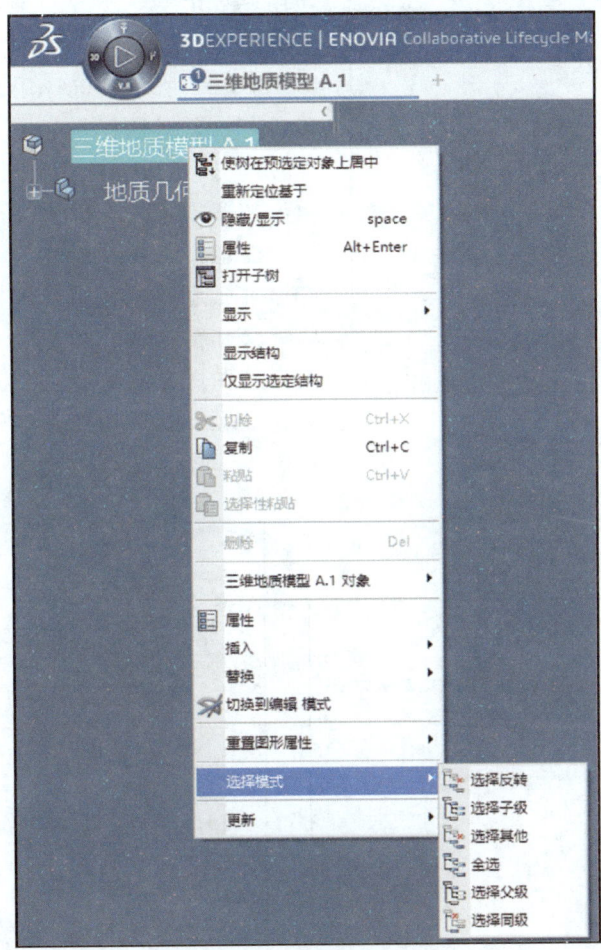

图 12.2-3 物理产品全选模式

（3）点击【协作】栏下 🔓（取消保留）命令，可将保留取消。

12.3 更改地质模型责任人

由于某些原因要将地质模型交给其他人进行下一步工作，可更改模型所有权，具体操作如下：

（1）双击激活地质模型 3D 零件节点，单击 ▼（罗盘北象限）图标，进入 🗂（Collaborative Lifecylcle）APP。

（2）若地质模型已被保留，则点击【协作】栏下 🔓（取消保留）命令，再点击地质模型 3D 零件将保留取消。

(3) 点击【协作】栏下 🔧（转移所有权）命令，再点击地质模型 3D 零件，弹出对话框，在标识符中输入工号，如图 12.3-1 所示。点击 🔍（搜索用户）图标，弹出的对话框如图 12.3-2 所示，选择用户后，再跳转至【转移所有权】对话框，如图 12.3-3 所示，点击"确定"按钮后弹出提示框显示所有权转移成功，如图 12.3-4 所示。

注意：在项目合作区内必须拥有领导或所有者角色才能转移对象所有权，作者角色转移所有权时会失败，弹出的对话框如图 12.3-5 所示。在转移所有权之前，地质模型 3D 零件所有修改都必须已保存，转移用户也必须在项目合作区内。

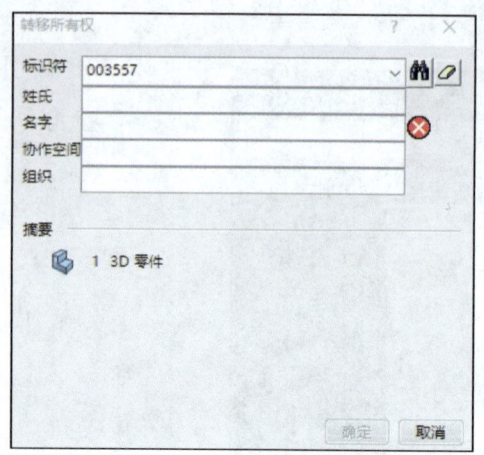

图 12.3-1 转移所有权对话框

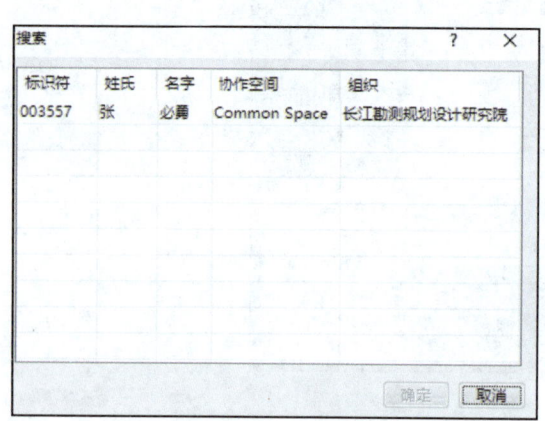

图 12.3-2 搜索用户

图 12.3-3 完成所有权转移对话框

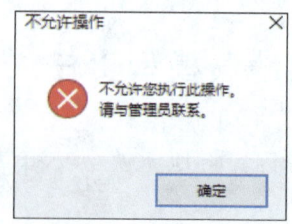

图 12.3-4 转移成功　　图 12.3-5 作者角色不能转移所有权

参 考 文 献

[1] 韩旭,冯明权,向能武,等.基于CATIA V5的三维地质建模应用教程[M].北京:中国地质大学出版社,2014.
[2] 国家能源局.水电工程三维地质建模技术规程:NB/T 35099—2017[S].北京:中国水利水电出版社,2018.
[3] 张文.基于三维激光扫描技术的岩体结构信息化处理方法及工程应用[D].成都:成都理工大学,2011.
[4] 于永超.基于块体理论的岩体稳定性实时分析系统研究[J].岩土工程技术,2014,28(2):55-59.
[5] 段福州,赵文吉,李家存,等.基于三维地理信息系统的岩层产状测量方法[J].吉林大学学报(地球科学版),2011,41(1):310-315.